LES SOURCES

DU

ROMAN DE RENART

PAR

Léopold SUDRE

PROFESSEUR AU COLLÈGE STANISLAS

PARIS
ÉMILE BOUILLON, ÉDITEUR
67, RUE RICHELIEU, 67
—
1893

LES SOURCES

DU

ROMAN DE RENART

A

Monsieur Gaston PARIS

Membre de l'Institut

HOMMAGE DE RECONNAISSANCE ET D'AFFECTION

AVANT-PROPOS

J'afficherais certes une grande prétention si j'osais présenter les résultats exposés dans cette étude comme entiers et définitifs. L'histoire de la propagation et du rôle des fables et des contes au moyen âge offre un vaste champ où la récolte est loin d'être achevée. En écrivant ces pages et dans le cours même de l'impression, j'ai dû maintes fois modifier des passages que venaient tantôt contredire, tantôt compléter, quelque article ou quelque ouvrage récemment publiés. A considérer la rapidité avec laquelle la science des traditions se renouvelle et accomplit son évolution, il ne serait même pas impossible que, dans dix ans, mon livre fût à refaire dans un nombre considérable de ses parties. Je crois toutefois que mes conclusions ne seraient pas différentes. Au point où en est notre connaissance des rapports de la littérature écrite et de la littérature orale entre le XIe et le XIVe siècle, on peut regarder comme solidement acquis que le *Roman de Renart*, malgré son air de famille avec les apologues antiques, ne présente avec eux que des affinités rares et lointaines. Je suis même persuadé que tous les documents qu'il reste à découvrir, toutes les preuves que l'on pourra accumuler, seront favorables à cette thèse et établiront de plus en plus que l'épopée du goupil et du loup est sortie de la foule et non des livres.

Une étude de ce genre était donc faisable, et je n'ai pas cru téméraire de l'entreprendre. Elle pouvait d'autant mieux aboutir que, depuis quelques années, nous sommes en possession du principal instrument de travail, sans lequel toute hypothèse était hasardée, toute induction incertaine, je veux parler d'une édition définitive du *Roman de Renart*. Le texte des branches dû à

Méon était d'une correction douteuse et présentait de graves et nombreuses lacunes ; les additions de Chabaille n'en étaient qu'un médiocre complément. C'est surtout pour n'avoir connu qu'à l'état fragmentaire la célèbre compilation de nos poètes que Jacob Grimm, malgré ses incursions hardies en dehors du cercle déjà si large des poèmes français, latins, allemands et flamands sur le renard, n'a pu édifier une théorie assise sur des fondements durables. Or, maintenant, grâce aux patientes investigations de M. Martin, nous avons un texte satisfaisant, et de plus toute la luxuriante collection des variantes qui caractérisent chacun des innombrables manuscrits. Désormais nous pouvons envisager chaque morceau dans les différentes phases de son histoire et en déterminer presque le degré d'ancienneté. La comparaison des diverses branches non seulement avec les poèmes qui en sont sortis, mais aussi et surtout avec les fables et les contes d'où elles sont nées peut être aujourd'hui conduite avec une exactitude et une rigueur scientifiques.

Si j'ai réussi dans cette tâche, si j'ai éclairé de quelque lumière ce coin encore obscur de la littérature du moyen âge, j'en serai redevable avant tout à celui auquel je fais hommage de mon travail, à ce maître si bienveillant dont les conseils et les encouragements n'ont cessé de me guider et de me soutenir dans mes recherches. Puissé-je ne m'en être pas montré indigne ! J'ai aussi une grande dette de reconnaissance envers M. Léger, dont les précieuses leçons m'ont permis de me familiariser avec certains ouvrages russes que je ne pouvais laisser de côté, sous peine d'avoir une connaissance incomplète de mon sujet. Je dois enfin remercier M. Schwartz, professeur au Collège Stanislas et à l'École Monge, pour la complaisance qu'il a mise à relire la plus grande partie de mes épreuves, et à me suggérer d'importantes corrections.

SAINT-SEVER (Landes) août 92.

INTRODUCTION

I

DES CONTES ET DES FABLES

Exposition du sujet qui touche à la fois aux fables antiques et aux contes populaires. — Qu'est-ce que le folk-lore ? — Pourquoi et comment les contes se sont conservés dans le peuple. — Difficultés que présente le problème de leur origine et de leur transmission. — Les contes d'animaux n'échappent pas tous à une classification géographique. — Des rapports étroits qui unissent les fables et les contes. — Les contes sont antérieurs aux fables.

« Le cycle de *Renart*, il faut le reconnaître, appelle encore bien des recherches; à côté des fables ésopiques, dont l'origine elle-même est loin d'être éclaircie, il contient un certain nombre de *contes d'animaux* d'un autre caractère, qui se retrouvent dans la littérature populaire des nations les plus diverses, et qui sont sans doute arrivés à nos vieux poètes par la tradition orale plutôt que par les livres d'école où ils avaient appris à connaître les apologues de l'antiquité. » Ces lignes écrites par M. G. Paris à propos du livre de son père *Les Aventures de maître Renart et d'Ysengrin*[1], ont été le point de départ des recherches dont le présent travail est le fruit et elles en disent assez la nature. Mon objet a été de faire le départ entre ce que les auteurs du *Roman de Renart* ont emprunté à la littérature écrite et ce qu'ils doivent à la littérature orale de leur temps. Ce livre est une étude comparative des célèbres récits de nos poètes d'un côté avec les apologues classiques et leurs dérivés médiévaux, de l'autre avec une portion de la masse des contes populaires qu'il est de mode, depuis une cinquantaine d'années, de recueillir dans tous les pays et chez tous les peuples.

Rapprocher de certaines fables antiques des récits français qui mettent en scène des animaux, montrer les analogies que

---

[1] *La poésie au Moyen âge*. Paris 1885, p. 245, sq.

peut avoir tel ou tel épisode de la fameuse guerre du goupil et du loup avec tel ou tel morceau des compilations ésopiques n'est pas une tentative bien neuve. La liste serait longue des travaux de ce genre entrepris à propos de nos fabulistes, depuis ceux du xiiie siècle jusqu'à La Fontaine, et à propos des histoires du *Roman de Renart* elles-mêmes. Toutefois la filiation dans la suite des âges a été, en ces derniers temps, rendue plus nette, des points restés obscurs se sont éclaircis grâce à de remarquables études parues en Allemagne, en France et en Angleterre et que j'ai mises amplement à contribution. Je n'ai donc fait que suivre un chemin battu dans cette partie de mon sujet et je n'ai pas besoin de la justifier plus longuement.

Je ne puis être aussi bref en ce qui concerne la seconde, laquelle repose sur une science on peut dire toute nouvelle, celle des traditions populaires, le *folk-lore*, pour employer la dénomination consacrée. Cette science, on le sait, s'est donné pour mission de recueillir tout ce que le peuple croit, tout ce qu'il raconte, tout ce qu'il chante : coutumes, jeux, récits, légendes, superstitions, proverbes, refrains sont de son ressort et rien de ce qui peut révéler une parcelle de la vie intime ou sociale, présente ou passée d'une race n'échappe à ses curieuses et infatigables investigations. L'ensemble des matériaux de cette science relatifs aux croyances, aux contes, aux proverbes et aux chansons constitue ce qu'on est convenu d'appeler la *littérature orale* ou *populaire*. Ce dernier terme est évidemment équivoque et il faut s'entendre sur sa vraie signification. « Entre la croyance ou la littérature dite populaire et la croyance ou la littérature dite savante, a-t-on observé fort justement, il n'y a qu'une différence de temps et non d'origine ; l'une et l'autre sont de création savante : le peuple proprement dit ne crée pas, il se contente de vivre; mais de tout temps, et dans les milieux les plus rudimentaires, il y a à côté de la masse passive des esprits qui réfléchissent qui créent, qui *formulent* les idées et les sensations inconscientes de la masse, en un mot des savants ; c'est de cette classe que le peuple reçoit ses premières connaissances, ses premières croyances; avec le progrès de la réflexion, la classe savante s'élève à des créations plus compliquées, et le peuple reste à l'étage inférieur, ne pouvant suivre le mouvement trop rapide de la pensée savante. Il n'y a pas une croyance créée par le peuple, et une croyance créée par le savant; il y a seulement une croyance acceptée par le peuple et une croyance qu'il n'accepte pas ; mais l'une et l'autre viennent également de savants, l'une du savant d'autrefois, l'autre du savant d'aujourd'hui. L'abîme entre les deux ordres d'idées vient de ce que la création du savant primitif répond mieux aujourd'hui encore à l'état intellectuel du peuple encore primitif, et le folklore du jour est la science des premiers jours[1]. » On ne pouvait pas mieux définir ce qu'est la littérature populaire : c'est le trésor des idées et des imaginations non point créées par le peuple, mais acceptées par lui, la plupart depuis un temps immémorial, conservées par lui et recueillies de nos jours sur ses lèvres.

Or cette science des traditions populaires, en ce qui concerne particulièrement les *contes*, a-t-elle sa raison d'être, et ses méthodes sont-elles assez sûres pour servir de base à une étude comparative telle que celle que je me suis proposée ?

Jusqu'au jour où les frères Grimm, après avoir publié leurs *Contes d'enfants et du foyer*, les firent suivre en 1822 d'un commentaire rapprochant chacun d'eux d'un nombre infini de variantes orales dont le cercle s'étendait au delà des limites de l'Allemagne, on ne s'était guère intéressé à de tels morceaux que pour eux-mêmes. Ce qui avait fait jadis et faisait alors la fortune des *Contes* de Perrault c'était uniquement leur mérite intrinsèque, c'étaient, bien qu'ils fussent des récits de paysans et de bonnes femmes, la trame légère de leur action, la naïveté et la gentillesse de leur exposition et, il faut l'ajouter, la science d'observation et la connaissance réelle du cœur humain qu'ils cachaient sous leur enveloppe rustique et enfantine. Cet attrait, ils ne l'ont certes pas perdu ; nous continuons à prendre un véritable plaisir à leurs aimables ou touchantes péripéties ; le parfum d'antiquité qu'ils exhalent n'est pas d'ailleurs ce qui déplairait en eux à notre époque si éclectique dans ses admirations, éprise de toutes les formes d'art, des plus rudimentaires comme des plus compliquées, et nous ne laissons pas d'être étonnés des scrupules de Perrault qui n'osait pas les publier sous son nom et du dédain de Voltaire qui lui fermait impitoyablement la porte du Temple du Goût.

Bien plus, de nos jours, ces contes et leurs semblables, loin de nous paraître des infiniment petits, ont démesurément grandi à nos yeux par la constatation presque stupéfiante de

---

[1] J. Darmesteter, *Romania*, X, p. 292, note.

leur universalité et de leur cosmopolitisme. Qu'il s'agisse en effet de récits de fées, de récits de géants, de récits d'animaux ou d'hommes, il est rare que chacun d'eux n'ait point dans diverses régions des représentants soit identiques de fond et de forme, soit reconnaissables pour frères malgré l'altération des traits de famille et la différence de vêtement. En Islande comme en Grèce, en Russie comme en Espagne, en Asie, dans l'Afrique du Sud, chez les Indiens de l'Amérique du Nord et chez les noirs de l'Océanie, même sujet, mêmes détails typiques, et souvent même agencement, même combinaison des éléments. Une telle immutabilité de traditions ayant survécu aux races et aux civilisations dont certaines les avaient vues éclore, une telle fixité au milieu des révolutions successives qui ont bouleversé la surface du globe, n'y avait-il pas là un phénomène curieux et qui devait attirer l'attention de l'historien et du psychologue ? N'était-ce pas un témoignage des plus précieux pour la connaissance de l'histoire générale de l'esprit humain et n'était-il pas naturel que l'on se mît à rechercher où et quand s'était formé ce patrimoine commun à tous les peuples, comment il leur avait été transmis et pourquoi ils l'avaient si soigneusement conservé ?

A cette dernière question la réponse était simple à faire. La tradition populaire a en effet pour unique instrument la mémoire, et dans la mémoire, chez les ignorants et les illettrés, tout se stéréotype, tout se grave avec une précision et une profondeur d'autant plus grandes que les impressions sont plus rares et moins mobiles. Qui de nous n'en a fait l'expérience ? Qui de nous n'a pas entendu une même histoire contée à plusieurs reprises et à des intervalles éloignés, avec les mêmes détails et en termes presque identiques, par une vieille nourrice ou un paysan ne connaissant rien au delà de l'horizon étroit de leur village ? Un conte vivant dans un tel milieu et dans une telle atmosphère a chance de subsister intact pendant des siècles et de se transmettre immobilisé dans sa forme de génération en génération. Il n'est pas exposé aux mille fluctuations où est ballotté tout thème qui est tombé dans le domaine de l'écriture et du livre. Là chaque sujet se nuance, prend des aspects divers et devient à la fin méconnaissable sous ces déguisements multiples; il ne s'adresse plus en effet à des esprits rudes et naïfs, mais à des esprits plus ou moins cultivés que leur éducation et leur goût souvent raffiné portent à introduire ou à chercher partout l'élégance et la variété.

Est-ce à dire que dans la tradition populaire les contes se présentent toujours avec ce double caractère de fidélité dans la transmission et d'invariabilité dans la forme ? S'il en était ainsi, l'étude de ces différents morceaux se réduirait à peu de chose et ne présenterait guère de difficultés. Il en va tout autrement. Ainsi que tous les produits de la pensée humaine, les contes sont soumis à certaines influences psychologiques et sociales; leur nature incline à se modeler sur l'état d'esprit de ceux auxquels il sont narrés et parfois aussi sur l'état d'esprit de celui qui les narre [1].

Elles sont peu nombreuses, il est vrai, mais fécondes en résultats, les causes générales qui diversifient un conte par le seul fait qu'il s'est implanté et a subsisté chez des peuples étrangers les uns aux autres par le langage et par la civilisation. Certains traits qui sont en conformité absolue avec les croyances ou les mœurs d'une race se trouvant en contradiction complète avec celles de la race voisine, il y a eu par suite chez celle-ci, pour ces traits, acclimatation forcée, c'est-à-dire changement et altération. Un personnage dont la présence paraissait toute naturelle dans les récits asiatiques devait ou disparaître ou être remplacé en Europe parce qu'il y était inconnu. Ainsi le chacal indien des contes d'animaux a chez nous pour substitut le renard, ailleurs le lapin ou le lièvre, ailleurs encore la tortue. Souvent même les exigences de la langue interviennent pour troubler l'économie primitive du récit et imposent des modifications inattendues : par exemple, le mot *renard* étant du féminin chez les Slaves, on voit chez eux cet animal jouer dans certaines histoires le rôle d'une bête femelle alors que son rôle, de par la donnée originale, était exclusivement celui d'un mâle. En outre, quelque simples que soient les idées qui constituent un conte, quelque humaines et vraies de tout temps qu'elles puissent être, la forme qu'elles ont revêtue à un moment donné n'a pas pu rester toujours la même, s'être pour ainsi dire cristallisée. Avec le temps, certains détails finissent par paraître démodés ; ils cessent d'être en harmonie avec les habitudes et les sentiments que chaque siècle transforme : un paysan de nos jours ne conte pas les aventures du Petit Poucet d'une façon absolument identique à celle qui faisait les délices d'un vilain du moyen âge ; le conte se mo-

---

[1] Comparer pour ce qui suit l'introduction d'un livre qui vient de paraître, *Mann und Fuchs* de Kaarle Krohn.

dernise à chaque âge nouveau sans que le fond varie, sans que le cadre soit détruit ; c'est une nouvelle couche de vernis étalée sur une toile noircie par le temps.

Voilà pour les accidents généraux de la vie des contes. Les accidents individuels auxquels ils sont exposés sont en plus grand nombre et les atteignent plus profondément.

L'âme des conteurs populaires est sans doute naïve et peu complexe ; plus passive qu'active, elle conserve et reproduit plutôt qu'elle ne crée, et de même leur mémoire, comme celle des antiques aèdes, est aussi sûre que riche et garde avec un soin jaloux les nombreux dépôts qui lui sont confiés. Néanmoins on ne peut dénier à leur âme la faculté et le droit de se donner quelquefois des ailes, de s'élancer dans le domaine de la fantaisie, et leur mémoire, par contre, peut de temps en temps sommeiller. C'est à ces défaillances momentanées qu'il faut attribuer en grande partie les mutilations de certaines variantes d'un thème qui, par suite, se trouvent en face des autres dans un état d'infériorité fâcheux et dissimulent souvent leur parenté avec elles. D'autre part comment ne pas reconnaître soit un désir secret chez les conteurs de faire valoir ce qu'ils débitent, soit un procédé destiné à rendre les péripéties de leurs histoires plus claires ou plus intéressantes, dans l'attribution à eux-mêmes des aventures dont ils deviennent ainsi les héros, dans la localisation des incidents, dans l'accroissement du nombre des acteurs, dans la substitution d'hommes aux animaux, d'animaux aux hommes ?

Mais là où ils déploient surtout leur virtuosité, c'est dans la liberté dont ils usent pour agencer et combiner à leur guise des motifs appartenant à différents contes et aussi dans le groupement de plusieurs contes en une sorte d'épopée. Tout conte est en général composé de plusieurs motifs. Ceux-ci, à peine nés, loin de s'immobiliser dans le cadre ordinairement étroit où la pensée de leur auteur les avait confinés, en sortent, se déplacent par un mouvement incessant et, se croisant avec d'autres, ils produisent une foule de combinaisons diverses. Là ils vivent d'une vie nouvelle et, par suite de cette pénétration intime et réciproque, ils perdent souvent leur marque originale et ne portent plus leur enseigne. Rien n'est plus curieux à étudier que cette vie intense et cette force d'expansion dont sont doués les motifs des différents contes. Mais aussi rien n'est plus délicat que de reconnaître chacun ainsi défiguré au milieu de cette fusion d'éléments hétérogènes et de l'en dégager pour le ramener à son véritable point d'attache.

En outre tout conte, dans sa forme primitive, a été créé pour lui-même ou plutôt en vue de l'idée morale ou plaisante dont il devait être l'agréable expression. A l'origine, il n'a aucun lien direct avec les autres expressions que l'imagination humaine avait pu jeter précédemment dans la circulation. Or il est dans l'habitude des conteurs de profession de réunir plusieurs aventures tantôt ayant une communauté réelle de fond, tantôt aussi ne présentant que des analogies éloignées. Les exemples sont nombreux de ces chaînes d'histoires précédées souvent d'une introduction et munies d'un épilogue; nous aurons dans le cours de cette étude à en signaler deux spécimens curieux. Ce rapprochement d'histoires d'origine, d'intention et d'allure différentes, en leur donnant un air d'uniformité, exclut de chacune ce qu'elle avait de spécial, de *sui generis*. Au sortir de leur coulée dans un moule commun, ces morceaux perdent leur brillant natif et prennent une teinte commune. Pour certains, il est impossible de leur restituer la couleur primitive ; mais chez la plupart la dégradation n'est pas telle qu'on ne puisse les classer et les ramener au type général auquel ils appartiennent et dont ils se sont accidentellement séparés.

En résumé les causes qui régissent l'évolution des contes, bien que multiples, sont faciles à démêler. Elles n'agissent pas, on l'a vu, très profondément et n'ont qu'une prise bornée sur eux, la fantaisie elle-même ne s'y joue qu'à la surface; elle ne détruit ni ne crée; elle se contente de renouveler, de se servir d'éléments toujours les mêmes pour combiner et recombiner. Les différentes phases de la vie d'un conte présentent souvent dans leur ensemble un véritable imbroglio, soit. Mais cet imbroglio n'est pas indéchiffrable : la comparaison attentive et minutieuse de toutes les formes d'un récit aboutit presque toujours à la découverte de la forme première, de l'archétype d'où tout le reste est sorti. Une telle étude peut paraître à certains stérile et d'une profonde inutilité. Mais, outre que toute étude a sa raison d'être en soi, celle-ci n'a-t-elle pas son prix suffisant dans les curieuses révélations psychologiques que nous apporte cette succession infinie de formes d'une même idée diversifiées suivant l'état d'esprit et le degré de culture de chaque peuple et dans cette intéressante constatation de l'immutabilité de l'esprit humain au sein de la variété indéfinie des types et des espèces ?

Résoudre le problème de l'origine et de la transmission des contes est chose moins aisée. La question est si vaste, se rattachant à celle des débuts de l'humanité et à celle des rapports primitifs des peuples entre eux, que l'on comprend qu'elle soit vite devenue un champ ouvert aux théories les plus hardies et les plus séduisantes. Les contes sont-ils, comme le voulaient les frères Grimm et, après eux, Max Müller, les décompositions de mythes antiques apportés par les tribus émigrées des plateaux de l'Asie Centrale ? Faut-il croire avec Benfey et ses nombreux disciples que ce sont des versions de récits originaires de l'Inde dès temps historiques et transplantés des bords du Gange aux quatre coins du monde par les bouddhistes, les Arabes et les Juifs ? Enfin devons-nous admettre avec l'anthropologiste Lang que ce sont de simples incarnations d'idées communes aux sauvages de toutes les races, que tout conte est autochthone et a des représentants sur tous les points du globe parce que les idées primitives de l'humanité étaient partout semblables ? [1].

Prendre ainsi les contes en bloc et sur des données qui, quelque nombreuses et frappantes qu'elles soient, n'embrassent pas la généralité des faits fonder un système unique, c'est ne résoudre le problème qu'en partie et laisser la question dans la région des nuages. En sortira-t-elle jamais d'ailleurs ? On ne pourrait en effet arriver à déterminer exactement l'origine, la nationalité des contes, les routes qu'ils ont suivies que si l'on entreprenait pour chacun d'eux un travail analogue dans sa minutie à celui qu'un savant a tenté avec succès il y a quelques années sur un groupe de récits d'animaux [2]. Rassembler à son exemple toutes les variantes connues d'un thème proposé, les comparer soigneusement, retrancher ce que chacune peut avoir d'accidentel ou de local, dégager ainsi le prototype et, partant du pays où ce prototype est conservé intact ou le moins altéré, suivre de région en région ses diverses et successives transformations, en un mot faire non seulement la mono-

---

[1] Voir un exposé complet de ces trois doctrines dans la préface des *Contes lorrains* de Cosquin, p. VIII sq; dans *Rondallistica* de Bertran y Bros, p. 23 sq. et dans la *Grande Encyclopédie* article *Conte*.

[2] K. Krohn, *Bär (Wolf) und Fuchs* et *Die geogr. Verbreitung einer nordischen Thiermärchenkette in Finnland*, Helsingfors 1890.

graphie mais encore la géographie de chaque conte, voilà la seule méthode qui semble pouvoir donner des résultats concluants et percer le brouillard épais qui nous cache, pour la plupart d'entre eux, le point de départ et le mode de rayonnement.

Mais est-il possible partout et toujours de suivre un conte étape par étape ? La chose est faisable dans des pays où les mœurs ont conservé leur ancienne simplicité, où l'école et le journal n'ont pas tué les vieilles traditions, où la civilisation n'a pas tout aplani, tout uniformisé. Là on peut noter l'évolution d'un thème de province à province, de hameau à hameau. Ailleurs une telle enquête est presque impossible ou elle est forcément incomplète ; le fil des investigations se rompt sans cesse ; de la chaîne ancienne et ininterrompue qui déroulait jadis ses innombrables spirales sur toute l'étendue d'un territoire on ne retrouve plus de distance en distance que quelques anneaux rouillés.

Doit-on d'autre part admettre pour tous les contes sans exception cette marche lente et progressive comme celle de l'eau qui filtre insensiblement dans le sable et gagne de proche en proche ? Ne faut-il pas au contraire attribuer dans leur existence une part assez large à l'imprévu ? M. Cosquin, dans la préface de ses *Contes lorrains* [1] nous dit que parmi les récits qu'il a recueillis de la bouche des paysans quelques-uns avaient été apportés dans le village, peu d'années auparavant, par un soldat qui les avait entendu raconter au régiment. Plus loin il nous cite l'exemple d'un Finlandais qui, ayant été longtemps au service de pêcheurs russes et de pêcheurs norwégiens sur les bords de la mer Glaciale, avait rapporté de ces pérégrinations les contes qu'il narrait dans les soirées d'hiver. Combien ils doivent être fréquents ces cas de transplantation par bonds dûs au hasard, aux voyages, aux colonisations, et surtout à l'action des volontés particulières aussi incontestable qu'obscure et insaisissable et qui rend beaucoup de contes rebelles à un groupement géographique régulier.

Enfin l'étude des variantes de chaque type fût-elle réalisable dans toute sa largeur et dans toute sa profondeur, possédât-on chacune des mailles de ces vastes filets, est-ce qu'on serait suffisamment renseigné sur le nœud initial, générateur du réseau, et sur l'endroit précis où il a été formé ? Car lorsque d'élimination en élimination on est arrivé à reconstituer la

---

[1]. P. XXV

forme originale d'un conte, les éléments simples dont se composaient primitivement son nœud et son dénouement, qu'est-ce autre chose que ce résidu sinon une combinaison d'idées si communes, si banales qu'il est difficile de lui assigner comme patrie telle région plutôt que telle autre ? La légende si répandue dans l'ancienne Grèce de Phryxos et de sa sœur Hellé condamnés par les intrigues d'Ino à être sacrifiés et se sauvant sur le dos du bélier à la toison d'or au moment où ils vont être immolés n'apparaît, quand on la compare à de nombreux contes populaires, que comme le développement d'un thème des plus vagues et des plus généraux, celui d'enfants qui maltraités chez leurs parents s'enfuient à l'aide d'un animal ou autrement et commencent une série d'aventures [1].

On voit donc de quelle réserve il faut user dans cette question de l'origine et de la transmission des contes ; l'on marche presque toujours sur un terrain mouvant qui se dérobe sous les pas. Toutefois il faut faire exception pour une grande partie du folk-lore animal. Là, du moins, grâce aux personnages qui sont en scène et aux positions respectives qu'ils occupent, on possède quelques indications permettant de les grouper avec méthode et de déterminer leur influence historique. La fixité de certains animaux comme héros favoris, formant en quelque sorte un centre autour duquel les autres se meuvent, et aussi la fixité des rapports entre ces héros et leurs satellites, voilà deux faits généraux qui étant reconnus comme propres à telle ou telle nation semblent nous donner le droit de lui attribuer le mérite sinon d'une création indépendante, du moins d'une possession immémoriale.

Il a été établi en effet, d'une part, que, dans le Nord de l'Europe, il existe un ensemble de récits où l'ours est le personnage principal et trouve en face de lui presque invariablement le renard, le premier éternel dupé, le second éternel dupeur. Ils vivent côte à côte, sur un pied d'égalité parfaite ; mais l'un abuse de la stupidité de son compagnon pour lui vider sur la tête tout un sac de malices. Ces contes, on les retrouve sans doute ailleurs, au centre et au sud de l'Europe, et jusqu'au fond de l'Afrique et de l'Asie, jusque sur le Nouveau Continent. Mais leurs variantes ont remplacé en général l'ours par le loup ou un autre animal. En outre, plus on s'éloigne du

---

[1]. Voir là-dessus A. Lang, *Mythologie*, trad. Parmentier, Paris, 1886, p. 243 sq.

Nord de l'Europe, plus les traits fondamentaux et caractéristiques des sujets vont se dégradant et s'altérant. Seules ou presque seules les variantes septentrionales ont gardé le personnage original et fidèlement respecté la forme native. On a donc de fortes présomptions pour admettre que cette tradition des rapports entre le renard et l'ours a pris racine et s'est développée dans l'Europe du Nord avant de projeter et d'étendre ses rameaux sur le reste du globe [1].

Nous retrouvons le renard ou plutôt un animal dont il a pris la place, le chacal, compagnon assidu non plus de l'ours mais du lion dans un grand nombre de contes orientaux. Toutefois ici les rapports qui unissent ces deux bêtes ne sont nullement analogues aux relations que la tradition de l'Europe septentrionale établit entre le renard et l'ours. Le lion, on le sait, est représenté dans les récits indiens comme le roi des animaux ; ceux-ci forment autour de lui une cour humble et servile ; son despotisme n'exclut pas, il est vrai, un certain aveuglement d'esprit et souvent même une grande naïveté ; mais on sent toujours le monarque dans ses moindres actes et dans toutes ses paroles. A ses côtés marchent la plupart du temps deux ministres, deux serviteurs attentifs à tous ses désirs, à tous ses besoins ; ce sont le chacal et l'hyène, rivaux l'un de l'autre, sans cesse en querelle, et caractérisés le premier par une ruse aux expédients sans nombre, l'autre par une insatiable gloutonnerie et une basse férocité. Or ces contes si différents de ceux du cycle dont je viens de parler se retrouvent, comme eux, répandus ailleurs, particulièrement en Europe, et, comme eux aussi, ils ont vu, sur un autre sol que le sol natal, leurs données primitives s'altérer et leurs personnages échangés contre de nouveaux représentants. Le lion a presque complètement, pour ne pas dire tout à fait disparu ; multiples sont ses substituts qui ne rappellent ni son prestige ni sa majesté. Quant aux épisodes de la lutte incessante de l'hyène et du chacal se disputant les miettes du festin de leur seigneur ou s'accusant mutuellement en sa présence, ils sont devenus, à mesure qu'ils pénétraient dans les pays où non seulement le lion mais le chacal et l'hyène étaient inconnus, des histoires de démêlés entre le renard et le loup.

Qu'est-il arrivé de leur importation dans le centre de l'Eu-

---

[1] Telle est la thèse développée par K. Krohn dans le livre cité plus haut *Bar und Fuchs*.

rope ? Comme ces histoires d'origine et de couleur asiatiques du renard et du loup étaient supérieures par le nombre aux histoires septentrionales du renard et de l'ours et qu'elles étaient sans doute établies sur notre sol avant l'immigration de celles-ci, elles leur ont naturellement imposé leur forme. Les deux cycles une fois en présence, le besoin d'assimilation se fit sentir : le renard jouant dans l'un et dans l'autre le même rôle, ici en face du loup, là en face de l'ours, et celui-ci étant représenté avec des instincts et une stupidité approchant de celles du loup, le loup resta seul comme antagoniste du renard, et ainsi deux familles de contes fondées sur des conceptions différentes et venues de deux points opposés se mélangèrent dans une harmonieuse unité.

Cela revient à dire que le folk-lore animal de l'Europe centrale, tel que nous le possédons, est en grande partie composite et n'a rien de visiblement autochtone. Ses éléments sont doubles : une partie nous a été fournie par le Nord ; l'autre, la plus considérable, nous vient du fond de l'Asie. La question de l'origine préhistorique des contes est-elle pour cela supprimée ? Point du tout. Il serait en effet difficile d'admettre que nos ancêtres eussent attendu cette double immigration pour s'intéresser à des histoires d'animaux ; sans doute ils en avaient possédé auparavant qu'ils ont délaissées peu à peu. D'ailleurs les contes du renard et du loup, bien que très nombreux, ne composent pas tout le trésor des contes d'animaux ; on en possède beaucoup d'autres d'une origine moins déterminable et pour lesquels la question est facile à soulever. Mais on comprendra que, pour notre part, nous n'ayons à discuter ce problème que d'une façon exceptionnelle et avec prudence. Les contes oraux de divers pays que nous aurons à comparer avec ceux du *Roman de Renart* sont-ils indigènes ou exotiques ? Sont-ce des arbustes de la région même où ils se trouvent aujourd'hui mais dont la sève a été renouvelée par la greffe de rejetons étrangers, ou simplement des plantes acclimatées sous un nouveau ciel et dans un nouveau sol ? Nous n'avons à nous en préoccuper que fort peu ou incidemment. L'essentiel pour nous était de constater l'existence de ces contes, les rapports révélateurs de leurs différentes formes et l'intérêt et l'utilité que peut offrir leur étude.

Cette utilité et cet intérêt ressortent encore bien plus lorsque, ne considérant pas seulement les contes en eux-mêmes, on envisage aussi l'immense contribution qu'ils ont apportée à la littérature écrite de tous les temps et de tous les pays. Les examiner sous cet aspect, c'est constater à la fois et leur haute antiquité et le rôle considérable qu'ils ont joué dans l'histoire du développement intellectuel de l'humanité. Voyons rapidement ce que la littérature écrite doit en particulier aux contes d'animaux.

Parmi les conseils que Quintilien donne à ceux qui se destinent à l'éloquence, il recommande de s'exercer à reproduire en un langage clair et simple les fables d'Esope et il s'exprime ainsi : « Æsopi fabellas quæ fabulis nutricularum proxime succedunt narrare sermone puro et nihil se supra modum extollente... condiscant. »[1] Si Quintilien avait vécu de notre temps, peut-être aurait-il complété ce rapprochement entre les histoires de nourrices et les apologues ésopiques : il ne se serait pas contenté de dire qu'ils se succèdent dans l'éducation ; il aurait ajouté qu'ils ne sont au fond qu'une seule et même chose. Ce n'est pas en effet un des moindres résultats de la science inaugurée par les frères Grimm que la découverte des rapports étroits qui unissent ces leçons de morale que nous avons héritées des Grecs et des Latins à ces histoires sans prétention didactique qui font encore la joie des veillées au fond de quelques-unes nos provinces. Que de sujets traités par Phèdre et par Babrius se retrouvent dans les recueils de contes populaires ! Personnages, situations, incidents, tous les principaux détails sont quelquefois semblables de part et d'autre, avec cette différence que chez les premiers le développement de l'action est plus ramassé, plus sobre, combiné qu'il est en vue d'une impression esthétique à produire ou d'une leçon morale qui doit en découler ; chez les autres, au contraire, le drame s'appartient à lui-même, se déroule librement et n'a de limites que celles qui lui sont assignées par la peinture des caractères et la vraisemblance des événements.

D'où provient cette communauté de biens ? La première réponse qui se présente est naturellement celle-ci : les contes d'animaux seraient sortis des fables ; celles-ci, créées par des esprits ingénieux, auraient peu à peu dépassé le cercle des lettrés, pénétré dans la foule et en s'y insinuant auraient perdu leur caractère allégorique pour ne conserver que le piquant de la narration et l'agrément de l'anecdote. Cette solution paraît d'autant plus acceptable qu'on peut l'appuyer sur certains

---

[1] *De Inst. orat.* I, 9.

faits. Pour n'en citer qu'un et qui est d'assez fraîche date, la littérature orale de la Finlande s'est incontestablement approprié certaines fables ésopiques dont une traduction avait paru dans ce pays en 1784 [1]. Rien de plus naturel : entre les lettrés et la masse des ignorants sont les demi-savants ; ceux-ci servent d'intermédiaires et c'est en passant par leur bouche que la fable se dépouille de son austérité et devient une simple histoire pour rire, un conte.

Mais ce ne sont là que des faits isolés, et la preuve resterait à faire pour tout l'ensemble des contes populaires qui laissent bien loin derrière eux pour la richesse et la variété la collection des fables antiques. « La fable et la morale, a-t-on dit à propos des apologues d'Ésope et de Phèdre, semblent n'être qu'un raisonnement dont l'une forme les prémisses et l'autre la conclusion. Le sujet n'a pas été trouvé avant la morale ; le moraliste a commencé, la fable a suivi [2]. » Ce jugement, malgré son apparente rigueur d'axiome géométrique, est inacceptable ; il est en contradiction absolue avec ce que nous savons sur le développement de la fable chez les Grecs. En effet les apologues de Babrius n'avaient pas primitivement d'affabulations ; celles dont on les a pourvus plus tard ne méritent guère le titre de « prémisses » du récit : leur forme est des plus incorrectes et leur valeur littéraire est nulle [3]. De même la plupart de celles qui accompagnent les quarante-deux apologues d'Avianus, pour ne pas dire toutes, sont l'œuvre d'interpolateurs [4]. On n'a pas à mettre ici en ligne de compte, vu que la rédaction en est moderne dans sa plus grande partie, la compilation de Planude. D'ailleurs si l'on admet avec certains savants qu'elle n'est que la mise en prose du recueil en vers scazons de Babrius [5], il est à croire que ses épimythies ne sont pas plus authentiques que celles de l'original lui-même. Non moins apocryphes sont celles de Phèdre. « La morale, a-t-on écrit à leur propos, est souvent assez gauchement accolée au récit pour forcer à ne pas la croire de la même venue. Toutes les fables n'en ont même pas : au lieu d'un précepte, ce

---

[1] *Mann und Fuchs*, p. 63, sq.
[2] D. Nisard, *Hist. de la litt. française*, III, p. 138.
[3] Voy. Rutherford, *Babrius*, London, 1883, p. LXXXVI sq.
[4] Voy. Frœhner, *Aviani fabulæ*, Lipsiæ, 1862, p. 50 sq. et l'édition d'Ellis, Oxford, 1887, p. XXXII sq.
[5] Jacobs, *Hist. of the Æsop. fable* p. 17 sq.

n'est parfois qu'un résumé ou un argument littéraire, et cette variété de forme prouve que leur composition n'était dominée par aucune idée systématique [1]. » Les Grecs donc, loin d'avoir créé la morale avant le récit, ne la considéraient pas comme inhérente à lui, comme indispensable.

Mais en supposant même que tous les apologues antiques, ceux de Babrius et d'Avianus aussi bien que ceux de Phèdre, eussent été à l'origine précédés ou suivis d'épimythies, celles-ci n'en auraient pas moins un caractère adventice et artificiel. A quelle époque en effet remonte l'habitude de faire des collections de fables ? A l'époque de la décadence littéraire de la Grèce, à l'époque où, la parole étant chassée de la tribune, commencent à fleurir les écoles de rhétorique. L'éloquence s'apprend désormais comme un métier : on collectionne les règles, on collectionne les tournures, on fait des recueils d'exemples des écrivains classiques. Bien vite les fables viennent figurer parmi ces recettes propres à faire un élégant discours. Jusqu'à ce moment — et alors même qu'ils étaient attribués à Ésope et mis sous son nom — les apologues avaient été pour ainsi dire un accident dans la littérature grecque ; ils apparaissent çà et là chez Hésiode, chez les lyriques, chez Platon, chez Aristophane ; ils y servent à toutes fins, tantôt à un but politique, tantôt à un but moral, tantôt même à un but comique. Tout à coup, ces éléments épars se réunissent et prennent corps ; une première compilation paraît et quel en est l'auteur ? Un rhéteur, Démétrius de Phalère. [2] L'a-t-il faite en archéologue plutôt qu'en maître d'éloquence ? Il serait difficile de le dire. Mais on est moins embarrassé de décider le cas pour Nicostrate auquel on attribue un second recueil. C'était en effet un contemporain d'Hermogène, ce fameux rhéteur qui éclipsa si longtemps dans les écoles Platon, Aristote et Cicéron. Dans les *Progymnasmata* d'Hermogène, on voit l'usage constant des fables comme exercices oratoires. Composer une fable d'après une morale donnée, tirer la morale d'une fable donnée, construire un récit où soient mis bien en relief les caractères d'animaux donnés, tels étaient les sujets qui

---

[1] Ed. Du Méril, *Poésies inédites*, p. 72. Il ne faut pas oublier non plus que les trente-deux fables nouvelles de Perotti n'offrent point de morales.

[2] Il s'agit des λόγων Αἰσωπείων συναγωγαί dont la composition lui est attribuée par Diogène de Laërce.

servaient à assouplir le style et à produire la science du développement. Les Δακαμυθία de Nicostrate ont certainement servi de textes tout préparés pour ce genre d'exercices[1]. Il serait peut-être téméraire d'affirmer, comme on l'a fait, que le recueil de Babrius n'est autre que celui de Nicostrate mis en scazons grecs et le recueil de Phèdre celui de Démétrius mis en ïambiques latins[2]; mais on ne peut se refuser à croire qu'il soient sortis de la même source, de ces écoles d'éloquence où des cahiers d'apologues se transmettaient de génération en génération. Ils sont l'un et l'autre des transcriptions de manuels d'apprentis orateurs, transcriptions fines et agréables sans doute, mais qui ne peuvent guère, en raison de cette origine, être pompeusement traitées d'interprètes de la sagesse antique.

Ainsi rien ne nous prouve que chez les Grecs la fable soit sortie de la morale ; cela peut être vrai de quelques apologues nés dans les écoles des rhéteurs ; tous les autres furent progressivement de simples récits dont chacun put tirer l'application qu'il voulait. D'ailleurs, ne s'impose-t-il pas à la réflexion que ce qui a frappé tout d'abord les hommes dans le spectacle que leur offrait chaque jour la vie animale, ce ne furent pas les conséquences pratiques, les préceptes à leur usage qu'ils pouvaient en déduire, mais plutôt les analogies qu'ils remarquaient entre les mœurs des bêtes et les leurs? Cette observation fut objective avant d'être subjective. Ce fut plus tard que le moraliste sévère remplaça le contemplateur fin et malicieux et tira parti pour la sagesse humaine de ces inventions naïves où la libre fantaisie du travestissement se mêlait à l'observation exacte de la réalité. La chose semble d'ailleurs pleinement confirmée par un antique recueil indien, celui des *Jâtakas*. Ce recueil qui date de plus de 400 ans avant Jésus-Christ se compose, en grande partie, comme les recueils ésopiques et phédriens, de récits d'animaux[3] ; mais leur application n'est pas la même; ici, ils ont pour but, non pas de donner des règles de conduite, mais de raconter les différentes et premières incarnations du Bouddha. Or rien n'est bouddhique au

---

[1] Rutherford, p. XL.
[2] Jacobs, p. 123 sq.
[3] Ces récits sont épars en grand nombre dans les livres canoniques. On en possède un recueil spécial composé de 500 morceaux dont une partie seulement a été traduite.

fond des contes de ces *Jâtakas* que l'appropriation de ces histoires de bêtes à une fin religieuse. Il est facile de les dégager de ces éléments adventices au milieu desquels ils sont enchâssés [1], et, quand on l'a fait, on se trouve en présence de récits de la plus grande naïveté et qu'on peut rapprocher, pour la fraîcheur, des meilleurs des contes populaires.

Qu'est-ce à dire, sinon qu'il existait dans l'Inde un fonds immémorial et préhistorique de contes où chacun a puisé tour à tour pour revêtir certains d'entre eux tantôt d'une forme religieuse, comme l'ont fait les auteurs des *Jâtakas*, tantôt d'une forme didactique et morale, comme l'a fait plus tard l'auteur du *Pantchatantra*? Une pareille couche n'existait-elle pas aussi ancienne et aussi riche dans la Grèce même, et n'est-ce pas d'elle que se sont successivement détachées ces fables cypriaques, libyennes, cariennes, phrygiennes, sybaritiques et autres que nous savons avoir été si célèbres au VIe siècle [2], ces apologues épars dans les écrits d'Hésiode, d'Archiloque, d'Hérodote, d'Eschyle et de tant d'écrivains [3] qui, en les contant, n'en ont point attribué l'invention à Ésope et par cet anonymat nous ont en quelque sorte avertis qu'ils étaient la propriété de tous et des parcelles de ce trésor populaire dont chacun était le dépositaire et l'héritier? Et les fables mises par Démétrius de Phalère sur le compte d'Ésope, celles qui nous ont été transmises par Babrius, Avianus et Phèdre, ne sont-elles pas elles aussi pour la plupart originaires de cette source mystérieuse? La question des emprunts des fables grecques aux fables indiennes et de celles-ci aux fables grecques est loin d'être résolue [4]. Si dans certains cas on peut établir entre elles

---

[1] Un *jâtaka* se compose en effet d'une ou de plusieurs stances très anciennes qui contiennent une allusion au récit, du récit lui-même et enfin d'un commentaire qui fait l'application du récit à l'une des existences du Bouddha. Voir Barth, *Mélusine*, IV, p. 559.

[2] Burnouf, *Hist. de la litt. grecque*, I, p. 69, note.

[3] Voir dans Jacobs, p. 26-29, une liste complète de ces fables anciennes de la Grèce.

[4] Cette question débattue jadis par Wagener, *Mémoire sur les rapports des apologues de l'Inde et de la Grèce*, Bruxelles, 1854, par A. Weber, *Indische Studien*, III, 327-72, par Benfey dans son Introduction du *Pantchatantra* et par O. Keller, *Jahrb. f. classische Philologie* IV. Supplementband 307-418 a été reprise récemment par Rutherford dans l'introduction de son Babrius et par Rhys-Davids dans l'introduction de sa traduction de quarante des Jâtakas, *Buddhist Birth Stories*, I, Trübner 1880.

réciprocité et échanges mutuels, on se trouve la plupart du temps en face de doutes qui ne peuvent être levés que par l'admission d'un filon antique de contes populaires existant à la fois dans l'Inde et la Grèce et dont les recueils d'apologues sont des exfoliations simultanées et souvent indépendantes les unes des autres.

Ainsi la genèse de tant d'œuvres célèbres, religieuses ou morales, où les animaux jouent un rôle allégorique ne peut être éclairée que par la comparaison des contes populaires où ces mêmes personnages sont en scène non plus comme nos éducateurs, mais plutôt comme nos amuseurs. Par contre l'étude des contes populaires ne peut pas se passer de l'étude parallèle des histoires saintes du Bouddha ou des récréations morales de Vishnoucharman, de Babrius et de Phèdre. Dans celles-ci se retrouve fixée par l'écriture une forme ancienne, quelquefois primitive, de beaucoup de contes que la tradition orale ou a laissés se perdre ou a notablement défigurés. Grâce à elles, on trouve plantés sur sa route de précieux jalons qui guident à travers l'épaisse forêt du temps.

Comme les *Jâtakas*, comme le *Pantchatantra*, comme les apologues ésopiques et phédriens, le *Roman de Renart* est à sa manière et dans sa plus grande partie un fragment détaché de l'immense édifice de la tradition orale et populaire. Ces compilations indiennes et gréco-latines nous donnent une image du folk-lore animal de l'antiquité, celle de nos poètes nous donne l'image du folk-lore animal du moyen âge. Telle est la thèse que je me propose de soutenir. Je me hâte d'ajouter que je ne suis point le premier à la poser ni même à la défendre. Déjà en 1882, dans un mémoire présenté à l'Université de Kazan [1], M. Kolmatchevsky accordait une place importante aux différents épisodes du *Roman de Renart* à côté des récits populaires des Slaves et de l'Occident. Quelques années plus tard, le savant finlandais dont il a été question dans les pages précédentes M. Kaarle Krohn, les mettait de nouveau en ligne et sur le même rang que les versions orales pour prouver l'originalité et l'ancienneté des contes de l'Europe septentrionale. Mais l'un et l'autre, ils ne les ont

---

[1] *L'épopée animale chez les Slaves et en Occident.* Il ne faut pas oublier non plus que Jacob Grimm avait pressenti la chose ; car dans son *Reinhart Fuchs* il cite un certain nombre de contes populaires esthoniens formant pendant à des branches du *Renart*.

étudiés qu'incidemment, pour ainsi dire ; leurs démonstrations portant surtout sur les contes populaires, nos histoires françaises n'ont été examinées par eux qu'à titre d'arguments. Mon procédé sera inverse, le *Roman de Renart* lui-même étant l'objet de mon travail et le point de départ de mes recherches. Mais avant d'entrer dans le fond du débat il est indispensable, je crois, que j'explique comment cette œuvre se prête, par sa nature, à une pareille étude.

II

DU ROMAN DE RENART

Nécessité de prolégomènes établissant à quel genre littéraire appartient le *Roman de Renart*. — Des nombreux trouveurs qui y ont collaboré et du désordre que présentent les manuscrits. — Ce n'est pas un poème mais une compilation de petits poèmes d'âge différent et de provenance diverse. — Unité du *Reinhart*. — Ce poème allemand ne correspond ni à un ancien poème français ni à une collection de branches contemporaine. — Trois phases distinctes dans la formation de notre compilation française. — La satire n'apparaît qu'à la dernière période. — Elle est au contraire la base de l'*Ysengrimus* ainsi que des poèmes français et flamands imitations du *Roman de Renart*. — Celui-ci n'est qu'une collection de contes d'animaux dont le but est d'amuser non de moraliser. — Pourquoi est-il bon d'étudier les sources de ces contes ?.

S'il est une opinion généralement acceptée par les critiques qui se sont occupés de l'histoire de la littérature au moyen âge, c'est à coup sûr celle que le *Roman de Renart* est un ouvrage satirique. « L'auteur primitif et ceux qui l'ont imité, écrivait Raynouard en 1826, ont voulu sous le nom de divers animaux, auxquels ils ont donné et conservé leur caractère connu mais en leur prêtant les vices et les passions de l'homme, peindre les usages, les opinions, les vices, les ridicules du siècle où ils écrivaient.[1] » Philarète Chasles, tout en reconnaissant chez ces poètes des préoccupations moins étroites, des vues plus générales, regarde leur œuvre entière comme un vaste drame où chaque bête n'est qu'un homme travesti : « Qu'est-ce donc que ce livre ? L'analyse de la vie humaine tracée avec une joviale, rustique et chaude sagacité. C'est le monde en mascarade avec des moines-loups, des intendants-renards, des coqs guerroyants et mille réalités tristes sous de comiques masques[2]. »

---

[1] *Journal des Savants*, 1826, p. 337.
[2] *Études sur les premiers temps du Christianisme et du moyen âge*, Paris, 1847, p. 351.

Nisard, à son tour, déclare que « *le Roman de Renart* est, sous la forme d'un apologue immense, la satire plutôt burlesque que passionnée du moyen âge [1] » Enfin, M. Lenient a accordé à l'examen de cette œuvre une place importante dans son livre sur la *Satire en France au moyen âge* et, bien qu'il la distingue soigneusement, ce qu'on ne fait pas toujours, d'autres poèmes qui n'ont de commun avec elle que le fond et dont l'esprit est différent, il n'hésite pas à la regarder, lui aussi, comme « une vaste mascarade où passe la société tout entière avec ses vices et ses ridicules. » et à conclure que « la satire se mêle *perpétuellement* à la fable [2]. »

En s'en référant aux jugements de ces illustres maîtres, on pourrait se méprendre singulièrement sur le sens du titre de notre étude : *Sources du Roman de Renart*. S'il est vrai, s'il est de tout point incontestable que celui-ci est une suite de tableaux plus ou moins frondeurs de la société des XIIe et XIIIe siècles, on a de prime abord le droit de supposer que notre but a été de découvrir la signification de ces tableaux, de chercher quels usages, quels abus, quels vices ils tournent en dérision, d'établir la part de ridicule qu'ont fournie tour à tour aux malins auteurs, la royauté, le clergé, la chevalerie, les bourgeois et les vilains, en un mot de tenter pour le *Roman de Renart* un travail analogue à celui de M. Taine qui, avec tant d'esprit et de finesse, nous a jadis montré en La Fontaine un peintre admirable de ses contemporains. Telle n'est point cependant notre intention. Ce n'est pas que nous prétendions qu'un pareil travail soit impossible; nous croyons seulement que, si on l'entreprenait, il ne pourrait comprendre qu'une partie de cet immense ouvrage, la moins ancienne et peut-être même la moins digne d'intérêt au point de vue littéraire et artistique. Pour nous, en effet le *Roman de Renart* n'offre ni dans ses éléments primordiaux, ni dans la plupart de ceux qui s'y sont successivement ajoutés un caractère vraiment satirique. Il nous faut donc, avant d'aborder notre sujet, donner quelques explications préliminaires destinées à justifier notre manière de voir si contraire à l'opinion reçue et par là même éclairer le sens précis de nos développements et de nos discussions ultérieurs.

Qu'est-ce, selon nous, que le *Roman de Renart*? Dans quel

---

[1] *Hist. de la litt. française*, I, p. 158 note.
[2] Édition 1883, p. 135 et 143.

genre, parmi les monuments littéraires que le moyen âge a
légués doit-on le ranger? La réponse à cette question ne peut
pas se faire brièvement. En effet nous n'avons pas affaire ici à
une de ces œuvres d'un seul jet, dues à une seule main, inspirées par une pensée unique et dont on saisit clairement à
première vue et l'ordonnance et le but. Nombreux sont les
poètes qui y ont collaboré, à en juger par les variétés de dia-
lectes et les procédés différents de style et d'invention qui ne
peuvent être attribués uniquement aux copistes et qui font de
l'ensemble de l'ouvrage une véritable mosaïque. Parmi ces
trouveurs, trois seulement nous sont connus et encore d'une
façon très vague : Richard de Lison, un Normand, qui, d'après
les renseignements qu'il nous donne lui-même, a dû composer
son morceau dans les premières années du XIIIe siècle ; Pierre
de Saint-Cloud qui est sans doute le poète auquel on attribue
la continuation du *Roman d'Alexandre*, et peut-être le curé
qui, en 1204, condamné au feu comme hérétique, sauva sa vie
en entrant dans un cloître. Il semble avoir joui d'une certaine
réputation parmi les conteurs de l'histoire de Renart ; il est
cité en effet à deux reprises comme ayant traité une grande
partie des aventures du goupil ; et, malgré cela, nous ne sommes point certains de posséder une seule de ses créations ;
car le fragment qui porte son nom est si médiocre pour la forme et si pauvre pour le fond qu'on doit hésiter à lui en attribuer la paternité [1]. Le troisième trouveur enfin qui ait daigné
nous dire quelque chose de lui se contente de nous apprendre
qu'il est « prestre de la Croix en Brie. » Sur les autres trouveurs, clercs sans doute comme les précédents, qui ont travaillé
à la collection de ces contes, les manuscrits et l'histoire littéraire elle-même sont absolument muets. Tout ce qu'on peut
dire, c'est que, comme nous le marquent certains détails de
langue et surtout de nombreuses indications géographiques
éparses dans leurs récits, ils étaient originaires de la Nor-
mandie, de la Champagne, et principalement de la Picardie et
de la Flandre. Mais leur personne est enveloppée d'un épais et
profond mystère.

Cet anonymat du reste n'a rien qui doive nous étonner
étant donnée l'époque où a été composé le *Roman de Renart*.
« Beaucoup de gens, a-t-on dit très justement, s'adonnant à

---

[1] Voir là-dessus *Romania*, XVII, p. 299 et G. Paris, *La littérature
française au moyen âge*, p. 121.

la poésie plus par nécessité que par goût, n'étaient point de grands artistes, mais des ouvriers consciencieux et adroits qui fabriquaient des chansons de geste ou d'amour comme d'autres confectionnaient des braies ou des chausses. Mais ceux-là même qui avaient quelque originalité y renonçaient volontiers, parce qu'ils croyaient mieux faire de suivre la tradition ; le moyen âge avec sa docilité un peu enfantine a eu la superstition de l'autorité ; c'est cet assujettissement de l'individu à une règle commune, à une pensée antérieure à la sienne qui explique le caractère impersonnel anonyme de tant de créations, même des plus heureuses, de l'architecture et de la statuaire, aussi bien que de la poésie [1] ». L'objet de cette étude est précisément de montrer que le *Roman de Renart* est une œuvre toute de tradition, que la part d'originalité y est des plus restreintes, que les trouveurs groupés en une sorte de corporation poétique qui ont uni leurs efforts pour chanter et célébrer les exploits du goupil n'ont fait que remettre sur le métier ce que de nombreux prédécesseurs avaient déjà élaboré et n'ont acquis à ce travail qu'un renom de virtuoses plus ou moins habiles. Ne soyons donc point surpris si la postérité ne nous a pas transmis leurs noms.

Quant aux nombreux manuscrits qui nous ont conservé leurs œuvres, l'accord est loin d'être parfait entre eux, d'abord sur le nombre des morceaux qui composent la collection, autrement dit de ses *branches*, terme adopté par la plupart des copistes pour désigner les divers corps d'aventures mettant en scène le goupil et d'autres animaux. Si quelques-uns de ces manuscrits renferment un nombre imposant de branches, il en est beaucoup qui n'en contiennent qu'un nombre restreint ; l'un d'eux même n'en possède qu'une ; et, malgré cet état fragmentaire, ils se terminent souvent par cet avis : *Explicit li romanz de renart*. Les divergences ne sont pas moins accentuées pour le contenu et la disposition des branches. Alors même que certaines se trouvent toutes admises dans plusieurs manuscrits, elles n'y occupent pas une place fixe ; il leur arrive même d'être dans l'un ou dans l'autre divisées en tronçons qui forment des parties bien distinctes, s'adjoignant à d'autres branches ou en formant de nouvelles. Plus souvent encore, les mêmes épisodes sont d'un manuscrit à l'autre sensiblement modifiés,

---

[1] A. Jeanroy, *Les origines de la poésie lyrique en France*, Paris, 1889, p. 303.

tantôt raccourcis, tantôt par contre étendus outre mesure et enrichis d'innombrables développements [1].

Ces contradictions sont-elles au moins rachetées pour chaque branche, quelle que soit sa composition dans les différents manuscrits, par un arrangement raisonné des épisodes, par un enchaînement harmonieux des diverses parties, où l'intérêt aille sans cesse croissant à mesure qu'on approche du dénouement? Loin de là, peu nombreuses sont les branches qui présentent un plan bien déterminé et une unité satisfaisante dans la marche des événements. En général le poète nous fait passer brusquement, sans transition, d'une aventure à une autre; quand il y a un lien entre elles, il est le plus souvent factice et artificiel; le prologue même qui ouvre certaines branches n'est là que pour satisfaire aux habitudes épiques du temps; ses prétentions sont rarement justifiées et il ne donne presque jamais ce qu'il promet. Si lâche même est la trame de certains groupes de contes que l'on pourrait la rompre sans inconvénient, les intervertir à son gré, les prendre au rebours sans que l'effet produit en fût ni meilleur ni pire.

Cette incertitude dans la constitution du texte, cette variété infinie dans le nombre et cette liberté sans frein dans l'agencement des détails, cette habitude qui paraît consacrée d'appeler *Roman de Renart* aussi bien un ensemble de quelques branches qu'une collection complète nous donnent le sens précis de la nature de cet ouvrage. Ce n'est pas un tout harmonieusement formé mais une juxtaposition souvent arbitraire de contes d'animaux, composés à différentes époques, et dont le groupement n'a été soumis à aucune loi fixe et n'a pas été l'effet d'une préoccupation unique. Entre le XIIe et le XIVe siècles, époques extrêmes de la rédaction des branches que nous possédons, le sujet de *Renart* a été une matière des plus souples et des plus malléables, s'allongeant ou se réduisant à volonté, livrée au bon plaisir de poètes, remanieurs, copistes dont les procédés capricieux nous montrent qu'ils l'ont considérée comme telle. Il n'est pas même jusqu'au titre général de *Roman de Renart* qui ne soit en contradiction avec certaines parties de la compilation. Il semblerait tout naturel que le goupil qui lui a donné son nom dût figurer dans toutes les

---

[1] Voy. pour plus de détails Martin, *Ex. critique et Obs. sur le R. de R.*, p 1-11. Consulter aussi la préface du volume I de son édition du Roman.

branches, s'y montrer sans cesse comme le personnage indispensable. Il n'en est rien : certaines, — et ce ne sont pas les moins bonnes — mettent en scène toutes sortes d'animaux sauf celui-là même qui devait être le protagoniste obligé de cette comédie à cent actes divers.

Aussi a-t-on lieu d'être étonné du contraste saisissant avec cet assemblage bigarré de pièces rapportées qu'offre un poème allemand, contemporain des plus anciennes branches françaises, le *Reinhart Fuchs*, composé vers 1180 par un Alsacien, Henri le Glichezare [1]. C'est en effet une composition d'ensemble, sans arrêts brusques, sans trous dans le récit, sans heurts et cahots dans l'ordre des événements, d'une unité de ton presque parfaite, d'une contexture la plupart du temps serrée et étroite. Les vingt-quatre épisodes qu'elle contient nous montrent d'abord le goupil en face d'animaux inférieurs à lui, le coq, la mésange, le corbeau et le chat ; puis on le voit aux prises avec son ennemi traditionnel le loup, jusqu'à ce que ce dernier, fatigué d'une guerre où il n'éprouve que de honteuses défaites, vienne réclamer justice auprès du lion, le roi des animaux, appuyé dans sa requête par le concert de plaintes de toutes les victimes de celui qu'il accuse. Mais Reinhart guérit le roi qui se trouvait malade, et se venge de tous ces plaignants par la main même du roi, qu'il récompense en l'empoisonnant. Tout est clair, tout est combiné avec logique, et alors même que le poète juxtapose simplement les aventures en ne leur donnant pour lien que la succession de temps, on sent néanmoins la mise en œuvre d'un plan arrêté à l'avance et sévèrement conçu.

Malgré son unité de composition, le *Reinhart* n'est cependant pas une œuvre originale. Il ne faut pas oublier en effet que l'époque où il fut composé fut celle du magnifique épanouissement de la littérature française non seulement sur le sol national, mais aussi au delà des Alpes, des Pyrénées et du

---

[1] Ce poème a été publié pour la première fois par J. Grimm en 1834 dans son *Reinhart Fuchs*, p. 25-103, d'après une recension récente. Plus tard le même savant inséra les fragments de la rédaction originale dans *Sendschreiben an Karl Lachmann*. Leipzig, 1840. M. Reissenberger en a dernièrement donné une nouvelle édition ; voir une traduction libre de ce poème dans Jonckbloet, *Et. sur le R. de R.*, p. 68-118 ; c'est à cette édition et à cette traduction que les citations postérieures seront empruntées.

Rhin où elle était goûtée et imitée avec zèle et enthousiasme. Comme nos chansons de geste comme notre poésie lyrique, qui, depuis le XIe siècle, passaient les frontières pour aller charmer toute l'Europe, nos contes d'animaux trouvèrent à l'étranger des amateurs qui ne tardèrent pas à s'en emparer et à les approprier au goût de leur nation. Le *Reinhart* n'est qu'une traduction faite sur un modèle français. Cela ressort clairement des noms propres d'animaux dont la forme originale est à peine déguisée sous le vêtement germanique, comme Birtin, Hersant, Isengrin ; certains même comme Schantekler et Pinte ont conservé leur extérieur primitif. Cela ressort aussi des rapports frappants qui sautent aux yeux entre la plupart des épisodes narrés dans le *Reinhart* et les épisodes analogues développés dans le *Roman de Renart*. Sur les vingt et une aventures du poème allemand, cinq seulement ne se retrouvent pas dans l'ouvrage français. De plus, des vers entiers de ce dernier, quelquefois même des tirades entières se trouvent reproduits littéralement par le Glichezare, si bien que son texte semble être souvent la traduction littérale du modèle.

Que conclure de cette étroite parenté entre les deux ouvrages ? Faut-il admettre l'existence d'un poème antérieur à la compilation que nous possédons et que le Glichezare aurait transcrit le plus fidèlement possible dans sa langue maternelle ? Notre Roman si compliqué, si touffu, serait ainsi le produit d'une extension considérable, illimitée, donnée postérieurement par différents auteurs et à différentes époques à un autre Roman d'un cadre moins large et aux lignes mieux arrêtées. Les récits composant celui-ci auraient été un à un repris par des clercs qui, tout en conservant l'ancien fonds, l'auraient développé et y auraient ajouté de nouvelles inventions. Sur l'antique tronc tout d'une venue, se seraient greffées de jeunes pousses et aurait poussé toute une luxuriante végétation [1].

---

[1] C'est l'opinion de Grimm, *R. Fuchs*, p. CVIII sq. et *Sendschreiben*, p. 64, de Fauriel, *Hist. litt. de la France*, XXII, p. 925 sq. de Rothe, *Les Romans du Renard*, p. 62, de Wackernagel, *Kleine Schriften*, II, p. 227 et de Jonckbloet, *Étude sur le R. de R.*, p. 65 sq. Tout dernièrement encore cette théorie a été soutenue dans *Les Rapports du Roman de Renart au poème allemand de Henri le Glaissner* par J. Lange, Neumark, 1887.

Mais si un tel poème a existé, assez populaire pour mériter les honneurs d'une traduction en pays étranger, comment n'a-t-il laissé nulle part aucune trace de sa célébrité ? Comment, alorsque pullulent dans les écrits du moyen âge des allusions à d'autres œuvres conservées ou perdues, ne trouvons-nous chez aucun poète contemporain ou postérieur des témoignages précis concernant ce soi-disant prototype de notre Roman ? Ce n'est pas que nous ne rencontrions souvent çà et là chez différents écrivains des souvenirs de la guerre du goupil avec le loup et les autres animaux. Ces allusions ont été maintes fois groupées[1] et l'on pourrait facilement en augmenter le nombre. Mais ces allusions ont trait à des épisodes détachés de cette guerre, non à l'ensemble de ces épisodes, et elles peuvent aussi bien se rapporter à la compilation que nous possédons qu'au soi-disant original du Glichezare ; aucune ne peut servir à déterminer exactement l'existence et la priorité de ce dernier.

Une autre hypothèse plus spécieuse a été émise, à savoir qu'en 1180 courait dans les mains une collection, non plus un tout, de branches rangées dans l'ordre que nous offre le *Reinhart*[2]. Un des manuscrits, du reste le plus ancien et le meilleur, nous donne quelques épisodes dans une succession analogue à celle que nous avons admirée dans le petit poème allemand. Telles sont notamment les aventures de Chantecler, de la mésange, de Tibert et de Tiécelin, celles aussi de la Pêche à la queue et de la Descente dans le puits. Pourquoi, par suite, ne pas admettre que le Glichezare a eu sous les yeux un modèle dont les différentes parties correspondaient exactement à celles qui composent sa traduction ? Je le veux bien, mais il faudrait admettre en même temps que, dans ce modèle, chaque branche reprenait l'action où la précédente l'avait laissée, qu'il y avait unité et gradation dans le développement de la guerre entre Renart et Isengrin. Or le manuscrit précité, qui serait, d'après cette théorie, proche parent de cette collection perdue, nous permet-il, je ne dis pas d'affirmer, mais même seulement de soupçonner un pareil état de choses ? Non, car dans ce manuscrit comme dans les autres les branches ne tiennent pas ensemble, certaines répètent ce qui a été dit dans d'autres et

---

[1] Notamment par Grimm, *R.*, *Fuchs*, p. CXCV sq. et Ed. du Méril, *Poésies inédites*, p. 120 sq.
[2] Martin, *Obs.*, p. 106 sq.

n'en forment souvent que des variantes plus ou moins ressemblantes. Nulle part n'apparaît l'ombre d'un ordre naturel et chronologique, d'une marche ou d'un développement suivis.

Tout ce qu'on peut donc sérieusement et vraisemblablement induire de la comparaison du *Reinhart* et du *Renart*, c'est qu'à l'époque où écrivit le Glichezare, il s'était déjà introduit parmi les remanieurs des traditions pour l'arrangement des contes. Certains d'entre eux s'étaient à la longue groupés de manière à former un tout presque indissoluble. La première partie de la traduction allemande et aussi les messages de Brun et de Tibert précédant l'arrivée de Reinhart à la cour du lion malade comme dans le poème français ils précèdent son jugement, sont des preuves significatives que l'auteur allemand a trouvé une partie des aventures dans l'ordre où il les a racontées. Jusqu'alors, comme le démontrent surabondamment le peu de liaison des épisodes entre eux, la facilité avec laquelle ils sont repris d'une branche à l'autre pour servir à d'autres fins, le peu d'appropriation au récit ou le caractère superficiel des prologues, ces petits récits, je parle de ceux qui ont leurs correspondants dans le *Reinhart*, et par conséquent des plus anciens, avaient vécu d'une vie isolée, composés à des dates différentes par des poètes différents ou même peut-être n'existant que dans la mémoire des conteurs, mais sans cesse redits et répétés et formant par leur ensemble toute une vaste tradition dont la malice de Renart constituait le fond et l'idée maîtresse. C'était là ce que nos trouveurs appelaient *l'estoire* [1].

Au XIIᵉ siècle, et peut-être à l'imitation de *l'Ysengrimus* [2] qui venait de paraître (avant 1150), véritable épopée animale sur le loup avec unité et suite dans le groupement des récits, certains clercs s'avisèrent de réunir quelques-uns des contes français et de rattacher tous ces rameaux jusqu'alors épars à

---

[1] N'était-ce pas là l'opinion de Rothe, p. 430: « Dans le premier et principal roman de Renart, nous avons dû reconnaître un recueil de fables et de contes divers, une réunion et une rédaction de compositions déjà anciennes en partie et conservées par tradition sans doute autant que par écrit. »

[2] C'est le poème publié en 1832 par Mone sous le titre *Reinardus Vulpes* et dont M. Voigt a donné en 1884 une magistrale édition en lui restituant son véritable titre. Le petit poème qui se trouve dans le *Reinhart Fuchs* de Grimm, p. 1-24 et qui est intitulé *Isengrimus* n'est que l'abrégé du précédent au lieu d'en être, comme on l'avait cru jusqu'à M. Voigt, la source ancienne.

un petit nombre de branches. Cette tentative de synthèse n'a pas abouti. Elle ne pouvait pas d'ailleurs aboutir étant l'œuvre de plusieurs poètes ou arrangeurs, étrangers les uns aux autres par les goûts et par les procédés, et dont chacun a suivi ses tendances et sa fantaisie personnelles. Au lieu de porter en bloc sur toute la série des contes qui composaient la tradition primitive de Renart, elle a opéré successivement sur certains groupes de ces contes. De là, au lieu d'une épopée unique, comme celle de Nivard, l'auteur de *l'Yscngrimus*, plusieurs petites épopées sans lien entre elles, sans subordination de l'une à l'autre.

C'est à cette seconde phase de la vie des contes du *Renart* que nous devons rapporter la traduction du Glichezare. La simplicité de son récit, la sobriété des détails qui la caractérisent nous ramènent à un état pour les branches moins développé et moins compliqué. Sans doute il a pu prendre de grandes libertés avec son modèle, émonder ce qui lui paraissait trop touffu, ajouter çà et là quelques détails qui rendaient les scènes plus claires ou plus pittoresques, introduire des allusions à des événements ou à des personnages de son temps et de sa région; l'exécution générale dénote néanmoins une naïveté dont le mérite ne doit pas être attribué à lui seul et dont la plus grande part revient à ceux qu'il a imités. Ces branches indépendantes qu'il trouva en vogue, il les combina avec une grande habileté, de manière à en faire un poème régulier ; voilà son principal mérite ; il ne fut pas seulement un traducteur, il fut aussi un remanieur ou plutôt un arrangeur de beaucoup de talent [1].

Plus tard enfin les copistes essayèrent de rattacher les branches les unes aux autres et cet essai fut probablement provoqué par l'apparition de la fameuse branche du Plaid. L'histoire de cette branche est, on le verra plus loin, assez compliquée ; le Glichezare en avait connu la première partie alors que celle-ci était soudée à un autre récit, narrant la maladie du lion et sa guérison par le goupil. Déjà, sous cette forme, s'était manifestée bien nettement l'intention des trouveurs de résumer en un tout les aventures de Renart éparpillées jusqu'alors dans les

---

[1] Cette hypothèse que j'avais déjà exposée dans *Romania*, XVII, p. 296 sq. a été pleinement confirmée par une savante étude que vient de publier M. Voretzsch dans la *Zts. f. rom. Phil.* sur les rapports entre le *Reinhart* et le *Renart* et que j'aurai souvent à citer dans la suite.

diverses branches, et de leur donner une conclusion définitive. Les plaintes d'Isengrin et des autres animaux, la confession du goupil à son cousin le taisson qui l'amène à la cour, sa défense en présence du roi, la vengeance habile qu'il tire de ses accusateurs en les faisant écorcher ou tuer ont visiblement ce but. D'ailleurs la place qu'occupe cet épisode dans le *Reinhart*, l'important développement qui lui y a été donné sont des témoignages bien précis de cette tentative de condensation. Mais ce n'est pas néanmoins sous cette forme que l'histoire du Plaid a acquis toute sa popularité. Ce ne fut que lorsqu'un arrangeur eut détaché de l'ensemble du morceau de Renart accusé et médecin, toute la partie relative au jugement, et eut remplacé la scène de la guérison par un nouveau dénouement, que le sujet conquit tous les suffrages. L'on sait que c'est la branche ainsi composé qui, dans la première moitié du XIII⁰ siècle, passa en Flandre pour y être finement interprétée par le poète Willem [1] et devenir le point de départ de toutes les imitations postérieures au delà du Rhin [2]. C'est elle aussi qui, dans la seconde moitié de ce XIII⁰ siècle, fut goûtée des Italiens du Nord qui nous en ont laissé deux rédactions en dialecte vénitien [3]. En France, son succès ne fut pas moindre, si l'on en juge par les habitudes nouvelles qu'elle introduisit dans la tradition de Renart et par la révolution qu'elle y causa. Habitudes regrettables, révolution fâcheuse d'où est sorti tout le désordre dont les manuscrits nous présentent l'affligeant tableau. D'une part, en effet, on re-

---

[1] Son œuvre est le *Reinaert de Vos* qui après avoir été publié par Grimm, *R. F.*, p. 115-267 et par Jonckbloet, Groningue 1856, l'a été de nouveau avec le remaniement et les additions connues sous le nom de *Reinaerts Historie* par Martin Cette seconde partie du *Reinaert* avait été déjà éditée seule par Willems, Gand, 1836-1850. C'est sur ce dernier texte qu'a été faite la traduction française de O. Delapierre, Bruxelles, 1838, à laquelle j'emprunterai mes citations.

[2] Ce sont d'une part la paraphrase en distiques latins de Balduinus composée avant 1280, d'autre part le *Reinke de Vos* saxon attribué à Hinrek van Alkmer. Ce poème dont la première édition est de 1498 est la traduction d'une rédaction assez étendue et divisée en chapitres du *Reinaert* II, laquelle avait paru quelques années auparavant. A son tour le *Reinke de Vos* a donné naissance à partir du XVI⁰ siècle aux *Reineke Fuchs* allemands tant en vers qu'en prose et en particulier au charmant poème de Gœthe sur ce sujet.

[3] L'une a été publiée par Teza, *Rainardo e Lesengrino*, Pisa, 1869; l'autre par Putelli, *Giornale di filologia Romanza*, V, 1879 M. Martin les a fait figurer toutes deux en une branche spéciale à la fin de son édition.

garda désormais ce jugement à la cour du lion et l'adultère de Hersent qui en est la cause principale comme le centre autour duquel devaient évoluer tous les événements ; à ce pivot unique chacun ramena la plupart des récits existant déjà ou ceux qui vinrent s'ajouter à l'ancien fonds. D'autre part, à l'imitation de ce trouveur qui avait su si habilement et si discrètement résumer au moyen de quelques allusions presque tous les incidents de la vie de Renart, les arrangeurs ou trouveurs prirent la manie de rappeler sans cesse, à propos de nouveaux tours du goupil, ceux qu'il avait joués précédemment, soit sous forme de confession, soit sous forme d'accusation. De là des complications, des redites, des contradictions sans nombre, et surtout une prolixité fatigante au lieu d'une harmonieuse unité. Cette unité, on ne pouvait l'obtenir que par une extension donnée à la branche du Plaid, en y ajoutant, par une transition soignée et naturelle, le reste des aventures pour en former le complément, les unes présentées d'une façon dramatique, les autres rappelées au moyen de dialogues ou d'allusions. Telle fut l'œuvre du continuateur de Willem, élargie plus tard par l'auteur du *Reinke de Vos* dont nous pouvons admirer la finesse d'observation et l'élégance de forme dans la traduction de Gœthe. Étrange destinée de cette conception toute française, née et développée sur le sol gaulois qui n'a pu trouver qu'à l'étranger une forme vraiment littéraire et une renommée durable !

Ce n'est pas tout. Pendant que certains trouveurs mettaient tous leurs efforts à diversifier une scène unique et se copiaient les uns les autres sous prétexte de variété, d'autres, moins bien inspirés encore, oubliant que l'idée-mère du cycle était la glorification de la malice du goupil et que, quelle que fût l'origine et le fond des histoires qu'ils ajoutaient, ils devaient les rattacher à ce point de vue, introduisirent des récits où le goupil ne tenait aucun rôle, et dont le loup, l'ours et le héron étaient les acteurs principaux. Ainsi *l'estoire* primitive qui n'admettait comme personnages fondamentaux que Renart et Isengrin autour desquels les autres bêtes n'agissaient que comme acteurs secondaires ou comme comparses, tendait à se subdiviser en autant *d'estoires* distinctes qu'il y avait d'animaux ; chacun aurait eu sa tradition spéciale et, la faveur du public aidant, la collection des contes de Renart menaçait de devenir un vaste déversoir où se seraient engouffrées pêle-mêle toutes sortes d'histoires d'animaux, disparates et hétérogènes. Le bon sens heureusement reprit le dessus, le flot envahissant s'arrêta court et ses ravages n'ont pu entamer ce que les trouveurs du XIII siècle avaient conservé, tout en le modifiant et l'altérant, de l'œuvre de leurs devanciers.

Telle étant la genèse du *Roman de Renart*, on s'explique sans peine la diversité des sujets qu'il embrasse, la bigarrure et le bariolage qui en font un des ouvrages les plus curieux du moyen âge. Au cours de sa formation lente et progressive, dans les différentes périodes de la construction pierre par pierre de cet immense monument, chaque artiste a apporté ses goûts particuliers et s'est laissé guider par ses préoccupations personnelles. Il a été comme une de ces vastes cathédrales du temps, péniblement édifiée, où chaque architecte aurait laissé la marque de son style favori et chaque génération l'empreinte de son caractère. La fable proprement dite, le conte, la parodie bouffonne, l'allégorie, la raillerie fine et délicate, la satire violente et grossière, les genres les plus divers s'y côtoient sans cesse et semblent s'y être donné rendez-vous. Il y en a pour contenter tous les goûts et l'on pourrait presque appliquer à cet ouvrage la fameuse phrase de la Bruyère sur le livre de Rabelais : « Où il est mauvais, il passe bien loin au delà du pire, c'est le charme de la canaille ; où il est bon, il va jusqu'à l'exquis et à l'excellent, il peut être le mets des plus délicats. » A côté de quelques récits qui, par leur allure rapide, leur forme un peu grêle et leur cadre étroit rappellent de très près les apologues classiques, quoique n'ayant pas le but moral de ces derniers et dénués de toute prétention didactique, comme le *Loup et les Béliers* [1] XX, le *Loup et la Jument* (XIX), le *Partage du Lion* (XVI), *Renart et les mûres* (XI) *Renart et la Corneille* (XIII), figurent d'autres scènes d'animaux plus étendues et plus circonstanciées, véritables petits drames pleins de vie et d'intérêt, mais où les bêtes qui jouent un rôle gardent encore leurs mœurs et, tout en se rapprochant de nous et en accomplissant certaines actions humaines, restent dans les limites d'une certaine vraisemblance et ne vont pas au delà des bornes imposées au

---

[1] La désignation des branches et des passages du *Roman de Renart* que j'aurai à citer sera naturellement faite d'après l'édition Martin. Celle-ci notant au haut de chaque page les passages correspondants de l'édition de Méon, je n'ai pas cru devoir faire des renvois à cette dernière.

travestissement. Ce sont là, il faut le dire, les meilleures parties du Roman ; les contes du *Pélerinage* (IX) de *Renart et les Charretiers* et de la *Pêche à la queue* (IV), ceux de *Renart médecin* (X) de *Chantecler* (III) et bien d'autres encore sont des chefs-d'œuvre de cette narration vive et prime-sautière dont le moyen âge avait le secret, charmante par la vérité de situation, la simplicité et la fraîcheur des détails. Ce sont là aussi les morceaux les plus anciens de la collection, ceux qui répondent le mieux à l'idée primitive de cette guerre du goupil et du loup, à la première manière des trouveurs dont l'unique but, en développant les différents épisodes de cette lutte, était de faire rire, d'amuser, de nous donner, pour employer leurs expressions « une risée, un gabet. »

Avec le temps, par besoin de renouveler une matière près de s'épuiser et par imitation de plus en plus étroite de l'épopée chevaleresque, le ton perd de sa naïveté; les animaux deviennent de plus en plus de véritables hommes. Ils se rassemblent à la cour du roi, tiennent conseil, vont assiéger le château de Renart. Le chameau est légat du pape et jurisconsulte distingué. Renart se présente comme jongleur et amuse les badauds avec son baragouin comique. Sa femme et celle du loup se disputent comme deux poissardes, se prennent aux cheveux et se roulent par terre ; le loup, revêtu gravement des habits sacerdotaux, célèbre la messe à l'autel à la place du prêtre. Tous les animaux en cercle autour de la fosse préparée pour recevoir la bière de Renart que l'on croit mort chantent les offices des défunts ; l'âne et le cerf prononcent un touchant panégyrique de sa vie. Nous sommes ici en pleine parodie ; et pourtant l'invraisemblance de ces scènes n'a rien qui nous choque ; la franche gaîté qu'elles respirent, la verve enjouée qui déborde dans chacune d'elles nous fait oublier ce qu'elles peuvent avoir souvent d'exagéré et d'outré. Mais, par contre, que penser en voyant le chat à cheval emportant les livres qu'il a dérobés à un prêtre, le lièvre amenant sur ses épaules un homme qu'il veut faire juger par le roi, Renart sur un destrier le faucon au poing, chassant les canards sauvages ou encore surveillant les ouvriers qui fortifient son château et intriguant pour que ses fils soient décorés de l'ordre de la chevalerie et que lui-même soit promu à la dignité de lieutenant du royaume? Autant de plates inventions dont la faiblesse n'est relevée et compensée par aucun mérite d'exécution. A la suite de ces inventions aussi insipides que burlesques, il faut ranger d'autres morceaux dont le sens nous échappe tout à fait, où les animaux n'ont d'animaux que le nom et dont la conception est allégorique si elle n'est pas simplement grossière. La branche de l'*Ours, du loup et du vilain qui montrent leur derrière*, et celle de *Renart qui parfist le c..*, bien que le fonds en soit très ancien, sont étrangères à la donnée la plus générale du *Roman* et sont indignes de figurer pour les idées et pour la forme dans la collection.

Enfin il est un certain nombre de branches qui se distinguent entre toutes les autres par un caractère particulier. A l'élément narratif et à l'élément comique se mêle incontestablement la satire. Leurs auteurs ont eu en vue ou les vices et les passions de l'humanité en général ou certains travers spéciaux à leur temps. Il est évident que le trouveur qui nous montre le loup aux prises avec un certain prêtre Martin qui

> Ne fu onques de letres mestre
> Plus savoit de truie enfondue
> Que de letre deporveüe.
> Prestres Martins estoit moult sages
> De bien norrir par ces erbages
> Brebis dont il ot maint fromage
>
> (XVIII, v. 8 sq.)

veut se moquer de l'ignorance et de l'avidité du clergé de son époque. La vie scandaleuse de certains prêtres gardant auprès d'eux des concubines malgré les statuts ecclésiastiques n'a pas échappé aux rudes railleries de nos poètes :

> Toute la vile le plaignoit
> Por une putein qu'il tenoit,
> Qui mere estoit Martin d'Orliens.
> Si l'avoit gite de granz biens.
>
> (I, v. 837 sq.)

La confession de Renart au milan est une charge à fond contre les prêtres et les moines ; de plus, dans un langage d'un cynisme révoltant, elle dépeint toute une société de ribauds corrompus et débauchés dont les types ont été sans doute fournis à l'auteur par quelques-uns de ses contemporains. A côté de cette satire âpre et mordante, visant violemment telle ou telle classe d'individus, le *Roman de Renart* nous offre le spécimen d'une satire plus fine, plus spirituelle. La branche du *Jugement* n'est d'un bout à l'autre qu'une douce moquerie à l'adresse des rois impuissants et des courtisans hypocrites. Ce tableau de Renart revenu à la cour, se plaignant de ce que des envieux ont mis a profit son absence pour le desservir, les insultes de tous ses ennemis, de l'âne lui-même, pleuvant de toutes parts sur lui au moment où il est lié au pied du gibet, son faux repentir, son départ comme croisé pour les Lieux Saints, ses insultes du haut d'une crête à toute la cour, à Noble à la tête duquel il jette son écharpe et sa croix : voilà tout un côté de la société humaine peint avec la plus aimable ironie et une légèreté de touche admirable.

Mais ces vues morales sont, on le voit, très clairsemées dans le *Roman de Renart* et l'on peut dire que, dans son histoire, la satire n'est qu'un accident ou, si l'on aime mieux, la dernière phase de son évolution. C'est là encore et surtout le caractère qui le distingue bien nettement des imitations soit françaises soit étrangères qu'il a suscitées et aussi du poème latin l'*Ysengrimus* qui, très ancien quoique contemporain des plus anciennes branches et souvent inspiré par elles, a un sens tout autre comme il a une constitution toute différente. Tous ces poèmes ont sans exception des tendances didactiques ; leur but réel est la satire et ses applications soit aux hommes de l'époque, soit aux hommes en général.

Qu'est-ce en effet que l'œuvre du clerc Nivard, sinon un pamphlet dont chaque vers respire la haine ou le dégoût? « L'ironie y prédomine tellement, dit fort bien un de ceux qui ont le mieux compris les rapports unissant les différents poèmes relatifs à Renart, qu'il n'y a presque aucune phrase, aucun vers, surtout dans les discours et dialogues, où elle ne perce, ce qui rend souvent le sens fort difficile à pénétrer ; les allusions comiques sont infiniment multipliées et ont besoin d'explications particulières pour être bien comprises. L'abondance d'allusions morales, directes ou apparentes, et d'éléments comiques, explique encore l'opinion de plusieurs commentateurs et leur tendance à faire reposer la composition, dans son ensemble, sur un cadre, un fond historique. Le joyeux auteur donne partout une libre carrière à son esprit de saillie et de satire ; il ne s'impose aucune entrave, aucun égard pour l'État ni pour la religion ; il parodie et profane hardiment les paroles et les cérémonies de la religion ; il attaque sans ménagement les prêtres, les moines et les religieuses [1]. »

Le ton général est moins violent, les railleries sont moins soutenues, mais les aventures narrées renferment toujours au fond un sens moral ou servent de voiles allégoriques dans trois poèmes français auxquels Renart a donné son nom : le *Couronnement de Renart* [2] dont on ne connaît pas l'auteur, *Renart le Nouvel* [3] de Jacquemard Gelée, composés dans la seconde moitié du XIIIe siècle ; *Renart le Contrefet* [4] écrit au XIVe siècle en deux rédactions différentes par un clerc de Troyes.

Le *Couronnement* dans ses deux parties, l'une racontant comment Renart à force d'habileté et d'hypocrisie parvient à se faire désigner par Noble à son lit de mort comme successeur au trône, l'autre montrant la façon dont il exerce la royauté, accommodant avec les grands, dur et impitoyable avec les petits, n'est qu'une appropriation des anciens « gabets » d'animaux à un dessein dont la pensée ne peut qu'édifier le lecteur :

...Nus ne puet, ce poise mi,
Au jour d'ui venir a maistrie
Se il ne set de renardie

(v. 3388 sq.)

nous dit tristement l'auteur à la fin de son poème. D'un bout à l'autre en effet de son petit ouvrage, il a voulu nous prouver qu'ici-bas seuls triomphent l'orgueil, la médisance et la fausseté dont son héros est la plus parfaite incarnation.

---

[1] Rothe p. 58 sq. Cf. l'exposition des mêmes idées dans l'introduction de Voigt à son édition du poème latin p. XCI sq.

[2] Édition du *Renart* de Méon, IV p. 1 — 151.

[3] Ibid. p. 152 — 461.

[4] Une analyse de ce poème encore inédit et dont on possède deux manuscrits différents se trouve dans Robert, *Fables inédites*, I, p. CXXXIII sq. dans Rothe, p. 474 sq. dans F. Wolf, *Renart le Contrefait nach der Handschrift der k.k. Hofbibliothek*. Vienne, 1861. Cf. là-dessus G. Paris, *La litt. fr. au m. âge* p. 123 et Lenient, *La Satire*. p. 144 sq.

Jacquemard Gelée est un clerc d'une piété non moins grande, dont le cœur est aussi déchiré à la vue des maux que cause dans le monde cette même « renardie » ; Renart y est seul maître, seul roi :

> Car au tans ki orendroit va
> A tous jours mais i demourra.
> Ce nos dist Jakemars Gielee,
> Car vraie fois est adossée
> Au jour d'ui et humilites,
> Et entre pies gist loiautes
> Et carites est refroidie
> Et larghece est des cuers banie,
> Et li-visce sunt de grand fuer.

(v. 8013 sq.)

C'est pour convertir et ramener au bien une société souillée de turpitudes de toute sorte qu'il étale à nos yeux le tableau des méchancetés et des rouéries de Renart. Chacun de ses récits va donc renfermer un enseignement. Les anciens trouveurs s'étaient appliqués à bannir des aventures tout air de gravité ; là même où ils imitaient l'apologue antique, il n'en avaient développé que le côté narratif et plaisant ; Jacquemard Gelée rend tous ses droits à la morale, mais ne lui laisse ni sa généralité ni son application à tous les hommes ; il la resserre dans des limites plus étroites et l'approprie à son temps, c'est-à-dire à cette partie du XIIIe siècle pleine des démêlés entre l'ordre des Templiers et celui des chevaliers de Jérusalem et aussi entre les différents ordres mendiants. Cinq branches seulement dans son poème ont la simplicité et l'insouciance morale des branches du *Roman de Renart* ; mais elles y semblent justement un hors-d'œuvre et sont comme mal à l'aise au milieu des trente-trois autres toutes raides et guindées. C'est seulement, il est vrai, dans la seconde partie du poème que le ton devient grave et acerbe et l'allusion personnelle ; on dirait même qu'elle a été ajoutée plus tard, sous le coup d'une indignation causée par les événements [1], à la première partie où ne règne

---

[1] Les trois dernières branches sont en effet postérieures à l'année 1288, époque où le reste du poème était déjà achevé. Cette pre-

que l'ironie et où la satire n'est que générale. Mais ici même on ne peut méconnaître le dessein purement moral de l'auteur quand il nous représente Renart dans son château entouré de six princesses, maîtresses de sa maison, Colère, Envie, Avarice, Paresse, Luxure et Gloutonnerie. La passion des allégories, qui devait devenir une maladie dans la littérature du moyen âge, déjà visible dans le *Couronnement*, triomphe en plein dans *Renart le Nouvel* et suffirait à en faire des œuvres tout à fait distinctes du *Roman de Renart* avec lequel elles n'ont de rapports que pour le fond qu'elles lui ont emprunté et dont elles se sont étrangement servies.

Renart le Contrefet s'en écarte encore davantage. Non seulement la satire et l'allégorie y règnent en maîtresses, mais à la différence des deux poèmes précédents qui avaient conservé une grande partie des épisodes de l'ancien Roman, il n'en fait figurer que très peu et tire tout ce que son long récit renferme soit des fables classiques, soit de la Bible et des légendes religieuses, soit de l'érudition aussi fausse que prétentieuse du temps.

Quant aux imitateurs flamands et allemands, ayant pris comme point de départ de leurs développements la scène du *Jugement* et en ayant fait découler toute la suite des événements, ils ont par suite donné à leurs compositions un ton sérieux et une portée didactique. Toute la seconde partie du *Reinaert* abonde en réflexions, en sentences ; tout y est matière à leçons, à enseignements. Les derniers vers, à défaut d'autres preuves, nous disent assez quelle haute idée se faisait Willem de son poème : « On peut trouver dans cet ouvrage beaucoup de sens et de sages avis, utiles à chacun si l'on veut en profiter ; on n'y dit point de mal de ceux qui sont bons et consciencieux ; on n'y parle qu'en général ; ainsi que chacun s'applique ce qui lui revient. » *Le Reinke de Vos* termine de même : « Ce livre a été fait afin que tout le monde tende à la sagesse, évite le mal et recherche la vérité. Tel est le sens du poème et rien autre chose. »

---

mière partie traite seulement du triomphe de Renart sur la royauté; c'est une satire vague et impersonnelle. Dans la seconde au contraire le poète prend bien clairement à partie les ordres mendiants ainsi que les Templiers et les Hospitaliers. Voir sur les événements qui ont pu provoquer ces attaques Houdoy, *Renart le Nouvel*, Paris 1874, p. 36 sq.

Moins prétentieuses sont les visées de nos trouveurs ; leur œuvre collective, même dans les quelques branches que j'ai signalées et qui ont certainement un but moral, présente l'expression d'une franche et insouciante gaîté ; c'est d'un bout à l'autre un débordement de bonne humeur que ne vient jamais troubler quelque grave ou amère réflexion sur les événements ou quelque sage avertissement donné au lecteur. Le récit suit son cours, tantôt séduisant par son aimable naïveté, tantôt fatigant par ses longueurs et sa monotonie, mais n'appelant pas à son aide tout un renfort de sentences et de maximes dont n'auraient eu que faire les seigneurs et les bourgeois qui ne demandaient qu'à être égayés quand on leur parlait de Renart et d'Isengrin. Les quelques idées générales dont il est parfois encadré ne sont là que pour la forme, et ne sauraient être prises au sérieux ; le ton en est si inoffensif ou bien elles touchent de si près au lieu commun qu'on y sent un sérieux d'emprunt et tout à fait factice. Si de cette comédie animale, si innocente et si badine, il se dégage souvent je ne sais quoi de satirique, cette satire résulte du fait même du travestissement. Ces bêtes qui agissent comme nous, qui ont nos faiblesses et nos vices, ce goupil dont la ruse est sans cesse en éveil, triomphant de la bêtise de celui-ci, de la force de celui-là, se laissant duper à son tour et tombant dans ses propres pièges, n'est-ce pas là tout un côté de la société humaine ? Ce tableau n'est-il pas le tableau même de notre lutte pour la vie où nous nous débattons sans cesse et usons nos forces ? Nous faisons malgré nous un retour sur nous-mêmes et croyons nous reconnaître en lisant ces scènes d'une observation si fine et si vraie. Mais c'est bien inconsciemment que nos trouveurs y ont mis ce sens profond et il était loin de leur esprit de vouloir passer pour des moralistes. Que de fois en effet ils nous avertissent que ce qu'ils ont mis en vers n'est qu'une anecdote plaisante. C'est un conte, une fable, une histoire « un gabet, une risée. » Ils narrent pour le plaisir de narrer, ajoutent une aventure à une autre aventure, sans donner à l'une plus d'importance qu'à l'autre, les déroulant, comme les grains d'un chapelet, à mesure qu'elles se présentent à leur imagination. Ils n'attachent que peu de prix à leurs compositions, reconnaissant qu'elles ne sont pour eux et pour leurs auditeurs que des divertissements d'un moment, des éclats de rire passagers, bientôt suivis d'autres tout aussi bruyants, et très ingénument ils avouent que c'est ailleurs que chez eux qu'il faut puiser des leçons et des enseignements. L'un d'eux s'explique là dessus avec candeur et sans artifice :

> De Renart encor vos contasse
> En bon endroit, mes moi ne loist :
> Qar autre besoingne me croist.
> A autre romanz voil entendre
> Ou l'en porra greingnor sens prendre.
>
> (IX, v. 2200 sq.)

Un autre se montre encore plus franc et prévient ses auditeurs dès les premiers vers de son petit poème que s'ils veulent entendre des choses sérieuses, ils peuvent s'adresser à d'autres qu'à lui :

> Or me convient tel chose dire
> Dont je vos puisse fere rire.
> Qar je sai bien, ce est la pure,
> Que de sarmon n'aves vos cure
> Ne de cors seint oïr la vie.
>
> (IV, v. 1 sq.)

Telle devait être aussi autour d'eux l'opinion que l'on avait de leurs écrits : ils étaient regardés comme futiles, comme n'ayant aucun fond sérieux. En effet l'auteur du *Confort* ou *Remède d'amour* voulant nous avertir qu'il traite une matière grave et convenable nous dit que

> Elle n'est pas faite de fable
> Ne de Renart ne d'Ysengrin
> Ne de Biernart ne de Belin.
>
> (v. 44 sq.)

Le passage suivant, tiré d'un ouvrage de morale, affecte même un certain mépris pour ces sujets futiles :

> Saciés que ne vous voel pas dire
> Si con daus Rainars se fist mire

> Ne com Hersens fist l'estipot,
> De tout çou n'i ara nu mot.
>
> (cité dans Dict. Godefroy au mot *estipot*.[1])

C'est donc uniquement comme recueil de contes enjoués et plaisants qu'il faut considérer le *Roman de Renart*. C'est à ce point de vue que nous allons l'examiner dans les chapitres qui vont suivre en essayant de remonter aux sources où ont puisé les trouveurs pour la rédaction de ces contes. Une étude de ce genre s'impose pour presque tous les ouvrages du moyen âge où les écrivains se sont en général asservis à une tradition, où poètes épiques, lyriques, didactiques, conteurs et historiens se sont faits mosaïstes et ont consciencieusement travaillé sur des thèmes qu'ils ont trouvés tout créés et qu'ils n'ont pas même les premiers exploités. Elle s'impose surtout pour le *Roman de Renart*, œuvre de plusieurs auteurs anonymes, étrangers les uns aux autres, ayant vécu à des époques différentes impossibles à déterminer, qui, tout en traitant des sujets identiques, leur ont donné tant de formes diverses qu'il est indispensable de rechercher la filiation de ces formes, d'établir le plus ou moins d'ancienneté de chacune d'elles pour lui assigner le rang qui lui revient dans l'histoire de la collection.

C'est cette recherche seule qui peut nous donner le secret de la formation de ces couches successives de contes qui se sont superposés sans loi et sans règle ; elle seule, en nous fournissant au dehors des points de comparaison, peut nous permettre de planter quelques jalons pour nous diriger dans cette forêt où tout s'entremêle et s'enchevêtre. De plus, le *Roman de Renart*, par son fond sinon par ses origines, a des rapports indéniables avec la fable d'animaux telle que l'ont conçue ses illustres représentants en Grèce et à Rome, et telle que l'ont connue après Ésope et Phèdre de naïfs auteurs au moyen âge. Traiter des sources du *Roman de Renart*, c'est en quelque sorte traiter du développement de l'apologue en France; en étudier la prolongation et l'influence dans un des ouvrages les plus considérables et les plus curieux que nous devions à l'esprit imitateur sans doute, mais si fin et si aimable de nos ancêtres.

[1], Voir aussi les intéressants passages des *Miracles de Nostre Dame* de Gautier de Coinci et des *Sept Dormants* cités par Éd. du Méril, *Poésies inédites*, p. 122 et 123.

PREMIÈRE PARTIE

DES SOURCES EN GÉNÉRAL

Pourquoi les trouveurs sont-ils si avares de renseignements sur les sources où ils ont puisé ? — Certains cas où ils sortent de cette réserve. — La théorie de Grimm sur la provenance germanique de l'épopée de Renart est insoutenable. — Celle de Paulin Paris sur ses origines classiques et cléricales renferme une grande part de vérité. — Diffusion incontestable et fort ancienne des apologues antiques dans les cloîtres et dans les écoles. — Popularité des recueils d'Avianus et de Phèdre. — Petits poèmes latins composés au moyen âge avec des animaux pour personnages. — L'influence de ces apologues et de ces drames sur la composition des branches est indéniable, mais elle n'a été qu'*indirecte*. — Elle ne s'est pas exercée non plus sur *tous* les épisodes du *Roman de Renart*. — Les nombreux épisodes étrangers à l'influence classique ou cléricale ne doivent presque rien au *Physiologus*. — Du *Pantchatantra* et de ses différentes traductions. — Si nos trouveurs ont connu les contes indiens, ce n'a pu être que par voie de transmission *orale* et non *littéraire*. — Les contes populaires non seulement indiens, mais encore européens doivent être regardés comme la source principale des trouveurs. — Des épisodes qui seront laissés de côté dans cette étude. — Plan adopté.

Les renseignements que nous fournissent les trouveurs eux-mêmes sur les sources où ils ont puisé sont d'une sécheresse désespérante et en cela, il faut le dire, ces poètes sont bien de leur temps. La plupart des écrivains du moyen âge qui n'ont pas été des créateurs mais seulement des interprètes de traditions gardent le même silence ou, s'ils daignent s'expliquer sur leurs modèles, ils le font d'une manière si vague ou avec tant d'inexactitude et tant de mensonges que l'on n'est guère plus avancé. Faut-il voir là une hypocrisie de plagiaires ou une malice de mystificateurs cherchant à s'attribuer le mérite d'autrui et à faire passer pour nouvelles des idées et des inventions d'emprunt? Non. La vanité littéraire était chose à peu près inconnue alors, chez ces écrivains qui ne signaient même pas leurs œuvres et les considéraient comme appartenant aussi bien au public qu'à eux-mêmes. Leur silence obstiné ou leurs affirmations en l'air quand il s'agit des modèles qui les ont inspirés sont le fait non d'une coupable supercherie, mais de la condition intellectuelle des poètes et de l'état des connaissances au moyen âge.

La plupart des trouveurs en effet, qu'ils fussent clercs ou laïques, n'avaient reçu qu'une instruction sommaire ne dépassant guère le moyenne de ce que la masse des écoliers pouvait savoir à cette époque. S'il en est quelques-uns qui font preuve dans leurs écrits d'une réelle érudition, beaucoup par contre nous choquent par une naïveté d'idées et une simplicité d'esprit que ne rachètent pas toujours la gentillesse du style et la sincérité des sentiments. Il suffit, si l'on veut être édifié sur ce point, de parcourir la série des romans que le moyen âge a composés d'après les poèmes de l'antiquité pour comprendre la transformation que peuvent subir, quand elles sont reprises par des gens ignorants et incapables de prendre leur essor au-dessus de terre, des inspirations vigoureuses et fortes comme celles de Virgile et de Lucain, ou aimables et gracieuses comme celles d'Ovide.

Mais en admettant même que nos trouveurs eussent été tous des érudits, qu'était-ce que la science au moyen âge, sinon ce qu'il y a de plus impersonnel et de plus confus? Tout ce que l'on sait à cette époque, on le sait de seconde ou de troisième main ; les plus grands poètes de Rome en particulier sont surtout connus par des gloses et des interprétations qui ont dénaturé et déformé l'idée première, l'ont noyée, pour ainsi dire, dans le flot des commentaires. L'enseignement dans les écoles se distribue par tranches uniformes d'une génération à l'autre et composées, pour la culture littéraire, d'un amas de sentences morales ou de légendes merveilleuses extraites pêle-mêle des écrits des sages, c'est-à-dire des historiens et des poètes aussi bien que des philosophes [1]. Dans cette mixture d'éléments divers, qui échappe à toute classification, rien qui

---

[1] « Les récits empruntés à l'antiquité, dit Jean Bodel, sont sérieux, et apprennent la sagesse. » Voir G. Paris, *La litt. fr. au m. âge*, p. 73.

ait gardé son caractère propre, rien qui ne se soit neutralisé. Cette science avec son vague et son formalisme est comme un immense fleuve bourbeux où sont venues se perdre des eaux de toute provenance et de toute région ; en se mêlant, chacune a perdu la couleur et la saveur qu'elle avait au sortir de la source.

Aussi les formules sans précision qu'emploient si souvent les poètes du *Roman de Renart* pour désigner les autorités sur lesquelles ils s'appuient (*Si con nos trovons en l'estoire.— Si con nos en escrit trovons*) répondent-elles bien à cette constitution indécise et flottante de l'érudition du temps. On raconte ce qu'on a entendu raconter, ce qu'on a lu, parce qu'on l'a entendu raconter et parce qu'on l'a lu. Tout est recueilli sans contrôle, accepté sans réserve. Cette « estoire », cet « escrit », c'est l'immense trésor où se sont accumulées, quelquefois pendant des siècles, et venues de tous les points de l'horizon, les traditions écrites ou orales sur le sujet traité. Qui a contribué à cette « estoire » qui a enrichi cet « escrit » ? C'est ce dont on se préoccupe le moins ; ni l'auteur ni le public n'en ont cure. C'est avec la même ignorance et la même assurance naïve que les fabulistes du temps font invariablement précéder leurs récits d'animaux de la phrase « Isopet dist ». C'est là, nous le verrons tout à l'heure, une formule qui n'offre pas plus de précision que celles de l' « estoire » et de l' « escrit » adoptées par nos poètes ; c'est un avertissement pour le lecteur qu'il a affaire à une fable, que le contenu soit emprunté ou ne soit pas emprunté au recueil des fables ésopiques. Isopet, c'est le vaste répertoire qui comprend tous les apologues, toutes les scènes d'animaux dont on a tiré des applications morales à l'usage de la conduite humaine [1].

Il est pourtant certains cas où nos trouveurs sortent de leur réserve ordinaire et semblent vouloir nous faire les confidents de leurs recherches :

> Mes or l'a un mestres trovee
> Qui l'a translatee en romanz.

nous dit l'auteur de la branche XII (v. 4 sq.) en parlant de la

---

[1] Si les Grecs, eux aussi, avant nos poètes, avaient fait du nom d'Ésope un terme générique, les fabulistes du moyen âge en ont singulièrement élargi la compréhension.

nouvelle histoire qu'il ajoute à la longue série de celles que ses prédécesseurs avaient consacrées à Renart. Ce témoignage est peu de chose. Du moins paraît-il nous indiquer que le poète a eu un original latin sous les yeux et qu'il l'a transcrit en langue vulgaire. Malheureusement, en dépit de l'appareil savant développé dans cette branche, malgré les mots et les phrases latines dont est parsemé le dialogue, l'auteur n'arrive pas à nous persuader que sa branche est une traduction. La nature même du récit en fait un proche parent des récits d'origine purement française et ce prologue est à ranger dans la catégorie des prologues assez nombreux où les trouveurs étalant la prétention de ne rapporter que des histoires d'une incontestable vérité les disaient appuyées de preuves dans les « livres latins ». C'est en cela qu'ils ont fait quelquefois preuve d'une sotte supercherie. Mais elle ne trompe pas longtemps et une lecture attentive suffit pour découvrir la grossièreté de l'artifice.

Et du reste l'auteur de la branche XII a la pudeur de ne pas nous donner le titre de ce livre imaginaire qui lui aurait servi de modèle. Celui de la branche XXIV ménage moins notre crédulité :

> Je trovai ja en un escrin
> Un livre, Aucupre avoit non :
> La trovai ge mainte raison
> Et de Renart et d'autre chose
> Dont l'en doit bien parler et ose.
> A une grant letre vermoille
> Trovai une molt grant mervoille.
>
> (v. 6 sq.)

Est-ce bien la peine de rechercher quel a pu être ce livre qui, non content de traiter de la chasse aux oiseaux, aurait renfermé plusieurs ouvrages distincts [1] ? Doit-on prendre au sérieux cette mention de la lettre vermeille à partir de laquelle le trouveur aurait trouvé le fond des récits qu'il allait exposer ? Toujours est-il que l'on n'a pu encore constater l'existence de ce précieux document [2]. Jusqu'à plus ample informé, il faut considérer

---

[1] P. Paris, p. 331 et Potvin, p. 52.
[2] Martin, *Obs.*, p. 96.

cette indication comme la marque d'un esprit pédant cherchant à se faire valoir auprès d'un public naïf.

Moins prétentieux et plus instructifs sont les trouveurs des branches IX, XXII et XXV qui nous font voir sous un jour tout particulier *l'estoire* de Renart :

> L'estoire temoinne a vraie
> Uns bons conteres, c'est la vraie,
> (Celui oï conter le conte)
> Qui tos les conteors sormonte
> Qui soient de ci jusqu'en Puille.
>
> (IX v. 7 sq.)

> Ge l'oï dire à un veillart
> Qui sages iert et de grant art.
>
> (XXII v. 11 sq.)

> Tout cil qui en content sans rime
> Ne sevent pas vers moi la dime :
> Il le vous content a envers,
>   Mais jel cont par rime et par vers.
>
> (XXV v. 13 sq.)

Ces trois prologues nous montrent que la matière de Renart n'était pas la propriété exclusive des écrivains de profession, quelle était connue et exploitée par des gens étrangers à toute convention littéraire et auxquels jongleurs et trouveurs ne dédaignaient pas d'aller demander des inspirations. Nous verrons tout à l'heure quel intérêt ont pour nos recherches ces trois passages, quels guides précieux ils sont pour remonter aux origines et aux principales sources du *Roman de Renart*.

Voilà tout ce que nous apprennent les différentes branches sur leurs inspirateurs. C'est peu. Aussi conçoit-on sans peine qu'en présence de si maigres informations la critique moderne se soit piquée d'amour-propre et ait mis tout en œuvre pour percer ce brouillard épais.

Il est inutile, je pense, que j'expose longuement et que je réfute par le menu la première théorie émise sur ce sujet, celle de J. Grimm, « cet intéressant roman philologique, cette branche la plus ingénieuse de toutes les branches du *Roman de Renart* inachevé, » comme on l'a spirituellement définie [1]. Il est depuis longtemps démontré et chacun reconnaît maintenant qu'il n'a jamais existé d'épopée animale allemande, vivant de toute antiquité au fond des forêts de la Germanie et dont les chants de nos trouveurs ne seraient que des fragments dépouillés de leur rudesse primitive [2]. Une telle *Saga* n'a laissé aucune trace chez les différentes populations tudesques ; ce qu'elles connaissent de l'histoire du goupil, elles l'ont appris d'ailleurs et à une époque récente. Leurs créations littéraires touchant cette histoire ont toutes été imitées de celles de France et leurs représentations sculpturales dans les églises et les monastères ne sont que des réminiscences ou de fables ésopiques ou de récits oraux qui circulaient de bouche en bouche et étaient connus de chacun [3].

Il est non moins clair que la provenance germanique des noms des principaux héros, Raganhard, Isengrim, Richild, Hersind, que Grimm regardait comme un argument d'une portée sans égale [4], est un fait qui ne contribue guère à éclairer la question. Le cycle des récits de Renart s'est formé et développé sur la limite des pays allemands et français ; la plupart de ses poètes sont, nous l'avons vu, originaires de la Champagne, de la Picardie et de la Flandre ; le clerc Nivard est lui aussi natif de la Flandre. Dans cette région naturellement assez neutre les idées, les traditions, la langue de l'un et de l'autre peuple étaient en frottement continuel. Il n'est par suite point étonnant que certains noms propres d'animaux aient passé sous une forme germanique dans des poèmes français. Leur existence n'implique nullement celle d'une épopée définitivement établie [5]. Pour des raisons à tout le moins indépendantes des contes d'animaux, il était d'un usage constant dans cette région de donner au loup le nom d'Isengrin et au goupil celui de Renart ou un autre approchant. L'anecdote si souvent citée de Guibert de Nogent [6] nous le prouve

---

[1] *Archiv f. das St. d. neuer. Spr. u. Lit.*, LXV, p. 203.
[2] *R. Fuchs*, p. 1 sq.
[3] *Archiv für das. St. d. neuer. Spr. u. Lit.*, LXV, p. 223 sq.
[4] *R. Fuchs*, p. CCXL sq.
[5] Müllenhoff, *Zts. f. deuts. Altherthum*, VI, p. 6 sq. et Kolmatchevsky, p. 26 sq.
[6] En 1112 : deux personnages y sont appelés l'un *Isengrimus* « propter lupinam speciem » l'autre *Renulfus*. Voy. *R. Fuchs*, p. CXCVI.

d'une façon assez péremptoire Comment ces noms étaient-ils attribués à ces animaux ? Rien dans leur étymologie ne nous l'apprend, mais nous savons qu'il n'est pas rare que des bêtes portent des noms d'hommes. L'âne et quelquefois l'ours ne sont-ils pas désignés chez nous sous le nom de Martin ? En Russie, le coq, l'ours et le chat ont des noms spéciaux [1]. Ces appellations diverses, et dont il serait facile de multiplier les exemples, ont leurs causes soit dans des ressemblances fortuites de mots déjà existants, soit dans des interprétations et des étymologies populaires. Elles naissent, vivent et disparaissent comme tous les mots qui s'usent à la longue. Celles de Renart et d'Isengrin, probablement propres à une étendue restreinte de pays, n'ont dû d'être connues de nous qu'à la rare fortune qu'elles ont eue de figurer dans des poèmes d'une éclatante popularité.

Il est enfin une troisième preuve sur laquelle Grimm ne faisait pas moins fond, à savoir la présence de l'ours comme personnage principal dans des contes d'animaux d'une rédaction très ancienne qui remonte jusqu'au VIIe siècle [2]. Ce rôle prépondérant ne pouvait lui avoir été assigné, selon le savant allemand, qu'en raison de la terreur qu'il inspirait aux tribus germaniques dans les forêts dont il était le roi. Mais dans ces récits latins, soi-disant échos de la vieille Saga allemande, l'ours n'est pas représenté comme exerçant le pouvoir royal ; c'est le lion qui en est investi ; ces récits, cela est prouvé maintenant, ont d'étroites affinités avec des histoires romano-byzantines et le sujet est présenté sous forme allégorique : autant de raisons solides qui enlèvent à l'argument toute sa valeur et le réduisent à néant [3].

Cet ingénieux système, dont je n'ai montré que les lignes principales, s'est écroulé bien vite comme un château de cartes. Il a eu le sort de tous ceux qui n'ont pour pierre angulaire qu'un patriotisme enthousiaste et par suite trop souvent aveugle. Grimm l'a édifié, et c'est là sa grande excuse, au milieu de cir-

---

[1] *Grammatitcheskia Zamietki* de Roman Brandt, I, p. 59, St Pétersb., 1886 ; cf. aussi pour les noms propres d'animaux en Russie Gerber, p. 3.

[2] *R. Fuchs*, p. XLVII sq.

[3] L'exposé le plus complet de la théorie de Grimm ainsi qu'une longue réfutation de tous ces points se trouve dans Kolmatchevsky, p. 2-5 et 23-31.

L. SUDRE. *Renart.*

constances politiques toutes spéciales. C'était l'époque où l'Allemagne se relevait de ses désastres et cherchait dans la gloire littéraire, dans l'orgueil d'avoir produit les chefs-d'œuvre du moyen âge, une compensation à l'humiliation de ses défaites Au moins son livre a-t-il le mérite, rare chez tous ceux qu'une telle passion inspire, d'être un monument où la science le dispute à l'ingéniosité. Il a eu surtout le précieux avantage, en suscitant entre les plus grands savants de l'Europe une polémique des plus ardentes, d'ouvrir des horizons nouveaux et d'élargir la question que déjà la vaste intelligence de l'auteur et sa profonde érudition avaient envisagée sous presque toutes ses faces. Dans ce substantiel volume du *Reinhart Fuchs*, on pressent sur quels points porteront les discussions futures et sur quels champs de bataille se livreront les mêlées.

Celui qui a donné le dernier coup à l'édifice en opposant définitivement l'arme du bon sens à ces fantaisies et à ces chimères auxquelles un sérieux appareil scientifique donnait un faux air de vraisemblance, Paulin Paris, est aussi celui dont le système est resté seul debout [1]. Sa théorie a été sans doute étendue et développée après lui; elle a reçu des recherches ultérieures les compléments nécessaires que demandait son exposition concise; l'auteur s'était en effet modestement contenté de poser des jalons; mais, telle qu'il l'a présentée, c'est elle encore que la critique actuelle considère comme la seule acceptable pour rendre compte des origines du cycle de Renart.

D'après P. Paris, la matière des diverses branches a été tirée des fables ésopiques, héritage de la littérature latine. Étudiées et commentées dans les écoles, elles finirent par devenir des modèles pour des productions plus étendues, écrites en latin, dont le loup et le goupil faisaient tous les frais. « L'introduction de la plupart des apologues dans les littératures modernes appartient aux latinistes. Les clercs universitaires et monastiques durent les premiers composer des fables, dits ou dialogues sur les gestes du loup et du goupil. De ces ouvrages inspirés par de plus anciens, les meilleurs passaient ordinairement de la génération qui les avait produits aux générations

---

[1] Ce système est exposé à la fin de son livre *Les Aventures de Maître Renart*, p. 323 sq. Avant P. Paris, Gervinus en 1835, dans son *Histoire de la poésie allemande*, et Hertzberg en 1846, dans la préface de sa traduction de *Babrius*, avaient déjà quelque peu ébranlé la théorie de Grimm.

suivantes... Mais toutes ces pièces latines n'étaient réellement connues que dans les écoles jusqu'à ce qu'un premier trouvère s'avisa d'en introduire le sujet dans le domaine de la poésie vulgaire [1]. » Ainsi dans la période de production qui aurait précédé la période de cristallisation dont le *Roman de Renart* nous offre l'image, le point de départ aurait été purement classique et clérical.

Il est incontestable que le goût pour l'apologue qui avait été considérable chez les Grecs et chez les Romains ne fut pas moindre au moyen âge. Le problème de l'importation en Gaule des fables antiques ne souffre aucune difficulté. Des écoles nombreuses s'étaient ouvertes dans notre pays aussitôt après la conquête et y étaient devenues bien vite florissantes. Nul doute qu'au nombre des études qui y étaient en honneur, l'étude des fables n'occupât une place importante et que ceux qui se destinaient à l'éloquence n'y suivissent cet autre précepte de Quintilien qui en recommandait l'emploi comme un des moyens les plus sûrs de porter la conviction dans les esprits peu cultivés [2]. Le christianisme n'opéra guère de révolution dans le système de l'enseignement. Un écrivain du VIe siècle, Ennodius, nous montre qu'en pleine conquête barbare et au sein d'une société toute chrétienne, rien n'était changé, que la culture était demeurée toute païenne, que les récits de l'antiquité conservaient leur prestige et continuaient de charmer les esprits [3].

Or, parmi les livres mis entre les mains des écoliers, « qui in studio currunt puerorum » comme l'on disait alors, figurent toujours des recueils d'apologues. Dès l'origine, ils font partie intégrante des bibliothèques des monastères. Celui des recueils latins qui paraît avoir été le plus connu et le plus étudié tout d'abord est la collection des quarante-deux fables d'Avianus. C'est le nom de ce fabuliste qui apparaît dans les plus anciens catalogues. On le trouve dans celui des livres de l'abbaye de St Riquier au IXe siècle [4]. En 848, Eulogius, faisant un voyage sur le territoire de Pampelune, en rapporta différents manuscrits qu'il trouva dans les couvents de cette région ; parmi

---

[1] P. 326 sq.
[2] *De Inst. orat.*, V, 11.
[3] *Revue des Deux mondes*, XCV, p. 70 sq.
[4] Maître, *Les Écoles épiscopales et monastiques de l'Occident, depuis Charlemagne jusqu'à Philippe-Auguste*, Paris, 1865, p. 282.

eux, à côté de la *Cité de Dieu*, de l'*Énéide*, des *Satires* de Juvénal et d'Horace, étaient les *Fables* d'Avianus [1]. Dans les écoles, la grammaire était toujours liée à l'interprétation des textes : Eberhard l'Allemand, dans son *Laborintus*, cite ce poète au nombre des auteurs recommandés au XIe siècle pour ce genre de travail :

Instruit apologis, trahit a vitiis Avianus,
Sed carmen venit pauperiore stito [2].

L'abbé Frowin nous a laissé une liste significative d'ouvrages scolaires en usage de son temps, c'est-à-dire au XIIe siècle. Ce sont *Liber de natura bestiarum, Avianus, Avianus novus, Fabulae poetarum, Novus Cato, Expositio Fabularum, Cato* [3]. Enfin deux célèbres maîtres, l'un Pierre Hélie du XIIe siècle, l'autre Alexandre de Villedieu du XIIIe, qui nous ont laissé de si précieux traités sur la façon dont on enseignait la grammaire de leur temps, puisaient, nous disent-ils, une grande partie de leurs exemples dans Avianus [4]. En même temps qu'Alexandre de Villedieu, Jacques de Vitry en recommandait la lecture et le considérait comme un des classiques les plus dignes d'être étudiés [5].

A côté de cette mention si fréquente d'Avianus se rencontre aussi de temps en temps d'abord, puis de plus en plus souvent à mesure qu'on avance dans l'histoire de la littérature, celle d'*Ésope*. Il est à peine besoin de faire remarquer que cette mention n'a rien à faire avec la plupart des fables de la collection à laquelle est attaché le nom du moine Planude. Ce que le moyen âge a connu des apologues décidément attribués à Ésope du jour où Démétrius de Phalère eut compilé ses Λόγων Αἰσωπείων συναγωγαί, il l'a connu par l'intermédiaire d'Avianus et de Phèdre. Mais il est arrivé que, tandis que le nom d'Avianus

---

[1] Ebert, *Hist. gén. de la litt. lat. au m. âge en Occident*, trad. Aymeric et Condamin, Paris, 1884, II, p. 33.

[2] Leyser, *Hist. poet. et poem. medii œvi*, Halæ-Magdebur., 1721, p. 825.

[3] *Serapeum*, X, p. 121. Cet *Avianus novus* est probablement la paraphrase faite au XIe siècle des fables d'Avianus. Celle d'Alexandre Neckam qui porte le même titre ne parut qu'au XIIe siècle.

[4] Thurot, *Notices et Extraits des manuscrits*, XXII, p. 119 et 425.

[5] Lecoy de la Marche, *Le Treizième Siècle*, Lille, 1887, p. 45, note.

se transmettait de siècle en siècle avec son recueil et devenait de jour en jour plus populaire, celui de Phèdre, sur lequel d'ailleurs les Latins eux-mêmes étaient demeurés si muets [1], restait plongé dans les ténèbres de l'oubli. Sa collection de fables qui pourtant n'était pas moins connue que celle d'Avianus et qui devait devenir un des livres les plus lus, les plus goûtés, les plus développés par l'imitation, se présentait comme un ouvrage anonyme. Quoi de plus naturel que d'avoir rattaché à ce recueil le nom de ce mystérieux personnage que déjà Hérodote appelait λογοποιός [2], et qu'une tradition toujours persistante avait fait universellement regarder comme l'inventeur du genre [3] ?

Là ne se borne pas toujours sans doute la compréhension du nom d'Ésope. Il embrasse parfois dans sa généralité d'autres collections que celle de Phèdre. Ainsi, sur les dix-huit fables qu'un manuscrit de St Gall range parmi les œuvres du grammairien Dosithée, onze sont de Babrius et une d'Avianus [4]. Mais on a de fortes présomptions pour croire que ces *Liber Æsopi* des IXe, Xe et XIe siècles dont tant d'auteurs nous signalent l'existence, que l'*Ésope* dont Eberhard l'Allemand nous dit :

Aesopus metrum non sopit, fabula flores
Producit, fructum flos parit, ille sapit[5].

[1] Martial seul avant Avianus fait mention d'un poète nommé Phèdre. Sénèque, *de Consolatione* XXVII, affirme que l'art de versifier des fables est étranger aux imaginations romaines. C'est ce manque de renseignements qui a fait mettre en doute jadis l'authenticité de ses fables et qui a provoqué la théorie d'Éd. du Méril faisant de Phèdre un auteur grec. Voir là-dessus Hervieux, I, p. 136 sq. et G. Paris, *Journal des Savants*, 1884, p. 674.

[2] L. II, ch. 134.

[3] Cf. Platon, *Phédon*, 61 A, Aristophane, *la Paix*, v. 129 et Aristote, *Rhét.* II, 20.

[4] Cf. *Dosithei magistri interpretamentorum liber tertius*, Böcking, Bonn, 1832, p. 24, note.

[5] Leyser, *Hist. poet.*, p. 825. Hervieux, I p. 457 croit qu'Eberhard fait allusion ici à un recueil dont nous parlerons tout à l'heure et qu'il appelle le *Romulus de Walter*, autrement dit *l'Anonyme de Névelet*. Cela est possible, mais rien dans ces deux vers ne le prouve d'une façon précise. Cf. *Conradi Hirsaugiensis Dialogus super auctores von Schepps*, Wurzbourg, 1889, p. 33 sq. et *Das Registrum multorum auctorum des Hugo von Trimberg von Huemer*, Vienne, 1888, p. 38.

que l'*Ésope* qui partageait avec Avianus l'honneur de servir de base aux interprétations grammaticales de Pierre Hélie et d'Alexandre de Villedieu renfermaient surtout des extraits des livres de Phèdre.

Un autre nom que celui d'Ésope a éclipsé à cette époque celui de Phèdre, c'est le nom de *Romulus* [1]. A ce dernier surtout est liée l'histoire du développement de la fable antique au moyen âge. On sait ce qu'est ce Romulus. Les fables anciennes et nouvelles de Phèdre, qui ont été publiées successivement par Pithou, Perotti et Angelo Mai n'ont été connues et assez tard que par trois manuscrits du IXe et du Xe siècle. Mais il est à croire qu'à l'époque carolingienne les manuscrits du fabuliste latin étaient plus nombreux et surtout plus riches en apologues. Car à cette période remontent deux collections en prose qui, outre un certain nombre de morceaux correspondant aux fables connues de Phèdre, en renferment un grand nombre qui, la chose est démontrée maintenant, dérivent de la même source. La première, la moins connue et la moins complète, est celle que l'on désigne sous le nom d'*Ésope d'Adémar*, parce que nous en possédons une copie faite de la main d'Adémar de Chabanes avant son départ pour la Palestine (1029) [2]. La seconde nous est parvenue dans deux rédactions, l'une incomplète aussi [3], l'autre plus considérable et dont le prologue a introduit dans la littérature ce nom de Romulus qui devait désormais y jouer un si grand rôle. Il est question en effet dans ce préambule d'un certain Romulus qui envoie d'Athènes à son fils Tiberinus les fables d'Ésope qu'il déclare avoir traduites du grec en latin. On conçoit comment, une pareille invention s'accréditant malgré sa naïve grossièreté, peut-être même à cause de sa grossièreté, le nom de Phèdre se soit effacé tout à fait devant ceux d'Ésope et de Romulus. Rien ne pouvait davantage flatter la crédulité que la conviction de posséder les fables d'Ésope directement transcrites de l'original, et le scribe obscur

---

[1] Pour l'histoire de ce *Romulus* et de ses dérivés, voir pour plus de détails Hervieux, I, p. 223 sq. et G. Paris, *Journal des Savants*, 1884, p. 675 sq.

[2] Elle porte aussi le nom *d'Anonyme de Nilant*, Nilant ayant été son premier éditeur.

[3] C'est l'*Aesopus ad Rufum* ainsi appelé parce que, dans le prologue, un anonyme est censé envoyer lui-même les fables d'Ésope, divisées en cinq livres, à son ami Rufus. Il doit remonter au IXe siècle.

qui se faisait ainsi passer pour un savant helléniste devait d'autant plus trouver des lecteurs qu'il se présentait avec un air mystérieux. Aussi sa collection eut-elle une vogue incomparable, moins pourtant par elle-même que par une version en vers élégiaques qui en fut faite vers la fin du XII⁰ siècle et qui est désignée ordinairement sous le titre d'*Anonyme de Névelet* du nom de son premier éditeur. De cette version nous ne possédons pas moins de quatre-vingt-trois manuscrits disséminés dans toutes les bibliothèques de l'Europe et une foule de traductions en anglais, en italien, en français et en provençal. Or toutes ces rédactions, toutes ces traductions portent indifféremment le nom d'Ésope ou celui de Romulus [1]. Ces deux noms dominent désormais toute production ou toute interprétation d'apologues en langue latine ou en langue vulgaire.

Cette propagation si considérable des apologues antiques ne s'expliquerait pas sans un goût spécial pour ce genre littéraire et surtout sans une intelligence complète des avantages moraux et sociaux que l'on pouvait en tirer. Les fables au moyen âge ne servent pas seulement de délassement pour l'esprit ou de base pour l'explication et l'interprétation des auteurs anciens. De même que dans l'Inde un sage avait recueilli des récits d'animaux pour servir à l'instruction de jeunes princes, de même qu'en Grèce Thémistocle [2], Phocion [3] et Démosthène [4] appelaient à leur secours les fables comme arguments oratoires et qu'à Rome Ménénius Agrippa contait au peuple révolté l'apologue des *Membres et de l'Estomac* [5], nous voyons des chefs barbares avoir recours au même moyen de persuasion. Grégoire de Tours met dans la bouche du roi Théotbald l'histoire du *Renard dont le ventre était trop plein* [6]. Au VII⁰ siècle, suivant Frédégaire, l'évêque de Mayence, aurait raconté une certaine *Rustica fabula* dont il était peut-être l'auteur [7]. Le même chroniqueur a inséré dans un discours du roi Théo-

---

[1] Voir les *explicits* de ces manuscrits et de ces traductions dans Hervieux, I, p. 460-574.
[2] Plutarque, *Thémistocle*, XVIII.
[3] Id., *Phocion*, IX.
[4] Id., *Démosthène*, XXVIII.
[5] Tite-Live, II, 20, 3.
[6] *Hist. ecclesiastica Francorum*, IV.
[7] *Recueil des Historiens de la France*, II, p. 428.

derich la fable du *Cerf qui n'a pas de cœur*[1]. Mais les fables furent des auxiliaires précieux surtout dans l'éloquence religieuse. Elles y tiennent au moyen âge la place qu'occupe la parabole dans l'Évangile. Sous le nom *d'exempla*, une foule de contes empruntés à différentes sources, et parmi lesquels les fables d'animaux occupent une place importante, substituèrent à la morale des rhéteurs toute générale et purement humaine des moralisations chrétiennes et vinrent secourir et fortifier la prédication[2]. Le genre fut définitivement créé au XIIe siècle par un cistercien anglais, Eude de Cheriton, dont les *Paraboles* passèrent en France et y furent mises en prose au siècle suivant[3] A cette même époque, le célèbre évêque d'Acre, Jacques de Vitry, et, au XIVe siècle, le franciscain anglais Nicole Bozon composèrent à leur tour des recueils de contes paraphrasés et glosés à l'usage des fidèles[4]. A ces trois recueils, on peut ajouter un nombre considérable de compilations anonymes qui nous prouvent à quel point ces homélies d'une espèce nouvelle étaient répandues et accueillies avec faveur[5].

Cette diffusion et cette vogue des apologues antiques dans les cloîtres et les écoles du moyen âge doivent-elles être regardées comme les facteurs suffisants de notre cycle français de Renart? Faut-il leur attribuer toute la floraison et tout l'épanouissement de cette épopée animale dont ils auraient été le germe fécond?

Deux considérations semblent donner du poids à cette théorie de l'origine de notre Roman.

D'abord, à lire seulement les titres de certains de ses épisodes, comme le *Partage du Lion, Renart et le Corbeau, Renart et le Coq, Renart médecin, le Loup et la Jument*, on songe aussitôt aux recueils ésopiques ou phédriens qui renferment des sujets analogues et l'on est tout porté à croire que les

---

[1] *R. Fuchs*, p. XLVIII sq.

[2] V. G. Paris, *La litt. fr. au m. âge*, p. 112, 218 et 223 et *Journal des Savants*, 1885, p. 47.

[3] Ces paraboles ont été publiées par Hervieux, II, p. 587 sq. Sur la traduction en français voir *Romania*, XIV, p. 381 et sur le nom *Eude de Cheriton*, id., XVII, p. 455, note 1.

[4] Le recueil des *Exemples* de Jacques de Vitry a été récemment publié par Crane, Londres, 1890. Celui de Nicole Bozon a été édité en 1889 par P. Meyer et Lucy Smith dans la collection de la *Société des anciens Textes*.

[5] Voir là-dessus Éd. du Méril, *Poésies inédites*, p. 155 sq.

différences que peuvent présenter, comparés à ces originaux latins, les morceaux français, tiennent à des remaniements successifs ou à un rapport de voisinage étroit et immédiat avec d'autres morceaux auxquels ils ont été unis.

D'autre part entre ces apologues antiques et nos branches françaises se place toute une série de poèmes latins, les uns de courte haleine, les autres d'une étendue assez considérable qui semblent dans la suite des temps former une chaîne ininterrompue reliant Phèdre, Avianus et Romulus à nos trouveurs. C'est dans ces poèmes, tous dûs à la plume de moines ou de prêtres, qu'aurait, à en croire les apparences, pris naissance l'habitude de donner une certaine ampleur aux scènes si étriquées de la fable classique, de créer sur leur modèle de nouveaux drames où les animaux sont les principaux personnages, afin de composer par l'assemblage de plusieurs contes des groupes épiques analogues à ceux de nos branches.

Effectivement, l'on peut saisir dans le *Roman de Renart* mainte trace de l'influence de ces œuvres dont l'inspiration est nettement et purement cléricale. L'*Ecbasis*, composé au Xe siècle par un moine de l'abbaye de St Evre à Toul, contient comme morceau principal la scène de la guérison du lion par le goupil [1]. C'est là aussi, nous le verrons, une des parties maîtresses du poème français, l'œuf, on peut dire, d'où sont sortis un grand nombre d'épisodes ; le sujet y est dessiné avec des traits qui rappellent la manière du poème latin. Au XIe siècle, le petit poème *Sacerdos et Lupus* raconte une aventure qui doit plus tard passer avec son cadre et son contenu dans une des branches les plus amusantes [2]. A la fin du XIe siècle, ou au commencement du XIIe, dans le *Luparius* [3] apparaît la conception du loup moine qui doit faire fortune plus tard dans l'*Ysengrimus* et le *Roman de Renart*, et qui déjà avait été

---

[1] Ce poème édité d'abord par Grimm et Schmeller dans *Lat. Ged.* l'a été depuis par E. Voigt en 1875. Voir sur ce poème l'intéressant article de Zarncke, *Zur Ecbasis Captivi* dans *Berichte der Königl. Sächs. Gesellschaft der Wissenschaften*, Juli 1890. Cette scène de la guérison du lion par le renard avait été déjà, comme nous le verrons plus loin, l'objet d'un petit poème de Paul Diacre.

[2] Dans Grimm, *Lat. Ged.*, p. 340 sq. et dans Scherer, *Denkmäler deutscher Poesie und Prosa* 1re éd., 1864, n° 25.

[3] Dans R. Fuchs, p. 410-416 (cf. p. CLXXXIII) et dans Voigt, *Kl. lat. Denkm.*, p. 58-62 (cf. p. 1-23.)

mise en circulation par les petits apologues d'Egbert de Liège[1]. Enfin un manuscrit du XIe siècle nous a conservé un autre poème, plus ancien sans doute que cette date, *Gallus et Vulpes* que nous aurons à comparer avec l'épisode de *Renart et Chantecler* [2]. Alcuin lui-même nous a laissé une variante de ce récit qui nous fournira aussi un rapprochement intéressant[3].

En face de preuves qui paraissent si convaincantes, il semble qu'on aurait mauvaise grâce à contester l'origine à la fois classique et monacale de notre épopée de Renart. Et pourtant des difficultés sérieuses se présentent, des objections se dressent qui, sans réduire cette théorie à néant, doivent restreindre d'une manière sensible la part de vérité qu'elle peut renfermer.

Si nos trouveurs sont simplement les héritiers et les continuateurs des moines qui leur auraient transmis les apologues antiques et leurs propres créations conçues sur le modèle de ces derniers, pourquoi ont-ils, en les faisant passer dans la langue vulgaire, dépouillé ces différentes œuvres du didactisme qui avait fini par être leur caractéristique dominante? Pourquoi ont-ils tranformé ces récits à fond allégorique comme l'*Ecbasis*, symbolique comme le *Gallus et Vulpes*, satirique comme le *Luparius* en des récits purement épiques où l'auteur se dérobe complètement à nous et avec une impersonnalité entière et un réalisme naïf nous expose les faits sans en tirer une conséquence rationnelle, sans en dégager aucun enseignement? Les plus anciennes branches, je l'ai déjà dit, sont toutes reconnaissables à cette absence d'intervention du poète et, comme elles sont les plus voisines par la date de ces poèmes dont elles seraient les filles, le contraste n'en est que plus choquant. Voir dans cette métamorphose un parti pris de nos trouveurs qui craignaient de fatiguer leur public par ces leçons qui auraient jeté une ombre sur la gaîté de leurs récits, serait méconnaître étrangement les goûts de l'époque. Le didactisme n'était-il pas en effet devenu un travers, une manie au moyen âge ? Tout n'est-il pas alors prétexte à moraliser ? Dans cette société bizarre où la culture païenne s'est mélangée et fondue avec la culture chrétienne, celle-ci marque chaque chose de son empreinte morale; ce que l'on recherche avant tout, ce que l'on

---

[1] Ce recueil si intéréssant et si précieux du XIe siècle et qui porte pour titre *Fecunda ratis* a été lui aussi édité par E. Voigt.

[2] Dans Grimm, *Lat, Ged.*, p. 345 sq.

[3] Dans *R. Fuchs*, p. 420.

goûte de préférence dans les écrits de l'antiquité, ce n'est pas seulement le côté merveilleux, ce sont encore et surtout les sentences et les enseignements. Quand ils n'en renferment pas, on leur en prête. Si l'on se rappelle que les inventions d'Ovide, si païennes dans leur grâce et leurs séductions, sont parvenues à servir d'auxiliaires à l'enseignement de la religion et de sujets d'édification pour des âmes pieuses, ne s'étonnerait-on pas que nos trouveurs eussent, d'un commun accord et en dépit des habitudes d'esprit de leur temps, rompu avec les traditions de leurs devanciers et renoncé à tirer des récits d'animaux quelque leçon pratique et quelque application à la conduite humaine ?

Est-ce à dire que nous nions tout rapport entre nos branches et les apologues antiques ou les poèmes latins leurs dérivés ? Nullement. Mais il nous semble impossible d'établir entre ces deux sortes d'ouvrages autre chose qu'un lien indirect et une parenté lointaine. Nos trouveurs n'ont pas été des traducteurs. Ce cas ne s'est présenté que pour l'un d'eux, celui de la branche d'*Isengrin et le Prêtre Martin* qui est une véritable et fidèle transcription du poème *Sacerdos et Lupus*. Pour les autres, quand ils rappellent d'une façon quelconque les créations de leurs devanciers, rien ne nous dit qu'ils les ont eues sous les yeux en composant leurs propres récits ; les analogies et les points de ressemblance ne sont pas assez frappants pour admettre une dérivation aussi immédiate.

D'autre part, faire de nos poètes des traducteurs originaux ayant pris des libertés avec leur modèle, serait accorder trop à l'invention qui, dans les œuvres de ce genre, est, on peut le dire, l'exception. Il n'est qu'un seul moyen d'expliquer les emprunts apparents faits par eux à des apologues antiques ou à des poèmes latins antérieurs. Ces scènes d'animaux plus ou moins étendues dont nous ne possédons que quelques versions isolées étaient des sujets favoris dans les écoles ; non seulement elles étaient devenues des thèmes de prédilection pour des développements littéraires, mais elles étaient sans cesse répétées de vive voix, transmises de génération en génération et formaient en quelque sorte une partie importante du bagage de connaissances que chacun devait emporter de son séjour sur les bancs. Dans cette transmission séculaire, chaque récit devait nécessairement subir quelques altérations, recevoir certains embellissements et en même temps aussi se dépouiller de ses éléments didactiques que les livres seuls pouvaient lui conserver. C'est sous cette forme nouvelle, fruit d'une longue propagation orale, mais dont le point de départ est tout littéraire, que les productions classiques et cléricales ont pris place dans le *Roman de Renart*. Ses auteurs ne se sont pas inspirés de ces sources directement et d'une façon voulue. Inconsciemment et en ne faisant appel qu'à leur mémoire d'anciens écoliers, ils ont mis à profit une tradition savante dont ils se sont faits les naïfs et gais interprètes.

Mais cette tradition littéraire, quelque étendue, quelque nourrie de récits divers qu'on la suppose, ne suffit pas à elle seule à nous donner la clef de toutes les productions de nos trouveurs. Elle n'est point le tronc unique d'où sont sorties ces tiges multiples et cet entrecroisement de rameaux. Que de contes en effet et des meilleurs du *Roman de Renart* n'ont point de correspondants dans la littérature classique ou dans la littérature cléricale ! Ni l'une ni l'autre ne fournit les prototypes par exemple des épisodes de *Renart et les Charretiers* de *la Pêche à la queue*, du *vilain Liétart*, du *Pèlerinage* et de bien d'autres qui pourtant au mérite d'une conception naïve joignent un avantage qui a son prix ici, celui de l'ancienneté. Et, chose curieuse, cette partie du *Roman de Renart*, étrangère à tout rapport avec les fables antiques et les poèmes issus d'elles, se trouve renfermée parallèlement avec beaucoup de ses éléments et avec des traits d'une analogie frappante dans certains recueils de fables postérieurs au *Romulus* et dérivés indirectement de lui. A celui-ci ils ont emprunté une portion notable de leur contenu, mais ils l'ont considérablement étendue par de nouveaux morceaux dont un assez grand nombre ne sont que des variantes d'épisodes de branches françaises. Mais le poète français ne doit rien au fabuliste, ni le fabuliste au poète français; chacun de son côté a puisé à la même source; cela ressort clairement d'une comparaison attentive des textes.

Déjà dans l'*Ésope d'Adémar* s'était manifestée cette tendance à enrichir la collection de Phèdre. Quatre de ses fables, deux surtout dont l'une offre une certaine parenté avec l'épisode français de *Chantecler*, ne peuvent être attribuées à l'affranchi de Tibère[1]. La tendance s'accentue dans un recueil célèbre connu sous le nom de *Romulus de Marie de France* et ainsi

---

[1] Voir G. Paris, *Journal des Savants*, 1884, p. 685.

appelé parce qu'il a eu pour original le texte anglais d'après lequel cette femme illustre versifia ses charmantes fables. Sur les 134 morceaux de ce recueil, 57 n'appartiennent pas au *Romulus* primitif, et parmi ces derniers figurent des fables d'animaux bien distinctes des autres par leur conception grossière et puérile, mais en même temps ingénieuse et gaie, et qui, par suite, se rapprochent de nos anciennes branches non seulement pour le fond, mais encore pour la forme [1]. On peut en dire autant d'un certain nombre *d'exemples* d'Eude de Cheriton. Leur rédaction est souvent même plus primitive, certainement plus voisine de la forme originaire du conte. Enfin deux petits recueils du XIVe siècle, le *Romulus de Munich* et le *Romulus de Berne* qui se sont inspirés du *Romulus* et d'Eude ont ajouté au peu qu'ils avaient emprunté de leurs devanciers quelques récits dont certains font partie d'un groupe de contes que l'on a l'habitude de désigner sous le nom de *Fabulae extravagantes* et nous fournissent des variantes pleines d'intérêt de nos meilleurs épisodes français [2].

Où rechercher l'origine de ces contes à laquelle ni la littérature classique ni la littérature cléricale ne peuvent nous faire remonter ? De quel côté nous tourner pour découvrir la source d'où ont jailli ces inventions naïves et d'une grâce toute sauvage qu'en même temps jongleurs débitaient sur la place publique pour l'amusement des badauds et prédicateurs lançaient du haut de la chaire pour l'édification des âmes ?

Deux fils conducteurs ont été proposés pour se diriger à travers ce labyrinthe. Ce sont d'abord les livres si populaires au moyen âge du *Physiologus* et des *Bestiaires*, ensuite les contes indiens qui, des bords du Gange, ont peu à peu et par différentes voies pénétré en Europe où ils ont acquis une renommée considérable.

Rien ne semble plus naturel à première vue que d'admettre une influence du *Physiologus* sur la création de *l'estoire* de Renart. C'est en effet un assemblage de récits sur la nature et

---

[1] G. Paris, *Journal des Savants*, 1885, p. 45. « Ce qui mérite particulièrement d'appeler l'attention des érudits sur ces fables, c'est le rapport dans lequel elles sont avec le cycle du Renart. La fable 60 notamment, *Vulpes et Ursa*, nous présente un épisode qui peut être regardé comme un des centres de l'évolution du cycle. »

[2] Les *Romulus de Munich* et *de Berne* sont renfermés dans Hervieux, p. 714-756. Voir pour les *Fabulae extravagantes*, Steinhöwels Æsop, hgg. von Oesterley, Tubingue, 1873

les mœurs des différents animaux, où d'incroyables fantaisies, échos de la science imaginaire de jadis dont Élien et Pline ont été les principaux propagateurs, se mêlent à quelques notions exactes répondant à la réalité. Sans doute ces descriptions ne sont pas à proprement parler des contes d'animaux. Par la façon dont chaque bête est dépeinte individuellement, elles ne renferment rien de dramatique ; la symbolique y tient la principale place, c'est-à-dire que chaque chapitre est accompagné d'une interprétation qui en fait découler un enseignement. Toutefois on conçoit sans peine que nos poètes auraient pu songer à y faire quelques emprunts justifiés par la communauté des sujets. La chose paraît d'autant plus soutenable que le *Physiologus* fut un livre presque classique au moyen âge [1]. Composé probablement en grec dans les premiers siècles de l'ère chrétienne, traduit successivement dans toutes les langues, en éthiopien, en arménien, en syriaque et surtout en latin, il passa en français. Philippe de Thaon au XIIe siècle, Guillaume le Clerc, Gervaise et d'autres encore au XIIIe versifient ce traité d'histoire naturelle qu'en même temps Eberhard l'Allemand et Hugo de Trimberg nous citent parmi les livres *scolastiques* étudiés et appris dès l'enfance à côté des fables d'Ésope et d'Avianus [2]. Aussi excuse-t-on dans une certaine mesure le jugement suivant énoncé par celui qui le premier a attiré l'attention sur les rapports entre les deux ouvrages : « Sauf la naissance du renard dont on découvrira peut-être un jour l'origine, les sujets de Pierre de St Cloud se retrouvent dans les poésies latines du *Physiologus* et les faux Ésopes [3]. »

Nous avons vu que, parmi les recueils attribués à Ésope, aucun ne pouvait nous éclairer sur la formation du cycle ni prétendre à l'honneur d'avoir servi de modèle à nos trouveurs. Non moins vague est l'influence que peut avoir exercée sur eux le *Physiologus*. Certains d'entre eux, pour ne pas dire tous, l'ont connu ; en leur qualité de clercs, ils avaient étudié ce livre qui sans doute avait charmé leur adolescence comme celle de tous leurs contemporains ; mais ils ne paraissent guère s'en être inspirés. Un seul épisode, nous le verrons, lui a été réellement emprunté, celui de *Renart et la Corneille,* et cet

---

[1] Consulter pour l'histoire de ce livre Friedrich Lauchert, *Geschichte des Physiologus*, Strasbourg, 1889.

[2] Voir sur le *Physiologus* dans les écoles le compte rendu du livre précédent par Voigt, *Zts. f. deuts. Philologie*, XXII, p. 241.

[3] Potvin, *Le R. du Renard*, p. 52.

épisode est un des moins importants et d'une date relativement récente. Pour d'autres, comme celui de *Renart et la Mésange* et surtout celui de *Renart et les Charretiers*, où le goupil feint d'être mort et se couche inanimé sur la route, nous verrons quelles réserves il faut faire et combien l'action d'un ouvrage sur l'autre a été extérieure et en somme insignifiante. D'ailleurs en dehors du *Roman de Renart*, dans la série des poèmes latins qui auraient préparé son éclosion, un seul doit véritablement au *Physiologus*, c'est l'*Ecbasis*[1]. Mais l'auteur était un véritable érudit; il y a puisé à pleines mains comme il avait puisé dans tous les écrits anciens ou modernes connus de son temps. Plus tard aussi Eude de Cheriton l'a mis à contribution ; mais ce qui l'a séduit dans le *Physiologus*, ce sont plutôt les interprétations symboliques que la partie narrative et descriptive. C'est même grâce à cette sorte de plagiat que son livre a obtenu tant de succès parmi les prédicateurs et a donné lieu à tant d'imitations[2]. Il faut donc considérer comme peu immédiate et presque insaisissable l'action exercée par le *Physiologus* sur l'épopée animale en général. Elle ne s'y fait sentir qu'à l'état passager et accidentel pour l'œuvre française.

Quant à la théorie indienne, on peut déjà juger d'après ce que j'ai dit dans mon Introduction de la part d'exagération qu'elle renferme. L'Inde, nous l'avons vu, ne peut être considérée comme la patrie unique, exclusive ni de l'apologue ni même de contes qui mettent en scène des bêtes moins pour donner des règles de conduite que pour intéresser et plaire par un récit court et naïf. A ce dernier point de vue et particulièrement en ce qui concerne notre sujet, l'Europe septentrionale peut revendiquer comme sienne une partie considérable des contes qui composent le cycle du renard et du loup.

Mais il y a plus. Quand on parle de l'influence des contes indiens sur les contes français et rimés du *Renart*, on songe souvent non pas à l'ensemble de ces petits drames aux formes multiples et variées, ayant vécu sur les lèvres du peuple avant et après leur cristallisation dans les livres religieux ou moraux des bouddhistes, au folklore indien en un mot, mais à quelque chose de moins vague, de plus tangible si je

---

[1] Voir l'introduction de Voigt, p. 58-62.
[2] G. Paris, *Journal des Savants*, 1885, p. 47.

puis parler ainsi, à savoir le *Pantchatantra* lui-même et ses nombreux dérivés. C'est à cette compilation traduite dans toutes les langues, transmise de nation à nation, que nos trouveurs auraient emprunté ce qui, dans leur œuvre, n'a point son pendant dans les fables ésopiques ou dans le *Physiologus*.

Certes le *Pantchatantra* n'a pas tardé à se répandre dans les pays voisins de l'Inde et de là à être transporté en Occident. Dès le milieu du VIe siècle de notre ère, en effet, une transcription avait été faite en pehlvi de la rédaction primitive que nous ne possédons plus. Cette transcription perse servit deux siècles plus tard de base au livre arabe de *Kalilâh et Dimnâh* qui, attribué à un sage de l'Inde, Bidpaï ou Pilpaï [2], devint vite populaire dans toutes les contrées où dominait l'Islam. Son succès s'étendit plus loin : à la fin du XIe siècle, il était traduit en grec par Siméon Seth, en hébreu au milieu du XIIIe siècle par le rabbin Joël, et ce texte hébreu était peu après, entre 1263 et 1278, interprété en latin par un autre Juif converti à la religion chrétienne, Jean de Capoue, sous le titre de *Directorium vitae humanae* [3].

La date de cette traduction latine, la seule qui aurait pu servir à nos poètes, mais qui est postérieure à la plupart de leurs compositions, suffit pour indiquer que, s'ils ont connu les contes indiens, c'est par une voie différente. Il a bien existé un recueil de contes arabes composé à la fin du XIe siècle par un autre Juif converti et d'origine espagnole, Pierre Alphonse. Ce recueil qu'il avait intitulé *Disciplina clericalis*, nous en possédons une traduction en vers de la fin du XIIe siècle [4]; mais il ne comprend, à vrai dire, qu'un petit nombre de récits d'animaux lesquels ne peuvent être regardés comme les originaux d'épisodes analogues du *Roman de Renart*.

Une seule autre voie peut expliquer la diffusion des contes d'animaux indiens à l'ouest de l'Europe, et en particulier en

---

[1] Voir en particulier là-dessus Potvin. *Le R. du Renart,* p. 57 sq.

[2] Le titre de l'ouvrage et le nom de l'auteur proviennent d'une déformation de mots sanscrits de l'original.

[3] En 1261, une traduction espagnole avait été faite sur le texte arabe. Voir la préface de Derenbourg à l'édition de la traduction latine.

[4] *Romania*, I, p. 106 et *Bull. de la Soc. des anc. Textes*, 1887, p. 83.

France aux XIe et XIIe siècles, c'est celle de la transmission orale. De très bonne heure en effet l'Inde a eu des rapports avec l'Europe ; on peut même en reporter la limite extrême jusqu'au Ve siècle avant Jésus-Christ[1]. Dans ces relations commerciales incessantes, quelques contes déjà avaient pu traverser les mers et se transplanter dans des régions éloignées de leur berceau. Les conquêtes d'Alexandre et la fondation des royaumes bactriens ne purent que favoriser et rendre générale la migration des contes jusqu'alors probablement sporadique. Byzance plus tard fut une intermédiaire active entre l'Orient et l'Occident ; à celui-ci elle faisait connaître les traditions de l'Est qu'elle tenait de la Syrie et de la Perse. Mais c'est surtout à partir du Xe siècle que les produits de l'imagination indienne pénétrèrent en Europe. Les Arabes, conquérants d'une partie de l'Inde, en relations constantes avec elle, leur donnèrent une large popularité. Ayant accueilli avec avidité tous les récits indiens, en ayant la mémoire toute meublée, ils les transmirent partout, dans le Bas-Empire, en Italie, en Espagne, puis dans l'Europe entière. Vinrent les croisades : en Syrie, nos ancêtres vécurent avec la population musulmane dans un contact fort intime et nul doute qu'ils n'en aient rapporté un grand nombre de récits[2].

Il ne faut pas oublier non plus le rôle important qu'ont dû jouer les Juifs dans cette propagation des contes. Nous avons vu tout à l'heure que, parmi les traducteurs du *Pantchatantra*, figuraient trois Juifs ; Pierre Alphonse, l'auteur d'un recueil de contes arabes, était lui aussi un Juif. Avant eux, si l'on en croit le *Talmud*, se trouvaient chez ce peuple d'autres collecteurs d'apologues. Il est question en effet, dans le célèbre commentaire, d'un rabbin Méïr qui, au milieu du IIe siècle après J. C., aurait composé un recueil de trois cents fables intitulé *Fables du Renard*. Au premier siècle déjà étaient connus et étudiés dans les écoles juives d'autres corpus non moins considérables[3]. Le *Talmud* lui-même renferme un grand nom-

---

[1] Liebrecht, *Jahrb. f. rom. u. engl. Lit.*, III, p. 82. La première mention concernant l'Inde se trouve dans un des fragments d'Hécatée, c'est-à-dire vers 500 av. J.-C.

[2] G. Paris, *La Litt. fr. au moyen âge*, p. 112.

[3] Jacobs, p. 120. Ces anciens *corpus* portent les noms de *Mishle Shu'- lim* et de *Mishle Kobsim*. Le premier signifie *Fables du renard* ; quant au second, il semble défier la sagacité des commentateurs. M Jacobs a essayé, d'ailleurs sans succès, d'identifier ce mot *Kobsim* avec le mot

bre d'apologues et, parmi eux, il en est beaucoup qu'on ne peut rattacher en aucune façon aux fables ésopiques; ceux mêmes qui se rapprochent de ces dernières se rapprochent souvent davantage des fables indiennes parallèles [1]. Tout porte donc à croire qu'une grande partie de ce trésor provient de l'Inde. Les Juifs qui avaient fait tant d'emprunts aux croyances religieuses des bouddhistes ont dû aussi sans doute s'approprier leurs récits dramatiques destinés à donner à l'enseignement de la morale un attrait particulier et, non contents de les avoir rassemblés dans des recueils spéciaux, il les ont transportés avec eux et répandus oralement dans les pays où les disséminaient les hasards de leurs incessantes migrations.

Nous avons vu comment ces contes d'origine incontestablement indienne, se rencontrant sur notre sol avec des contes d'une autre provenance et d'un caractère différent, se les étaient assimilés, puis, grossis d'eux et probablement aussi d'un certain nombre de contes autochtones, avaient formé au moyen âge ce vaste trésor dont le folk-lore de nos jours est le prolongement. C'est donc cette littérature orale, autrement dite populaire, composée d'éléments si divers, formée de matériaux de toute provenance, écho mystérieux et encore puissant de l'imagination de nos lointains ancêtres, qui a fourni le plus à nos trouveurs. On peut dire qu'ils se sont abreuvés et enivrés à cette source. Quiconque en effet a une connaissance même restreinte de cette littérature et n'a parcouru que les *Contes d'Enfants* des frères Grimm, quiconque a par hasard, au cours d'un voyage au fond d'une province reculée du pays de France, entendu raconter par un vieillard des scènes d'animaux, est frappé, quand il lit le *Roman de Renart*, du nombre des épisodes qui rappellent ces récits. C'est, quand on détache de ces épisodes le cadre épique et qu'on isole la narration de tout ce que l'imitation ou la parodie du genre alors à la mode ont introduit d'adventice et de superflu, la même finesse d'observation, la même justesse de touche, la même sobriété de traits, et il arrive même souvent, lorsque le sujet a été traité en même temps par les fables ésopiques et phédriennes, que c'est dans

---

grec Κιδύσσης qui, dans le second prologue de Babrius, désigne un auteur problématique de fables libyennes, p. 121 sq. Voir aussi sur Méïr, Derenbourg, *Dir. hum. vitæ*, p. VIII, note.

[1] Jacobs, p. 110 sq.

la littérature populaire qu'il faut chercher le modèle qui a inspiré nos poètes.

Toujours est-il qu'ils ne nous ont jamais indiqué ces fables comme étant leurs guides et leurs objets d'imitation. Au contraire certains d'entre eux ne nous ont pas caché leur prédilection pour ces histoires naïves et populaires qu'on racontait autour d'eux et nous avouent franchement qu'ils en ont tiré parti. J'ai déjà cité plus haut ces deux précieux passages :

> L'estoire temoinne a vraie
> Uns bons conteres, c'est la vraie.
>
> (IX v. 4 sq.)

> Ge l'oï dire à un veillart
> Qui sages iert et de grand art.
>
> (XXII v. 11 sq.)

Que sont ces deux personnages, sinon deux de ces bons conteurs du temps jadis, type qui disparait de plus en plus de nos jours avec les vieux usages et qu'on ne retrouve plus guère qu'au fond de bourgs arriérés ou dans des pays où les mœurs ont conservé leur ancienne simplicité. Noël du Fail, dans ses *Propos rustiques*, nous décrit un de ces conteurs, Robin Chevet, à la mémoire inépuisable, charmeur des veillées de son village, et sa collection d'histoires toujours répétées et toujours écoutées comprenait justement des contes bien connus de nos trouveurs : « Començoit un beau conte du temps que les bestes parloient: comme *le renard desroboit le poisson aux poissonniers ;* comme *il fist battre le loup aux lavandieres lorsqu'il l'apprenoit à pescher ;* comme *le chien et le chat alloient bien loin ;* de *la corneille qu'en chantant perdit son fromage* ; de Mélusine, du loup-garou, etc. »[1].

Il ne faut pas croire toutefois que nos poètes, en transportant ces contes dans leurs branches, ont fait œuvre d'archéologues et d'esprits curieux de choses originales. Aux XIe et XIIe siècles n'existait pas la barrière qui sépare aujourd'hui les lettrés et les illettrés, ni même celle qui sépara dans le siècle suivant les vilains des courtois. Ce qui charmait l'artisan charmait également le bourgeois et le chevalier et les créations les plus naïves et les plus spontanées avaient autant

---

[1]. Cité par *Mélusine*, I, p. 369.

de succès dans la solitude du manoir que dans la boutique d'un marchand. Ces scènes si gentilles, d'une malice si inoffensive, d'un dessin si léger, que nous offrent les contes populaires, nous les lisons aujourd'hui avec plaisir parce qu'elles nous reposent des complications de la pensée moderne et nous donnent une sensation d'exquise fraîcheur. Ce plaisir d'esprits blasés est comme celui que nous éprouvons à passer quelques semaines au bord de l'Océan ou au fond d'une verte campagne pour détendre nos nerfs fatigués par les travaux incessants et les plaisirs bruyants de la ville. Tel n'était pas celui que nos ancêtres goûtaient en entendant leurs conteurs. Avec leur âme si peu complexe, tous sans exception se laissaient charmer sans arrière-pensée par ces inventions naïves et y trouvaient des délices toujours nouvelles. On ne doit donc pas s'étonner qu'une partie aussi importante de la littérature de l'époque que celle qui est constituée par le *Roman de Renart* repose presque tout entière sur ce fonds populaire. Rien de plus naturel qu'il se soit trouvé des poètes pour l'exploiter ; ils étaient assurés à l'avance du succès et de la vogue.

Ainsi, d'une part *tradition littéraire et savante*, amalgame de fables classiques à but moral et d'inventions cléricales à tendances allégoriques ou satiriques, d'autre part *tradition populaire*, vaste répertoire des récits d'animaux qui, de tout temps et dans tous les pays, ont prétendu amuser sans instruire, voilà les deux centres auxquels je vais essayer dans les chapitres suivants de ramener l'ensemble des épisodes du *Roman du Renart*.

Ce serait dépasser les limites que je me suis tracées dans cette étude que de vouloir passer en revue tous les épisodes sans exception. Il en est quelques-uns que je devrai laisser dans l'ombre. Voici pourquoi. Ils n'ont pas tous, quand on les envisage au point de vue de l'histoire du Roman et surtout par rapport à ses sources, une valeur égale. Ils se répartissent en effet en trois couches bien distinctes. La première qui est, pour me servir du langage de l'histoire naturelle, la couche paléozoïque est formée des contes qui sont le noyau du cycle. Ce noyau, on peut s'en faire une idée approximative par le *Reinhart*; je dis approximative, car ce poème nous présente l'*estoire* de Renart parvenue déjà à sa seconde phase de développement, c'est-à-dire celle de la coordination et du groupement des récits ; de plus, nous ne sommes pas sûrs que le traducteur n'ait pas fait un choix et que cette *estoire* n'ait point compris un nombre de morceaux plus considérable que celui de son œuvre. Quoi qu'il en soit, les contes de cette première série ont droit naturellement à un examen des plus approfondis. Il en est de même de ceux de la deuxième couche qui comprend soit des contes de formation secondaire, dérivés des précédents et n'en étant que des variantes plus ou moins heureuses, soit des contes introduits du dehors à une époque postérieure, mais qui occupent une place importante et sont rattachés au cycle d'une façon étroite. Dans la troisième série figurent des récits purement adventices, étrangers à la tradition, ajoutés par des remanieurs en général maladroits à d'anciennes aventures ou formant de nouvelles branches qui n'ont rien de commun avec les autres. Le fond est tantôt tiré de l'imagination des poètes, tantôt constitué par des allusions assez obscures à des usages du temps ou des parodies extravagantes d'événements réels. Ne serait-il pas oiseux de s'attarder à des récits tels que ceux des funérailles de Renart, de ses interminables intrigues pour obtenir la succession du roi, de l'origine de ses démêlés avec Isengrin qui remonterait, si l'on en croit le poète, à la création du monde ? Quel intérêt, même seulement esthétique, présentent pour nous la scène des quatre animaux se disputant au jeu de la marelle la possession d'une andouille, celle de Renart et de Primaut vendant des vêtements à un prêtre pour un oison, celle encore de Renart s'emparant d'un héron par ruse et noyant un vilain dont il prend la barque pour échapper à une inondation ?

L'étude de tels morceaux et de bien d'autres d'une donnée non moins fastidieuse ne rentre pas, on le comprendra, dans notre cadre. Aussi me pardonnera-t-on, je l'espère, de parler seulement en passant de quelques-uns, et de garder le silence sur les autres. Ce sont là de ces scories que l'on rencontre trop fréquemment sur sa route quand l'on étudie la littérature du moyen âge. Un sujet une fois tombé dans les mains des trouveurs, ils n'avaient point de cesse qu'ils ne lui eussent fait produire tout ce qu'il pouvait donner : les remaniements succédaient aux remaniements, les rajeunissements aux rajeunissements. Le *Roman de Renart* moins que tout autre ouvrage a échappé à cette destinée des produits de l'époque qui, au dernier terme de leur course, aboutissaient à la platitude et à la médiocrité.

Avant d'aborder l'étude détaillée des sources particulières auxquelles se ramènent les différents épisodes, il convient, ce me semble, que j'expose et que je justifie l'ordre dans lequel ils vont servir de matière aux chapitres suivants. Il est à peine besoin que je me défende de ne pas les avoir rangés et examinés d'après leur droit d'ancienneté. Cette ancienneté, on le sait déjà, est, malgré l'existence du *Reinhart*, difficile, pour ne pas dire impossible à établir. Car certains épisodes narrés dans des branches d'une rédaction postérieure figuraient peut-être déjà dans des branches plus anciennes, qui ont disparu et étaient antérieures au poème allemand. Aurions-nous même assez de points de repère pour déterminer avec une précision relative cette ancienneté, que nous ne pourrions donner cette base à notre travail. En effet la plupart des épisodes se trouvent reproduits dans plusieurs branches d'âge différent; il en est même certains qui ont jusqu'à quatre et cinq variantes éparses çà et là dans la compilation. Or l'adoption d'un pareil plan entraînerait un examen spécial pour chacune de ces variantes, c'est-à-dire des répétitions incessantes ou des renvois fréquents à des chapitres précédents; ce serait un désordre et un embrouillement comparables à ceux du Roman lui-même.

J'ai montré tout à l'heure que les trois sources générales auxquelles ont pu puiser les trouveurs français étaient: 1° la collection des fables classiques; 2° un ensemble de petits poèmes composés au moyen âge dans les cloîtres et dans les écoles; 3° le trésor des contes oraux. Nous fallait-il ordonner les épisodes du *Renart* en trois groupes correspondant à ces trois sources? Cette classification simple et logique en apparence n'aurait pas laissé elle aussi que de causer une sorte de chaos.

Car il faut s'entendre sur ce mot *sources*. Il y a des *sources directes* et des *sources indirectes*. Tel trouveur a emprunté l'idée et les détails de l'histoire qu'il nous a rimée à un écrit latin de provenance récente; celui-ci est sa source directe; mais cet écrit n'est peut-être pas lui-même original; peut-être a-t-il été composé par un moine sur le calque d'un conte ancien qu'il a entendu narrer et qu'il a fidèlement consigné sur le parchemin. Ce conte oral, ou plutôt la forme primitive de ce conte que l'on peut retrouver quelquefois en comparant entre elles les différentes variantes qui en subsistent un peu partout, voilà la source indirecte du trouveur. La division du sujet en trois groupes bien distincts n'aurait pas permis de remonter si haut. Ou bien il fallait renoncer à ce voyage si plein d'intérêt et d'imprévu à travers le temps et l'espace ou bien, si nous l'entreprenions, force était de faire empiéter un groupe sur l'autre. Et d'ailleurs à quels embarras, à quelles indécisions n'aurions-nous pas été exposé souvent? Voici, par exemple, une aventure d'origine incontestablement classique. Mais avant de pénétrer dans *l'estoire*, elle a été entre temps modifiée sinon transformée par la tradition monacale. Dans quel groupe la ranger? Dans celui des sources classiques ou dans celui des sources médiévales ou dans les deux à la fois? Il est clair qu'aucun des trois cadres que nous aurions tracés par avance n'aurait pu conserver une fermeté rigide à ses lignes qui se seraient vues à tout moment forcées et brisées.

Un seul groupement pouvait être de quelque clarté et échapper tout au moins au danger des imbroglios, celui des épisodes d'après les personnages mis en présence de Renart. Avec ce groupement seul les différentes versions d'une même aventure peuvent être aperçues d'un seul coup d'œil et être étudiées en bloc; avec lui seul aussi on ne court pas le risque de ne pouvoir remonter pour certains épisodes jusqu'à leur source la plus lointaine. Une conclusion particulière mise à la suite de chacune des sections ainsi formées suffira pour établir en quelques lignes ce que la tradition savante et la tradition populaire ont à revendiquer comme étant issu d'elles.

Au point de vue de la mise en scène de tels ou tels animaux en face de Renart qui les dupe ou cherche à les duper, le poème français peut se diviser en quatre chapitres qui seront les nôtres : 1º RENART ET LE LION; 2º RENART ET L'OURS; 3º RENART ET LE LOUP; 4º RENART ET LES OISEAUX. Un cinquième chapitre devra leur être ajouté, LE LOUP, celui-là tout à fait indépendant et consacré à trois branches dont j'ai dit un mot dans l'Introduction. Dans ces branches en effet le renard ne figure point, c'est le loup qui est protagoniste et qui attire vers lui seul tout l'intérêt du récit. Une section particulière était donc nécessaire pour l'étude de ce fragment qui fait figure à part dans le Roman.

Le lion, l'ours, le loup et les oiseaux ne sont pas, me dira-t-on, les seuls antagonistes du goupil. Il est d'autres animaux qui occupent une place importante dans *l'estoire*, Tibert le chat, Roonel le mâtin, Belin le mouton, par exemple. Pourquoi n'avoir pas attribué aux aventures de chacun d'eux un chapitre spécial auquel elles semblaient avoir autant droit que les aventures de l'ours? Car bien peu nombreuses sont celles-ci; nous n'en possédons à vrai dire que trois principales : celle de *Brun chez Lanfroi,* celle de *Patous l'ours,* celle du *vilain*

Liétart. On pourrait en compter autant, sinon davantage, pour Tibert, Roonel et Belin. Oui, si l'on prend les choses au pied de la lettre, le *Roman de Renart* ne renferme que trois aventures de l'ours. Mais si l'on se reporte à ce que j'ai déjà dit touchant une collection importante de contes originaires du Nord où l'ours qui est la victime du renard a été peu à peu remplacé par le loup, on comprendra que nous n'ayons pas hésité à ranger tous les épisodes français correspondant à ces contes septentrionaux dans la section RENART ET L'OURS. Cela était d'autant plus naturel que l'histoire de *Brun chez Lanfroi* et celle du *vilain Liétart* appartiennent à la même famille et proviennent de la même région. Ces épisodes dont la caractéristique commune est la substitution du loup à l'ours sont en outre les plus intéressants et peut-être les plus anciens du cycle; ils en ont probablement constitué le noyau primitif. Il me suffit d'ailleurs de les nommer pour que chacun reconnaisse aussitôt les thèmes de prédilection de nos trouveurs ; ce sont les contes de *Renart adultère*, des *Charretiers* et de *la Pêche à la queue*. Le chapitre réservé aux aventures de l'ours et du goupil sera donc plus ample qu'on aurait pu le croire d'abord, il ne le cédera en importance à aucun des trois autres. Que sont au contraire les aventures de Renart soit avec Tibert, soit avec Roonel, soit avec Belin ? Rien que des variantes d'aventures du goupil avec l'ours et surtout avec le loup. Ces trois animaux, comme bien d'autres encore qu'il est inutile d'énumérer, n'ont pas à réclamer le titre de chefs d'emploi; ils ne sont que les doublures des anciens et primitifs acteurs, qui ont nom Isengrin, Brun et Chantecler. L'on n'a pas de peine la plupart du temps à reconnaître dans les incidents où ils sont mêlés des contrefaçons d'incidents dont ceux-là ont été primitivement les héros. C'est ce qui fait que, sous une apparente multiplicité d'épisodes, le *Roman de Renart* n'en renferme en réalité qu'un nombre relativement restreint. Sur une même histoire sont venues se greffer non seulement des histoires identiques avec retouches au sujet et gardant les mêmes personnages, mais aussi des versions qui ont donné un autre aspect au sujet et en ont changé les personnages. Celles-ci peuvent aussi sortir de celles-là au lieu d'être dérivées de la forme originelle. De là une végétation touffue où les rameaux s'entrecroisent et où les parasites se développent librement. Mais, quelque surabondante qu'elle soit, elle ne parvient pas à nous cacher le tronc primitif qu'elle recouvre presque entièrement.

Une autre objection pourra m'être adressée. Le premier des chapitres subséquents, Renart et le Lion, doit renfermer l'étude de la scène du *Jugement* aux si nombreuses variantes et celle de *Renart médecin* [1]. Puisque la plupart de ces récits sont de formation postérieure à beaucoup de ceux des autres branches, puisqu'en outre leur contenu forme la conclusion de la guerre entre Renart et tous ses ennemis, n'y avait-il pas lieu de les réserver pour le chapitre final ? Ne convenait-il pas d'imiter en cela la Glichezare qui avec tant d'à-propos et de finesse a fait du procès du goupil et de la maladie du roi le couronnement de son poème ? A ces raisons qui semblent militer si bien en faveur de l'attribution à ces scènes de la dernière place, on peut en opposer d'aussi bonnes qui leur assigneront le premier rang dans cette étude. Celle-ci en effet n'a rien de chronologique, ni même de synthétique ; elle ne prétend pas restituer à chaque épisode sa date dans l'histoire de la formation du poème ; elle ne vise pas non plus à former un enchaînement d'aventures aboutissant à une conclusion où elles viennent se fondre harmonieusement, comme c'est le cas dans le *Reinhart*. Tout analytique au contraire est notre procédé, puisque nous n'avons réuni les épisodes que d'après les personnages qu'ils ont en commun, lien bien vague au fond et qui ne prête guère à une vue d'ensemble. Étant donc donnée cette disposition fragmentaire qui force d'envisager les épisodes un à un, à l'état isolé, et détruit toute connexion entre eux, rien ne pouvait mieux atténuer leur émiettement que de leur donner comme préface les scènes du *Jugement* où la réunion imposante de tous les ennemis du renard et leur concert de plaintes en face du lion font embrasser tous les événements d'un seul coup d'œil et en donnent une idée générale à la fois nette et compréhensive. Là chacune des aventures est renfermée en substance et, pour qui en étudiera plus loin le développement, elle ne sera pas tout à fait une inconnue. Ne serait-ce pas un motif analogue au nôtre qui a guidé les arrangeurs de la compilation quand d'un commun accord ils ont placé en tête la branche du *Jugement* ? Ayant eu sans doute conscience du peu d'unité que présentaient les autres branches, ils ont cherché à en pallier le fâcheux effet

---

[1] Il renfermera naturellement aussi l'épisode du *Partage du Lion*.

en les faisant précéder de ce tableau où sont condensés presque tous les éléments du poème. Ils songeaient ainsi à éviter au lecteur le découragement et la fatigue ; ils lui donnaient un fil pour se guider à travers ce labyrinthe aux mille sinuosités.

DEUXIÈME PARTIE.

DES SOURCES EN PARTICULIER

CHAPITRE I.
Renart et le Lion.

I.

JUGEMENT DE RENART.

«Comparaison de la branche I avec d'autres branches ayant traité le sujet du *Jugement*. — Elle n'a pu servir de modèle à toutes ces branches. — Sa forme fait supposer une rédaction antérieure. — Le *Reinaert*, bien que voisin de la branche I, a puisé à une autre source. — Pourquoi le *Rainardo* doit-il être considéré comme la version la plus ancienne ? — Le conte du *Jugement* n'est pas un conte indépendant ; il ne faisait qu'un à l'origine avec le conte de *Renart médecin* et doit être étudié avec lui.

Quand on veut donner une idée juste et exacte de l'art aimable de nos vieux poètes et de la raillerie enjouée qui se mêle si agréablement à leurs naïvetés enfantines, on cite en première ligne, parmi les nombreux spécimens que nous en possédons, la célèbre branche du *Roman de Renart* qui, comme le dit son prologue, raconte.

> le plet
> Et le jugement qui fu fet
> En la cort Noble le lion
> De la grant fornicacion
> Que Renart fist, qui toz maus cove
> Envers dame Hersent la love.

(v. 5 sq.)

C'est là en effet une des compositions les plus heureuses, pour ne pas dire des plus originales, qui nous restent de notre ancienne littérature. Outre ce mérite intrinsèque, cette branche en a un autre que l'on connaît déjà et qui est d'une importance considérable pour le point de vue auquel nous nous sommes placé ; ce mérite est celui d'avoir été de tous les fragments de l'histoire du goupil le plus répandu et le plus populaire.

C'est cette branche en effet qui, dans la troisième période de la tradition des trouveurs et des remanieurs à laquelle seule répondent les manuscrits en notre possession, a dominé presque toutes les combinaisons d'aventures et a fourni le point de départ de la plupart des agencements. Sur quinze manuscrits, onze lui accordent la première place ; elle est la base de la nouvelle et dernière conception de l'histoire de Renart. En outre le sujet qu'elle traite, à savoir la comparution du goupil à la cour du lion et son jugement, est une matière qui, une fois connue et mise en circulation, devint une sorte de thème propre aux développements les plus variés ou un cadre assez large pour renfermer d'anciennes aventures ; elles se trouvaient ainsi rajeunies et prenaient un air de nouveauté. Avec cette branche I commence pour le cycle une ère de fécondité et de richesse, en même temps, il est vrai, qu'une ère de désordre et de licence ; il a manqué un arrangeur habile et intelligent, capable de coordonner en un tout ces innombrables éléments et de léguer à la postérité une épopée digne de ce nom. Enfin on n'ignore pas non plus que le sujet traité par cette branche n'a pas eu du succès en France seulement. Pendant que nos trouveurs travaillaient sur cette donnée du *Jugement* et se l'appropriaient le mieux qu'ils pouvaient, des poètes étrangers en Flandre et en Italie s'en servaient à leur tour, mais avec moins de liberté, pour faire goûter à leur pays cette remarquable production de l'esprit français.

Avant donc de rechercher la cause créatrice de cette scène du *Jugement*, la conception première qui a présidé à sa formation, il nous faut d'abord montrer comment les différentes reproductions de cette scène sont bien des imitations de la branche I et ensuite comparer avec celle-ci les poèmes étrangers qui s'en sont inspirés. Cette comparaison nous permettra d'établir si le texte de la branche I est véritablement ancien, s'il n'a pas préexisté une forme antérieure grâce à laquelle nous remonterons plus aisément aux sources premières du récit.

Voici l'épisode tel que nous le présente la branche I. (1.-1620).

Sire Noble, le lion, tenait sa cour et toutes les bêtes s'étaient rendues auprès de lui :

> Onques n'i ot beste tant ose
> Qui remansist por nule chose
> Qui ne venist hastivement.
>
> (v. 19 sq.)

Renart seul est absent. Chacun alors d'en profiter pour l'accuser. Isengrin, encore sous le coup de la colère que lui ont causée le viol de sa femme et les outrages dont Renart a abreuvé ses louveteaux, se montre de la dernière violence dans ses récriminations. Alors s'ouvre un débat : Bruiant le taureau et Grimbert le blaireau, cousin de l'inculpé, prennent son parti contre Brun l'ours qui réclame à grands cris sa mise en accusation et son jugement. Fromont l'âne se range à l'avis de Brun, après avoir entendu la protestation d'innocence de Hersent. Cependant Noble résiste à leur demande ; l'infortune d'Isengrin le laisse froid ; il le plaisante même :

> Onques de si petit domage
> Ne fut tel duel ne si grant rage.
>
> (v. 54 sq.)

Il ne veut pas d'ailleurs faire citer Renart en justice ni permettre à Isengrin de l'attaquer à cause d'une paix générale qu'il a fait publier entre tous les animaux. A ce moment, arrivent Chantecler le coq et les poules Pinte, Noire, Blanche et Rossette qui

> Amenoient une charete
> Qui envouxe ert d'une cortine.
> Dedenz gisoit une geline
> Que l'en amenoit en litere
> Fete autresi con une bere.
> Renart l'avoit si maumenee
> Et as denz si desordenee
> Que la cuisse li avoit frete
> Et une ele hors del cors trete.
>
> (v. 286 sq.)

Pinte fait un lamentable récit des maux qu'a causés Renart à sa famille : Chantecler, suivi des siens, se prosterne et mouille de ses larmes les pieds de Noble qui entre dans un terrible courroux :

> Un sopir a fet de parfont,
> Ne s'en tenist par tot le mont.
> Par mautalant drece la teste.
> Onc n'i ot si hardie beste,
> Ors ne sengler, que poor n'et
> Quant lor sire sospire et bret.
> Tel poor ot Coars li levres
> Que il en ot deus jors les fevres.
> Tote la cort fremist ensenble.
> Li plus hardis de peor tremble.
>
> (v. 353 sq.)

Sa colère calmée, il s'occupe d'abord des funérailles de l'infortunée dame Copée. Bruiant creuse la fosse et, après que Brun portant l'étole l'a bénie et que Tardif le limaçon, Roonel le chien et Brichemer le cerf ont chanté l'office, la défunte « en un molt bel vaissel de plom » est enfouie sous un arbre ; sur sa tombe est placé un marbre dont l'inscription rappelle son nom et son martyre. Ensuite Noble se décide à punir le félon ; il députe Brun vers lui pour le sommer de comparaître. Renart n'a pas de peine à se débarrasser de l'importun ; il l'allèche par l'appât d'un rayon de miel et le fait prendre par les pattes et le museau à une pièce de bois fendu dont il enlève les coins. L'ours revient tout ensanglanté à la cour. Noble de plus en plus indigné dépêche le chat Tibert qui n'est guère plus heureux dans sa mission. Séduit à son tour par la promesse de rats et de souris, il tombe prisonnier dans un lacs et ne s'échappe qu'après avoir été roué de coups. C'est au tour de Grimbert, le parent de Renart, d'aller le décider à venir à la cour. Renart se laisse persuader cette fois. Avant de faire ses adieux à sa famille il se confesse à son cousin de tous les tours qu'il a joués à Isengrin et à maint autre animal ; le poète nous fait ainsi passer sous les yeux, dans un tableau en raccourci, une grande partie des événements éparpillés dans les autres branches. Mais le repentir de ce coupable, bien que sincère, n'est pas de longue durée. A peine en route, il songe à s'écarter du chemin pour aller dérober quelques poules dans une ferme de nonnains du voisinage. Il n'ose pas néanmoins braver la colère de Grimbert qui le rappelle sévèrement au devoir.

> Or s'en vont li baron ensenble.
> Dex, con la mule Grinbert anble !
> Mes li chevax Renart acope.
> Li sans li bat desoz la crope :
> Tant crient et dote son segnor,
> Qu'onques mes n'ot si grant peor.
>
> (v. 1189 sq.)

Pourtant il entre la tête haute dans la salle du conseil et en face des visages menaçants de ses ennemis ne fait pas « chere de coart ». Dans un long plaidoyer il tente de se disculper de toutes les accusations portées contre lui. Mais, malgré l'intervention de Grimbert, Noble cède aux protestations indignées de toute sa cour et fait dresser la potence où sera pendu le coupable.

> Estes le vos en grant peril.
> Li singes li a fet la moue,
> Et si li done lez la joe.
> Renart regarde arere soi,
> Et voit qu'il vienent plus de troi.
> Li un le tret, l'autre le bote :
> N'est merveille se il redote.
>
> (v. 1354 sq.)

Sa peur ne dure point longtemps et sa ruse habituelle le tire de ce mauvais pas. D'un air contrit il déclare à Noble qu'il se repent de ses fautes et lui demande de le laisser aller « outre mer » implorer le pardon de Dieu :

> Se je la muir, si serai sax.
> Se je sui penduz, ce ert max :
> Si seroit molt povre venjance.
>
> (v. 1391 sq.)

Noble est attendri et voilà Renart transformé en pèlerin et revêtu de l'écharpe et du bourdon.

Si, laissant de côté pour l'instant l'épilogue du long épisode du *Jugement*, nous résumons en quelques lignes cette première partie, nous voyons qu'elle se compose de trois motifs principaux : 1º les accusations portées par certains animaux contre Renart ; 2º les trois ambassades successives dont la dernière le détermine à se présenter devant le lion ; 3º son jugement et sa condamnation. Or nous allons retrouver soit un ou deux de ces motifs, soit tous les trois ensemble dans des branches entières ou dans des fragments de branches. Ce sujet du *Jugement* semble être comme un moule imposé où durent être jetés les événements anciens et nouveaux de l'histoire de Renart et d'où ils sont sortis groupés et façonnés d'une manière uniforme; chaque création, dans la dernière période de l'évolution du cycle, fut marquée de cette estampille pour ainsi dire officielle.

La branche V^a la première, nous fournit un exemple frappant de cet envahissement d'un sujet passé à l'état de type sur d'autres sujets qui jadis en étaient indépendants. Ainsi dans le *Reinhart* (1061-1153), le lynx rencontre Isengrin furieux de ce que Reinhart, son neveu, qu'il avait laissé en compagnie de sa femme et fait le gardien de son honneur et de sa vertu, ait osé lui faire la cour. Le lynx parvient à le décider à se réconcilier avec ce don Juan. Il est convenu que dans un plaid où Isengrin amènera plusieurs de ses parents, gros et forts comme lui, Reinhart jurera son innocence sur les dents du mâtin Reitz qui fera le mort. Mais Reinhart est averti de la ruse par son fidèle ami, le blaireau Krimel, et il s'échappe au moment de prêter serment.

C'est là évidemment l'ancienne forme de l'épisode. Ce n'est pas seulement ce passage du *Reinhart* qui en fait foi ; nous en avons un autre témoignage non moins précis dans une allusion de la branche I, où Isengrin, se plaignant au roi de sa mésaventure conjugale, rappelle une scène semblable à celle du poème allemand :

> C'est li dels qui plus m'est noveax.
> Renart prist jor de l'escondire
> Qu'il n'avoit fet tel avoultire.
> Quant li seint furent aporte,
> Ne sai qui li out enorte,
> Si se retrest molt tost arere
> Et se remist en sa tesnere.
>
> (v. 36 sq.) [1]

Cet épisode du serment juridique était donc primitivement traité à part, indépendamment de toute intervention royale et

---

[1] Cf. br. XXIII, v. 87 sq. et 121 sq.

de toute comparution devant Noble. L'auteur de la branche V[a] (v. 247-1272) a cru devoir y ajouter de l'intérêt par l'introduction de ces éléments. Ce n'est plus à un seul animal qu'Isengrin confie sa peine ; il l'étale publiquement au pied du trône et, accompagné de sa femme, vient crier vengeance. Comme dans la branche I, le lion émet quelques doutes et plaisante même sur l'innocence de Hersent. Mais consulté, le chameau, légat du pape, qui remplit ici le rôle de Brun, déclare qu'on ne peut faire grâce au coupable. Le lion charge alors ses « plus vaillanz et greignors bestes » de décider le cas. Et ici nous rentrons dans la tradition ancienne telle que nous l'a transmise le Glichezare ; les noms seuls des personnages diffèrent et la scène est beaucoup plus étendue [1].

C'est donc bien visiblement une imitation de la branche I qu'a voulu nous donner l'auteur de la branche V[a] où plutôt il a greffé sur un sujet antique un motif moderne, sans grande nécessité d'ailleurs, il faut le reconnaître. L'épisode n'a guère gagné à ce renouvellement ; le plus clair résultat a été d'amener une contradiction entre les deux branches, l'une mentionnant un plaid tenu entre animaux, l'autre racontant une délibération ordonnée par le roi pour le même sujet.

Comme la branche V[a], les autres branches qui reproduisent la scène du *Jugement* ont choisi entre les nombreux éléments de la donnée primitive et se sont approprié quelques-uns des plus caractéristiques soit pour les délayer, soit pour les fondre tels quels avec d'autres récits. Mais tous ces récits sont sans exception des nouveau-venus dans l'*estoire* de Renart ; on n'en retrouve trace ni dans le *Reinhart*, ni dans l'*Ysengrimus*, et le peu d'allusions qui y est fait dans le reste du Roman montre bien que ce sont des rejetons d'une dernière poussée.

Ainsi, dans la branche VI (v. 1-1542)[2], le goupil n'est plus cité trois fois à la cour du roi ; il s'y rend n'ayant eu qu'à céder aux sages conseils de son ami Grimbert ; c'est le roi lui-même qui lui énumère d'un ton courroucé tous les crimes qu'il a commis envers ses vassaux, et les longs plaidoyers de Renart et d'Isengrin, qui, comme ceux de la branche I, marquent chez

---

[1] Pour les rapports de cette branche V[a] avec la branche I, voir Knorr, *Die zwanzigste Branche des Roman de Renart und ihre Nachbildungen*, Eutin, 1866. p. 5 sq., et pour ses rapports avec l'épisode du *Serment* dans le *Reinhart* voir Voretzsch, 2e art., p. 364 sq.

[2] Voir Knorr, loc. cit., p. 20 sq.

le poète une intention bien déterminée de nous résumer toutes les péripéties de leur guerre, aboutissent à un dénouement plus chevaleresque, plus conforme aux mœurs du temps : Renart n'est pas immédiatement condamné à mort ; il doit livrer un combat judiciaire à Isengrin. Il est vaincu, et alors seulement Noble ordonne sa pendaison. Il est sauvé grâce à l'intervention d'un moine, Frère Bernart[1], qui passait par là. Celui-ci obtient sa grâce en le faisant entrer dans un couvent.

Nous voyons reparaître les trois ambassades successives dans la branche XIII, mais amenées par des circonstances différentes. Nous touchons en effet aux dernières étapes de la tradition ; les trouveurs s'ingénient à rajeunir une matière près de s'épuiser ; ils se battent les flancs pour trouver de nouvelles inventions. Isengrin jusque-là le principal accusateur de Renart, son inévitable antagoniste, s'efface de plus en plus, éclipsé ici par le chien Roonel, là par le coq Chantecler. C'est avec eux désormais que Renart livre le combat judiciaire, et cette lutte héroï-comique est la conséquence d'aventures qui sont ou de pâles reflets de celles que nous connaissons ou des nouveautés burlesques et fantastiques.

Dans cette branche XIII (v. 1008-2366), Renart, au moyen d'une herbe qu'il a volée à un pèlerin, se noircit au point d'être méconnaissable[2]. Il se fait passer pour un certain Chuflet, et, à la faveur de son déguisement, il joue des tours pendables à tous ceux qu'il rencontre : sous les yeux d'Isengrin prisonnier dans un piège, il se livre à des ébats amoureux avec Hersent ; il trompe la crédulité du pauvre Roonel qui lui aussi reste dans un trébuchet ; il mange la queue de Rossel l'écureuil. Ces deux derniers viennent se plaindre à la cour du roi qui envoie successivement Tibert et Brichemer à la recherche de ce malfaiteur aussi dangereux qu'inconnu ; les messagers sont à leur tour victimes de sa malice. Il est à la fin amené par l'âne Bernart, le sanglier Baucent et Brun qui l'ont surpris dans son sommeil et lié au ventre d'un cheval. Roonel demande le combat qui lui est accordé. Renart vaincu fait le mort pour n'être pas achevé. On le met dans un sac et on le jette dans la rivière ; mais il est sauvé par Grimbert.

---

[1] Voir sur ce personnage Jonckbloet, p. 373 et Martin, *Obs.*, p. 45.
[2] Nous étudierons plus loin, à propos de *Renart teinturier*, ce motif désigné ordinairement par le titre de *Renart noir*.

Dans la branche XVII (v. 1-1685)[1], Renart, que l'on croyait mort et qu'on était en train d'enterrer en grande pompe, ressuscite tout à coup et s'enfuit en emportant Chantecler qui maniait l'encensoir sur le bord de la fosse. Celui-ci parvient à se délivrer et Renart, poursuivi par tous les barons en tête desquels est Tardif le limaçon, porte-fanon de la cour, est bientôt saisi et amené au roi. Il a beau s'excuser, rejeter la faute sur les autres qui ont voulu, prétend-il, lui jouer la mauvaise plaisanterie de l'enterrer tout vif ; Chantecler, qu'il vise entre tous dans ses insinuations, obtient le combat. Renart, encore vaincu, sauve de même sa vie en faisant le mort. On l'abandonne cette fois, et, malgré son piteux état, il a la force d'arracher une cuisse au corbeau Rohart qui était venu se percher sur lui et le becqueter croyant avoir affaire à un cadavre. Alors les ambassadeurs, qui n'avaient pas figuré encore, entrent ici en scène. Sur la plainte de Rohart, le roi furieux envoie Grimbert et le milan Hubert chercher le coupable. Ils reviennent rapportant la nouvelle que Renart est définitivement mort ; sa femme Hermeline, disent-ils, leur a montré son tombeau. C'était en réalité celui d'un paysan enterré récemment et qui portait son nom.

Enfin la branche XXIII est la dernière en date et la moins heureuse de ces nombreuses versions de la scène du *Jugement*. Elle reprend sans intérêt, sous forme d'accusations et de plaidoyers, les mêmes événements que nous ont déjà contés les branches I et V[a]. Renart n'est pas cité ; nous le voyons dès le début en présence du roi :

> Je suis venuz a vostre mant.
> Si fetes tot vostre commant.

(v. 13 sq.)

Quant à la conclusion, elle est étrange. Le roi qui se souvient des nombreux services que lui a rendus Renart veut le réconcilier avec ses ennemis. Chantecler seul se montre impitoyable et, poussé par sa femme, Pinte, il demande la mort de son persécuteur. Renart échappe pourtant au dernier supplice en promettant au roi de lui procurer une épouse d'une richesse et

---

[1] Knorr, loc. cit., p. 23 sq.

d'une puissance incomparables et il accomplit sa promesse en recourant à la magie [1].

A considérer attentivement ces différentes versions du thème du *Jugement*, on reconnaît bien vite que le sujet de la branche I est la source d'où sont sorties toutes les autres. Alors même que l'imitation n'est pas directe, que les personnages ne sont plus les mêmes, que les événements au milieu desquels ils s'agitent sont nouveaux, et que la forme donnée à l'exposition du sujet semble avoir un certain cachet d'originalité, on se sent néanmoins toujours dans le même cadre, on voit se dessiner tous ou presque tous les mêmes traits essentiels, à savoir Renart accusé par ses ennemis, des ambassadeurs dépêchés vers lui, un habile plaidoyer présenté par le coupable ou par un de ses amis, sa mort résolue, enfin une ruse le sauvant de ce mauvais pas.

Faut-il croire pour cela que la forme de ce récit transmise par la branche I est la forme primitive, que c'est d'elle précisément que se sont inspirés les nombreux exploiteurs de ce thème ? La branche I, en un mot, est-elle la première manifestation dans le cycle français du motif qui y est le plus fécond ? Bien des raisons doivent nous faire pencher vers la négative.

Remarquons d'abord que la date la plus reculée qu'on puisse assigner à la rédaction que nous possédons de la branche I est l'année 1204. Il y est en effet question, vers la fin, d'un Coradin à qui Renart prétend avoir eu affaire :

> « Sire, fet il, entendes moi !
> Saluz te mande Coradins
> Par moi qui sui bons pelerins.
>
> (v. 1520 sq.)

Ce Coradin ne peut être, comme on l'a remarqué, que Malek Moaddam qui en 1204 dirigea une expédition contre Acre et mourut en 1228 [2]. Or si nous nous appuyons sur des allusions

---

[1] Voir Martin, *Obs.*, p. 95, qui rapproche cette fin de l'épopée de Guillaume d'Orange.

[2] Martin, *Obs.*, p. 14 et note. Certains manuscrits portent *Noradin* et *Noraudin*. Ce nom, d'après M. Martin, désignerait Noureddin mort en 1173 et qui est cité par Chrestien de Troyes, *Ch. Lyon*, v. 594. Faudrait-il par suite faire remonter la rédaction de la branche au XIIe siècle ? C'est là une question bien délicate, pour ne pas dire insoluble.

à des événements contemporains renfermées dans les branches Vª et VI pour en établir approximativement la date, nous voyons que ces deux reproductions de la scène du *Jugement* sont antérieures à la branche I. Dans la première, le chameau qui prononce un discours en français italianisé plein de locutions juridiques semble bien rappeler les jurisconsultes « dont Frédéric I s'était servi pour établir ses droits impériaux et dont l'un ou l'autre avait accompagné un ambassadeur impérial à la cour de France. Il se pourrait agir ici de l'entrevue à Saint-Jean-de-Losne où Frédéric Ier attendit en vain le roi Louis XII en 1162 »[1]. Quant au frère Bernart à la salutaire intervention duquel le goupil doit sa grâce dans la branche VI, il est reconnu depuis longtemps que le poète a voulu désigner par ce personnage un Bernart, prieur de Grandmont en 1160, et qui aimait, dit-on, à s'ingérer dans les questions politiques du temps[2]. Ce sont là des détails historiques trop particuliers, d'une importance trop menue, pour qu'il n'y ait pas été fait allusion peu de temps après leur production; autrement ils n'eussent produit aucune impression sur l'esprit des auditeurs; nulle aurait été leur portée. Les branches Vª et VI, bien que présentant un récit moins original, un simple remaniement de la scène du *Jugement*, sont donc plus anciennes que la branche I et font supposer pour celle-ci une rédaction antérieure qui a servi de modèle.

D'autre part on a noté que cette branche I se composait de deux parties assez nettement distinctes l'une de l'autre par le fond des idées et aussi par le style pour pouvoir être attribuées à deux mains différentes[3]. Le naturel et l'enjouement qui font de la délibération entre tous les animaux, des ambassades auprès du goupil et enfin de son arrivée à la cour trois petits chefs-d'œuvre d'une unité de ton parfaite s'évanouissent subitement dès qu'on arrive vers l'épilogue que caractérisent des inventions d'un goût douteux et une recherche exagérée du grotesque. Cet épilogue commence au vers 1423, à l'endroit même où, pour plus de clarté, j'ai arrêté plus haut mon analyse de la branche I. Renart a obtenu sa grâce; il a pris « escrepe et bordon ». Avant son départ, il est mandé par la lionne, Dame Fière l'Orgueilleuse, qui le charge de prier

---

[1] Martin, *Obs.*, p. 41.
[2] Jonckbloet, p. 373.
[3] Martin, *Obs.*, p. 12.

pour elle et pour son mari ; il la supplie de lui faire don de son anneau :

> Molt en seroit mellor ma voie.
> Et sachez, se le me donez,
> Bien vos sera gerredonez.
>
> (v. 1448 sq.)

Elle le lui accorde, et il prend enfin congé de la cour. Il aperçoit bientôt, sur sa route, caché dans une haie, le lièvre Couart et l'emporte avec lui. Puis, s'arrêtant sur une hauteur qui domine la vallée où se trouvent le roi et ses barons, il lance à leurs pieds sa croix, son écharpe, son bourdon et leur jette des paroles narquoises :

> Danz rois, tenes vostre drapel!
> Que dex confonde le musel
> Qui m'enconbra de ceste frepe
> Et del bordon et de l'escrepe!
>
> (v. 1513 sq.)

Couart en profite pour se débarrasser de son étreinte et vient tout meurtri raconter à Noble la façon dont Renart accomplit son vœu de pèlerinage. La tête de Renart est aussitôt mise à prix et toute la cour conduite par son porte-enseigne, le limaçon Tardif, se précipite à la poursuite du traître. Il est serré de près :

> Si li poillent le pelicon
> Qu'en haut en volent li flocon.
> Si li pertuisent toz les reins,
> A poi ne chet entre lor meins.
>
> (v. 1587 sq.)

Il parvient cependant à échapper et se réfugie dans sa forteresse de Maupertuis où sa femme Hermeline, assistée de ses trois fils Percehaie, Malebranche et Rovel, le baigne, le ventouse et le saigne si bien qu'il guérit de ses blessures et revient à la santé.

Cette partie finale de la branche qui tient de la charge, succédant brusquement à un morceau où le travestissement reste dans de justes limites et où le comique se mêle harmonieusement au sérieux, ne peut être qu'une pièce rapportée; la présence de cette addition postérieure est une seconde preuve très significative qu'à la rédaction de la branche I a préexisté une version plus simple du *Jugement*. Quelle était cette version? Voyons, à défaut de témoignages français, si l'examen des poèmes étrangers qui ont imité cette scène nous fournira quelques éléments pour la solution de ce problème.

Le *Reinaert*, lui aussi, renferme un épilogue; ce n'est même plus un épilogue, c'est une partie importante de ce poème; la ruse de Renart s'y étale encore plus audacieuse et encore plus féconde. Doit-on mettre cette prolixité sur le compte des licences que s'est octroyées Willem? Il est certain qu'il ne peut pas être regardé comme un simple traducteur, esclave de son original. Sans parler des dénominations nouvelles qu'il donne à certains animaux ou des nouveaux personnages qu'il introduit sur la scène, tels que Cortois le chien, les coqs Cantaert et Craeiant, Pancer le castor, dame Hawi la femme du bélier Forcondet le porc-épic, Dieweline la femme de l'écureuil[1], Willem n'a pas craint d'enrichir le sujet de détails empruntés à d'autres branches et même à des écrits autres que le *Roman de Renart*; il va jusqu'à puiser dans la tradition orale ou même tire de son propre fonds des ressources qu'il sait habilement mettre en jeu. La partie de son poème qui traite du Plaid proprement dit ne laisse pas déjà d'offrir de nombreux exemples de cette liberté. Ainsi la plainte d'Isengrin est suivie de celle du petit chien Cortois à qui Reinaert a jadis enlevé un boudin, puis de celle de Pancer qui dévoile comment le lièvre Couart a failli être victime de sa voracité. La confession de Reinaert à son cousin est présentée d'une façon moins saccadée, moins énumérative que dans la branche I : le goupil met un certain plaisir à raconter tout au long ses exploits et rappelle des traits inconnus aux branches que nous possédons. Mais quelles que soient ces divergences et d'autres qu'il est inutile de signaler[2], on ne peut nier que Willem n'ait eu sous les yeux un texte assez semblable à celui de la branche I; tantôt il a suivi ce guide pas à pas, tantôt il s'est un peu écarté de la route tracée par lui; mais jamais il ne l'a perdu de vue. L'écart est au contraire considérable entre les deux poèmes

---

[1] Il y a bien encore Botsaert, sans doute le singe; mais nous verrons plus loin que ce personnage appartenait peut-être à l'ancienne tradition française.

[2] En voir le détail dans la préface du *Reinaert* de Martin p. XXVIII sq.

pour les événements qui suivent la condamnation du goupil ; qu'on en juge par le résumé succint que nous allons donner de la conclusion du *Reinaert*.

Reinaert demande à faire une confession publique de ses fautes en attendant que l'on dresse la potence qui lui est destinée. Tout enfant, raconte-t-il, il a pris goût au carnage en léchant le sang d'un agneau qu'il avait mordu. Plus tard il avait fait un traité d'alliance avec son oncle Isengrijn ; celui-ci, fort de sa supériorité physique, ne lui accordait jamais une part du butin pris en commun, et pourtant Reinaert ne se plaignait pas, tant était grande son affection pour son parent, tant était grande aussi la quantité d'or et d'argent qu'il avait en sa possession. Ces derniers mots font dresser l'oreille au Roi et à la Reine ; ils veulent savoir aussitôt ce qu'est ce trésor, où il est caché. Reinaert fait d'abord semblant de se dérober devant les conséquences de la terrible révélation qu'on exige de lui ; il s'exécute à la fin et commence un récit des plus fantastiques. Son père, à l'en croire, aurait jadis découvert et volé le trésor du roi Ermenrich ; aussitôt il aurait ourdi avec Grimbert, Isengrijn et Brun une conspiration pour élever ce dernier sur le trône royal ; l'argent du trésor devait servir à payer les troupes des conjurés ; mais grâce à lui, Reinaert, ces projets criminels furent déjoués : ayant surpris leurs conversations, il s'empressa d'enlever le trésor et, depuis, il le conserve enfoui dans la forêt d'Husterloo. On le croit. Brun et Isengrijn sont sur le champ saisis et garottés ; lui-même est gracié et va partir pour Rome afin d'obtenir des indulgences. Il se fait faire une bourse avec un morceau de la peau de Brun, des souliers avec la peau des pieds d'Isengrijn et de Hersinde ; puis il prend congé de la cour et décide Couart et Belin à l'accompagner jusqu'à Maupertuis. Couart, qui y a pénétré, trouve la mort; Belin, resté dehors et ignorant la fin de son compagnon, se laisse attacher au cou la besace de Reinaert renfermant soi-disant une lettre adressée au roi. Sur le conseil du fourbe, il déclare au roi que c'est lui-même qui a dicté cette lettre. On ouvre la besace et on en tire la lettre ensanglantée du pauvre Couart. Belin paie pour tous ; lui et sa race sont voués à jamais à la fureur et à la voracité de l'ours et du loup.

Il est bien difficile de démêler dans cette longue mais ingénieuse histoire ce qui a été imaginé par Willem de ce qu'il a pu emprunter à la tradition des trouvers français. En tout cas, elle ne renferme rien d'analogue au contenu de l'appendice de la branche I. sauf peut-être l'aventure de Couart à Maupertuis ; encore ne serait-ce là qu'une vague réminiscence de la prise de Couart dans une haie.

On a supposé avec assez de vraisemblance [1] que l'idée de la confession publique et celle de l'attrait exercé par le trésor dont Reinaert se dit le possesseur étaient en germe dans deux passages d'une autre branche, la branche Ia, dont nous parlerons plus au long dans le chapitre suivant et qui est considérée comme la continuation de la branche I. Suivant ce morceau, Renart assiégé dans Maupertuis a tenté une sortie nocturne et est fait prisonnier par les troupes royales ; il va être jugé, et Grimbert lui dit en présence de la cour :

> Renart, sanz nule autre devise,
> Hui estes venus a joïse,
> Par ci vos en convient passer.
> Si vos doüssiez confesser
> Et fere lez à vos enfanz
> Dont vos avez trois bauz et janz.
>
> (v. 1961 sq.)

Renart fait en effet son testament qui ne manque pas d'une certaine philosophie à la Villon ; mais il n'a pas le temps de commencer sa confession, car « en grande chevauchée » arrivent Hermeline et ses trois fils :

> Un somier tot cargie d'avoir
> Ameinent por Renart avoir.
>
> (v. 2051 sq.)

Elle offre ce trésor au roi en échange de la grâce de Renart ; la fureur de Noble mollit à cette vue :

> Rois Nobles choisi le tresor
> Devant lui et d'argent et d'or.
> Del avoir fu molt covoitoz.
>
> (v. 2063 sq.)

Après une courte résistance, il cède, et Renart est délivré des liens qui le retenaient prisonnier.

Mais il faut avouer que ce sont là des références peu précises et qui ne nous renseignent que d'une manière vague sur le modèle suivi par Willem quand il composait ce fragment. En a-t-il tiré et le principal et les accessoires de sa propre imagination ou bien a-t-il trouvé le sujet ainsi présenté dans une des

---

[1] Martin, *Reinaert*, p. XXXVII.

innombrables branches que nous avons perdues ? La seconde hypothèse est la plus vraisemblable ; car il serait étrange qu'ayant calqué la première partie de son poème sur un poème français il se fût érigé en auteur orignal pour la seconde partie. Et d'ailleurs, quelque liberté qu'on lui concède dans l'interprétation de son modèle, on doit tenir pour sérieuses ses propres paroles par lesquelles il nous avertit dans son prologue qu'il commence le récit des faits et gestes de Renart d'après les livres français « na den walschen boeken ». Ce n'est pas là un simple appât jeté à des lecteurs pour qui tout ce qui venait de France était un régal exquis.

Cette hypothèse de l'existence d'une version perdue de la scène du *Jugement* dont le *Reinaert* serait la reproduction comme aussi d'autres versions sur le même sujet non moins disparues, semble être confirmée par le contenu du petit poème italien *Rainardo e Lesengrino*. Là encore nous nous trouvons en présence d'une rédaction seulement parente de la branche I et non point sa fille ; cette parenté est même d'un degré plus élevé que celle du *Reinaert* ; nous remontons plus haut dans la généalogie de la scène du *Jugement* ; nous approchons du tronc commun d'où sont sortis de nombreux rameaux ; le *Rainardo* compte parmi les principaux ; la version de la branche I n'est qu'un rameau secondaire.

Le poème italien se compose de deux parties distinctes, bien que reliées par une transition naturelle grâce à laquelle la suite du récit n'est pas altérée. Dans la seconde partie (383-814 Teza, 367-632 Putelli) est racontée l'histoire du goupil et de la chèvre. Ces deux animaux ont de concert labouré un champ. Ils se prennent de querelle au moment de faire la récolte et chacun va chercher un appui. Rainardo revient avec le loup déguisé en pèlerin ; la chèvre a caché sous de la paille deux chiens qu'elle avait jadis nourris de son lait. Rainardo les aperçoit à temps et se sauve laissant Lesengrino aux prises avec eux : mais lui-même a affaire avec d'autres chiens lancés par des paysans et il leur échappe en se suspendant à un arbre. Cette anecdote ne se retrouve point dans la compilation des manuscrits du *Roman de Renart;* elle a trouvé place seulement dans *Renart le Contrefet*[1] et aussi dans les *Récits d'un ménestrel de*

---

[1] Le sujet n'est pas traité d'une façon tout à fait identique. Voici l'analyse du morceau donnée par Rothe p. 475 : « Ysengrin rencontre Barbue la chèvre qui parlemente, prétend avoir chez elle une sauve-

Reims, cette si curieuse chronique qui tient de la fable plus que de l'histoire et est parsemée de tant de contes populaires [1]. Nul doute que ces deux auteurs n'aient emprunté l'épisode à la tradition soit écrite soit orale du cycle de Renart. Le *Rainardo* n'a pas seulement le mérite d'avoir conservé lui aussi ce morceau qui n'a point laissé de trace dans la collection de l'ancien *Renart*; il a en outre celui de nous avoir transmis dans sa première partie qui reproduit le *Jugement* un curieux échantillon de nos plus vieilles branches.

Les deux rédactions que nous en possédons datent du xive siècle; l'une d'elles est peut-être même du xve siècle; néanmoins il est vraisemblable qu'elles sont les précieux restes de l'art des premiers chanteurs de l'épopée du goupil. On croit ordinairement que, si elles s'écartent considérablement de la branche I, c'est que le sujet est parvenu en Italie par la tradition orale [2]. Certes la tradition orale a été — et l'on ne peut trop insister sur son rôle — un des grands facteurs de la formation du cycle. La plupart de ses matières étaient confiées à la mémoire plus souvent qu'au parchemin; elles étaient autant transmises par la voix que par des écrits, et il devait arriver que, dans ces voyages incessants de bouche en bouche, elles se transformaient et variaient à l'infini. Mais est-ce bien

garde et promet de la lui apporter le lendemain. Barbue va trouver deux chiens qu'elle a nourris de son lait; ils l'accompagnent le lendemain et se cachent derrière un buisson. Ysengrin vient avec Renart; celui-ci entrevoit les chiens, en avertit mystérieusement Ysengrin et entame là-dessus une longue discussion hérissée de fréquentes citations savantes et d'allusions à l'histoire du temps. Ysengrin n'y comprend rien; Renart s'esquive; son compère est fort maltraité par les chiens. »

[1] *Récits d'un ménestrel de Reims*, p. p. N. de Wailly, Paris, 1887, p. 207 sq. La chose se passe, comme dans *Renart le Contrefet*, entre le loup et la chèvre. Il la charge de travailler sa terre parce que, dit-il, il a affaire à la cour de Noble avec Belin qui prétend qu'il a dévoré deux de ses brebis. Les deux chiens amenés par la chèvre s'appellent Taburel et Roenel. Renart avertit à mots couverts Isengrin qui ne comprend pas et s'en trouve mal. On peut rapprocher de ce récit certains contes populaires, Bladé, *Contes Gascons*, III p. 200 sq. et Orbeliani-Tsagareli, p. 155. Le commencement de la branche XXII où Renart, Chantecler, Brichemer et Isengrin s'associent pour cultiver un champ et se disputent au moment de la récolte offre un rapport lointain avec ces histoires. Voir là-dessus Kolmatchevksy, p. 120 sq. et Krohn, *Bär und Fuchs*, p. 103.

[2] Martin, *Obs.*, p. 99.

le cas ici? Un examen attentif de la forme du manuscrit d'Oxford (Teza) conduit à une autre conclusion[1]. La langue du poème n'est pas, nous l'avons dit, de l'italien, c'est du français italianisé; il ne s'agit pas ici, comme c'est le cas pour le *Reinaert*, d'une imitation littéraire; nous avons affaire, à n'en point douter, à une véritable imitation formelle. Sans doute les vers, pour la mesure et pour la rime, ne peuvent guère se remettre en français; mais ces vers sont des vers de huit syllabes à rime plate, peu connus de l'ancienne poésie italienne; ils renferment des assonances au milieu des rimes; ils ont de plus le caractère lyrique de la vieille poésie française; le récit paraît être divisé en strophes de quatre vers bien liés entre eux, formant un sens complet, et la même idée se trouve répétée ou variée dans les deux moitiés du quatrain[2]. Voilà des preuves assez convaincantes, semble-t-il, pour avancer que ce poème italien est une transcription de branches réellement écrites, composées à une époque fort ancienne, et non un apport tardif dans l'Italie septentrionale de récits déformés par plusieurs siècles de transmission orale. Par suite, quelles qu'aient été la maladresse et l'ignorance des scribes vénitiens, quel puissant intérêt ont pour nous ces vers d'une facture incorrecte et cette reproduction trop souvent incohérente du sujet qui nous occupe!

Dès les premiers vers du *Rainardo*, quand on les rapproche de ceux de la branche I, on se sent dérouté. Celle-ci ne suffit pas en effet pour fournir des points de comparaison, il faut aller les chercher dans une autre branche. Si la désignation d'une époque particulière pour la tenue du Plaid, celle de l'Ascension, est commune aux deux morceaux, il n'en est plus de même pour ce qui suit immédiatement :

---

[1] Les remarques qui suivent m'ont été suggérées en grande partie par M. G. Paris qui m'a communiqué quelques pages inédites sur la publication de M. Teza.

[2] En voici deux exemples constitués par deux strophes qui se suivent :

   E Zilberto dis che ben lo farà.
   Parte se da la corte e si sen va :
   Fin al chastel de (dant) Raynald
   Va Zilberto senza reguardo :

> Vol gran cort tenir de so bernazo
> De bestie demestege e salvaze.
> Non e grande ne menor
> Che tote no vegna a lo segnor.
>
> (v. 3 sq.)

Ce passage n'a de correspondant que celui de la branche V[a] :

> La cors estoit granz et plenere.
> Bestes i ot de grant manere
> Feibles et forz, granz et petites
> Qui totes sont au roi sougites.
>
> (v. 301 sq. [1])

Cette constatation d'un certain rapport entre le *Rainardo* et une branche française autre que la branche I est déjà assez significative ; elle nous prouve que les trouveurs qui ont reproduit à différentes époques et sous différentes formes la scène du *Jugement* n'ont pas tous connu ou suivi le texte de la branche I. Nous avions donc raison d'hésiter tout d'abord à concéder à cette branche la paternité des nombreuses variantes sur ce sujet. Il en résulte non moins clairement que celui qui, le premier, transcrivit le *Rainardo* s'est servi lui aussi d'une tra-

> E Raynaldo era in una montagna
> Che de le altre bestie no se lagna.
> Quindexe porte à per entrer
> E altretante per eschanper.
>
> (v. 88 sq.)

Citons aussi cette strophe bien caractérisée :

> La mula de Zilberto ben trota,
> Quela de Raynaldo va zopa.
> La mula de Zilberto ben anbla,
> E quela de Raynaldo si è stancha.
>
> (v. 164 sq.)

[1] Le texte Martin porte :

> de totes guises
> Qui totes sont au roi susmises.

La leçon que je rapproche du *Rainardo* est celle qui a été suivie par Méon v. 8259 sq.

dition autre que celle de la branche I; ces quatre vers en font foi.

Dans la suite, le *Rainardo* nous présente à peu près les mêmes événements que la branche I ; mais comme son récit est plus simple, plus naïf ! Comme il porte un cachet de réelle antiquité ! Quand Lesengrino a terminé son réquisitoire et demandé vengeance de l'infâme qui a souillé sa femme, le lion se montre ému et, dans sa sagesse, il croit que cet adultère mérite châtiment :

> Questa è grande ofension :
> Chi onis l'altru muier,
> E son tegnu de iostixier.
>
> (v. 30 sq.)

Que cette honnêteté de sentiments est loin du persiflage, du ton badin avec lequel Noble dans la branche I commente la mésaventure du plaignant :

> Ysengrin, leissiez ce ester.
> Vos n'i poes rien conquester,
> Ains ramentevez vostre honte.
> Musart sont li roi et li conte,
> Et cil qui tienent les granz corz
> Devienent cop, hui est li jorz.
> Onques de si petit domage
> Ne fu tel duel ne si grant rage.
>
> (v. 45 sq.)

Certes tout ce bruit que, dans la branche I, mène Isengrin autour de son malheur conjugal n'aurait eu aucune suite sans l'arrivée opportune de Chantecler et du cadavre de la pauvre Copée. Or rien de cette jolie mise en scène n'apparaît dans le *Rainardo* ; elle est remplacée par une plainte du coq présent au Plaid, laquelle suit immédiatement celle de Lesengrino :

> Un Cantacler [1] si s'aprexenta
> Davant lo lion, si se lamenta.
> Nobel lion, per deo marci
> De Raynald fa raxon a mi.
>
> (v. 33 sq.)

Et il énumère les mauvais traitements exercés par Rainardo

---

[1] Le scribe italien fait de ce mot un nom commun. Voir là-dessus Martin, *Heidelberg. Jahrb. d. Literatur*, 1870, p. 162.

sur ses poules et sur lui-même, ce qui est plus grave; car, chantant les heures, il appartient à l'ordre sacré. Le roi accueille cette plainte d'une oreille aussi complaisante que celle qui a tout à l'heure accepté la plainte de Lesengrino. Il ordonnne à Busnardo le crieur de prononcer le ban du coupable et à Bocha de l'écrire dans son livre [1].

Cet exposé simple et tout naturel des faits sent son vieux temps quand on le rapproche du drame plus mouvementé, moins rapide, et d'un développement déjà raffiné, du poème français. Ces deux expressions d'un même sujet sont deux étapes très distantes l'une de l'autre au milieu des transformations nombreuses qu'à dû subir l'histoire du *Jugement* et, parmi elles, la forme donnée par le *Rainardo* peut être tenue pour une des plus vieilles.

Le reste du poème italien ne se caractérise pas moins par la sobriété et la franchise de sa narration. Gilberto prend la défense de l'absent, se porte garant de son innocence et promet de l'amener avant trois jours en présence du roi. Celui-ci se laisse fléchir. Ainsi une seule ambassade au lieu des trois du *Renart* et du *Reinaert*, détail d'une haute importance et dont nous saisirons la valeur dans le chapitre suivant. Contentons-nous de le signaler ici. Gilberto, non sans peine, décide Rainardo à le suivre; il a peur, tant ses fautes sont grandes, d'aller s'exposer à un jugement dont l'issue est certaine. Aussi, ajoute le poète dans son gentil et naïf langage :

> La mula de Zilberto ben trota,
> Quela de Raynaldo va zopa.
> La mula de Zilberto ben anbla,
> E quela de Raynaldo si è stancha.
>
> (v. 164 sq. [2])

Dans la branche I ainsi que dans le *Reinaert*, le récit du voya-

---

[1] Dans le texte Putelli, ce nom de Bocha est remplacé par un simple appellatif, *Simia*; c'est peut être l'équivalent de Botsaert ou Bokaert, le clerc du roi dans le *Reinaert*. Cette coïncidence, si elle était fondée, serait curieuse, car elle prouverait que l'introduction de ce personnage n'est pas due à Willem et qu'il a été connu des anciens trouveurs. Cf. Martin, *Obs.*, p. 100 et *Heidelberg. Jahrb. d. Literatur*, 1870, p. 162.

[2] Ces vers rappellent ceux de la br. I que j'ai cités plus haut :

> Dex, con la mule Grinbert anble !
> Mes li chevax Renart açope.
>
> (v. 1190 sq.)

ge de Grimbert et de Renart comprend deux épisodes, celui de Renart voulant prendre des gélines et celui de sa confession. Ne sont-ce pas deux exfoliations, à en juger par le *Rainardo*? Là les événements se précipitent et, sans transition, nous voyons nos voyageurs arriver à la cour du lion. Celui-ci salue l'entrée du coupable par des paroles pleines de courroux; Lesengrino renouvelle sa plainte; après une plaidoirie de Gilberto, qui met en doute l'innocence de la louve, après une réplique de celle-ci et une courte défense de Rainardo, ce dernier est absous de ce chef d'accusation. Mais voici Cantacler qui, à son tour, réclame une seconde fois justice ; Rainardo triomphe encore et cela à l'aide d'un argument inattendu : il ne va à l'église que pour manger gelines et chapons, il n'écoute pas les heures de Cantacler, car les bêtes et les oiseaux ne sont pas de la même religion. Gracié il prête au roi, qui l'exige, le serment de vivre désormais d'une vie paisible.

Bien des points sont obscurs et le resteront toujours dans cette transcription italienne. Ce qui nous préoccupait pour le *Reinaert*, c'était surtout de découvrir ce que le traducteur avait pu ajouter à son modèle. Ici, nous avons bien plus à nous demander quelles mutilations ont dû opérer dans le thème primitif plusieurs générations de scribes ignorants et inintelligents. Sans aucun doute, la matière importée de France était plus étoffée; sans aucun doute, aussi, ses divers éléments offraient entre eux une plus grande cohésion. Il nous est impossible d'éclaircir à fond ce mystère; tout nous fait défaut pour restituer dans sa forme intégrale l'antique branche dont le *Rainardo* nous a transmis une image décolorée. Les contours semblent du moins avoir échappé aux ravages du temps et, sous la grâce rude et sauvage dont ils sont restés empreints, on peut saisir encore les principaux linéaments de l'action telle que l'avait conçue et développée l'art dégagé de toute prétention et de tout artifice des anciens chanteurs de Renart. Un plaid tenu à l'Ascension par le roi des animaux, les plaintes accusatrices des deux grands ennemis du goupil, la condamnation du coupable suspendue jusqu'à ce qu'il revint accompagné de l'ami qui l'a défendu, enfin sa grâce obtenue après une habile réfutation de ses accusateurs, voilà quels étaient, à l'origine, les différents actes de ce drame avec le motif de l'adultère de la louve et celui du massacre des poules de Chantecler comme ressorts principaux. Ce sont là aussi, les deux ressorts du drame dans la branche I et dans le *Rei-*

naert ; mais, dans ces poèmes, l'intrigue s'est compliquée, l'action a acquis une vie plus intense : l'adultère devient l'occasion d'une ironique discussion où s'étale un scepticisme frondeur ; la haine de Chantecler fournit la matière d'une scène carnavalesque mi-sérieuse, mi-bouffonne : double transformation possible seulement dans une société où les sentiments s'étaient affinés et où le goût littéraire était déjà délicat. De plus, une triple ambassade, remplaçant la mission unique de Grimbert, vient renforcer l'intérêt et retarde le dénouement pour rendre plus imminente et nécessaire la condamnation de Renart ; et alors que, dans le *Rainardo*, il suffisait au goupil de se présenter pour déjouer par son éloquence les calomnies de ses adversaires, ailleurs nous voyons les fourches se dresser pour lui ; nous sommes presque pris de pitié pour le malheureux, seul en face de cette foule ameutée, et qui va expier si durement ses méfaits ; nous nous sentons remués malgré nous, tant le moment est solennel, tant le tableau est palpitant ! Émotion de courte durée, car le mensonge et la ruse reprennent vite le dessus et triomphent de la mort impuissante à saisir Renart, qui la nargue comme il nargue tous ses ennemis.

Il serait temps, semble-t-il, puisque nous sommes remontés à une forme simple et presque primitive de la scène du *Jugement*, de rechercher la source d'où elle dérive et d'établir à laquelle, de la tradition savante ou de la tradition populaire, nous en sommes redevables. La question ne peut pas être posée d'une façon aussi simple. Ce serait possible s'il était évident à priori que le morceau du *Jugement* fût un conte indépendant, sans lien aucun avec d'autres récits, et transporté directement du dehors dans le cycle de Renart. Tout autre et plus complexe est le problème s'il est prouvé au contraire que ce conte n'est, dans le cycle, qu'un conte adventice. Doit-il son introduction, non pas à la tradition savante ou à la tradition populaire, mais à un développement ultérieur de certains traits propres à un conte plus ancien, originaire, lui, véritablement d'une de ces sources ? En un mot, faut-il le traiter comme un épisode *externe* et non comme un épisode *interne* ?

Et, tout d'abord, n'est-on pas frappé, en parcourant les diverses péripéties du drame du *Jugement*, des ressemblances qu'il offre avec la fable ésopique bien connue du *Lion malade* ? Ne voit-on pas également dans celle-ci le renard absent de la cour, accusé par le loup, puis revenant à temps pour confondre ses accusateurs ? Ce sont, dans un cadre différent constitué par la maladie et la guérison du roi, les mêmes événements, suivant une marche identique. Le fait même que la coïncidence n'est que partielle entre les deux morceaux n'infirmerait en rien l'hypothèse que le sujet du *Rainardo* et de la branche I provient en ligne directe de l'apologue classique. Plusieurs fois, en effet, nous aurons à constater que, pour des récits empruntés à telle ou telle source, nos trouveurs ne se sont pas fait faute de développer certaines parties au détriment des autres, laissées dans l'ombre. Mais ce n'est pas le cas ici. La transformation qu'a subie la fable grecque dans l'histoire du *Jugement* et l'extension considérable de quelques-uns de ses motifs ne sont pas le fait d'un choix fait exabrupto par nos poètes et n'ont rien de spontané. Elles sont au contraire le résultat d'une évolution lente et en quelque sorte inconsciente : par d'insensibles degrés est sortie de cette scène du *Lion malade* un récit composé de quelques-uns seulement de ses éléments, mais qui, grâce à son ingénieuse charpente, a l'air d'une création toute nouvelle et tout originale. En effet le *Reinhart* renferme, enchâssée justement dans un cadre identique à celui de la fable grecque, une grande partie de la scène du *Jugement*, et la façon dont il expose cette scène est celle de la branche I : nous y revoyons le roi tenant sa cour, toutes les bêtes se rendant auprès de lui, sauf le goupil ; celui-ci accusé par Isengrin et défendu par le blaireau ; l'arrivée de Chantecler et de Pinte portant le cadavre de leur fille, l'enterrement solennel de la défunte, les messages malheureux de Brun et de Tibert, l'envoi du blaireau suivi de l'arrivée du coupable [1]. Mais là se bornent les rapports entre les deux poèmes. Dans la branche I, le Plaid n'est point motivé :

---

[1] Notons néanmoins ici un léger écart : le blaireau Krimel conseille à Reinhart de quitter le pays ; c'est lui qui veut à toute force obéir à la sommation du roi. Le vol des gelines et la confession de ses péchés n'y figurent pas non plus ; la rédaction du Glichezare semble tenir le milieu entre celle du *Rainardo* et celle de la br. I. Voir d'ailleurs dans Voretzsch, 3e article page 1. sq. une étude détaillée de ces différences. Là où le Glichezare s'éloigne de la branche I, il se rapproche tantôt de la branche X, tantôt de la branche V [2], ce qui fait forcément supposer la préexistence d'un original perdu dont la branche I est le remaniement.

> Et pres estoit l'asensions
> Que Sire Noble li lions
> Totes les bestes fist venir
> En son pales por cort tenir.
>
> (v. 15 sq.)

Le Glichezare, au contraire, nous montre le lion malade ; le roi des fourmis, pour venger la destruction de sa race, lui est entré dans l'oreille et lui cause d'horribles souffrances. Voyant dans ces tortures la marque du doigt de Dieu qui veut le punir d'avoir négligé de tenir ses plaids, il convoque sa cour plénière (v. 1239-1321). Voilà pour l'introduction. Tout ce qui suit l'arrivée du renard est d'accord avec ce début ; c'est l'histoire de celui-ci se vengeant de ses ennemis en faisant servir leur peau ou d'autres parties de leur corps à la guérison du roi. Ainsi les éléments communs aux deux poèmes forment presque tout le sujet dans le *Rainardo* et dans la branche I et ont en eux-mêmes leur raison suffisante ; dans le *Reinhart*, ils ne figurent qu'à l'état de motifs accessoires et servent aux fins d'un motif principal qui les englobe et les enserre. Par suite, il semble de toute évidence que l'histoire du *Jugement* était à l'origine liée intimement à celle de *Renart médecin*, ne faisait qu'un avec elle. Cela devient indubitable si l'on songe que, dans le *Roman de Renart* lui-même, la branche X, qui va faire l'objet du chapitre suivant et qui relate cet épisode de *Renart médecin*, est précédée, elle aussi, d'un semblant de plaid. Qu'on se rappelle en outre que dans le *Reinaert* le goupil, au moment de prendre congé du roi, exige qu'on lui fasse des souliers et une besace de pèlerin avec la peau du loup, de la louve et de l'ours : réminiscence certaine de la forme archaïque, où le récit se terminait, comme dans la fable grecque, par la comique et cruelle vengeance de Renart faisant disparaître la fièvre du lion avec la fourrure toute chaude de ses calomniateurs écorchés à vif.

Mais, m'objectera-t-on, comment se fait-il, si telle est l'affinité entre les deux contes du *Jugement* et de *Renart médecin*, que le prototype français du *Rainardo*, plus ancien que le *Reinhart*, n'ait conservé aucune trace de la forme archaïque transmise presque intacte par le poème allemand ? N'y a-t-il pas là une contradiction flagrante ? La chose s'explique très simplement. Ce que les trouveurs ont appelé l'*estoire* de Renart était un vaste asile ouvert à tout venant ; n'importe quel récit, pourvu qu'il retraçât quelque trait de la vie du goupil, y avait droit d'entrée et, une fois admis, était traité comme l'égal de ses devanciers ; nulle préséance, nulle hiérarchie dans cette foule bigarrée et sans unité de race. Les renouvellements d'un sujet n'en excluaient pas la rédaction première, et celle-ci tolérait le voisinage de ses puînées. A côté de la branche du *Jugement*, définitivement constituée, subsista la branche dont elle n'était que le rajeunissement et où l'histoire du *Jugement* n'était pas encore dégagée de celle de *Renart médecin*. Celle-ci existait encore quand le Glichezare fit son choix parmi les nombreux chants français qu'il avait à sa disposition et, s'il a jeté son dévolu sur l'une plutôt que sur l'autre, ce fut sans doute parce qu'elle servait mieux à son dessein et fournissait un dénouement plus approprié au reste de son poème.

Tout ce que l'on peut conclure de la disparité entre le *Rainardo* et le *Reinhart*, c'est que la scène du *Jugement* a été de très bonne heure détachée de la branche de *Renart médecin*; c'est là d'ailleurs un renseignement qui a sa valeur pour l'histoire générale de la formation de notre cycle.

Si donc il est établi que le conte du *Jugement* n'est qu'une partie intégrante de celui de *Renart médecin*, dont il a été distrait à un moment donné, nous devons le réunir à lui dans une commune étude pour remonter à ses sources premières. C'est en recherchant l'origine du second, tel que la branche X nous l'a conservé, que nous nous rendrons compte de la formation du premier. Par là seulement nous arriverons à démêler les fils de cet écheveau embrouillé.

II

RENART MÉDECIN.

La rédaction du conte de *Renart médecin* donnée par la branche X est plus archaïque que celle du *Reinhart*. — Par contre, son préambule est plus moderne. — Affinités de celui-ci avec la branche I. — Ce qu'était primitivement le récit de cette aventure dans le *Roman de Renart*. — Des étapes qu'il a parcourues avant de prendre la forme qu'il a dans la branche X. — La scène du *Jugement* est contenue en germe dans l'apologue ésopique du *Lion malade* et dans ses nombreux dérivés latins. — Dans quelle mesure peut-on dire que la scène du *Jugement* est de provenance orientale ?

Le cycle français renferme, on le sait déjà, deux versions du conte de *Renart médecin*, l'une dans la branche X, l'autre dans l'épisode final du *Reinhart*. Notre premier soin doit être de les comparer. Car, outre qu'elles présentent de sérieuses divergences dans l'exposé de la scène même de la guérison du lion, les préambules qui, de part et d'autre, précèdent cette scène sont notablement différents. Il est donc nécessaire de rechercher les causes de cette double diversité si nous voulons dégager de cette mixture d'éléments multiples la forme simple et presque pure de tout alliage qu'a dû posséder le *Roman de Renart* concurremment avec l'*Ysengrimus*. C'est celle-là seule que nous pourrons rapprocher des récits que Paul Diacre et l'auteur de l'*Ecbasis* ont conçus d'après la fable ésopique du *Lion malade*. Cela fait, il nous restera à montrer que dans ces dernières versions, qui ont été les intermédiaires entre la fable ésopique et nos récits français, et dans la fable ésopique elle-même, se trouvaient les germes des transformations ultérieures ; que c'est par un développement naturel que le tableau si étroit et au dessin à peine ébauché de l'apologue grec est devenu le tableau large et riche en couleurs du *Reinhart* et de la branche X. Alors nous pourrons reprendre la question laissée en suspens dans le chapitre précédent ; alors nous pourrons nous demander pourquoi de cet imposant ensemble s'est détaché, à un certain moment, un fragment qui, s'entourant de données nouvelles, s'est érigé à son tour en épisode indépendant, et pourquoi il a en peu de temps éclipsé celui dont il était sorti, au point de devenir le morceau capital, la pièce maîtresse de tout le cycle.

Voyons d'abord comment la branche X et le *Reinhart* ont traité la scène de la guérison du lion par le goupil.

Dans la branche X (v. 1160-1704), Noble, à la suite d'incidents contés dans le préambule, tombe subitement malade :

>Partot a fet mires mander.
>N'en remest nus jusqu'a la mer
>Por alegier le de son mal.
>Tant en vint d'amont et d'aval
>Que je n'en sai dire le conte.

(v. 1165 sq.)

Ils sont impuissants à le guérir. Alors Grimbert se met à la recherche de son cousin. Il le découvre dans sa forteresse de Valgris et obtient de lui la promesse qu'il va venir apporter le concours de sa science :

>Devant lo roi irai demein,
>Foi que doi Deu et seint Germein.

(v. 1243 sq.)

En route, Renart cueille dans un jardin des herbes précieuses qu'il entasse bien battues et séchées dans un barillet, vole à un pèlerin endormi un onguent qui n'a pas son pareil, Aliboron, et, ainsi muni, arrive à la cour. Ses premières paroles

>Sire, je sui venu de Rome
>Et de Salerne et d'otre mer
>Por vostre garisson trover.

(v. 1380 sq.)

laissent d'abord Noble incrédule. Mais le rusé ne se décourage pas ; il insiste, retrace le long itinéraire qu'il a parcouru, sa conversation avec un « sage » de Salerne, montre son onguent et son barillet. Tout cela est si persuasif que Noble ne se donne pas la peine d'écouter les doléances de Roonel et ses protestations contre l'alibi invoqué par Renart ; il ferme la bouche à Tibert qui prend la défense de ce dernier ; il réclame les soins de ce médecin ; il a hâte d'être débarrassé de ses intolérables douleurs :

> E vos, Renart, pensez de moi,
> Si en pernes hastif conroi !
> Je ai un mal dont ne voi gote,
> Ne ne quit veoir Pantecoste.
> Je ne vos puis la moitié dire
> De la dolor qui me fet frire.
>
> (v. 1499 sq.)

Renart se fait apporter l'urine du malade ; il l'examine avec le plus grand sérieux, tire son diagnostic et fait promettre à Noble de lui donner tout ce qu'il exigera. C'est d'abord la peau du loup « a tot la hure », puis la corne et une courroie du dos du cerf, enfin la fourrure de Tibert [1]. Celui-ci échappe néanmoins à cette mutilation ; il s'enfuit par un pertuis qu'il avise dans la salle dont la porte, sur l'ordre de Renart, avait été soigneusement fermée. Le roi transpire avec abondance sous l'effet du fameux onguent, est enveloppé de la robe du loup et, sitôt qu'il a bu la potion que lui sert le faux docteur, il ne sent plus aucun mal. Il jure alors à son sauveur de l'assister dans tous ses dangers et le fait escorter jusqu'à Thérouanne par cent de ses chevaliers [2].

Dans le *Reinhart* (v. 1835-2248), Krimel, sur l'ordre du roi, va quérir son cousin au fond de son manoir. Sourd au conseil que lui donnait son parent de ne pas se présenter à la cour, Reinhart « prit dans sa chambre le plus bel habit de cour qu'il put trouver ; puis il endossa un manteau de toile comme en portent les pèlerins ; il prit un sac de médecine ; il y ajouta une boite dans laquelle il mit des clous de girofle et de la cannelle. Il se donna l'air d'un médecin. Il portait encore maintes épices peu connues et, prenant un bâton à la main, il sortit avec son cousin de la forêt pour se rendre à la cour. » A son arrivée, Isengrin, Schantecler et Diezelin mènent grand bruit; Reinhart se montre scandalisé de ce tumulte et le roi le fait cesser. Toute cette partie de la narration ne manque pas d'un certain naturel; l'original du Glichezare était

---

[1] Cette ingénieuse vengeance de Renart contre ses ennemis a servi de base à la seconde partie de la branche XXII : le goupil propose au lion, pour parfaire l'œuvre singulière qu'il médite, de prendre la peau de la nuque et du cou du cerf, la crête du coq, la hure du loup.

[2] Des allusions à cet épisode se trouvent br. VI v. 189 sq., XVII v. 400 sq., XXIII v. 245 sq. ; cf. XI v. 853 sq.

certainement plus simple que le texte de la branche X ; quoique assez heureuses par elles-mêmes, les inventions de la cueillette d'herbes dans le jardin et du vol de l'onguent au pèlerin endormi n'ont pas la naïveté de l'exposition du poème allemand. Mais, dans la suite, ce poème, s'il garde toujours la note juste, s'il reste dans les limites d'une demi-vraisemblance, présente une situation plus compliquée et un dénouement plus travaillé.

Plus exigeant en effet que dans la branche X, Reinhart demande à Noble les dépouilles de Brun et d'Isengrin, un chaperon de la fourrure du chat, la chair de Pinte cuite dans le lard du sanglier, une courroie du cuir du cerf et enfin, comme récompense pour Bendin, le célèbre docteur qui lui a révélé ses secrets, la peau du castor. Le roi se baigne ; puis, coiffé du bonnet de Diepreht, enveloppé dans la robe d'Isengrin, il sent bientôt une douce chaleur qui chasse la fourmi hors de son oreille et le soulage aussitôt. Ce n'est pas tout. Le traître, après s'être vengé de ses ennemis, va causer la perte de ses propres amis, de ceux qui l'ont défendu en son absence. Il fait concéder à l'éléphant la terre de Bohême, et le nouveau seigneur est à peine arrivé sur ses terres qu'il est roué de coups et blessé à mort. Le chameau, sur la demande de Reinhart, est nommé abbesse de l'abbaye d'Estein ; les religieuses le battent jusqu'au sang[1]. Enfin, pour couronner tous ces forfaits, Reinhart ôte la vie à son bienfaiteur, au roi. Il lui fait accroire qu'il n'est pas assez rétabli, lui sert une potion et s'esquive. Il est à peine parti que le lion est pris d'atroces douleurs et expire peu après. « Son crâne, dit le poète, saute en trois pièces et sa langue se tortille en neuf plis. »

Pourquoi le Glichezare dont la rédaction est ordinairement si sobre et touche presque à la sécheresse, montre-t-il ici une abondance inusitée ? Cet épisode, ne l'oublions pas, est l'épisode final dans le *Reinhart*, et même, d'après la constitution du poème allemand, c'est plus que l'épisode final, c'est la conclusion, le couronnement de l'œuvre entière. Tout ce qui précède n'est qu'une préparation à cet épilogue. Là doivent se condenser, dans un dénouement comique et sombre à la fois, tous les événements antérieurs ;

---

[1] Toute cette partie du récit relative à l'éléphant et au chameau est pleine d'allusions à des événements du temps; voir là-dessus Reissenberger, p. 16 sq. Martin, *Obs.*, p. 108 sq. et Voretzsch, 3e art. p. 22.

là doit triompher dans toute sa hardiesse et dans tout son cynisme la ruse du goupil. Le plan adopté par le traducteur, cette combinaison voulue des éléments de l'histoire du renard en vue de leur donner une forme définitive et artistique, le forçaient, à cette place, d'en agir librement avec la tradition ; il lui fallait ici grossir chacun de ses traits pour en rendre l'effet plus sensible, et ajouter de nouveaux détails pour satisfaire aux nécessités de la thèse soutenue, pour la présenter dans toute sa force. Voilà pourquoi le héros, au lieu de se venger simplement d'Isengrin, du cerf et du chat, exerce aussi ses représailles sur Pinte, sur Brun et sur le castor; chacun de ses ennemis est, une dernière fois et d'une façon sanglante, victime de son ressentiment [1]. Mais ce n'est pas assez pour nous donner une idée complète du caractère de Reinhart. A la série des vengeances succède celle des ingratitudes. Ceux qui l'ont protégé et défendu, le roi lui-même, une fois guéri, pourraient revenir sur son compte et lui faire expier un jour ou l'autre leur pusillanimité et leur faiblesse. Voilà pourquoi il écarte bien loin de lui l'éléphant et le chameau ; voilà pourquoi la potion qui, dans la branche X, soulage le roi sert ici à l'empoisonner [2]. « Tout le monde, dit le poète, pleura la mort du roi ; tous menacèrent à grands cris le bon Reinhart. » Cris inutiles, menaces impuissantes : Reinhart est désormais seul, victorieux, maître du monde ; la roue de la fortune a tourné de son côté, il est à l'apogée de sa gloire.

[1] Tel n'est pas l'avis de Voretzsch, 3e art. p. 21 : pour lui, cette multiplicité des vengeances du goupil dans le *Reinhart* provient de ce que l'ours, la poule, le sanglier et le castor, qui ne jouent aucun rôle dans le préambule de la br. X, en jouaient un dans le prologue de la branche qui a servi de modèle au Glichezare. Les ressemblances qu'offre à ce point de vue la br. Va avec le *Reinhart* semblent d'ailleurs confirmer cette supposition. Pourtant il est à croire que le Glichezare, ayant montré une liberté incontestable dans ce qui suit immédiatement, a pu fort bien faire acte d'indépendance dans la partie qui nous occupe. D'ailleurs aurait-il suivi de très près une branche française, cela ne ferait que prouver en faveur de l'ancienneté de la branche X qui, comme on le verra plus loin, lorsqu'on l'a débarrassée de tous les éléments adventices et d'une date postérieure, se montre très voisine des récits antiques où le le loup seul était victime du ressentiment de Renart.

[2] On ne peut guère se ranger à l'opinion de Rothe, p. 62 note, qui suppose que le Glichezare a pris le mot *poison* du *Roman de Renart* dans le sens de breuvage. Voir là-dessus Voretzsch 3e art. p. 22 sq.

> Jamais n'en ert Renart mis jus
> Se Dieus nel fait ki maint lassus

dit en forme de conclusion Jacquemard Gelée dans *Renart le Nouvel*; ces deux vers pourraient aussi bien terminer le *Reinhart*.

La version du conte de *Renart médecin* donnée par la branche X est donc plus ancienne que celle du *Reinhart*; nous verrons même tout à l'heure, grâce à l'examen détaillé de chacun de ses motifs, qu'elle est des plus archaïques.

Par contre, le rapport est inverse entre les deux poèmes en ce qui concerne l'introduction mise par l'un et par l'autre en tête de ce conte. Pour cette partie, le Glichezare se tient plus près de la vieille tradition du cycle que le trouveur français. Nous connaissons déjà le préambule du *Reinhart*; nous savons que c'est une reproduction de la scène du *Jugement*, analogue au contenu de la première moitié de la branche I. Voyons quel est le préambule de la branche X.

Noble tenait sa fête, et tous les animaux étaient rassemblés autour de lui, sauf le châtelain de Valgris, Renart ; et pourtant il avait été convoqué plus de vingt fois. Le roi est indigné de cette opiniâtreté de son vassal :

> De si grant honte selonc droit
> Jugiez le moi solonc raison !
> Et puis vos dirai l'aceson
> Bel seignor, se vos commandez,
> Por qoi vos ai ici mandez.
>
> (v. 44 sq.)

Tous hésitent, tant ils redoutent la vengeance de Renart. Isengrin seul veut que, sans autre forme de procès, on saisisse la terre du criminel et qu'on le jette en prison. Tibert cependant obtient qu'on le mande encore une fois et qu'on entende sa défense. Roonel est désigné pour aller le quérir. Renart fait prendre Roonel à un piège qu'il lui a affirmé être les reliques de Saint Hilaire. Le malheureux, tout écorché, revient à la cour d'où le roi, Brichemer, Isengrin, Grimbert et Belin étaient absents. Noble en effet avait emmené une partie de ses barons soi-disant pour « esbanoier». Mais, en route, il leur révèle mystérieusement qu'il avait assemblé sa cour dans le but de la conduire en guerre contre le castel de Renart. Isengrin propose de retarder ce siège jusqu'au retour de Roonel ; s'il revient seul, on pourra avec justice mettre le projet à exécution. La chose paraît décidée, malgré les protestations de Grimbert, et tous retournent au palais. A la vue de l'infortuné Roonel, nouvelle fureur du roi, nouvelle demande de moyens violents faite par Isengrin. On consent toutefois, sur les observations de Belin, à envoyer un second messager, qui est Brichemer[1]. Renart sort de son château, fait mine de le suivre et, arrivé près d'une ferme, le met sournoisement aux prises avec trois chiens. Brichemer se présente tout meurtri devant le roi qui jure de le venger. Il oublie toutefois son serment et se contente de couver sa colère, tant et si bien que

> Si li prist une maladie
> Dont il quida perdre la vie.
>
> (v. 1161 sq.)

Et alors, comme on l'a vu plus haut, Grimbert va chercher son cousin.

Telle est donc cette branche X. Les imperfections de son plan sautent aux yeux, surtout quand on la compare au récit si plein d'unité du *Reinhart*. Ainsi, le roi consulte d'abord ses barons pour savoir ce qu'il faut faire de Renart. Puis il déclare, en grand secret, à quatre d'entre eux que son intention bien arrêtée est de l'assiéger dans son château. On s'imagine qu'après le retour de Brichemer il sera poussé à bout et que, sa patience lassée, il va se mettre à la tête de son armée et tenter l'assaut de Valgris. Point du tout. Il laisse à l'avenir et au hasard le soin de sa vengeance.

---

[1] Il est assez étrange qu'à cet endroit la br. X semble se rapprocher du *Reinhart* où s'ouvre aussi une discussion juridique après le retour du premier messager, tandis que dans la br. I le retour du premier messager est immédiatement suivi de l'envoi d'un second. Voretzsch, 3ᵉ art. p. 12 sq. croit que le *Reinhart*, la br. X et aussi la br. Vᵃ qui a été signalée déjà à plusieurs reprises comme se rapprochant du *Reinhart* ont eu un original commun qui ne serait autre qu'une branche désignée par ce passage du début de la br. I :

> Ce dit l'estoire el premier vers.
>
> (v. 11)

J'avoue, pour ma part, que, quelque séduisante que soit cette théorie, les ressemblances entre les deux morceaux français et le morceau allemand ne sont pas assez précises, et le sens de ce vers de la br. I est trop vague pour qu'elle soit acceptable.

> Puis furent einsi longement
> Que il n'en fu au roi nient
> De Renart fere a cort venir.
> Bien le quidoit aillors tenir.

(v. 1153 sq.)

Quel tissu de contradictions et d'incohérences !

On a proposé [1] un moyen ingénieux pour mettre un peu d'ordre dans ce chaos. Il consiste à intercaler entre le retour de Brichemer et la maladie du roi toutes les péripéties dont se compose la branche I^a. Là, en effet, nous voyons Noble et tous ses vassaux assiéger le château fort de Renart. Pendant six mois, ils tentent de vains assauts. Mais, dans une sortie nocturne effectuée par l'assiégé, celui-ci est pris par Tardif. Sur le point d'être pendu, il offre de se faire moine. On le grâcie quand survient Chauve la souris apportant le cadavre de Pelé, son mari, que Renart a étranglé ainsi que toute sa race [2]. L'indignation contre lui reprend de plus belle. Il parvient à s'échapper et grimpe sur un arbre. On fait apporter des cognées pour l'abattre. Renart lance un caillou à la tête de Noble et s'esquive pendant que chacun s'empresse autour du blessé.

Cette façon de combler la lacune séduit au premier abord. Ainsi serait réalisé le projet d'expédition guerrière qui semblait tant tenir à cœur au roi ; ainsi s'expliquerait de même cette longue description comprenant cinquante vers (v. 526-575) des soins que prend Renart pour mettre son castel en état de défense. Malheureusement la maladie du roi que soigne et guérit Renart n'offre guère de rapports avec la blessure qu'il aurait reçue à la tête et ne peut avoir été causée par elle. De plus, la branche I^a, bien qu'elle ne soit pas de la même main que la branche I, forme avec elle un tout presque indissoluble ; elle la suit, je l'ai déjà dit, dans tous les manuscrits sans exception et, devant cette entente de tous les copistes à unir les deux morceaux, on ne peut que s'incliner. Ils ont commis assez d'interpolations, et de mauvaises, pour que nous-mêmes nous hésitions à nous en permettre une qui violenterait, sans aucun

---

[1] Jonckbloet, p. 202.
[2] Il est à peine besoin de faire remarquer que cette scène est une imitation de la scène de Dame Copée de la br. I.

besoin d'ailleurs, l'ordre qui nous a été légué par tous les manuscrits.

Une autre raison, non moins spécieuse, a été donnée des défectuosités de la branche X [1]. Celle-ci aurait jadis possédé un début semblable en tous points à celui du *Reinhart* [2]. Lorsqu'un trouveur imagina de se servir du thème du *Jugement* compris dans ce début et de le compléter en nous montrant le lion cédant aux sollicitations des ennemis de Renart, qui réclamaient un châtiment, une sanction de la justice royale, il aurait détaché de la branche X toute sa première partie, à savoir la convocation des animaux, l'accusation d'adultère et la triple citation, et à la guérison du roi il aurait substitué la défense de Renart et sa condamnation à mort. Par suite, conserver à la branche X son ancienne introduction, alors qu'une autre branche s'en était emparée à son profit, eût été, pour les dépositaires et metteurs en œuvre de l'histoire du goupil, s'exposer à une répétition monotone et nuire à la variété indispensable à tout ouvrage d'esprit, ne fût-il qu'une compilation comme le leur. Laisser par contre cette même branche mutilée eût été rompre avec la tradition et violer une habitude fortement établie. Un remanieur aura donc voulu remédier à ce fâcheux état de choses en imaginant une série d'aventures imitée de la branche I et en façonnant les messages de Roonel et de Brichemer sur le patron de ceux de Brun et de Tibert. Il y aura eu ainsi échange entre la branche I et la branche X. Ce que la première a pris à l'autre, elle le lui aura rendu sous forme de reproductions et d'imitations.

Il y a une part de vérité dans cette ingénieuse explication. Il est certain que tout le début de la branche X est une contrefaçon du début de la branche I. Je dirai plus : la branche I[a], que je viens d'analyser et qui raconte le siège de Maupertuis, me semble elle-même avoir inspiré dans la branche X l'invention du projet d'assaut conçu par le roi et la description des travaux de fortifications exécutés par Renart. Mais doit-il

---

[1] Martin, *Obs.*, p. 62 sq.
[2] Excepté, bien entendu, pour le motif de la maladie du roi. Voir à ce sujet Grimm *R. Fuchs*, p. CCLXXXII et Benfey, *Ptsch.* I, p. 246 et surtout Voretzsch, 2e art. p. 373 sq., lequel suppose, toutefois avec de grandes réserves, que le Glichezare a trouvé cette histoire dans l'original français.

s'ensuivre nécessairement que le récit de la maladie et de la guérison du roi ait toujours, dans le *Roman de Renart*, été précédé d'une introduction relatant l'action intentée au goupil et sa triple citation à la cour ? La présence d'une pareille introduction dans le *Reinhart* ne prouve qu'une chose, c'est qu'il a existé une branche française pourvue et de l'histoire du *Jugement* et de l'histoire de *Renart médecin* fondues en un tout ; cette branche, nous la retrouvons à l'état entier dans le Glichezare, et à l'état fragmentaire dans la branche I. Mais la seconde partie de la branche X, c'est-à-dire le conte de *Renart médecin*, correspond-elle vraiment à la seconde partie de l'épisode du Glichezare et doit-elle être considérée comme le morceau de l'ancienne branche qu'a laissé de côté le trouveur de la branche X ? Je crois qu'il serait difficile de le démontrer.

Il y a en effet ceci de remarquable dans la branche X, et que nous ne retrouvons ni dans le *Reinhart*, ni dans la branche I, c'est que la mission de Grimbert auprès de son cousin y est toute spontanée. Voyant que les soins sont impuissants pour guérir le roi, il va chercher Renart de son propre mouvement, sans en être prié par personne :

> Grinbert li tesson qui la fu,
> S'est de Renart aperceü
> Son cosin qui molt saje estoit,
> S'au roi acorder se pooit
> Il en auroit au cuer grant joie.
>
> (v. 1177 sq.)

Plus loin, il insiste auprès de Renart sur le caractère secret de sa démarche :

> Et ge ving ça tot coiement,
> Qu'onques ne fu veü de gent,
> Ne onques nus hom n'en sot mot.
>
> (v. 1213 sq.)

Ce détail, qui semble insignifiant au premier abord, prend une importance capitale si l'on met en présence de la branche X quelques-unes des versions si nombreuses du *Lion malade* qui nous sont parvenues en dehors de celles du cycle de Renart.

Dans l'apologue ésopique *le Lion, le Loup et le Renard*, il n'est point question d'un message envoyé tout exprès, ni même d'un ami qui aille officieusement quérir le goupil. Celui-ci arrive juste à temps pour entendre les dernières paroles du loup qu'il accuse (Ἐν τοσούτῳ δὲ παρῆν καὶ ἡ ἀλώπηξ, καὶ τῶν τελευταίων ἠκροάσατο τοῦ λύκου ῥημάτων). Paul Diacre, qui, au VIIIe siècle, rima ce sujet à la cour de Charlemagne, modifie ce trait sans pourtant le transformer complètement. Dans son petit poème [2], le renard est informé de ce qui se trame contre lui par la renommée (*hoc vulpi innotuit*). Suivant le *Romulus de Marie de France* [3], c'est caché dans un trou près de l'antre du roi, suivant le *Romulus de Munich* [4], c'est habitant dans le voisinage qu'il entend le réquisitoire violent de son ennemi. Voilà donc quelle était la donnée primitive : le hasard seul instruisait le renard du danger qu'il courait et de la nécessité pressante où il était de se présenter à la cour.

L'*Ecbasis* remplace l'avis dû au hasard non pas encore par l'ordre de comparaître à la cour, mais par les conseils d'un ami dévoué. Sur les instances du loup, le lion déclare le renard hors la loi ; quiconque le rencontrera est tenu de le mettre en pièces ; la potence est dressée. Prise de piété pour lui, la panthère va le trouver et lui expose la situation ; il la suit à la cour [5]. Dans l'*Ysengrimus*, la chose n'est pas développée d'une façon aussi simple ; on sent néanmoins l'influence de la même idée, celle d'une démarche officieuse et non officielle auprès du goupil. Le bouc et le bélier que le loup a voulu donner en repas au lion pour le guérir prétendent que Reinardus seul pourra le sauver. Bruno l'ours essaie à son tour d'adoucir le roi à l'égard de l'absent et d'atténuer l'effet des accusations portées contre lui par Ysengrimus ; puis, de sa propre autorité, sans que le roi intervienne, il ordonne au lièvre Gutero d'aller à sa recherche [6]. Telle est la seconde forme que revêt le motif de l'arrivée du renard à la cour. D'abord amené auprès du lion par une circonstance

---

[1] Halm, 255.
[2] La fin, à partir de v. 41, a été publiée d'abord dans la *Zts. f. d. Alt*. XII, p. 459 et le début plus tard d'après un manuscrit moins ancien dans id. XIV, p. 496.
[3] Hervieux, II, p. 495.
[4] Ibid. p. 734.
[5] V. 402-436.
[6] III, v. 255-285.

fortuite, il se présente maintenant appelé par le zèle d'un ami.

Or, est-il possible de ne pas reconnaître dans Grimbert allant chercher de lui-même son cousin la panthère courant avertir le goupil ou Guthero dépêché auprès de lui par le bienveillant Bruno ? Par suite ne devient-il pas facile d'expliquer la transition maladroite qui relie les deux tronçons de la branche X ? Primitivement le deuxième formait à lui seul un conte, probablement très ancien dans l'*estoire* si l'on en juge par les allusions, analogue à ceux de Paul Diacre, des *Romulus*, de l'*Ecbasis*, et où il était traité uniquement du retard mis par le goupil à se présenter au chevet du lion mourant et de l'habileté avec laquelle il se lavait des accusations du loup en guérissant le roi avec la peau de celui-ci. A cette version primitive et conforme à la tradition classique on a cru bon d'ajouter plus tard un prologue. Dans quel but ? C'est ce que nous allons essayer d'expliquer, et la chose ne peut pas se faire brièvement.

Dans cette version prototype, bien qu'elle fût une et d'une contexture solide, la scène ne laissait pas d'être exposée à une désagrégation future de ses éléments. Si la maladie et la guérison du lion y constituent nettement la fin du récit, les circonstances dont elles sont accompagnées, l'absence du renard, l'inimitié déclarée du loup contre lui, sa rentrée audacieuse à la cour formaient un ensemble de données capables de composer à elles seules une scène nouvelle et indépendante de celle où elles se trouvaient d'abord renfermées. Cette éclosion ne pouvait qu'être favorisée par le nombre assez considérable de contes où le loup était représenté en face du renard, et avec le rôle éternel de victime. Rien n'était plus dans le sens de la tradition française que de faire du réquisitoire du loup de la fable classique le point de départ, la base même de l'aventure, de le substituer complètement à l'ancien motif du lion malade dont il n'était que le préambule, de transformer le lit d'agonie du roi en un lit de justice d'où Noble réglera en arbitre les différends de deux de ses sujets. Par suite, Grimbert sera plus que l'ami dévoué de l'accusé ; il sera son avocat, et Renart n'aura plus à convaincre de son innocence par des faits, mais par des arguments ; c'est une joûte oratoire qui va succéder au charlatanisme médical de notre héros ; Purgon cédera la place à Figaro. La scène y perdra en gaieté ; elle y gagnera en finesse.

Cette métamorphose s'est opérée de bonne heure, on le sait, et nous en possédons un curieux spécimen par le *Rainardo*. Ce poème nous l'a transmis sous une forme aussi naïve et aussi grêle que pouvait l'être la version primitive de *Renart médecin* d'où elle était sortie. On ne s'est pas arrêté là. Une fois la scène ébauchée, il a fallu en arrondir les angles, lui donner plus de corps. Tout ce que l'auteur de cette ébauche avait ajouté à l'ancien fonds se réduit en réalité à l'intervention de Chantecler : le coq figure à la suite du loup comme l'ennemi acharné de Renart. Ce trait, le poète l'avait tiré de l'*estoire*; dès les premiers temps, Chantecler y occupe une place importante, et, plus tard même, il en viendra à supplanter Isengrin. Cette addition en amena d'autres à sa suite. Le réquisitoire du loup s'élargit notablement; la plainte de Chantecler est encadrée dans un récit dramatique; le Plaid prend plus de solennité : on y introduit tout le cérémonial en usage; les barons sont invités à délibérer ; chacun à son tour, suivant son rang ou sa dignité, donne son avis; les uns exigent une répression immédiate et sans jugement préalable; d'autres veulent qu'on agisse conformément à la loi : « J'entends plus d'un bon serviteur prononcer un jugement qui me paraît inique, dit le chameau de Toscane, dans le *Reinhart*; probablement ils ne savent pas mieux. Sur mon serment, je vais le rectifier. Si l'on accuse quelqu'un ici en cour pendant son absence, qu'on le lui fasse savoir et qu'on le cite trois fois. S'il n'obéit pas, tant pis pour lui. » (v. 1443 sq.) Et le coupable est, suivant la loi, cité trois fois.

C'est à cette seconde phase du développement de la scène du *Jugement* que se rattache, à n'en pas douter, la branche de *Renart médecin* qui a servi d'original à l'épisode final du Glichezare. Le conte de *Renart médecin*, dont nous avons tout à l'heure restitué la forme primitive, avait continué de vivre à côté de celui du *Jugement* auquel il avait donné naissance. A mesure que celui-ci s'étendit, lui-même s'élargit, s'enrichissant en quelque sorte de ses propres dépouilles ; ce qu'on avait tiré de lui lui revenait plus ferme et plus nourri. L'histoire de la guérison du lion, telle que nous l'a transmise le Glichezare, n'est autre que la vieille histoire de *Renart médecin* où sont venus s'enchâsser, sauf bien entendu l'épilogue, tous les éléments d'un conte plus jeune, mais d'une origine commune. L'existence relativement ancienne et le contenu si naïf du *Rainardo* empêchent d'admettre que l'histoire du *Jugement* soit un fragment détaché d'un tout analogue à l'épisode final du *Reinhart*. La scission entre les deux contes était déjà faite quand a paru le prototype du poème allemand. D'ailleurs, dans celui-ci, l'union est loin d'être parfaite entre les détails relatifs au Plaid et ceux qui concernent la maladie. Ainsi, le lion tombe malade ; il réunit ses barons, convaincu que Dieu l'a puni d'avoir négligé de tenir sa cour. Ses sujets convoqués, il n'est plus fait allusion qu'une fois à ses souffrances : « Cette accusation fit beaucoup de peine au roi, d'autant plus qu'il était malade. » Bien plus, Brun, Diepreht et Krimel lui-même, envoyés en ambassade auprès du goupil, ne lui soufflent pas mot de l'accident survenu au roi et qui a provoqué sa mise en accusation. Aussi n'est-on pas peu surpris en voyant Reinhart se munir, avant son départ, d'un sac de médecin. Ce manque de liaison entre les différentes péripéties démontre qu'une certaine partie a été rattachée à la hâte à l'aventure primitive ; cette partie est celle qui appartient en propre à la scène du *Jugement*.

Avec la branche I, celle-ci est arrivée à son complet épanouissement. Aux inventions déjà accumulées vinrent s'ajouter la confession de Renart à son cousin, sa condamnation à mort et son départ pour un pieux voyage. On sait l'immense succès qu'obtint cette dernière expression d'un sujet sans cesse retouché et toujours goûté. Elle éclipsa bien vite tout ce qui l'avait précédée. La première branche du *Jugement* correspondant au texte du *Rainardo*, celle qui plus tard reprit le même sujet pour lui donner plus d'ampleur, celle de *Renart médecin* qu'interpréta le Glichezare, beaucoup d'autres morceaux encore formant une série d'essais nouveaux et de tâtonnements successifs disparurent de la circulation. Restèrent seules en présence dans le cycle la branche prototype de *Renart médecin* et la branche I consacrée tout entière à l'histoire du *Jugement*, représentant l'une et l'autre deux points extrêmes de l'évolution d'un seul thème.

Le sentiment de la connexité qui, à un certain moment, existait entre les deux récits avait-il complètement disparu ? Non, car la façon dont fut formée la branche X est un retour en arrière, une tentative de refondre les deux scènes en un tout. Un remanieur, au courant de l'ancienne manière des trouveurs, épris de la finesse et de l'à-propos des branches composites disparues, dont l'épilogue du *Reinhart* nous a conservé une forme curieuse, voulut les faire revivre. Dans ce but, il inventa toute une suite de circonstances, réunion de la cour pour juger Renart, messages de Brichemer et de Roonel, projet de siège du château de Valgris, qui prétendaient imiter et renouveler celles que nous retrouvons à la fois dans le Glichezare et dans la branche I. Cela fait, il ajouta à ce morceau incohérent et saugrenu, sans se soucier d'établir entre eux un lien bien précis, sans ménager aucune transition, le conte archaïque de la guérison du lion par Renart. Il ne songea pas que conserver au départ de Grimbert son antique caractère de spontanéité, c'était laisser un témoin irrécusable de la provenance différente des deux parties de cette nouvelle branche.

Il n'a pas osé néanmoins maintenir à ce morceau rapporté la naïve simplicité et la gracilité de formes qu'il devait posséder en commun avec les plus vieux récits du Roman et dont certaines branches nous ont conservé des spécimens curieux et intéressants. Il n'a pas pu échapper à la nécessité de le mettre en accord, dans une certaine mesure, avec le début qu'il avait imaginé, et aussi, par certaines retouches, d'en faire une peinture analogue à celle qui termine le *Reinhart*. Il intercala donc dans le cours du récit des allusions aux tours que Renart aurait joués aux messagers Brichemer et Roonel (v. 1220-1235). Mais, là encore, comme ses procédés sont élémentaires et comme sa maladresse trahit l'interpolation! Renart, en effet, demande à Grimbert pourquoi le roi est irrité contre lui et le prie de lui nommer tous ceux qui l'ont noirci par des calomnies. Grimbert désigne tout d'abord Isengrin, sans donner d'ailleurs la teneur de ses accusations; puis il s'étend longuement sur les ambassades malheureuses de Brichemer et de Roonel. Or Renart, dans sa réponse, est muet sur ces derniers; on dirait qu'il n'a pas entendu un mot de ce qui les concerne; il ne parle que d'Isengrin :

> Dites vos, fait-il, Ysengrin
> M'a mellé à la cort lo roi
> Par son engin, par son desroi?
> Mar le pensa li renoiez.
> Alez vos ent, trop delaiez !
> Et g'irai a cort le matin,
> Si m'escuserai d'Ysengrin.
>
> (v. 1236 sq.)

Évidemment le texte original de la branche X, comme l'apologue ésopique, comme l'*Ecbasis* et toutes les versions qui représentent l'ancienne tradition, montrait le renard n'ayant maille à partir qu'avec le loup. Roonel et Brichemer ont été uniquement introduits ici parce qu'ils figuraient dans la première partie de la branche.

Plus loin, il y a encore une autre digression assez bizarre et contrastant, non moins que la précédente, par sa longueur et son peu d'à-propos, avec la netteté du reste du récit. Quand le roi a vu entrer Renart et qu'il a entendu le petit discours par lequel le roué prétend arriver de Salerne où il est allé pour « garrison trover », il entre en fureur, sans dire pourquoi ; certains manuscrits même se contentent de le faire s'écrier :

> Renart, molt savez de treslue.
>
> (v. 1384[1])

Que penser donc de la longue tirade (v. 1431-1496) où Roonel prie le roi de ne pas oublier que Renart l'a fait pendre récemment à une vigne, où Tibert se constitue le défenseur de Renart, rôle qui d'ailleurs est bien peu en harmonie avec les aventures du chat et du goupil dans tout le Roman ? Toutes ces inventions par lesquelles notre remanieur a cru raccorder les deux parties de sa branche alanguissent la narration, fatiguent le lecteur qui est tenté de s'écrier comme Noble las d'entendre ces disputes sans fin :

> Tybert, leissiez ester lo plait.
>
> (v. 1498)

Enfin, comme dernier appièceément, alors que l'auteur du conte original avait dû, suivant la tradition classique, ne faire exercer la vengeance de Renart que sur Isengrin, le remanieur, toujours d'après le même principe, nous montre le goupil plus exigeant : il réclame le « mestre nerf » de la corne et une courroie de la peau du cerf, la fourrure de Tibert. Pourquoi la dépouille de Tibert qui l'a défendu et non celle de Roonel qui l'a accusé ? On serait bien en peine de l'expliquer. En tout cas, si l'auteur a voulu nous présenter une peinture dans le genre de celle qui clôt la série des épisodes du *Reinhart*, il n'a guère réussi. Tout ce qu'il a ajouté à l'ancien fonds est d'une lamentable médiocrité. Il n'a fait que déparer et défraîchir, en croyant lui donner plus de relief, un des morceaux les plus charmants de la collection. Ce qui en reste encore et qu'on

---

(1) Voir les variantes, Martin, *R. de R.* III, p. 359.

peut découvrir sous les lourdes ornementations dont il a été surchargé nous dit assez ce que nous avons perdu.

De cette longue histoire de la branche X ressort nettement la conclusion que le thème du *Jugement*, destiné à devenir le thème capital du cycle, n'est arrivé à sa complète éclosion que par un lent processus, qu'il est le fruit d'un travail patient de plusieurs siècles, l'œuvre inconsciente d'une foule de chanteurs ayant repris l'un après l'autre le sujet où l'avaient laissé leurs prédécesseurs pour l'orner de nouveaux traits et le marquer chacun de l'empreinte de sa personnalité.

D'ailleurs, ces transformations successives sont sorties l'une de l'autre, et l'on peut dire que le premier tableau renfermait en germe presque tous les traits qui ont servi à composer les autres. Cette simple donnée de la fable ésopique « παρῆσαν δ'ἐπισκεψόμενα τὸν βασιλέα πλὴν ἀλωπέκος τἄλλα τῶν ζώων », n'est-elle pas l'œuf qui a donné naissance à toute cette série d'assemblées d'animaux réunis autour de leur roi, le lion, lesquelles se rapprochent de plus en plus de la réalité, se calquent toujours davantage sur les usages de la féodalité, jusqu'à ce que le motif, pénétrant dans le cycle français, s'y accroisse et s'enrichisse sans mesure ? Paul Diacre énumère déjà tous les animaux. L'auteur de l'*Ecbasis* donne pour prétexte de leur convocation le paiement annuel de la dime à la perception de laquelle était préposé le loup :

> Forte fuit causa, decatie lege recepta,
> Attavus eligitur, camerarius ille notatur,
> Exiit edictum, silvæ fera currat ad antrum,
> Aegroti menbris aportet queque salutis.
>
> (v. 394 sq.)

Nivard les représente rangés d'après les règles de la hiérarchie et les droits de préséance :

> Ordine discumbunt, jussique utrimque superne
> Primates, infra cœtus utrimque minor.
>
> (III, v. 103 sq.)

Les trouveurs français n'ont eu que quelques coups de pinceau à ajouter pour achever le tableau et lui donner toute la physionomie et tout le coloris des Plaids qu'ils ont voulu plaisamment parodier.

Si le lion, dans la fable ésopique, ne manifeste aucun sentiment violent contre le goupil, il n'en est plus de même déjà dans Paul Diacre :

> Jam moritura cito dilacerata cadat
>
> (v. 32)

s'écrie-t-il dans sa colère. L'*Ecbasis* va plus loin : le renard est déclaré hors la loi, la potence est dressée pour l'y suspendre (v. 405-409), et l'on songe involontairement en lisant le « crux figitur alta » du poète latin aux vers de la branche I :

> Sor un haut mont en un rocher
> Fet li rois les forches drecer
> Por Renart pendre le gorpil.
>
> (v. 1351 sq.)

Il n'est pas jusqu'à la triple citation et même la confession de Renart à son cousin dont on ne puisse trouver des avant-coureurs dans ce même poème de l'*Ecbasis*. Une fois que la panthère a exposé à son ami l'objet de sa mission, il fait une prière à Dieu ; puis tous deux montent sur le haut d'une colline en chantant des psaumes et en se confessant à haute voix (v. 421-430). Arrivé à la cour, le renard adoucit le roi en lui promettant sa guérison, fait écorcher le loup et alors, d'un ton triomphant, il reproche à l'assemblée de l'avoir condamné sans attendre sa venue et sans procéder suivant la légalité :

> Dedecet hunc regem, rationem scribere talem :
> « Absens damnetur, nisi legibus ante vocetur. »
> Si sequitur legem, mercabitur undique landem ;
> Si refugit placitum, semel ac bis terque petitum,
> Nec premit hunc morbus, tardatque vicarius hujus,
> Hic subit et perfert, quod quisque viriliter horret,
> Nec sit lugendus, si deperit in cruce tensus.
>
> (v. 523 sq.)

Est-ce à dire que le trouveur français qui a exploité ces motifs de la confession du goupil et de sa triple citation s'est inspiré directement de l'*Ecbasis* ? Point du tout. La fable ésopique du *Lion malade* est une de celles qui, une fois introduites dans les cloîtres, y sont devenues des thèmes favoris de développements et des exemples courants à l'usage de l'enseignement didactique et moral. Aussi ne s'est-on pas fait faute d'en modifier et d'en élargir tous les traits. Nous avons vu déjà cette tendance se manifester à propos des causes de l'arrivée du renard à la cour : chaque version semble s'être ingéniée à donner à ce motif un aspect particulier. Le même procédé a été appliqué à la plupart des autres. Ainsi, dans Paul Diacre (v. 37) et dans Nivard (v. 313), le renard fait son entrée avec une collection de vieilles chaussures suspendues à son cou, pour bien montrer qu'il vient de loin ; dans le *Romulus de Munich*, il a eu la précaution de se rouler dans la boue. La simple affirmation du renard grec qui prétend avoir couru partout pour trouver un médecin devient dans l'*Ecbasis* (v. 446-466) un long récit d'une pérégrination à travers l'Italie d'où il rapporte un remède fourni par la poule d'eau. Les localités se précisent ailleurs : c'est tantôt le mont Pessulanus [1], tantôt Salerne [2] ; ce sera aussi Montpellier dans notre Roman [3]. Dans la fable ésopique, le loup ne survit pas à son supplice (τοῦ λύκου αὐτίκα νεκροῦ κειμένου) ; dans les dérivés, on l'écorche à vif. C'est que la réflexion morale qui termine l'apologue grec y est remplacée par des plaisanteries cruelles du renard à l'adresse du loup ainsi défiguré. Le *Roman de Renart* ne les a pas reproduites à propos du loup, mais il les a fait servir à la dérision de Brun qui, lui aussi, sort écorché de son aventure chez le fermier Lanfroi [4]. Les vers

> De quel ordre voles vos estre
> Que roge caperon portes ?
>
> (I, v. 698 sq.)

ne sont qu'un écho de ceux de Paul Diacre sur l'ours qui, dans son poème, joue le rôle du loup :

---

[1]. Hervieux, II, p. 744.
[2]. Ibid., p. 495; *Ysengrimus*, V, v. 375.
[3]. Br. VI, v. 145 ; X, v. 1440.
[4]. Ces plaisanteries ont passé aussi dans d'autres fables; voir *Fecunda ratis*, p. 174.

> Quis dedit, urse pater, capite hanc gestare tyaram
> Et manicas vestris quis dedit has manibus?
>
> (v. 65. [1])

L'apologue ésopique n'a pas gardé, on le voit, en passant par les écoles monastiques, sa narration sèche et courte d'haleine. La fable du *Lion malade* est une de celles qui ont le moins échappé aux fluctuations de forme auxquelles, comme je l'ai dit, est sujet tout thème qui a pénétré dans la tradition littéraire. Chacun de ses motifs a subi un certain nombre de métamorphoses. Il est arrivé un moment où ces séries de variantes, qui représentaient chacune un élément ancien de la fable, formèrent un ensemble où purent puiser à leur guise ceux qui, comme nos trouveurs, avaient pour ambition d'imiter, sans

---

[1] Un seul motif a été respecté partout, celui de la peau du loup servant à guérir le roi. Était-ce un remède réellement employé dans l'antiquité ? Les médecins grecs ne citent comme spécifique de ce genre que la peau d'un mouton. Hippocrate (éd. Littré, VIII, p. 507) conseille l'application d'une peau de mouton chaude sur le ventre dans le cas où la menstruation s'établit difficilement. Galien (éd. Kuhn, II, p. 342) recommande de placer les parties blessées dans une peau de mouton récemment enlevée. Une noble dame romaine, Crescentia, appelée au secours de l'empereur Othon gravement malade, nous dit un chroniqueur du XIe siècle, parla ainsi : « Corium cervinum recens atque sanguineum cursu velocissimo mihi adducite... ut Rex huic cervino unguentis multis peruncto curiosissime involvatur. » (*Mediol. Hist.* lib. II, cap. XIV dans *Muratori Rer. Italic. Script.* t. IV). Voilà une médication qui se rapproche fort de celle qui est décrite dans la branche X, mais la peau employée est celle d'un cerf. Dans un récit de voyageur cité par Rolland (*Faune pop.* IV, p. 250,) un malade est enveloppé et cousu dans la peau d'un âne de trois ans écorché vif. Rappelons-nous à ce propos que dans l'*Ysengrimus* il est question de trouver un loup de *trois ans* (III, v, 447 ; cf. Hervieux, II, p. 744) Faut-il admettre que le loup, dans toutes nos variantes, a pris la place d'un autre animal à cause de son antagonisme traditionnel avec le renard ? (Voir à ce sujet *Weimar. Jahrbuch für deutsche Sprache, Liter. und Kunst*, I, p. 413.) Je ne le crois pas. Trois vers de l'archevêque Benoît de Mailand (cités par Voigt, *Ecbasis*, p. 57), qui vécut avant l'auteur de l'*Ecbasis*, recommandent l'emploi de la peau du loup contre la pleurésie. Suivant la médecine populaire du pays de Liège (*Rev. des Trad. pop.*, IV, 363), la peau prise sur la poitrine d'un jeune loup et portée sur le sein est infaillible pour les maux d'estomac.

recourir à de nouvelles inventions, les contes d'animaux de l'antiquité. Parmi ces variantes devaient figurer la confession du renard précédant son arrivée à la cour et la mention de la triple citation dans le discours qu'il adresse au roi. Nous ne pouvons prétendre posséder toutes les rédactions latines que l'on a composées au moyen âge sur ce thème du renard médecin. Beaucoup sont certainement perdues, et il n'est pas invraisemblable que quelques-unes d'entre elles possédaient ces deux traits. Quoiqu'il en soit, il est inutile de supposer que le trouveur qui en a tiré partie dans la scène du *Jugement* les ait empruntées à l'*Ecbasis*. C'est à une tradition peut-être orale, mais en tout cas savante, que cette fable avait fait éclore, qu'il en a été redevable.

On peut voir par ce qui précède combien la genèse de la scène du *Jugement* est moins simple que ne se la représentait un des historiens les plus réputés du *Roman de Renart*, Potvin, dans le livre duquel des vues très ingénieuses se mêlent à des déclamations sans fin. A l'en croire, tous les éléments de cette scène auraient été empruntés directement au célèbre ouvrage arabe *Kalilâh et Dimnâh*; le trouveur aurait simplement approprié à l'esprit français les inventions morales de l'Inde et leur aurait donné un tour satirique : « Il prend, dit-il, aux récits orientaux l'idée de la cour plénière : Renard comparaît devant le lion; mais ce ne sera ni un ministre intègre et calomnié, ni un coupable qui doit périr; le héros, coupable, défendra vivement sa tête et la sauvera par la ruse... Il ne néglige pas l'histoire de la guérison du lion; mais il en fait honneur à son héros et donne la vie à cette fable en y ajoutant un trait, la vengeance... Enfin, il se garde d'avoir deux renards, l'un rusé, méchant, vindicatif, l'autre sage, adroit et philosophe; il supprime le faux renard et garde le vrai. Sous ce souffle puissant, les contes moraux s'animent d'une vie nouvelle; les fables, emboîtées, se développent dans l'action et l'unité; l'apologue grandit, la petite école de mœurs devient une Iliade satirique [1]. »

On ne peut pas être plus superficiel. La critique contemporaine a fait heureusement trêve à ces rapprochements où la recherche d'une fausse et creuse rhétorique a plus de part que le sentiment de l'exacte vérité. En principe, Potvin a raison. Le fond de la scène du *Jugement*, comme de celle du *Lion ma-*

---

[1] P. 56 sq.

lade est oriental. La présence du lion dans une fable ou dans un conte quelconque est, je n'ai plus besoin de le répéter, un trait de provenance asiatique. L'introduction de ce trait dans les récits européens date du jour où les deux régions se sont trouvées en rapports commerciaux ou politiques. Rien de plus oriental non plus que cette autocratie dont est revêtu le lion vis-à-vis des autres animaux. Cette conception du lion, roi des bêtes, ce n'est même pas le fabuliste indien qui en est l'auteur ; il l'a trouvée établie dans la mythologie et dans la symbolique ; il n'a fait que l'utiliser.[1] Or, dans l'apologue indien, quels animaux voyons-nous les plus assidus auprès du seigneur et maître, les plus empressés parmi ses vassaux ? Ce sont le loup et le chacal. « Il y avait dans un endroit d'une forêt un lion nommé Vadjradanchtra (aux dents de diamant). Un chacal et un loup, nommés Tchatouraka (le rusé) et Kravyamoukha (qui a une gueule de viande), ses deux serviteurs, l'accompagnaient toujours et habitaient dans cette même forêt. » Ainsi débute une des aventures du *Pantchatantra*[2], pour ne citer que celle-là, nous donnant en ces quelques lignes le cadre de tant de fables ésopiques et aussi les positions respectives de ces trois personnages que nous trouvons si souvent réunis ailleurs. C'est cette trinité antique que nous retrouvons au fond des scènes du *Lion malade* et du *Jugement*.

Mais là se borne la mesure dans laquelle on peut dire que la scène du *Jugement* est orientale. Elle l'est dans sa constitution générale, dans ses traits fondamentaux ; elle ne l'est pas dans son développement intime. Celui-ci, on l'a vu, s'est opéré lentement, par phases successives ; le drame, loin d'avoir été créé instantanément, de toutes pièces, est sorti peu à peu d'un autre drame, tout oriental, celui-là, mais néanmoins devenu européen par une longue acclimatation de plusieurs siècles. Et d'ailleurs, quels que soient les points de ressemblance entre certains morceaux du *Kalilâh et Dimnâh* et la scène du *Jugement* — et il serait facile de montrer qu'ils ne sont qu'apparents, — on ne s'imagine guère comment un trouveur du XIIe siècle aurait pu avoir connaissance de la totalité ou même seulement de quelques fragments de l'ouvrage arabe. L'importa-

---

[1] Weber, *Indische Studien*, III, p. 334 et Otto Keller, *Jahrb. für classische Philologie*, IV.
Supplementband p. 337.
[2] *Pantchatantra*, trad. Lancereau, p. 115.

tion de ces morceaux n'eût été guère possible que par les récits des croisés. Or la forme toute morale donnée aux différents épisodes était-elle susceptible d'une transmission orale ? Du reste, ce qui, d'après Potvin, aurait été imité par les trouveurs français est plutôt la partie morale et didactique que la partie vraiment dramatique. Celle-ci seule pouvait intéresser des esprits naïfs et se propager rapidement, l'autre ne pouvait rester que confinée dans la région où elle s'était formée, jusqu'à ce que des savants l'eussent fait connaître à l'Occident. Mais quand parut la version latine de Jean de Capoue, la branche du *Jugement* était depuis longtemps créée et depuis longtemps populaire.

III

Le Partage du Lion

A quoi faut-il attribuer la présence du lion, du loup et du renard dans cet épisode ? — Deux fables ésopiques sur ce sujet; l'une est sortie de l'autre — Comparaison avec celle du *Lion et de l'Onagre* de la seconde partie de la branche XVI — Les particularités de celle-ci ont leur explication dans les recueils phédriens et dans l'*Ysengrimus* — Pourquoi l'épisode du *Vol du jambon* dans la branche V doit-il être rattaché au thème classique du *Partage du Lion?* — Cause de la coexistence de ces deux versions du même sujet dans le cycle; vie double des fables au moyen âge — Conclusion du chapitre Renart et le Lion.

La fameuse triade composée du lion, du loup et du renard, qui forme le centre des deux contes précédents, se trouve dans un troisième conte du *Roman de Renart*, celui qui nous narre comment Noble fit départir la proie à ses deux compagnons de chasse Isengrin et Renart. Mais la présence de cette triade n'est due ici ni à une influence directe ni à une influence indirecte de l'Orient. Ce n'est pas qu'on ne puisse signaler dans les recueils de l'Inde des exemples de l'association de ces trois animaux à la chasse; le conte même du *Pantchatantra*, dont j'ai cité plus haut le début, nous les montre réunis dans une vie commune, et il y est question du cadavre d'un chameau que le loup et le renard cherchent à s'attribuer au détriment du lion et dont le renard, à force de ruse, parvient à rester seul possesseur. Mais cette histoire, comme d'autres analogues, n'offre qu'une ressemblance lointaine avec celle qui va nous occuper. L'archétype vrai de cette dernière est la fable ésopique du *Partage du Lion*. Or, dans cet archétype et dans ses dérivés antérieurs à la version du *Roman de Renart*, le lion seul est un personnage fixe qu'on retrouve invariablement partout; le renard n'apparaît que dans une série de variantes, et assez tard, semble-t-il; quant au loup, on ne le rencontre ailleurs qu'une fois comme acteur de la tragédie, et, dans cette variante unique, ce n'est point le renard, c'est le buffle qui est le second associé du lion. La réunion de ces trois animaux dans l'aventure est donc un retour brusque et tardif à l'antique conception indienne, mais un retour inconscient; le trouveur qui a rimé l'histoire, en associant le loup et le renard au lion, n'a obéi qu'à la préoccupation de mettre face à face les deux ennemis traditionnels, de faire naître entre eux un nouveau sujet de querelle. En cela seulement il s'est montré original; le vieux récit classique, resté étranger jusqu'alors à toute idée de haine entre les compagnons du lion, il l'a renouvelé en le faisant rentrer assez habilement dans le moule de l'épopée de Renart et d'Isengrin. Quant à la forme générale de ce récit, il l'a respectée, comme on pourra en juger, et nous l'a donnée à peu près telle que ses devanciers la lui avaient transmise.

S'il est un apologue qui a eu de la popularité au moyen âge, c'est sans contredit celui du *Partage du Lion*. Il n'est guère de recueils de fables où il n'ait trouvé place, et de l'*Ésope d'Adémar*, qui l'avait tiré de Phèdre, aux *Isopets* français et à l'*Ésope* latin de Neckam, ce n'est qu'une longue chaîne dont chaque anneau ne diffère guère du précédent que par la date de sa formation.

Mais il faut s'entendre sur cette expression « Partage du Lion ». La collection grecque des fables ésopiques renferme deux morceaux qui peuvent revendiquer ce titre: l'un où le lion, chassant avec l'onagre, partage lui-même la proie [1]; l'autre où le lion, s'étant associé avec l'âne et le renard, les prie l'un après l'autre de procéder à la répartition de la proie [2]. Ces deux fables ne sont au fond que le développement d'un même thème; car chacune aboutit par une voie différente à une démonstration unique, à savoir celle du droit du plus fort: que le lion s'adjuge lui-même ou se fasse adjuger toute la proie, le résultat est identique. Je ne serais pas même éloigné de croire que la fable du *Lion de l'Ane et du Renard* fût sortie de celle du *Lion et de l'Onagre*. Dans celle-ci, en effet, le lion fait trois parts qu'il s'attribue, l'une parce qu'il est roi, l'autre parce qu'il est associé de l'onagre, la troisième parce qu'il est le plus fort. Cette distinction a peut-être paru trop subtile, et on a voulu rendre la scène plus naturelle en introduisant un troisième

---

[1] Halm, 258; c'est la fable 67 de Babrius.
[2] Halm, 260.

personnage. Le partage est d'abord fait suivant le nombre des chasseurs par l'un d'eux, l'âne ; le lion, mécontent d'être traité de pair à compagnon, dévore l'insolent ; le renard, instruit par cet exemple, ne fait qu'une part qu'il laisse prudemment à la disposition de son terrible roi. L'ensemble est ainsi plus vivant et plus dramatique.

Quoi qu'il en soit, c'est l'aventure du lion et de l'onagre qui a été la plus goûtée ou, si l'on veut, la seule connue par Phèdre et, à sa suite, par tous ses imitateurs directs ou indirects qui l'ont reproduite fidèlement. Ils ont toutefois augmenté le nombre des personnages : l'onagre, en effet, est remplacé par trois animaux, la vache, la brebis et la chèvre qui accompagnent le lion. C'est là encore, me semble-t-il, une preuve de l'influence réciproque de ces deux fables l'une sur l'autre. Ici la réaction à été inverse : c'est la présence de l'âne et du renard dans la version dérivée qui a fait doubler le nombre des acteurs dans la version prototype ; l'âne a disparu sans doute pour ne pas faire double emploi. Il est vrai que cette modification n'a pas été des plus heureuses et le texte de Phèdre avec les quatre motifs invoqués par le lion (1º quia nominor leo, 2º quia sum fortis, 3º quia plus valeo, 4º malo adficietur si quis quartam tetigerit) ne peut que nous faire regretter la précision et la netteté du texte grec.

Nous reparlerons tout à l'heure du rôle qu'a pu jouer cette version du *Partage* dans le *Roman de Renart*. Pour l'autre, celle où le lion prie ses deux compagnons de faire la répartition elle est incontestablement la source de la seconde partie de la branche XVI, cette branche si médiocre qui ne doit sa réputation qu'à son prologue où l'auteur dit être Pierre de Saint-Cloud. Là, comme partout ailleurs, nous n'avons pas affaire à un dérivé direct. Entre la fable classique et le récit du faux Pierre de Saint-Cloud se place toute une série de transformations, dont l'étude seule peut nous faire comprendre la complication du morceau du *Roman de Renart* comparé aux apologues classiques si brefs et si simples. Il n'y a guère qu'un exemple d'une fable antique transportée presque telle quelle dans le cycle de Renart, c'est celle de *Renart et les Raisins* à laquelle correspond la courte aventure de *Renart et les mûres* (br. XI, v. 256-331.) Mais un tel sujet ne renfermait en lui même aucun germe de développement ; tel il avait été conçu à l'origine, tel il devait rester et se prolonger dans la suite des siècles. Les rares enjolivements qu'il pouvait recevoir ne de-

vaient être qu'extérieurs ; quant à l'aventure, elle était, de par
sa nature, incomplexe et condamnée à rester identique à elle-
même. La plupart des autres sujets traités par les fabulistes se
prêtaient au contraire à toutes sortes de développements ; dans
chacun d'eux, il y a toujours un ou plusieurs motifs suscepti-
bles d'une certaine expansion. Tel a été le cas pour la fable du
Partage du Lion.

Renart, nous dit le trouveur de la branche XVI (v. 721-1504),
rencontre sur sa route Noble et Isengrin. Noble lui demande de
se joindre à eux. Il fait d'abord l'hésitant : il craint, prétend-il
hypocritement, l'animosité d'Isengrin qui l'accuse d'avoir eu des
rapports criminels avec sa femme. Le lion les réconcilie, et les
voilà en chasse. Ils aperçoivent dans un pré un taureau, une
vache et un veau. Renart est chargé d'aller épier si, dans le
voisinage, il n'y a pas de mâtins ou quelque gardien. Il trouve
justement endormi sous un arbre le bouvier chargé de surveil-
ler les trois bêtes. Il grimpe sur les branches, se poste au-dessus du paysan et le souille de ses ordures. Le malheureux court
se purifier à une mare. Renart le suit, et, dès qu'il est accroupi,
le pousse dans l'eau. Pour être sûr que sa victime se noie, il lui
jette des mottes de terre et l'assomme d'une grosse pierre carrée.
Cela fait, il rejoint ses compagnons. Le lion demande à Isengrin de partager la proie dont ils sont maintenant les tranquilles possesseurs. Isengrin est d'avis que le lion prenne le
taureau pour lui et la génisse pour sa femme ; pour sa part, il
demande le veau ; quant à Renart, qu'il aille chercher pâture.
Noble, irrité de le voir s'attribuer une part, lui déchire la tête
d'un violent coup de patte. Il prie ensuite Renart de faire à son
tour une nouvelle distribution. Renart adjuge le taureau au
lion, la vache à la lionne et le veau à leur enfant nouveau-né ;
pour lui et Isengrin, ils iront quérir leur nourriture où ils pour-
ront. Noble joyeux demande à Renart qui lui a appris à partager si bien :

> Sire, fet-il, par Sainte Luce,
> Cel vilain a la rouge aumuce.
> Je n'en oi onques autre mestre.
>
> (v. 1297 sq.)

L'histoire finit par une conversation entre Isengrin et Renart
qui, feignant d'avoir pitié de son compagnon, lui promet de le
venger.

Si nous comparons ce récit à la fable ésopique, nous voyons que trois changements importants y ont été faits : l'âne a été remplacé par le loup ; celui-ci, au lieu d'être mangé par le lion, n'est qu'égratigné ; le butin des chasseurs se compose de trois pièces en rapport avec leur nombre. Des autres divergences que présente le texte français, nous n'avons pas à tenir compte : elles ont leur cause dans la tradition des trouveurs ou dans la manie de l'auteur d'innover et de se distinguer de ses prédécesseurs par quelque plate invention. Ainsi la réponse de Renart à Noble, qui a remplacé la phrase si froide du texte grec « ἡ τοῦ ὄνου συμφορά », est une plaisanterie que nous avons déjà vue figurer dans l'épisode de l'ambassade de Brun et que nous avons, à propos de la branche de *Renart médecin*, constatée comme bien antérieure au cycle ; c'était une sorte de cliché tout prêt et bon à employer chaque fois que l'ours ou le loup sortait ensanglanté de quelque mésaventure. Quant au tour que joue Renart au paysan, c'est un piètre hors-d'œuvre, sans intérêt aucun, que le poète a cru bon d'insérer sans y être autorisé ni par la tradition, ni même par la vraisemblance la plus élémentaire ; son introduction n'est pas même justifiée par le fait que, dans la première partie de la branche (v. 190-507), Renart a aussi affaire à un vilain.

Cela écarté, occupons-nous des différences fondamentales, indépendantes du trouveur, et voyons par quelle voie la fable ésopique est arrivée ainsi transformée jusqu'au *Roman de Renart*.

L'âne de la fable grecque a été remplacé par le loup. Avouons que cette substitution s'imposait, non pas seulement à cause des exigences particulières de l'épopée animale, mais surtout en vertu des lois les plus simples de la vraisemblance. Qui ne se demande en effet avec surprise quelle part avait à réclamer cet âne dans le gibier qu'il avait pris avec le lion et le renard ? Et la vache, le bélier et la chèvre de Phèdre, avaient-ils, ces trois herbivores, à protester contre les prétentions du lion à s'adjuger tout le produit de la chasse et n'auraient-ils pas été forcés de le lui abandonner, quand même il se serait montré plus accommodant ? Ce trait ne laisse pas d'être choquant, malgré que l'on ne puisse exiger des auteurs de contes d'animaux une scrupuleuse fidélité aux données de l'observation, et il force à douter que véritablement l'âne ait été à l'origine un des héros de l'histoire du *Partage* ? Le *Romulus de Nilant* vient appuyer ce doute. Car, à côté d'une version où, comme dans Phèdre, figurent une vache, une chèvre et un bélier, il en renferme une autre où le lion est accompagné d'un buffle et d'un loup [1]. Pourquoi deux versions d'une même fable, l'une avec des animaux herbivores, l'autre avec des animaux carnivores [2] ? N'aurions-nous pas dans celle-ci la vraie, l'antique forme transmise au fabuliste on ne sait trop par quelle voie, et altérée partout ailleurs on ne pourrait dire pourquoi ? Y a-t-il maintenant un rapport quelconque entre cette leçon originale et l'épisode de la branche XVI ? Il serait bien hasardeux de l'affirmer. En tout cas, c'est là un fait digne d'être noté que la rédaction épique de ce conte, quelle que soit la cause qui ait amené la présence du loup, soit plus près de la vérité et plus naturelle que celle de toutes les autres versions, sauf d'une, celle du *Romulus de Nilant*. A la place du loup, nous rencontrons aussi l'ours dans une très ancienne fable, contenue dans le recueil d'Egbert de Liège, et où il est fait allusion à l'inhabileté de cet animal à partager :

Partiri ignorans communia traxerat ad se [3].

et plus tard dans une fable malheureusement incomplète d'un des continuateurs d'Eude où il est désigné par le lion comme premier répartiteur [4]. Mais ce sont là des tentatives passagères et provoquées sans doute par l'influence des contes d'animaux du Nord. Nous pouvons considérer le loup comme définitivement entré dans le rôle de l'âne de la fable grecque.

Plus importantes encore sont les divergences concernant les autres motifs entre la fable ésopique et ses dérivés épiques. L'*Ysengrimus* (IV, v. 145-295) a traité lui aussi ce sujet du *Partage*; Nivard n'a pas pu l'imiter de la branche XVI qui est

---

[1]. Hervieux, II, p. 332 sq. Cf. p. 439 et 502.

[2]. Cette particularité a été signalée par Jacobs, p. 74 note, et aussi p. 166. Les deux contes du *Romulus de Nilant* appartiennent à la série des versions où le lion partage lui-même le butin ; mais cela n'infirme en rien notre thèse puisque nous avons vu que les deux formes données à l'aventure étaient probablement sorties l'une de l'autre.

[3]. *Fecunda ratis*, p. 174. Dans ce même recueil, il y a un apologue plus détaillé où l'alouette est en présence du loup et du renard; nous allons en parler tout à l'heure.

[4]. On retrouve l'ours dans un conte populaire esthonien (*R. Fuchs*, p. CCLXXV sq.,) mais le sujet est fortement altéré.

certainement postérieure à son poème, et aucune allusion ne nous autorise à croire que cette branche soit le remaniement d'un récit français plus ancien qu'il aurait reproduit ; il a dû en puiser le fond dans une tradition étrangère au cycle. Cette tradition sortie de la fable ésopique, nous la voyons établie dès le X° siècle dans le recueil d'Egbert de Liège, plus tard dans le continuateur d'Eude. Une parabole de celui-ci [1] et une fable en vers plus ancienne de l'*Anonyme de Névelet* [2] viennent encore nous servir d'intermédiaires. Comme l'*Ysengrimus*, ces deux morceaux sont antérieurs à notre branche. Or, en ce qui touche la désignation du butin, nous pouvons constater trois manières différentes. Une des leçons de la parabole d'Eude ne détermine point quelle espèce de gibier est tombée au pouvoir des chasseurs (et accepissent praedam) ; dans l'*Ysengrimus*, ils ont pris une génisse ; suivant l'*Anonyme de Névelet*, l'autre leçon d'Eude et son continuateur, trois bêtes sont capturées dont la grosseur est en rapport avec la taille des chasseurs : chez Eude, ce sont un bœuf, un bélier et une oie [3] ; chez son continuateur, un bélier, une brebis et un agneau ; dans l'*Anonyme*, un taureau, une génisse et un veau.

Ces deux dernières désignations semblent le processus extrême du motif. L'influence du nombre *trois* des chasseurs amène naturellement la division de la proie en *trois* pièces. Ces trois pièces sont d'abord représentées par des animaux quelconques, proportionnés toutefois à l'importance de chacun des compagnons. Puis, sous l'influence du partage fait par le renard entre le lion, la lionne et le lionceau, de la proie arrive à se composer de trois membres d'une même famille, le mâle, la femelle et leur petit [4].

Ces variétés dans la désignation du butin amènent par suite des variétés dans sa répartition. Là où le butin est indéterminé

---

[1]. Hervieux, II, p. 642. La même fable a été éditée avec d'autres leçons par Voigt, *Kl. lat. Denkm.* p. 135. Nous aurons à tenir compte de ces différentes leçons.

[2]. Publiée par Du Méril, *Poésies latines*, p. 420. Si cette fable ne fait pas partie de celles de l'auteur de l'*Anonyme*, elle a dû être considérée de très bonne heure comme étant de lui.

[3]. Dans une fable de Jean de Sheppey (XIV° s.), Hervieux, II, p. 757, ils ont pris une vache, une brebis et une oie.

[4]. La présence de la génisse dans l'*Ysengrimus* indiquerait peut-être une altération faite par Nivard de cette façon de présenter le butin.

ou se compose d'une seule pièce, le loup fait trois parts égales. Dans le cas, au contraire, de trois pièces d'inégale grosseur, il attribue la plus importante au lion, la moyenne à lui-même et la plus petite au renard. Si, dans la branche française, Isengrin attribue le taureau à Noble, la génisse à Dame Orgueilleuse et le veau à lui-même, c'est là une particularité qui n'a sa source que dans le cadre du récit qui fait du loup l'ennemi déclaré du goupil ; malgré le baiser de paix qu'ils se sont donné, sa vieille haine se réveille de plus belle au moment de dévorer cette proie qu'ils ont pourtant pris en commun. Dans l'une des deux leçons d'Eude, ce cadre n'existant pas, le loup attribue bien deux parts au lion ; mais la troisième, il doit la partager avec le renard [1].

Enfin les diverses façons de partager qu'emploie le renard présentent, elles aussi, quelque intérêt. Dans l'*Ysengrimus*, il fait trois parts non plus égales comme le loup, mais de grosseur différente pour le lion, la lionne et le lionceau ; il met en outre à part un pied soit pour lui-même, soit pour être ajouté à la portion du lion, pensant qu'on lui en laissera la possession en récompense de sa flatterie. L'exposition est encore plus plaisante dans une leçon d'Eude : « Domine, vos comedetis de pingui ariete quantum volueritis, quia teneras habet carnes, et postea de ansere quantum volueritis, tandem de bove temperate, quia duras habet carnes, et quod remanserit detis nobis qui homines vestri sumus. » C'est au fond la même idée ; le renard de part et d'autre essaie de se réserver quelque portion du gâteau, tandis que dans le *Roman de Renart* comme dans l'*Anonyme de Névelet* et l'autre leçon d'Eude, il sacrifie tout [2]. Toutefois il semble que la branche française ait conservé une trace de cette tentative de Renart en vue de s'approprier un

---

[1]. Cf. *la Compaignie Renart* (Robert I, p. 32 sq.) où le loup attribue aussi une part au goupil. Dans *einaert* II, (v. 6052-6130), la scène est dédoublée et par suite altérée, bien que tous les motifs soient représentés. Le loup et le renard ayant pris un porc, le lion qui survient avec sa femme demande à avoir une part. Le loup prend la moitié pour lui, donne l'autre au roi et à sa femme et laisse au renard une oreille et la moitié des poumons ; il est puni par le roi. Puis tous trois se mettent en chasse et prennent un veau. Le renard donne tout au roi, sauf la tête réservée au loup et les pieds qu'il s'attribue.

[2] De même aussi dans un des *Exemples* de Jacques de Vitry (n° CLVIII, Crane, p. 69) ; mais ici le butin ne se compose que d'une vache et d'une brebis.

morceau. Il prie en effet Noble d'avoir pitié du pauvre écorché qui, en l'état où il l'a mis, ne peut guère trouver sa subsistance, à quoi Noble répond :

> Plus le dis pour pitie de toi
> Que ne fes pour lui, par ma foi.
> Quar je sai bien, se j'en lessoie,
> Ja si tost tornez n'en seroie
> Que tu li torroies sa part.

(v. 1361 sq.)

Il semblerait maintenant que la simple égratignure que reçoit le loup au lieu de la mort qui est donnée à l'âne dans la fable ésopique fût un trait propre seulement à l'*Ysengrimus* dont le héros ne doit mourir qu'à la fin de ses mésaventures et au *Roman de Renart* dont les personnages ne meurent pas en général. Mais, aussi bien que ces deux poèmes, les autres versions laissent vivre le loup, et, presque toutes, elles renferment la plaisanterie finale à l'adresse du chaperon rouge du loup ; ce qui prouve nettement que l'épisode était bel et bien constitué dans la tradition littéraire et cléricale et que c'est d'elle que Nivard d'abord et, à sa suite, le trouveur de la branche XVI ont tiré tous les éléments de leur récit.

A la même famille de contes me paraît appartenir une autre aventure du *Roman de Renart*, celle du *Vol du jambon*. (br. V, v. 61-149). Isengrin en route pour chercher une proie rencontre Renart qui lui souhaite la bienvenue. Il lui répond par des menaces de mort :

> Par Dieu le pere en qui je croi,
> Quant je te voi, ne quier autrui.
> Du corps te ferai grant anui.
> En mon ventre prendras hostel.
> Tu ne t'en puez partir par el.

(v. 20 sq.)

Il se jette sur Renart qui ne résiste pas et fait le mort. A cette vue, Isengrin regrette sa violence et se lamente d'avoir tué « son conseiller ». Renart enfin rassuré se relève et lui adresse quelques paroles de reproches sur la façon dont il l'a traité lui son neveu. Puis, apercevant au loin un paysan qui portait sur son dos un jambon, il propose à son oncle de s'emparer en commun de ce butin et de se le partager. Isengrin n'a cure d'aller recevoir des coups, et c'est Renart qui se charge de l'entreprise :

> Par devant le vilain se trait
> Autresi con s'il fust contrait.
> Si vint parmi une charriere.
> Li vilains fist moult lie chiere,
> Quant il aperçut le gourpil.
> Or est li bacons en peril.
> Renart vint traïnant ses rains
> Et cilz le cuda prendre as mains.
> Renars li fist un petit saut.
> Dist li vilains : « Rien ne vous vaut.
> Ta gorge iert mise en mon mantel. »
> Renars l'oï, moult li fu bel :
> Que moult a entre dire et faire.
> S'il puet, il li fera contraire.
> Tot temps enforce s'ambleüre
> Et cilz engraigne s'aleüre.
> Li vilains sueffre moult grant paine :
> Ne puet aler, faut li l'aleine.
>
> (v. 95 sq.)

A la fin, le vilain, pour aller plus vite, dépose son fardeau à terre. Isengrin s'en empare, dévore le jambon tout entier, et, quand Renart revient pour réclamer sa part, il lui offre la hart. Renart, tout en protestant, prend respectueusement congé d'Isengrin :

> Mauvaise est vostre conpaignie,
> Par Jhesu Crist le filz Marie.
> Ne puis ci longuement durer,
> Votre congie weil demander.
> Onques ne finai de pechier :
> Biaus oncles douz, je vous requier
> Congie de saint Jaque requerre,
> Pelerin serai par la terre.
>
> (v. 137 sq.)

Isengrin l'autorise à partir, et ils se séparent.

La forme tout entière de ce fragment a été fournie bien certainement par l'*Ysengrimus* (I, v. 1-390), ou tout au moins par une tradition commune. Le début de part et d'autre est le même; il repose sur le ressentiment éveillé chez le loup à la vue du goupil qui l'a récemment déshonoré¹. De plus certains vers du texte français sont la reproduction presque littérale de vers correspondants du texte latin. Enfin Renart, contrairement à la tradition du cycle français, appelle Isengrin son « oncle » traduction du « patruus » du poème de Nivard ². Ce n'a été pourtant de la part de celui-ci qu'un rendu pour un prêté. Car ce conte du *Vol du Jambon* existait dans l'*estoire* de Renart. Il compose en effet la septième aventure du *Reinhart* (v. 449-498) ³. Mais là l'encadrement est différent. Alors que, dans le poème français, le conte est placé entre une dispute de l'oncle avec le neveu et un dessein de pèlerinage formé par celui-ci et, dans le poème latin, entre cette même menace du loup de dévorer on neveu et le tour de la *Pêche à la queue*, le Glichezare l'a angé parmi les événements qui ont pour point de départ une association formée entre les deux animaux. C'est en vertu de ses engagements que Reinhart doit procurer le jambon du paysan à Isengrin et qu'ensuite il l'emmènera dans le cellier d'un cloître pour y étancher sa soif (v. 499-500).

L'union dans le Glichezare de ces deux épisodes, celui du jambon et celui de l'enivrement, semble traditionnelle, à en juger par une allusion de la branche VI :

>   Un jor que mangai d'un bacon,
>   Grant talant avoie de boivre :
>   Tu me deïs que d'un celer
>   T'en avoit on fet celerer....
>
>   (v. 704 sq. ⁴)

---

¹. Voir à ce sujet Martin, *Obs.*, p. 41 et surtout Voretzsch, 1ᵉʳ art. p. 165 sq.

² Martin, ibid : « C'est l'habitude germanique qui attache un si grand prix à ce lien de famille, tandis qu'en France comme dans les pays romans en général la parenté ecclésiastique l'emporte sur la parenté naturelle. »

³ Ce qui dans la branche V ne correspond pas à l'*Ysengrimus* correspond étroitement à la version du *Reinhart*; c'est une preuve que celle-ci est originale et que la rédaction française a été remaniée; voir là-dessus Voretzsch, 1ᵉʳ art. p. 169 sq.

⁴ Il est assez curieux d'autre part de constater que dans la branche V le vœu de pèlerinage suit le vol du jambon. Or, dans le *Reinhart*, l'histoire du pèlerinage vient immédiatement après l'enivrement du loup. On dirait que le Glichezare a fondu ensemble deux traditions.

Elle a naturellement fait supposer que notre conte du *Vol du jambon* n'était qu'une variante du thème populaire de *l'oiseau qui nourrit un animal*, thème dont nous étudierons le gracieux développement dans l'épisode de Droïn. Là, en effet, comme dans notre conte, l'oiseau procure au chien Morhout, en faisant l'estropié, un jambon et du vin [1].

D'autre part, la liaison de l'aventure dans l'*Ysengeimus* avec celle de la *Pêche à la queue* a suggéré l'hypothèse qu'elle est une sorte de variante du conte des *Charretiers*, formée sans doute d'une partie des éléments du conte de l'oiseau nourrisseur, mais dont le dénouement indiquerait la véritable origine : le loup dévorant le jambon que lui a procuré son neveu et ne lui laissant que la hart rappelle en effet le loup du *Reinaert* (v. 207-211) mangeant les poissons à mesure que le goupil les fait tomber de la voiture des charretiers et ne lui laissant que les arêtes [2].

Ces deux explications n'ont qu'un défaut, et ce défaut ne manque pas de gravité : ni l'une ni l'autre ne nous rend compte de la demande faite par Renart d'une portion qui doit lui revenir. Or, ce qui semble dominer dans les versions française, latine et allemande, c'est justement l'idée d'un partage qui doit s'effectuer après la capture de la proie entre les deux compères. Dans le *Reinhart*, le goupil est l'associé du loup ; qui dit associé, dit ayant droit à une partie des bénéfices. La participation convenue est exposée d'une façon encore plus explicite dans la branche française :

> Or faisommes ci vostre esgart :
> Je en aurai la tierce part
> Et vous les deus, qui estes grans.
> C'est coustume de marcheans,
> Que se deduient liement.

(v. 75 sq.)

---

[1]. Kolmatschevsky, p. 184 ; cf. Lange, *Les Rapports du Roman de Renart au poème allemand de Henri le Gleissner*, Neumark, 1887, p. 19.

[2] Krohn, *Bär und Fuchs*, p. 52. Voir ci-dessous, p. 176.

Le renard latin se montre plus généreux encore :

> At vero fieri lucrum commune paciscor:
> Jam pro dimidia non ego parte loquor,
> Parva deus facit parvis, ingentia magnis,
> Sit pars quarta michi, tres remanento tibi.
>
> (I, v. 219 sq.)

Comment se refuser à voir dans ces vers, dont l'idée est l'âme même du conte, une répercussion nette encore, quoique lointaine, du thème antique du *Partage du Lion* ? Le loup et le renard sont associés comme le lion et l'onagre d'Ésope, comme le lion, la vache, la brebis et la chèvre de Phèdre. Le loup s'adjuge toute la proie comme le lion, en raison de son droit du plus fort. D'ailleurs une variante de cette fable du *Partage* dans Egbert de Liège [1], dont la morale est précisément

> Justitiam frangit sic saepe potentior hostis,

va nous servir de transition entre le récit classique et l'épisode qui nous occupe. Le loup, le renard et l'alouette se sont associés et ont décidé de partager entre eux ce qu'ils trouveraient. Un jambon leur échoit. Le renard propose que le répartiteur soit le plus âgé des trois ; l'alouette et lui se disputent cet honneur, mais le loup tranche la question par un argument sans réplique :

> At mihi sunt, lupus adjecit, non amplius anni
> Quam gemini, sed tertius hoc spirabile lumen
> Exigat in mortem, si vobis annuo partem.

Le loup tient la place du lion, et c'est un jambon qui est l'objet du litige. Il en est de même dans nos trois autres versions. Mais si, à l'exemple de cet apologue, elles ont respecté le fond de la fable antique, comme lui aussi, elles l'ont renouvelé par l'insertion d'un motif importé du dehors. L'apologue latin a introduit celui de l'âge des animaux qui doit régler le partage ; [2] de leur côté, elle ont ajouté le motif du goupil faisant l'estropié. Ce motif est probablement très ancien ; je ne le crois pas parent d'un motif que nous étudierons plus loin, à propos du conte des *Charretiers*, celui de la *Feinte de la mort* ; c'est,

---

[1] P. 182.
[2] Cf. *Ysengrimus*, VI, 423 sq. et Hervieux, II, p. 744.

comme celui-ci, un trait transporté de l'observation de la nature à la fable animale. Xénophon nous rapporte dans son *Anabase* la surprise des Grecs, dans leur traversée de l'Arabie, quand ils chassèrent des onagres : « Les ânes, quand on les poursuivait, gagnaient de l'avance, et s'arrêtaient, car ils vont plus vite que le cheval. Dès que le chasseur approchait, ils répétaient la même manœuvre, de sorte qu'on ne pouvait les prendre, à moins que les cavaliers, s'échelonnant par distance, ne les chassassent avec des relais. [1] » Ce trait, comme celui de l'immobilité imitant la mort, nous le verrons appliqué au moineau ; il devait inévitablement être compté parmi les ruses du goupil ; il est d'ailleurs, au moyen âge, devenu la base de deux proverbes :

> Qui vulpem sequitur, girum facit et vagus errat.
> Plurima girabit loca qui cum vulpe viabit. ([2])

Quant au récit du *Reinke*, loin d'être une variante du conte des *Charretiers*, n'est-il pas à considérer de même comme une variante du conte du *Partage* avec addition, pour sa part, du motif de la voiture et de la feinte de la mort ?

Ainsi le thème classique du *Partage du Lion* a donné naissance dans le cycle français à deux versions bien distinctes : l'une, celle de la branche XVI, assez voisine de la forme antique, la reflétant presque trait pour trait ; l'autre, celle de la branche V, image profondément altérée de l'original, qui a supprimé le personnage sur lequel reposaient primitivement toute l'action et l'intention morale du récit, celui aussi dont la présence était la caractéristique de son lieu d'origine, de sa provenance orientale, je veux dire le lion. Et, chose remarquable, la version la plus défigurée est en même temps la plus ancienne ; celle, au contraire, qui a respecté davantage la donnée ancienne fait partie d'une des branches les dernières venues ; elle est en outre unique dans son genre, ne s'est pas incorporée comme l'autre à l'*estoire* et y paraît tout à fait isolée [3]. Rien n'est

---

[1] *Anab.* I ch. v.

[2] Cités par Voigt, *Ysengr.* p. LXXXV.

[3] La même observation peut s'appliquer à l'*Ysengrimus*, sauf bien entendu en ce qui concerne la date respective des deux morceaux. La coexistence de ces deux versions dans le poème latin n'infirme en rien ce que nous allons dire sur cette coexistence dans le *Roman de Renart*, car le trouveur de la br. XVI n'a certainement pas imité Nivard. Maintenant, comme l'histoire du *Partage*

plus instructif que cette coexistence à rapport inverse ; rien n'éclaire mieux la vie des fables au moyen âge. Cette vie est double ; elle est à la fois stérile et productive. D'une part, en effet, les apologues se transmettent presque intacts d'un recueil à un autre recueil ; drame et morale passent stéréotypés d'une langue dans une autre langue ; les hasards de l'interprétation, l'ignorance ou le caprice des traducteurs n'apportent que peu de trouble à cette cristallisation séculaire. De Babrius à La Fontaine, il n'y a rien de changé pour le fond ; l'exposition seule présente plus ou moins d'originalité ; le traducteur peut être en même temps un artiste. D'ailleurs, le didactisme étant la fin d'une fable, telle elle a été conçue, telle elle doit rester ; sa forme première est sa forme définitive. Clarté, brièveté, appropriation exacte du petit drame à la leçon qui doit s'en dégager, si un apologue possède ces qualités essentielles du genre, il a chance de se perpétuer et d'être identique à lui-même à quelque époque qu'on le retrouve. Tel a été le sort de l'apologue du *Partage du Lion* dans les recueils ésopiques ou phédriens du moyen âge. Nous avons vu que les modifications qu'il a subies dans le cours de sa longue transmission n'ont été qu'intérieures et que la concrétion des éléments, à la limite extrême de la période dont nous nous occupons, n'est presque point différente de la concrétion primitive. C'est à ces recueils que le trouveur de la branche XVI a demandé des inspirations ; à eux seuls il a emprunté la matière de son sujet et l'a transportée directement dans le cycle français ; les adaptations qu'il a essayées par ci par là pour en faire un morceau inhérent à la tradition française n'empêchent pas que cette partie de sa branche n'ait conservé un air gauche et ne nous paraissent, qu'une pièce rapportée.

Tout autre est le conte du *Vol du Jambon*. Il semble fort à l'aise au milieu des différents épisodes du cycle et, quel que soit le cadre où il est enfermé, quels que soient les événements qui en provoquent l'introduction, il n'a rien d'emprunté. C'est que, tout en remontant à la même source que le conte de la branche XVI, il a pénétré dans l'*estoire* par une autre voie, par la tra-

---

du Lion se retrouve dans l'*Ysengrimus*, dans le *Reinaert* et ailleurs, elle devait faire partie de ces histoires d'animaux qui, sans appartenir à proprement parler au cycle, pouvaient y entrer à l'occasion, chaque fois qu'un poète voulait enrichir le répertoire des aventures de Renart.

dition orale et non point par la tradition écrite. En même temps que les apologues antiques étaient transcrits avec une scrupuleuse fidélité par de consciencieux copistes et se retrouvaient côte à côte dans une série indéfinie de compilations, ils étaient répétés, appris, commentés, délayés à satiété dans les écoles et bientôt, franchissant le seuil des monastères, ils tombaient dans le domaine commun. En peu de temps, ils s'y défloraient, se desséchaient ; mais leurs graines, jetées aux quatre vents, produisaient, en germant sur un terrain nouveau, des tiges et des fleurs nouvelles. C'est ainsi qu'a dû s'effectuer au moyen âge le passage d'un certain nombre de fables dans la tradition populaire proprement dite où elles sont devenues de simples contes et où elles subsistent encore sous cette forme purement narrative et dépouillées de tout vêtement didactique. L'école a été l'intermédiaire entre le livre et la foule. Et de cette façon les sujets de ces apologues qui s'étaient immobilisés et comme momifiés depuis des siècles rentraient, pour y reprendre vie, dans le grand tout dont ils avaient été jadis tirés. Que l'histoire du jambon partagé par Renart et Isengrin soit un exemple de cette vicissitude, il n'y a pas à douter, si l'on songe que non seulement elle figure parmi les contes populaires recueillis récemment [1], mais encore qu'elle faisait partie du trésor des récits oraux du Xe siècle. Egbert, en effet, nous avertit dans la dédicace de son livre que la matière de ses vers est d'origine vulgaire : « In communi sermone multi saepe multa loquuntur, et plurimis ad usum necessariis exemplis illa vulgi sententia profertur ; quod quidem hausi, mecum id reputans, quod in his plurima versarentur utilia.... » Il ne faut pas sans doute prendre au pied de la lettre cette affirmation de l'écolâtre de Liège ; bien des parties de son œuvre sont puisées à des livres [2]. Mais son conte le *Renard, le Loup et l'Alouette*, comme tant d'autres qu'il a versifiés, est un fragment du folk-lore de son temps. Comme Egbert et plus que lui, on le verra, les trouveurs de Renart ont utilisé cette source et l'épisode du jambon que nous donnent l'*Ysengrimus*, la branche V et le *Reinhart* est une variante orale et on peut dire populaire, introduite de très bonne heure dans le cycle, d'un sujet classique dont beaucoup plus

---

[1] Krauss, I, 27.
[2] Voir là-dessus G. Paris, *Journal des Sav.*, 1890, p. 563, et *Romania*, XX, p. 477 sq.

tard un autre poète devait rimer la version littéraire. L'écart était devenu tel entre les deux interprétations qu'on ne peut lui faire un reproche d'avoir reproduit un thème déjà exploité par un devancier ; il est d'ailleurs très probable qu'en composant son morceau il ne s'est pas douté qu'il suivait un sentier battu.

Nous avons fini de passer en revue les contes du *Roman de Renart* où notre héros est mis en présence du lion. Nous croyons avoir établi que les originaux de ces contes, orientaux quand l'on remonte très haut dans l'histoire, sont grecs si l'on se borne à envisager la filiation la plus proche. Ces apologues ésopiques, avons-nous montré, n'ont pas eu une influence immédiate sur la formation de nos branches. Entre eux si décharnés, si peu scéniques, et les drames français pleins de mouvement et de vie, s'échelonne toute une série d'acheminements vers une forme plus pleine ; les uns, nous les saisissons sur le vif dans nombre de fables et de poèmes latins du moyen âge ; les autres, nous les pressentons dans la tradition orale si large et si puissante de ce temps. Et si la connaissance ou la simple constatation de ces tâtonnements rabaissent le mérite d'originalité attribué longtemps à nos trouveurs, elles nous donnent du moins de précieux renseignements sur la propagation des fables classiques chez nos aïeux et sur les procédés de composition de nos anciens poètes. Il ressort aussi avec non moins d'évidence de cette étude que la place réservée au lion dans le cycle était primitivement très restreinte. Un des épisodes où il a figuré de tout temps a sans doute, au XIIIe siècle, un rôle considérable ; mais on sait qu'il le doit à une circonstance particulière et assez tardive, à l'entrée de la satire dans le conte, au changement de la naïve comédie animale en une vaste mascarade de la société humaine. A vrai dire, sur tant de morceaux des recueils ésopiques où figurait le lion, un seul, celui du *Lion malade*, a pénétré dans le cycle à ses débuts. N'est-ce pas là déjà un indice de la faible contribution apportée par la fable antique à l'éclosion et au développement de notre épopée animale ?

CHAPITRE II

Renart et l'Ours

I

RENART ADULTÈRE

Place importante qu'occupe ce thème dans l'ensemble du cycle. — Trois phases dans son développement. — La version de l'*Ysengrimus* nous le donne sous sa forme la plus ancienne. — Elle n'a aucun rapport avec le fabliau le *Dit de Richeut*. — Comparaison de la fable du *Romulus de Marie de France* qui met en scène l'ourse avec les versions du cycle et les versions populaires qui mettent en scène la louve. — Pourquoi l'ourse est-elle le personnage primitif ?

Dans ce chapitre qui a pour titre RENART ET L'OURS et qui comprend quatre parties, *Renart adultère, la Pêche à queue, Brun chez Lanfroi* et *Renart, Brun et Liétart*, les deux premiers épisodes étudiés ne mettent point du tout l'ours en scène : c'est le loup qui y est victime de la duplicité du goupil. Cet assemblage, je l'ai déjà dit et il n'est pas inutile de le répéter, peut paraître incohérent au premier abord ; mais il semblera rationnel dès qu'on nous aura suivi dans notre enquête sur les sources de ces contes au terme de laquelle nous rencontrerons pour les uns et les autres des originaux ne connaissant que l'ours. Ces quatre morceaux, envisagés dans leurs archétypes, peuvent donc être considérés comme un seul tout et être rangés, les premiers comme les deux derniers, dans le même groupe.

Le principal grief émis par Isengrin contre Renart dans les différentes scènes du *Jugement* est, on l'a vu, la violence criminelle exercée par lui sur sa femme Hersent. Ce n'est pas seulement en présence de Noble qu'il formule ces plaintes.

Maintes fois, il les renouvelle en face de Renart. Maintes fois aussi, celui-ci se vante de ses prouesses de séducteur ou s'en confesse avec un hypocrite repentir. Il est peu de branches qui ne renferment quelque tableau de cet amour tantôt brutal tantôt partagé du goupil pour la louve ou qui n'y fassent quelque allusion. Cette histoire est comme le centre autour duquel trouveurs et surtout remanieurs ont voulu faire évoluer toutes les aventures communes à Renart et à Isengrin.

> Car par ce commença la noise
>
> (II, v. 1034)

dit l'un d'eux, marquant ainsi le dessein bien arrêté de la tradition de relier entre eux tous les épisodes en faisant dériver la sourde inimitié qui sépare nos deux héros et la guerre impitoyable qu'ils se font de l'affront conjugal infligé par Renart à Isengrin.

En comparant entre eux les nombreux passages qui ont trait à *Renart adultère*, on saisit bien nettement trois phases dans le développement de cet important motif.

Dans la donnée primitive, Renart fait violence à Hersent. Il l'attire dans un guet-apens d'où elle sort indignement outragée. C'est, à n'en point douter, à cette forme archaïque du thème que fait allusion un passage de la branche I$_b$. Hermeline, femme de Renart, a été expulsée du toit conjugal par son mari qui l'a surprise au moment où elle convolait en secondes noces avec le jeune blaireau, Poncet. Elle fait part à sa confidente Hersent du regret qu'elle éprouve d'avoir été si vite séparée de ce nouvel époux,

> De Poncet à la crine bloie
> Dont a oü si corte joie.
>
> (v. 3061 sq.)

Hersent qui, elle aussi, est sans mari, ayant abandonné Isengrin dans un moment de colère, la traite de folle : pour un amoureux de perdu, deux de retrouvés :

> Molt par ert povres nostre sens,
> Se nos ne retrovons maris.
> Dont sera tot li mons faillis

> Et d'unz et d'autres granz et baus.
> Si troveron deus jovenceax
> Qui bien feront nos volentez.
> De folie vos dementez.
>
> (v. 3064 sq.)

Hermeline repousse avec indignation les conseils de la perfide : si elle a fait choix d'un second époux, c'est qu'elle croyait de bonne foi le premier pendu et bel et bien défunt ; il n'y a qu'une vieille femme comme Hersent, perdue de honte et de déshonneur, pour oser tenir un pareil langage. Hersent riposte avec aigreur : c'est bien à Hermeline de faire la prude, à cette « chamberiere » qui se donne à tout venant ; pour elle, elle n'a rien à se reprocher :

> ... Je ne fis einc lecherie,
> . . . .
> Fors une fois par mesprison
> Vers dant Renart vostre baron.
> Quant mes loveax ot conpissiez,
> Mesaasmez et ledengiez,
> Gel fis chaoir en sa tesnere ;
> Il fist son tor par de derière.
>
> (v. 3087 sq.)

Ces derniers vers nous donnent en substance la version primordiale du conte de *Renart adultère*. L'allusion est noyée dans un contexte qui peut tromper au premier abord sur sa vraie valeur ; elle est précédée et suivie de détails scabreux qui nous montrent Hersent sous un jour peu favorable. Ainsi encadrée, la protestation d'innocence de Hersent paraît être une fanfaronnade de vertu. Mais quand on rapproche cette courte allusion d'un épisode de l'*Ysengrimus* où la scène se présente dans tout son développement, on ne peut nier que le passage en question de la branche Ib ne soit un souvenir de la forme ancienne d'un conte que les trouveurs ont abandonnée pour la remplacer par de nouvelles.

Pendant que le loup est au couvent, Reinardus, suivant Nivard (V, v. 705-820), arrive dans l'antre où il trouve les petits de son oncle auprès de leur mère malade et alitée. Celle-ci, aux cris poussés par ses enfants que Reinardus salit de ses ordures, se lève furieuse. Reinardus s'enfuit. Elle cherche à le faire revenir sur ses pas par des paroles mielleuses, et, quand il se décide à l'écouter, elle se cache derrière la porte pour le recevoir comme il le mérite. Mais il reste à quelque distance et lui jette de la boue et des pierres. Alors, impatientée, elle s'élance à sa poursuite. C'était tout ce qu'il voulait. Il l'entraîne jusqu'à son repaire, y pénètre lestement, tandis qu'elle, trop grosse, une fois engagée dans l'ouverture, ne peut plus ni avancer ni reculer. Reinardus qui est ressorti par une autre porte revient à elle et abuse de sa prisonnière en donnant cette plaisante raison :

> *Alter, ait, faceret, si non ego ; rectius ergo
> Hoc ego, quam furtim quis peregrinus, agam.*
>
> (v. 820 var. I) [1]

Cette version n'est pas seulement précieuse pour nous à cause de son ancienneté ; elle l'est surtout parce que, dans le poème où elle a été insérée, elle figure à l'état isolé. L'idée des rapports entre le goupil et la louve n'y a exercé aucune attraction sur les autres événements, n'a absorbé aucun épisode. Or, si nous nous reportons à la branche II de notre Roman, qui est composée de toute une suite de récits juxtaposés, nous voyons que, parmi ces récits originairement indépendants l'un de l'autre, figure celui du tour joué par Renart à Hersent. Sans doute, il présente de graves altérations de la forme originale, comme nous allons le voir tout à l'heure : ainsi, Hersent se donne d'abord volontairement à lui ; mais, par la place que l'épisode occupe dans cet ensemble, il est présumable que l'ancien fonds français n'accordait pas à l'histoire du viol de Hersent plus d'importance que ne lui en a donné Nivard.

Cet état de choses n'a pas duré longtemps. Il était trop dans le tour d'esprit des poètes de l'époque de s'égayer aux dépens d'un mari trompé et d'en faire le plastron de leurs railleries [2] pour que nos trouveurs ne s'emparassent pas vite de la situation créée à Isengrin par cette aventure. Rien ne pouvait mieux

---

[1]. Telle paraît être aussi la version du *Reinaert* II (v. 6269 sq.), mais le trait est fortement altéré. Comme nous le verrons plus loin, l'entrée étroite de la tanière du renard a été remplacée par la glace qui retient la louve prisonnière.

[2]. Voir Jeanroy, *Les Origines de la poésie lyrique*, p. 156.

les aider à ridiculiser sa stupidité et caractériser de la façon la plus amère et la plus plaisante le contraste de sa force physique et de son infériorité intellectuelle vis-à-vis du renard. La littérature tout artificielle de la fin du XIIᵉ et de tout le XIIIᵉ siècle était aussi trop sceptique sur la vertu des femmes mariées pour que nos branches aient pu conserver à la scène sa violence primitive et à Hersent son caractère de victime de la lubricité de son ennemi. Cette peinture brutale ne paraît pas avoir eu un long succès parmi les trouveurs. De fort bonne heure, si l'on en juge par le *Reinhart*, elle fut remplacée par des tableaux très réalistes encore, mais plus humains et surtout plus plaisants. Il s'agit désormais d'amours clandestines, où Hersent prend autant de plaisir que Renart, tandis que les révélations successives de son déshonneur tourmentent l'esprit du pauvre Isengrin sans parvenir à lui ouvrir complètement les yeux.

Ainsi, suivant le Glichezare (v. 563-634), Isengrin introduit Reinhart dans son intimité et va même jusqu'à lui confier sa femme pendant son absence. Le libertin en profite pour faire sa cour. « Mon seigneur est si beau, répond-elle à ses avances pressantes, que je n'ai que faire d'un amant. Mais, même si j'en voulais un, tu me paraîtrais trop faible. » Il est à croire pourtant qu'il réussit dans son projet criminel,[1] car, à quelque temps de là, un jour qu'Isengrin, perdant tout son sang et se croyant à deux doigts de la mort, se consolait à la pensée que ses deux fils auraient une mère dévouée qui ne se remarierait jamais, Kunîn[2] le détrompe cruellement et lui raconte ce qu'il a vu de ses propres yeux. Isengrin n'en veut rien croire ; il arracherait les yeux à ce vil menteur s'il le tenait. Aussi se laisse-t-il vite persuader par Hersent de son innocence. « Je vous jure par Dieu qu'il y a trois jours que je n'ai vu Reinhart, s'écrie-t-elle

---

[1]. Il est clair que l'exposition de la réussite de la poursuite amoureuse de Reinhart figurait dans le poème du glichezare ; sinon, on ne saisirait pas le fil des événements. On sait que ce poème a, après le vers 562, une lacune dont nous parlerons plus loin à propos du *Pèlerinage Renart*. Voretzsch, 1ᵉʳ article, p. 179, suppose que l'adultère que Kunîn va dénoncer tout à l'heure à Isengrin était raconté dans le passage absent.

[2]. Suivant Grimm, *R. Fuchs* p. CCXLVIII, Kunîn serait un grand singe ; Voretzsch, 1ᵉʳ art., p. 181 sq., donne de bonnes raisons pour en faire un petit animal, voire même un oiseau.

en entendant le récit de son mari. Sire Isengrin, laissez-là ces propos insensés. » [1]

Tout aussi effrontée se montre Hersent et non moins accommodant nous apparaît Isengrin dans le Roman français. Ainsi, dans la branche II (v. 1027-1396), Renart se présente à la porte de latanière où Hersent se trouvait seule avec ses louveteaux. Il feint d'avoir peur et de vouloir s'en aller. Mais elle le rappelle, et alors il lui fait toutes sortes de déclarations brûlantes. Elle y est si peu insensible qu'elle l'encourage à être plus hardi :

> Si revenez souvent a mi
> Et je vous tenrai pour ami.
> Acolez moi, si me baisiez !
>
> (v. 1109 sq.)

Renart ne se fait pas faute de la satisfaire. Avant de partir, il va aux louveteaux, les salit, les jette hors de leur couche en les appelant « avoutres questres ». Aussi Hersent a beau leur recommander de ne rien dévoiler à leur père. Ils la dénoncent ainsi que son complice dès qu'Isengrin est de retour. Celui-ci entre dans une violente fureur, mais elle le radoucit aussitôt, et lui jure de prouver son innocence dès que l'occasion s'en présentera. Suit alors une aventure qui se rapproche sensiblement de celle de l'*Ysengrimus*. Isengrin et Hersent rencontrent, huit jours après, Renart qui s'enfuit à leur vue, se doutant bien de leur courroux. Il attire la louve, qui le serre de plus près, jusqu'à son « recept de Valcrues » :

> Après Renart en la fosse entre
> De plein ellais de ci au ventre.
> Li chastiaus estoit granz et fors :
> Et Hersent par si grant esfors
> Se feri dedenz la tesniere
> Que ne se pot retraire arriere.
>
> (v. 1255 sq.)

---

[1]. Cette scène et la précédente ne figurent point dans le *Roman de Renart*. Il est à croire que si le Glichezare en a tiré le fond de branches qu'il a connues, il a du moins ajouté beaucoup du sien, quoi qu'en dise Voretzsch qui fait du morceau perdu du *Reinhart* et de ces deux derniers la reproduction d'une branche française disparue.

Renart revient sur ses pas, abuse de Hersent, et Isengrin qui est resté en arrière arrive juste à temps pour assister à une partie des « noces »[1].

La scène, si simple et si naïve dans le poème latin, s'est, on le voit, dédoublée pour servir à d'autres fins. Hersent, dès le début, se déclare amoureuse de Renart et le lui prouve ; les louveteaux, personnages assez passifs dans Nivard, sont transformés en dénonciateurs de leur mère : voilà le premier acte. Dans le second, celle-ci, qui précédemment poursuivait Renart pour punir un effronté qui avait outragé ses enfants, s'acharne cette fois après lui pour faire croire à son innocence, et ce manège hypocrite n'aboutit qu'à rendre son déshonneur plus grand et le ridicule de son mari plus apparent. En somme, l'auteur de ce morceau a voulu conserver tous les éléments de l'ancienne tradition, mais il les a adaptés habilement à la conception désormais acceptée des amours de Renart et de Hersent. Nous avons là comme une transition entre la forme grossière que ce conte affecte à l'origine et la forme plus raffinée qu'il revêt dans la suite.

Dans la branche XIII (v. 1008-1090), le motif se dégage complètement de ses anciens traits et la scène prend un air tout nouveau. Renart s'est emparé du bateau d'un paysan. Il vogue joyeusement quand il aperçoit sur le bord Isengrin et sa femme. Il se frotte aussitôt d'une herbe qu'il portait dans son aumônière et qui le rend tout noir. Ainsi déguisé, il propose aux voyageurs de les transporter sur l'autre rive. Ils acceptent. Isengrin manie les avirons pendant que Renart est assis au gouvernail. Celui-ci manœuvre si bien qu'ils accostent à une île. Isengrin, en sautant à terre, tombe dans un piège et Renart s'éloigne aussitôt dans la barque avec Hersent à qui il se fait reconnaître :

---

[1]. Toute cette dernière partie est reproduite par le *Reinhart* (v. 1154-1238) avec des divergences qui prouvent non seulement que son prototype était plus simple et plus archaïque que le récit de la br. II, mais aussi que l'ancienne branche, comme l'*Ysengrimus*, connaissait l'épisode à l'état simple et non double. Voir là-dessus Voretzsch, 2e art., p. 367 sq. Je ne crois pas toutefois avec ce savant que le remanieur français se soit inspiré de l'*Ysengrimus*, pour ce dédoublement. Il y a eu là simple évolution du motif.

> « Je sui Renart veraiement. »
> Cele l'entent, si ot grant joie,
> Ses deus bras au col li envoie.
> Molt tres grant joie s'entrefont.
>
> (v. 1056 sq.)

Cet attachement de Hersent pour Renart est chose si connue de tous, sauf pourtant de l'imbécile Isengrin, que, lorsque celui-ci vient à la cour se plaindre du viol de Renart et que sa femme proteste à cor et à cris de son innocence, ils ne trouvent guère autour d'eux que des oreilles incrédules et prévenues, même celles du roi :

> Por qei estiez vos si fole
> Qu'en sa meson aleez sole
> Puis que vos n'estiez s'amie ?
>
> (V^a, v. 399 sq.) [1].

Isengrin seul reste convaincu de la fidélité de son épouse. Renart va jusqu'à l'appeler « desloiaus cous », et il proteste naïvement :

> Renart, ce n'est mie de vous.
> . . . .
> Un serement vos en feroie
> Que a Hersant ma douce amie
> N'eüstes part ne conpaignie.
> Si vos en iestes vos vantez.
> Mes par mon chief vos i mantez :
> Q'an ceste terre, dieu merci,
> N'a plus loial dame de lui.
>
> (XXII, v. 272 sq.)

Il entend même sans sourciller l'oraison funèbre que l'archiprêtre, l'âne Bernart, prononce près de la fosse où va être enterré Renart que l'on croyait mort. Et pourtant ce passage du discours n'aurait-il pas dû le faire tressaillir de rage et lui donner envie de piétiner le cadavre de son ennemi ?

---

[1] Cf. Br. I, v. 1-267, et *Reinhart*, v. 1239 sq.

> Renart, que de voir le savons,
> Est morz, vez le ci en present.
> Dolante en est dame Hersent,
> L'espousee Ysengrin le leu,
> Que maintez foiz en prive leu
> L'a Renart tenue adossee.

(XVII, v. 976 sq.)

Cette dernière citation nous amène à la troisième phase du développement du motif de *Renart adultère*. Isengrin que nous avions vu toujours si jaloux de son honneur et de la réputation de sa femme semble maintenant tout à fait résigné à son sort et autorise de sa présence les tendresses de Hersent pour son amant. En effet, suivant la branche XI (v. 1375-1523), Renart, blessé à mort par le chien Morhout, gisait inanimé sur une route. Isengrin et Hersent le trouvent dans ce piteux état. A cette vue, Hersent épanche sa douleur en plaintes touchantes auxquelles son mari mêle quelques notes de condoléance :

> « Lasse chaitive ! fet Hersent,
> Nostre conpere si est mort !
> Dolente, ou prendra ge confort ?
> Ha chaitive maloüree,
> Con je fui de male oure nee ! »
> Dit Ysengrins : « Dolent chaitif !
> Molt he l'oure que je tant vif,
> Quant mon conpere ai ci perdu
> Qui si m'avoit bien socoru :
> Au grant besoing me fut ami,
> Or le voi mort, ce poisse mi. »

(v. 1396 sq.)

Ils l'emportent doucement dans leur hôtel où ils le soignent, durant un mois, avec un dévouement sans bornes. Une fois guéri, il prend congé de ses sauveurs qui lui font des adieux pleins de tristesse :

> Atant avale le degre
> Et s'en issi de meintenant.
> Dame Hersens remeist plorant,
> Mes Ysengrins si le convoie
> Tant que il l'ot mis en la voie.

(v. 1514 sq.)

Cette attitude d'Isengrin n'a pas de quoi nous étonner si l'on se rappelle ce qui a été déjà remarqué dans le chapitre précédent, à savoir qu'il est arrivé un moment dans l'histoire de Renart où le loup cessa d'être présenté comme son ennemi irréconciliable et fut remplacé dans cet antagonisme traditionnel par Roonel et surtout par Chantecler. Il devient son compagnon d'armes, son ami, qui l'aime « de cuer enterin ». Cette même branche XI, à laquelle appartient le précédent épisode, et qui nous présente un état avancé de la tradition, ne transforme pas moins le rôle d'amoureux joué par Renart. Jusqu'alors celui-ci avait poursuivi Hersent de ses assiduités moins pour satisfaire une véritable inclination que pour faire une niche à son ennemi. Maintenant il nous apparaît sous les trait d'un véritable don Juan aux entreprises sans nombre et aux conquêtes faciles. Après avoir fait verser des larmes à Hersent, il obtient les faveurs de dame Fière, la lionne, que son mari lui avait confiée pendant une expédition lointaine :

> Renart qui molt fu mal senes,
> Fu remes avoc la roïne
> Qu'il aime d'amor enterrine
> Et longement l'avoit amee.
> Or est avoc li demoree
> Lie et joiant et envoisiee.
> Molt soventes fois l'a bessiee.
>
> (v. 1998 sq.)

Puis il fait passer le roi pour mort, épouse publiquement sa maîtresse, et, quand Noble revient enfin dans son palais, on lui cache soigneusement ces amours et ce mariage (v. 2300-3390).

L'auteur de *Renart le Nouvel* ira plus loin encore. Son héros est un séducteur irrésistible ; toutes les dames de la cour se l'arrachent. Il écrit des lettres d'amour à Orgueilleuse, femme du roi Noblon, à Hersent la louve, à Harouge la luparde. Toutes trois se lisent ces épîtres, la larme à l'œil, et, pleines du regret de l'absent, elles tirent au sort pour décider qui le possédera. Il échoit à Hersent qui en tressaille de plaisir (v. 4447-4770).

Il est donc bien établi par tout ce qui précède que l'histoire des exploits amoureux de Renart, d'abord avec Hersent seule, plus tard non seulement avec Hersent mais avec d'autres dames de la cour de Noble et même avec la reine, histoire qui compose une partie importante du Roman, est sortie tout entière d'un conte primitivement isolé, sans lien avec les autres épisodes, en un mot n'ayant rien d'épique. Le *Roman de Renart*, comme l'*Ysengrimus*, a possédé ce conte sous sa forme ancienne ; mais dans la collection des branches que nous possédons, cette forme ne se reconnaît que difficilement, ayant été agglutinée à des inventions nouvelles qui l'ont défigurée et altérée.

Reste à savoir la source de ce conte. Devons-nous considérer comme vraiment originale la forme, pourtant si naïve, qu'il a dans le poème de Nivard ?

Le caractère essentiellement gaulois dont est marquée cette histoire des amours de Renart et de Hersent, même dans sa forme la plus archaïque, sa grande ressemblance avec les scènes de libertinage humain si nombreuses dans une certaine portion de la littérature du moyen âge, la possibilité entière que l'on a d'anthropomorphiser l'aventure, d'y substituer des hommes aux bêtes sans la dénaturer, tout concourt à nous la faire regarder comme quelque chose d'étranger par le point de départ aux autres contes à base purement zoomorphique, comme un fabliau introduit subrepticement parmi eux et dont les trouveurs de Renart auraient adapté à peu de frais l'intrigue et les situations à l'idée générale de leur épopée.

Cette induction est d'autant plus acceptable que dans un de nos plus anciens fabliaux, dont le sujet est encore plus ancien que le texte que nous en possédons, nous voyons deux femmes associées dans leur honteux métier de courtisanes et de procureuses portant les noms de Richeut et de Herselot. Nous n'avons pas de peine à reconnaître dans celui-ci le nom de notre héroïne. Pour l'autre, il n'est pas inconnu de la compilation. [1]. Il figure en effet à côté de celui d'Hermeline pour désigner la femme de Renart. De plus, la branche XXIV qui la désigne ainsi, comme si elle était l'héritière non seulement des noms, mais aussi de la tradition entière de ce *Dit de Richeut*, nous donne côte à côte les portraits de Hersent et de Richeut dont elle fait deux types achevés de rouées « pleines d'engin et d'art », l'une «mestre abaeresse», l'autre « mestre lecharesse » :

---

[1]. Ce rapport a été signalé pour la première fois par P. Paris, p. 349 sq. Il ajoute même que Sansonnet, fils de Richeut, que sa mère dresse, à vivre aux dépens des femmes qu'il débauche, a de grands points de resemblance avec Renart : « C'est, dit-il, le plus faux ami, le plus dangereux voïsin, le plus effronté compère. »

> Moult furent bien les deus d'un cuer,
> L'une fut l'autre, ce cuit, suer.
>
> *(v. 117 sq).*

Bien mieux encore, et cela fort avant la branche XXIV, la branche II avait mis en présence, nous l'avons vu tout à l'heure, Hersent et, cette fois, Hermeline se reprochant leurs adultères dans une grossière dispute qui se termine par une lutte échevelée. Enfin, dans cette même branche, Hersent réconciliée avec sa commère, alors que Renart passe pour mort, la pousse à se marier avec Poncet le blaireau et prépare la couche nuptiale aux deux époux.

Ces différents passages et l'adoption de noms identiques n'offrent-ils pas une coïncidence à tout le moins étrange ? Cette louve lascive dont le goupil abuse avec la parfaite sérénité d'un débauché faisant son plaisir d'une fille de joie qui simule la pruderie, cette épouse soi-disant outragée dont les récriminations sont accueillies avec le scepticisme qu'elles méritent, cette entremetteuse qui favorise les secondes noces de sa pareille, ne serait-ce pas un caractère emprunté au *Dit de Richeut* ou créé sous son inspiration ? Dans le fabliau, c'est sans doute Richeut qui tient la place importante ; Herselot n'est que sa servante. La place de celle-ci au premier plan ne s'expliquerait-elle pas par le besoin de faire du nouveau et, en donnant du relief à ce qui n'était qu'accessoire dans l'original, de déguiser l'emprunt ? D'ailleurs rien n'aurait été plus naturel que cette influence d'un genre d'écrits sur l'autre. Le fabliau et le conte d'animaux se côtoient. L'un présente des hommes pris sur le vif, saisis dans leurs gestes habituels, l'autre des animaux qui ne sont souvent que des hommes travestis, dépeints dans les mêmes conditions ; ils ont le même fond d'idées et le même procédé d'observation réaliste ; ils ont aussi un but identique : par leurs incidents plaisants, tissés sur une trame légère, ils veulent faire rire, égayer, sans instruire ni moraliser.

Toutefois, quelque curieux que soient ces rapprochements entre le *Dit de Richeut* et certaines parties du *Roman de Renart*, quelques affinités que puissent avoir entre eux le fabliau et le conte d'animaux, on ne saurait en tenir compte que si l'histoire des amours de la louve et du goupil est unique en son genre, si elle n'a trouvé place nulle part ailleurs, si nous ne pouvons faire à son sujet aucune de ces remarques comparatives auxquelles ont donné lieu les histoires précédentes. Car, ne l'oublions pas, le *Dit de Richeut*, dans l'ensemble des fabliaux, est un morceau à part; alors que tous les autres sont généralement la mise en œuvre d'un conte populaire, traditionnel, celui-là, suivant une ingénieuse remarque [1], n'est pas un conte, mais un tableau de mœurs, où l'intrigue n'est rien, où les caractères sont tout. Ce serait là, a-t-on ajouté, un spécimen de la forme première du genre. A l'origine, le fabliau n'aurait été que la reproduction de types familiers; leur introduction dans des intrigues ne serait venue que plus tard, et ces intrigues auraient été fournies par les contes populaires. Si donc notre aventure de *Renart adultère* n'avait rien de commun avec une tradition quelconque, issue d'une fable ou d'un conte, à cette condition seule on pourrait la tenir pour parente du *Dit de Richeut*. Mais, en réalité, il n'en est rien. Car, nous allons le voir, la littérature écrite et la littérature orale, celle-ci surtout, ont traité ce sujet. C'est, par suite, de ce côté qu'il faut nous tourner pour rechercher les origines de cet important épisode du *Roman de Renart*.

Néanmoins nous avons à retenir de la comparaison entre le *Dit de Richeut* et cet épisode une remarque intéressante : pas plus que ceux d'Isengrin et de Renart, les noms de Hersent et de Richeut ne sont de l'invention de nos trouveurs. Ils les ont trouvés existant avant eux et consacrés par un usage presque séculaire. Se rencontrant dans deux genres d'écrits distincts qui ne semblent pas avoir eu d'influence l'un sur l'autre, désignant ici et là des types identiques, il est à croire qu'ils avaient quelque chose d'universel et de populaire. On voit ainsi combien dans ses moindres détails le *Roman de Renart* plonge ses racines dans le passé le plus lointain.

Mais voyons les attaches qu'a notre conte avec des versions correspondantes dans la littérature écrite et dans la littérature orale. Nous n'avons, dans la littérature écrite, à rapprocher de notre épisode qu'un seul morceau : c'est la quarantième fable du *Romulus de Marie de France* qui a pour titre *Vulpes et Ursa* [2]. Le renard propose à l'ourse de s'accoupler avec lui. Elle refuse et, comme il fait le fanfaron et la menace, elle se

---

[1] J. Bédier dans *Études romanes dédiées à G. Paris*, Paris, 1891, p. 28 sq.
[2] Hervieux, II, p. 540.

met à sa poursuite pour le châtier. Il l'entraîne au milieu de broussailles où elle reste immobilisée (inter spinas et lenta vimina implicita resedit). Le renard la voyant dans l'impossibilité de bouger satisfait sa passion.

Deux différences assez notables distinguent cette fable du *Romulus* du récit de l'*Ysengrimus* : toute la première partie de celui-ci, c'est-à-dire la scène avec les petits de la femelle que le renard doit violer est absente ; de plus, une ourse y tient la place de la louve. Au contraire, dans la littérature orale, certaines variantes, peu nombreuses il est vrai, mais appartenant à des régions éloignées les unes des autres, nous donnent généralement le conte dans son intégrité, et, si elles changent les personnages, c'est pour des raisons particulières soit au pays dont elles sont originaires, soit à l'ensemble de récits où elles sont placées, raisons qu'on ne pourrait invoquer pour expliquer la substitution de l'ourse à la louve dans la fable du *Romulus*.

Ainsi, quatre variantes finnoises et une variante suédoise [1] nous montrent le renard se rendant à la tanière de la louve. Il demande aux petits si leur mère est au logis. « Que lui veux-tu? — M'accoupler avec elle. » La louve, à son retour, apprend la menace du renard. Elle se met en embuscade et, dès qu'elle l'aperçoit, se précipite. Elle est bientôt arrêtée entre deux arbres et obligée de se prêter aux désirs de son ennemi. Trois autres contes finnois [2] et un conte russe [3] nous donnent d'une part comme acteurs le lièvre et la renarde, d'autre part une scène qui rappelle celle de *Renart noir* de la branche XIII. Quand le lièvre s'aperçoit que la renarde est prise dans le défilé où elle s'est engagée à sa suite, il se roule dans de la suie, de la vase ou des ordures, de façon à se transformer en nègre, en moine ou en prêtre et à ne pas être reconnu de sa victime.

Cette analogie avec un des récits du *Roman de Renart* n'implique pas emprunt des variantes populaires à l'ouvrage français. C'est vraisemblablement une fable grecque, dont je parlerai plus loin à propos de *Renart teinturier*, fable fort populaire à l'Est de l'Europe, qui a été l'inspiration de cet embellissement du conte primitif. Quant à la présence du lièvre et du renard, elle a

---

[1] Citées par Krohn, *Bär und Fuchs*, p. 89.
[2] Ibid., p. 92.
[3] Kolmatschevsky, p. 188.

son explication toute simple dans le genre grammatical du mot *renard* chez les Slaves [1]. Ce mot étant féminin, les conteurs se sont crus obligés de donner à cet animal le rôle le plus en rapport avec les habitudes de la langue, et, par suite, le lièvre, comme c'est le cas le plus fréquent dans la littérature populaire [2], a remplacé le renard dans son rôle de bête mâle. Enfin, dans deux autres variantes, croate [3] et épirote [4], c'est encore le lièvre qui est amoureux, mais cette fois de l'ourse. Celle-ci, dont la présence ne laisse pas d'étonner au premier abord, figure uniquement, parce que le conte, soit entier, soit mutilé, est lié et sert d'introduction à un autre conte plus développé où l'ours est l'acteur consacré par la tradition.

En résumé, la fable du *Romulus* semble isolée dans l'ensemble des contes écrits et oraux qui traitent du goupil libertin. La louve paraît être le personnage original et indispensable, facilement reconnaissable sous les traits de la renarde ou de l'ourse que lui ont donnés, nous venons de voir pourquoi, certaines variantes populaires. Aussi, quand on se rappelle le sens de lubricité attaché au mot *lupa* dans la langue latine [5], on est tenté de se ranger à l'opinion de Grimm pour qui cette aventure érotique du cycle n'est que le développement de la conception antique faisant de la louve la bête lascive par excellence [6]. N'est-ce pas ainsi d'ailleurs que Nivard se la représente quand il fait prononcer à Reinardus, après sa facile victoire, les paroles citées plus haut. Et n'a-t-il pas obéi au même souvenir, le trouveur de la branche VII où l'escoufle Hubert, confesseur de Renart, fait à son pénitent un horrible tableau des déportements de son amante et termine par ces mots :

> A droit a non Hersent la love.
> Car c'est cele qui toz mauz cove.
>
> (v. 585 sq.)

---

[1] Kolmatschevsky, p. 106, note.
[2] Ibid., p. 119.
[3] Krauss, I, p. 23.
[4] Hahn, II, p. 106.
[5] Cf. Cicéron, *Pro Milone*, 21.
[6] *R. Fuchs*, p. XXXVIII.

De l'*Ysengrimus* et du *Roman de Renart*, cette histoire à source purement classique se serait donc propagée dans le Nord et dans le Sud de l'Europe et aurait donné naissance à toutes les variantes populaires encore en vogue aujourd'hui.

La question apparaît sous un tout autre jour si l'on compare les récits de l'*Ysengrimus* et du *Roman de Renart* à ces variantes populaires et à celle du *Romulus* sous le rapport de la naïveté. Les premiers renferment des traits évidemment altérés et postérieurs. Dans les contes populaires, la scène entre le goupil et les louveteaux est plus simple : les petits, seuls dans la tanière, ne sont pas l'objet d'injures ni d'affronts. Le renard se contente de menacer leur mère absente, et, à son retour, celle-ci se cache pour punir l'audacieux qui se présente une seconde fois. De même, le piège où tombe la victime est, dans le poème latin et dans le poème français, invariablement l'entrée du repaire du goupil, qui sort par une ouverture opposée. Voilà certes une peinture plus épique, mais beaucoup moins naturelle, moins prise sur le vif, que celle de l'emprisonnement entre deux arbres ou dans le trou d'une haie que nous offrent les contes oraux, ou au milieu de buissons, comme nous l'avons vu dans le *Romulus*.

Le conte de l'*Ysengrimus*, pas plus que l'ancien récit perdu du *Roman de Renart*, ne peut donc revendiquer l'honneur d'avoir servi de prototype aux variantes orales. La version même du *Romulus*, qui est du reste antérieure à la version de l'*Ysengrimus*, lui est, malgré sa mutilation, supérieure par sa simplicité et peut être mise sur le rang des meilleures versions populaires. Et alors la question se pose de nouveau : pourquoi a-t-elle substitué l'ourse à la louve ?

On serait plus dans le vrai en énonçant le problème inverse et en se demandant pourquoi les autres contes, et en particulier l'*Ysengrimus* et le *Roman de Renart*, ont remplacé l'ours par la louve.

En effet, ainsi que l'a fait remarquer un des folk-loristes les plus sagaces[1], la présence de la louve dans la variante suédoise est un trait surprenant et qui doit suggérer le doute sur son originalité. A côté de ce récit du viol commis par le renard sur

---

[1] Krohn, *Bär und Fuchs*, p. 90 ; cf. p. 41.

la louve, la littérature populaire des Scandinaves, on le sait déjà, possède un nombre immense de récits où la bête bernée par le renard est, non pas le loup, mais invariablement l'ours. Pourquoi cette dérogation à un usage universel, cet abandon de la tradition on peut dire nationale ? C'est que, seule parmi ses congénères, cette histoire scandinave a subi l'influence des contes du centre de l'Europe. Dans cette région, les contes septentrionaux, après avoir pénétré avec leur héros obligé, l'ours, l'ont échangé peu à peu contre le loup. Celui-ci, en effet, dans d'autres contes très nombreux, soit autochthones, soit de provenance orientale, jouait un rôle analogue au rôle de l'ours, celui d'un personnage violent et stupide. Et cette substitution ne pouvait d'ailleurs qu'être favorisée par cette circonstance que déjà, à l'époque de l'importation des contes sptentrionaux dans le centre de l'Europe, et surtout plus tard, l'ours devenait un animal assez rare et était de plus en plus refoulé sur les montagnes désertes ; le loup, au contraire, continuait à être une espèce familière, restait l'ennemi perpétuel des campagnes et quelquefois des villes. Comme la plupart des autres contes où l'ours figurait d'abord, celui de *Renart adultère* échangea l'ourse contre la louve et, par un hasard inexplicable, il repasse en Scandinavie sous cette nouvelle forme qui supplanta la plus ancienne [1]. Par un autre hasard non moins inexplicable, mais qui prouve la haute antiquité du morceau, cette forme primitive a subsisté dans le *Romulus de Marie de France*, et c'est là un fait curieux, et pour le moins assez rare, que cette survivance, dans un recueil d'apologues, d'une tradition populaire perdue partout, même dans le pays qui lui avait donné naissance. Voilà certes un témoignage qui doit mettre en garde contre l'opinion toute faite qui attribue en bloc les corpus de fables du moyen âge à une influence gréco-orientale toute classique. Plus éclectiques en ont été les auteurs qui ont

---

[1] Gerber, p. 53, croit, il est vrai, que la marche du conte a été inverse et que la louve, le personnage primitif, a été remplacée par l'ourse quand le récit a été incorporé dans le cycle septentrional du Renart et de l'Ours ; il s'appuie, comme Grimm, *R. Fuchs*, p. XXV sq. et Martin, *Obs.*, p. 33, sur la tradition populaire du moyen âge concernant les rapports du renard et de la louve. Mais contre cette théorie se dresse la fable du *Romulus de Marie de France* à laquelle on ne peut dénier un caractère archaïque et une haute ancienneté.

recueilli avec avidité les récits qu'ils entendaient conter autour d'eux et qui ont ainsi tressé autour de l'œuvre de Phèdre une couronne de fleurs plus fraîches et plus colorées. De pareilles fleurs ont été moissonnées par nos trouveurs ; ce sont elles qu'ils ont surtout goûtées, et leur histoire des amours de Renart et de Hersent est un produit de ce vaste champ des traditions populaires où ils ont si souvent glané.

II

La Pêche a la queue.

Comparaison du récit de la branche III avec les autres variantes littéraires. — Elle ne dérive d'aucune d'elles. — Des allusions qui font supposer de plus anciennes et de plus naïves rédactions. — La forme primitive du conte est originaire du Nord. — Transformation progressive de chacun de ses motifs. — Le point de départ de l'histoire a été d'expliquer pourquoi l'ours a une courte queue. — Fréquente liaison dans la littérature orale du conte de la *Pêche* avec le conte des *Charretiers*. — La dépendance entre les deux aventures n'est qu'apparente dans la branche III. — Entrée tardive dans le cycle de celle des *Charretiers*. — Elle ne doit rien au *Physiologus* — Rapports étroits des deux versions sur ce sujet du *Roman de Renart* avec les différentes variantes populaires.

L'aventure la plus répandue dans le cycle, après celles du *Jugement* et de l'*Adultère*, est celle de la *Pêche à la queue*. Outre le récit que nous en ont transmis le Glichezare et la branche III, et les nombreuses allusions éparses dans le *Roman de Renart* qui font supposer des rédactions perdues, nous en avons de curieuses versions dans l'*Ysengrimus* et le *Reinaert*. Elle a même pris place dans certains recueils de fables latines qui offrent des points de comparaison intéressants. C'est donc à un épisode capital de l'épopée que nous allons avoir affaire, et non moins importante au point de vue de l'histoire générale des contes est l'étude de la source et du développement de ce thème, emprunté, comme le précédent, par les trouveurs à la tradition populaire.

Suivant la branche III (v. 374-510), Renart qui, comme nous le verrons tout à l'heure, a tonsuré Isengrin et l'a fait moine, lui promet de lui procurer des poissons autant qu'il en voudra. Ils arrivent au bord d'un vivier. Comme on était en hiver, l'eau était gelée, et les paysans, pour faire boire leurs troupeaux, avaient creusé un trou dans la glace; un seau était resté auprès. Isengrin, facilement persuadé que c'est là l'engin avec lequel les moines, dans l'ordre desquels il vient d'entrer, prennent les poissons, se le laisse attacher à la queue et plonge le tout dans l'eau. Cette eau, la nuit venue, ne tarde pas à geler, et quand, au bout d'un certain temps, il ne peut tirer sa queue emprisonnée, il s'imagine avoir fait une pêche abondante. A Renart qui lui conseille de s'en aller, il répond naïvement :

> Trop en i a.
> Tant en ai pris, ne sai que dire.

(v. 428 sq.)

L'aube crève. Un seigneur du voisinage, Constant des Granches, se met en chasse. Au son du cor, Renart s'enfuit laissant le pauvre pêcheur

> Qui moult s'esforce et sache et tire :
> A poi sa pel ne li descire.
> Se d'ilec se veult departir,
> La queue li convient guerpir.

(v. 447 sq.)

Chiens et veneurs se précipitent sur lui ; Constant des Granches, lui-même, tire son épée et veut le tuer ; il mesure mal son coup, glisse et tombe. Furieux, il donne un second coup aussi maladroit que le premier et tranche la queue du loup qui se sauve, serré de près par la meute.

Le *Reinhart* (v. 727-822) possède une scène identique à celle de la branche III; il n'est guère qu'un seul détail qui la différencie : le chevalier qui, en faisant un faux pas, coupe la queue du pêcheur, au lieu de le tuer, s'appelle Birtin [1].

Plus dissemblable est la scène de l'*Ysengrimus*. Le loup, sur le conseil de Reinardus de ne pas manger de viande, le poisson étant le seul aliment autorisé par les statuts monastiques, plonge sa queue dans l'eau qui gèle. Au point du jour, Reinardus court au village voisin et vole une poule au curé, qui était en train de dire sa messe. On l'aperçoit, et tous, pasteur et ouailles, s'élancent à sa poursuite. Il les amène du côté d'Ysengrimus qui est roué de coups. Une paysanne, Alrada, qui veut le tuer d'un coup de hache, manque son coup et lui tranche la queue (I, v. 529-1064 et II, v. 1-158). Outre que le cadre ici est différent,

---

[1] Voir Voretzsch, 2e art. p., 351 sq.

on' saisit déjà dans l'exposition de la pêche une différence caractéristique : le loup plonge simplement sa queue dans l'eau ; il n'est point fait mention d'un engin quelconque.

Dans les *Paraboles* d'Eude de Cheriton [1], il n'est pas non plus question d'un seau attaché à la queue du loup ; celui-ci la plonge simplement dans l'eau (caudam in aquam posuit et diu tenuit, donec esset congelata) ; le renard ne va pas chercher les gens qui doivent venir déranger le malheureux pêcheur (et venerunt homines et lupum fere usque ad mortem fustigaverunt). Dans le *Romulus de Munich* [2], le renard jette des pierres dans le panier qu'il a attaché à la queue du loup et, quand celui-ci ne peut plus remuer, il court au village et appelle les paysans qui battent l'infortuné et ne le laissent échapper que lorsqu'il a perdu la queue. Enfin, dans le *Reinaert* II, Isengrijn vient se plaindre à la cour du lion de son ennemi qui avait violé sa femme : « Il l'a conduite, raconte-t-il, dans un lieu plein de mares d'eau, au pied d'une digue assez élevée. Là, il lui fit accroire que, si elle plongeait sa queue dans l'eau, une si grande quantité de poissons viendrait y mordre qu'à quatre on n'aurait pu les manger. Elle crut qu'il disait vrai, la pauvre sotte, et entra jusqu'au ventre dans la boue, avant d'arriver à l'eau dans laquelle elle enfonça la queue. On était en hiver. Ma femme resta si longtemps dans cette position que sa queue s'attacha à la glace. Quelque effort qu'elle fît, elle ne put se dégager. Alors Reinaert courut vers elle de toute sa force et la viola. » Reinaert s'enfuit à l'approche d'Isengrijn ; celui-ci parvient à dégager sa femme qui laisse cependant un morceau de sa queue. Aux cris de douleur qu'elle pousse, les villageois accourent, et les deux époux s'échappent à grand'peine sous une grêle de coups (v. 6269-6340).

Toutes ces variantes littéraires ont, sans doute, un même air de famille ; chacune a pourtant une physionomie propre qui exclut toute idée de parenté bien directe entre elles et nous les fait rattacher à des sources différentes. Toutes aussi, sauf celle du *Reinhart,* s'éloignent assez du récit de la branche III pour qu'il soit impossible de désigner aucune d'elles comme inspiratrice de ce dernier. Écartons tout d'abord la

---

[1] Hervieux, II, p. 656.
[2] Ibid., p. 733.

version du *Reinaert* qui fait figure à part : la substitution de la louve à son mari, le mélange du thème de l'*Adultère* avec celui de la *Pêche*, la perte de la queue précédant l'arrivée des paysans, voilà autant de modifications qui, si elles ont une certaine valeur au point de vue épique et concourent parfaitement au développement de l'action telle que l'a conçue Willem, ne laissent pas d'avoir enlevé à la scène une grande partie de son originalité. La fable d'Eude, au contraire, nous donne une marche plus simple : le renard installe le loup qui reste prisonnier dans la glace jusqu'au matin ; des villageois arrivent et, en voulant leur échapper, il perd la queue.

Dans l'*Ysengrimus*, il y a quelque chose de plus : c'est le renard qui attire la foule du côté du loup ; de même dans le *Romulus de Munich* (Quid statis ? quid facitis ? Ecce lupus qui... de vestro flumine etiam pisces vestros abstrahit. » Cette façon de présenter les choses, qui offre les apparences d'une complication, mais qui, nous le verrons tout à l'heure, est assez archaïque, est inconnue de la branche III qui fait fuir Renart à l'approche de la meute de Constant des Granches [1]. Mais, à son tour, cette branche renferme un autre trait auquel sont restés étrangers les récits d'Eude et de Nivard, à savoir l'emploi d'un seau au lieu de la queue comme engin de pêche. Le *Romulus de Munich* renchérit encore sur notre poème ; ce n'est plus un seau, c'est un panier rempli de pierres que le loup porte attaché à sa queue. Par suite, plus d'eau gelée ; l'hiver, qui semblait devoir former le fond du tableau, a disparu.

Il faut d'ailleurs, pour être complet, ajouter que l'intervention d'un seau dans ce petit drame de la *Pêche* n'a pas toujours été considérée, même dans la tradition du Roman, comme un élément indispensable de l'action. J'ai parlé tout à l'heure de certaines allusions à notre conte qui nous reportent à un état plus ancien de l'*estoire* que la branche III et que le *Reinhart*. Or, dans ces allusions, il n'est justement parlé que de la queue « engelée » et non d'un seau qui y aurait été suspendu :

---

[1]. Ce trait semble toutefois avoir subsisté dans le *Reinhart*. Voretzsch, 2ᵉ art., p. 351, rapproche le v. 712 où le goupil dit au loup : « J'irai vers mes frères dont le gain ne sera pas médiocre, » du passage du *Romulus de Munich* : « Sed surgam et ibo quaerere adjutorium ad extrahendum pisces de panario. »

> Gel fis pecher en la gelee
> Tant qu'il out la queue engelee.
>
> (I, v. 1055 sq.)

> Tu me feïs aler peschier
> Et en l'eve tant acrocier,
> Tote la coe oi engelee
> Et en la glace seelee.
>
> (VI, v. 667 sq.)

> Car ençois i fu saelee
> La coe en la glace et gelee
> Que il s'aperçut de ma guille.
>
> (IX, v. 521 sq.).

Même sobriété pour la conclusion du récit dans l'allusion de la branche VIII. Au lieu de messire Constant des Granches « vavassor bien aaisie », qui arrive avec toute sa « maisnie », suivi de ses braconniers et de ses chiens, c'est un simple vilain qui se présente armé d'une massue :

> Dusq'au matin que uns vileins
> I vint sa maçue en ses meins.
>
> (v. 137 sq.)

Nous voilà avec ces allusions bien près de la parabole d'Eude; la dernière même la dépasse en naïveté, puisqu'elle n'introduit qu'un seul paysan.

Si donc l'on considère non pas seulement la forme française de ce conte que nous possédons, mais aussi les formes qu'il a pu avoir, soit auparavant, soit concurremment, et que l'on est en droit de reconstituer d'après ces allusions, le *Roman de Renart* mérite d'être regardé comme un des représentants les plus fidèles du prototype populaire de la *Pêche à la queue*. Ce prototype, nous le rencontrons dans son intégrité presque entière au Nord de l'Europe, où le conte est réduit à ses plus simples éléments : l'ours plonge sa queue dans l'eau, sur le conseil du renard; celui-ci, une fois que la glace s'est bien épaissie, va à la ferme voisine chercher la femme qui est en train de battre son beurre. Elle arrive avec son battoir. A sa vue, l'ours pris de peur, veut se sauver et, dans les efforts qu'il fait, il rompt sa queue [1].

---

[1]. Krohn, *Bär und Fuchs*, p. 25 et 28.

La substitution d'un seau à la queue comme engin de pêche n'est pas elle-même une trouvaille du poète de la branche III. Ce trait, tout altéré qu'il est, a été emprunté à la tradition populaire. Celle-ci en effet a dû bien vite regarder la queue comme un instrument invraisemblable. Il semblerait même, le conte ayant pour but bien visible de nous dépeindre une pêche faite par un animal, que la présence du seau fût un trait plus naturel et, partant, plus ancien. Il n'en est rien. Très ancienne en effet est la croyance d'un animal attrapant des poissons avec sa queue. On la trouve dans Élien qui décrit les poissons s'entortillant dans les poils touffus de la queue du renard [1]. Elle est encore vivante dans l'Amérique du Nord et dans l'Inde, où l'on attribue au racoon et au chacal la faculté de prendre des crabes avec leur queue [2]. A cette même donnée de zoologie fantaisiste se rattache une certaine fable de Phèdre où l'ours prend des écrevisses avec ses pattes [3]. Mais c'est le sort de beaucoup de contes fondés sur une idée toute d'imagination de s'altérer progressivement en voulant se rapprocher de plus en plus de la réalité. Cette pêche à la queue, dans la pensée primitive du conte, n'est pas sérieuse ; l'auteur de ce plaisant récit s'est emparé de la légende de l'animal pêcheur répandue partout, l'appropriant à son sujet mais sans vouloir lui conserver une vraisemblance quelconque. Ce motif n'est là que pour amener celui de *la rupture de la queue* ; voilà le motif important, l'autre n'est qu'accessoire. Peu à peu la proportion est devenue inverse : le motif de la perte de la queue s'est maintenu, sans doute, d'abord; mais son voisin a gagné en importance. Pêcher avec sa queue seule a paru antinaturel, absurde. Par suite, la queue a été munie d'un seau, comme dans le *Roman de Renart* [4], ou bien encore d'un pot [5], d'un sac [6], d'un panier [7]. Cette addition de tel ou tel engin de pêche s'est opérée d'autant plus facilement que le conte pénétrait dans des pays où la gelée est rare ou in-

---

[1]. *De natura animalium*, VI, c. 24.
[2]. Tylor. *Researches into the Early History of Mankind*, Londres, 1870, p. 364 sq. ; cf. *Correspondant*, 1891, p. 873.
[3]. Hervieux, II, p. 70.
[4]. Krohn, *Bär und Fuchs*, p. 29, et Afanassiev, I, p. 15.
[5]. Ibid. p. 2.
[6]. Ibid., variante.
[7]. Birlinger, p. 229, Glinski, III, p. 176, et Cosquin, II, p. 158. Ici, la gelée n'est pas complète et le loup jette des glaçons dans le panier.

connue ; il devenait indispensable d'expliquer d'une façon quelconque l'immobilité du pêcheur. C'est ainsi que dans le *Romulus de Munich* la glace est remplacée par des pierres que le renard jette dans le panier [1]. Toutefois ce n'est pas à cette circonstance seule que le conte a dû son altération. Car, dans la branche III, le seau sert à pêcher alors même que l'eau est gelée; la transformation s'était déjà opérée dans l'ancienne forme du conte. Enfin, de fil en aiguille, la pêche, qui jusqu'alors n'avait été considérée que comme une supercherie du renard devient une vraie pêche, mais au profit seulement de celui-ci : « Le loup et le renard vont pêcher des truites. Le renard attache à la queue du loup un panier destiné à recevoir le produit de la pêche, puis il se met en besogne ; chaque fois qu'il plonge, il prend une truite qu'il croque immédiatement et, en guise de poisson, il va mettre dans le panier une grosse pierre. Finalement il s'enfuit en se moquant du loup. Celui-ci furieux s'élance à sa poursuite, mais toute la peau de sa queue reste attachée au panier chargé de pierres [2]. »

Non moins que le détail du seau, la multiplicité des personnes qui viennent surprendre le pêcheur est dans le *Roman de Renart*, comme dans les autres variantes littéraires, un trait tiré de la tradition orale. A l'invention du trouveur est dû certainement le tableau tout seigneurial et tout chevaleresque de la chasse de Constant, comme à l'imagination du moine Nivard celui de la foule des paroissiens armés de la croix et des chandeliers poursuivant Reinardus qui s'enfuyait avec le coq du curé. Mais aucun des deux poètes n'a eu le premier l'idée de développer cette scène finale. Dans la forme ancienne populaire, apparaît, je l'ai déjà dit, une femme seule appelée par le renard ou encore dirigée par lui du côté de l'ours. C'est une femme que nous retrouvons dans l'*Ysengrimus* sous la figure d'Alrada, qui veut tuer le loup et manque son coup. A ce point de vue, le poème latin se tient plus près de la

---

[1]. De même dans beaucoup de contes populaires: *Germania*, XXIV, p. 413; *Jahrb. f. rom. u. engl. Lit.*, IX, p.400: Rolland, *Faune pop.*, I, p. 150. Dans l'Afrique, la queue étant introduite sur un sol sec, c'est un simple amas de branches qui cause sa mutilation; voir Bleek, p. 99.

[2]. Conte cité déjà plus haut dans Rolland, *Faune pop.*, I, p. 150. Cf. *Rev. des Trad. pop.*, I, p.150, et deux contes bretons, Sébillot, *Contes de la haute Bretagne*, I, p. 236 et *Trad. et Sup. de la haute Bretagne*, p. 118 où le renard jette des poissons dans le panier.

forme originale que le *Roman de Renart*, et cela est si vrai que, parmi les variantes populaires qui ont multiplié le nombre des personnages, soit pour rendre le conte plus dramatique, soit parce qu'il était joint à d'autres contes exigeant la présence de plusieurs acteurs, beaucoup mêlent des femmes aux hommes, quelques-uns même ne mettent en scène que des femmes. Mais cet élément féminin a disparu d'un nombre considérable, on peut dire de la grande majorité des variantes ; il n'est resté que des hommes, quelquefois même que des chiens pour poursuivre le renard et assaillir le pêcheur. A cette série de variantes se rattache la branche III qui a fondu ces deux éléments, hommes et chiens, que les contes populaires nous offrent séparés.

Une dernière question, non moins importante que les précédentes, doit être étudiée avant d'abandonner ce conte de la *Pêche*. C'est elle, en effet, qui va nous donner le secret de ses métamorphoses, et nous montrer bien clairement que le motif de la rupture de la queue a été primitivement, comme je le disais tout à l'heure, le motif principal, la fin unique vers laquelle convergeaient tous les détails du récit.

On n'a pas à s'étonner que le *Roman de Renart*, et, avec lui, toutes les variantes, soit écrites, soit orales, du Centre et du Sud de l'Europe, donnent comme pêcheur le loup, alors que c'est l'ours qui remplit ce rôle dans toutes les variantes du Nord. Nous avons déjà, et surtout à propos du thème de *Renart adultère*, éclairci le mystère de cette substitution. Nous n'avons donc pas à y revenir ; mais, pourtant, il faut ajouter quelque chose de particulier et de spécial à notre conte.

Alors que pour les autres contes ce changement paraît tout simple, pour celui-ci il n'est pas sans offrir une certaine complexité. Partout ailleurs, il s'est opéré sans secousse, et a laissé intact le fond du sujet; ici, au contraire, il ne s'est produit qu'au prix d'une altération profonde et d'une déperdition complète de la pensée primitive.

Dans une variante écossaise [1], après la scène où le loup a perdu sa queue, le narrateur conclut par cette exclamation aussi étrange qu'inattendue : « Voilà pourquoi, depuis, le loup a une queue si courte ! » Si l'on songe à la présence constante de l'ours dans les variantes du Nord, à celle du lièvre et du la-

---

[1] Campbell, I, p. 273.

pin, non moins courtauds que lui, dans une variante finnoise [1] et dans une variante américaine [2], cette remarque surprenante du conte écossais, apparaît comme le résultat d'une méprise, en même temps qu'elle met sur la voie de l'origine du conte. Si l'ours si souvent, et le lièvre et le lapin parfois, figurent comme les héros malheureux dans cette équipée de la pêche, c'est que justement cette histoire a été inventée afin d'expliquer pourquoi ces animaux ont une courte queue [3]. Ce récit appartenait primitivement à la série illimitée de ces contes où le peuple s'amuse, comme un enfant, à se poser des Pourquoi et des Comment, et à résoudre les différents problèmes dont l'énoncé lui est fourni sans cesse par les bizarreries de la nature. L'inégalité des queues des différentes espèces d'animaux est une des anomalies qui ont le plus tourmenté son imagination, et les recueils de littérature populaire nous en ont transmis de nombreuses et ingénieuses explications [4]. Le conte de la *Pêche* est une des meilleures et des plus curieuses.

Il y a plus. Le conte n'ayant eu tout d'abord pour but que d'expliquer pourquoi tel ou tel animal a une courte queue, il dut, dans sa forme la plus archaïque, se rapprocher sensiblement de la tradition de l'animal pêcheur d'Élien, c'est-à-dire ne posséder qu'un personnage, le futur courtaud, qui, par sa maladresse ou par sa bêtise, se voit privé de l'appendice dont il était si fier [5]. Plus tard, un second personnage est introduit dont le rôle va être d'inciter le héros à cette pêche qui doit amener sa mutilation ; ce personnage est naturellement le renard. Mais cette addition marque une nouvelle fin pour le conte, qui est de montrer la malice du conseiller en même temps que la sottise de sa dupe ; et, par suite, il arrivera un temps où cette fin l'emportera sur l'autre et où le conte, tout en conservant son ancienne conclusion, se rangera définitivement dans la série des récits humoristiques qui célèbrent la ruse et la méchanceté du goupil. La variante américaine nous reporte à cette époque de transition où le conte fait la

---

[1] Krohn, *Bär und Fuchs*, p. 29.

[2] Harris, *Uncle Remus*, p. 51.

[3] Cf. à ce sujet Tylor, loc. cit.; Kolmatschevsky, p. 88 sq. et Krohn, *Bär und Fuchs*, p. 36 sq.

[4] Valjavec, p. 281 sq.; Tylor, p. 363 sq.; Grimm, *K. u. Hausm.* n° 148; Bleek, p. 80; *Rev. des Trad. pop.*, IV, p. 110.

[5] Cf. *Magasin pittoresque*, 1887, p. 311.

part encore égale entre le renard et sa victime ; l'intérêt y est double : « Un jour, Frère Lapin se promenait sur le chemin, remuant sa queue longue et fournie, quand il frôla en passant vieux Frère Renard, qui se promenait avec un filet plein de poissons. Frère Lapin entama le premier la conversation et demanda à Frère Renard où il s'était procuré ce beau filet de poissons. Frère Renard répondit qu'il les avait attrapés et Frère Lapin voulut savoir où et comment. Alors Frère Renard raconta qu'au Sud, dans la baie, il allait le soir après le coucher du soleil, et, se mettant sur un roc et plongeant sa queue dans l'eau, il restait ainsi jusqu'au lever du jour ; que, retirant sa queue de l'eau, il la trouvait pleine de poissons ; qu'il y en avait tellement, qu'il était obligé d'en rejeter une partie dans l'eau. Peu de temps après, Frère Lapin se mit en route pour aller pêcher. Le temps était froid, et Frère Lapin prit le chemin de la baie. Arrivé là, ayant choisi une bonne place, il s'assit et laissa sa queue tremper dans l'eau. Il resta longtemps ainsi bien qu'il se sentît gelé et que le froid le pénétrât de plus en plus. Le jour vint enfin et le trouva dans la même position. Il donna une secousse, et il lui sembla qu'une partie de lui-même s'en allait ; il donna une autre secousse plus violente, mais hélas ! que vit-il ? Sa queue qui était tombée. Et c'est pour cela qu'ils ont maintenant la queue si courte, tous les petits lapins que vous voyez courir et gambader à travers les bois [1]. »

Ainsi l'objet primitif du conte de la *Pêche* a bien été d'expliquer pourquoi l'ours a une courte queue. L'on comprend que, dans ces conditions, l'ours n'a pu être remplacé par le loup que par l'effacement progressif de l'idée fondamentale, et la variante écossaise, avec cette fin si étrange (Voilà pourquoi les loups ont la queue si courte !) nous est resté comme le témoignage d'une autre époque intermédiaire, où un animal avait remplacé l'autre tout en conservant son caractère.

Il arrive très fréquemment que la littérature populaire nous offre le conte de la *Pêche à la queue* en dépendance avec un autre, celui qui narre comment le renard en faisant le mort parvint à voler leurs poissons à des charretiers [2]. Cette liaison,

---

[1] Cf. le *Journal Amusant* du 26 janvier 1889 où est contée avec illustrations l'histoire laponne, *Pourquoi les ours blancs n'ont plus de queue*.

[2] Voir de nombreux exemples de cette liaison dans Cosquin, II, p. 159.

comme on l'a savamment démontré, n'est point du tout fortuite [1]. Le conte de la *Pêche*, on vient de le voir, a pris naissance dans le Nord de l'Europe. Or, dans cette région, ce n'est guère qu'au conte des *Charretiers* qu'il se trouve uni. Il est même probable qu'ils se sont propagés la plupart du temps du Nord au Sud liés ensemble, et même si étroitement que celui des *Charretiers* servant de préambule s'est fondu intimement avec le suivant, perdant ses motifs les plus essentiels, tels que la feinte de la mort ou le pillage de la voiture chargée de poissons, et n'étant plus reconnaissable qu'à quelques traits vagues et sans caractère.

Pareille liaison — et cela vient confirmer l'origine populaire et septentrionale de notre épisode de la pêche d'Isengrin — existe dans le *Roman de Renart* entre les deux histoires. L'une suit l'autre dans la branche III ; deux manuscrits seulement les ont considérées comme des morceaux indépendants [2]. Mais, tout en faisant deux récits distincts, ils les ont laissés côte à côte dans la succession des branches et leur ont conservé les apparences d'un groupe. Puisque donc la tradition du cycle français, comme la tradition des contes populaires, fait de l'histoire de *Renart et les Charretiers* une sorte d'avant-propos de celle de la *Pêche à la queue*, nous devons les joindre ici dans une même étude ; l'absence de l'ours et du loup dans les différentes variantes de cet épisode du vol des poissons ne donne pas lieu, on le comprend, d'en reporter l'examen dans un autre chapitre.

La cohésion n'est pas toutefois absolue dans la branche III entre les deux épisodes. Là où la littérature populaire nous offre ces contes côte à côte, l'enchaînement est naturel et les événements se succèdent avec rapidité : le renard qui a volé les poissons aux charretiers est en train de les manger quand survient le loup qui lui demande où il se les est procurés ; le renard lui répond qu'il les a pêchés dans tel étang, et ils s'y rendent aussitôt. La transition est loin d'être aussi simple dans le *Roman de Renart*; qu'on en juge par l'analyse de tout ce qui précède l'aventure de la *Pêche*.

Renart, en quête d'une proie, se couche le long d'une haie pour attendre aventure. Il aperçoit de loin une voiture chargée

---

[1] Krohn, *Bär und Fuchs*, p. 18 sq.
[2] Martin, *Obs.*, p. 35.

de poissons. Avant qu'elle arrive, il s'étend au milieu de la route et fait le mort. Les marchands se laissent prendre à cette ruse et le jettent sur la charrette. Ressuscité aussitôt, Renart ouvre un panier et dévore plus de trente harengs; il en ouvre un second plein d'anguilles qu'il enroule autour de son cou, et, avec ce collier, il saute doucement à terre. Poursuivi, mais en vain, par les charretiers, il arrive sain et sauf à son « chastel » où il s'occupe avec sa famille de préparer le mets tout à fait inattendu. Les anguilles rôtissaient quand Isengrin, qui errait depuis le matin sans rien trouver à mettre sous sa dent, se présente à la porte de Renart, alléché par l'odeur de la cuisine. Il se décide, après bien des hésitations, à appeler son compère. Celui-ci refuse de lui ouvrir, alléguant qu'il faut être moine ou ermite si l'on veut être admis à pareil repas, et, afin d'exciter l'appétit d'Isengrin, il lui jette trois tronçons d'anguille. Isengrin n'y peut plus tenir; il accepte de se faire « rere et tondre ». Renart lui pratique une large couronne avec de l'eau bouillante qui fait hurler de douleur le pauvre patient; puis il lui apprend que, d'après les règles du saint ordre, il lui convient d'être en épreuve toute cette première nuit et il le mène, tout près de là, au vivier (v. 1 — 376).

A première vue, ces trois histoires, celle des *Charretiers*, celle du *Moniage* et celle de la *Pêche*, semblent ne former qu'un seul tout, et la seconde nous apparaît comme une ingénieuse transition imaginée par un malicieux trouveur pour relier plus étroitement les deux autres et rendre la troisième plus comique, la moderniser en quelque sorte par une satire spirituelle à l'adresse des moines. Mais, quand on regarde plus près et qu'on examine le texte dans ses moindres détails, l'explication n'est plus aussi aisée. Tout d'abord la liaison entre le *Moniage* et la *Pêche* est assez indécise. Isengrin se présente devant le manoir de Renart et lui demande à partager fraternellement son repas. Renart refuse, mais promet à l'affamé abondance de poissons s'il entre dans l'ordre de Tiron. Isengrin accepte et se laisse tonsurer. Renart lui dit alors :

> Iceste premeraine nuit
> Vous convient estre en espreuve :
> Que li sains ordres le nous rueve.
>
> (v. 356 sq.)

Le lecteur croit naturellement que, s'il mène Isengrin au vivier, c'est pour qu'il y fasse le noviciat annoncé. Point du tout. Brusquement, sans aucune mention d'un intervalle de temps, le poète nous apprend que le vivier où le loup « devait peschier » était gelé et il n'avait pas eu garde de nous prévenir que c'était là que les moines prenaient le poisson. Nous avons donc là deux épisodes plutôt juxtaposés que réellement unis; dans la pensée du remanieur qui les a rapprochés, il y a peut-être eu un rapport entre eux ; mais ce rapport n'a rien de formel.

Le doute sur une parenté bien accusée entre les deux motifs est confirmé par les allusions si nombreuses aux événements de la branche III que contient le reste du Roman ; ces allusions n'indiquent pas non plus que, dans la tradition du cycle, il y ait une dépendance bien étroite entre le motif des *Charretiers* et celui de la *Pêche*. La branche VIII, la plus ancienne certainement de toutes celles que nous possédons, ne parle que de la *Pêche à la queue* (v. 135-142.) La branche I ajoute, il est vrai, à la mention de cette aventure ainsi conçue

> Gel fis pecher en la gelee
> Tant qu'il out la queue engelee.
>
> (v. 1055 sq.)

un souvenir de l'aventure des *Charretiers*; mais il s'agit du loup qui imite le goupil :

> Et si refu par moi traïz
> Devant la charete as plaïz.
>
> (v. 1061 sq.)

Dans la branche VI, l'épisode de la *Pêche* est rappelé à part, comme indépendant des deux autres (v. 667-673) ; ceux du *Moniage* et *des Charretiers* dont le loup est le héros sont bien mentionnés l'un à côté de l'autre (v. 733-767), mais sans rapport aucun, car le vers qui sert de transition est :

> Aillors te crui, si fis folie.
>
> (v. 744)

Dans la branche IX (v. 517-555), c'est l'épisode de la *Pêche* qui est cité d'abord; mais Renart, après l'avoir raconté brièvement, continue ainsi :

> Maint bòn pesson et meinte anguille
> Oi jo, qui molt en fui joiant
> En la carete au marcheant.
>
> (v. 524 sq.)

Il décrit donc le tour qu'il a joué aux charretiers et, cela fait, il passe au récit de la tonsure :

> Après moi vint à mon manoir,
> Si senti les poissons oloir,
> Simplement a vois coie et basse
> Me pria que jel herbergasse.
> Et je li dis : « Ce ert noiens. »
> Que entrer ne pooit çaiens
> Nus hom qui ne soit de nostre ordre.
> Por alecher et por amordre
> Li donai d'anguille un tronçon
> Dont il delecha son gernon,
> Dist qu'il voloit corone avoir
> Et ge li fis large por voir.
>
> (v. 535 sq.)

Entre toutes ces allusions l'accord, on le voit, est loin d'être parfait. Celle de la branche VI, en particulier, a dû être inspirée par le souvenir des événements narrés dans la branche XIV où en effet le loup Primaut, avant de faire le mort, a été tonsuré par Renart dans une église (v. 351 sq.), tandis que l'allusion de la branche IX se rapporte davantage au récit de la branche III. Mais toutes ont ce caractère commun de présenter l'aventure de la *Pêche* comme indépendante de toute autre.

Par contre, *le Reinhart* (v. 712-726), qui ne renferme pas le conte des *Charretiers*, nous donne le *Moniage* en union étroite avec la *Pêche* : « Les anguilles que tu as là, dit Isengrin, une fois qu'il a reçu la tonsure, devraient nous êtres communes. — Rien ne te sera refusé ; mais il n'y a plus de poissons. Si tu veux aller à notre vivier, tu y trouveras des poissons en telle quantité que personne ne peut les compter. Les frères les y ont mis. — Allons-y, dit Isengrin. »

Comment expliquer ce rapport inverse du poème allemand et du poème français ?

Il faut évidemment supposer que du temps du Glichezare était déjà établie l'habitude de grouper le conte du *Moniage* et celui de la *Pêche* ; cette tradition des arrangeurs des différents récits de Renart est celle de la branche III qui les a réunis dans un même morceau ; c'est encore celle des manuscrits qui, tout en ne les regardant pas comme un seul tout, en ont fait des branches distinctes mais placées à la suite l'une de l'autre. A côté de cet état de choses, les allusions nous en font entrevoir un plus ancien, où ces contes n'ont entre eux aucun rapport ni de dérivation, ni de voisinage. Mais, alors même qu'ils sont placés l'un à côté de l'autre dans les branches françaises, ils sont, non pas soudés, mais juxtaposés, et, par suite, le Glichezare a dû imaginer le dialogue que je viens de citer pour les relier d'une façon définitive. Quant au conte des *Charretiers* que le poète allemand n'a pas connu, il a dû s'introduire tardivement, à l'état isolé et aussi sous ses deux formes, celle où Renart fait le mort et celle où le loup veut l'imiter ; c'est du moins ce que les allusions nous amènent à penser. Ce ne fut qu'ensuite qu'un remanieur, sans doute par souvenir des contes populaires qui font un seul tout des aventures *des Charretiers* et de la *Pêche* fondit en une tradition unique deux traditions déjà établies dans le Roman : l'une rattachant *les Charretiers* au *Moniage* et représentée par certaines allusions, l'autre rattachant le *Moniage* à la *Pêche* et représentée par le *Reinhart*. Il composa ainsi la branche ou l'ensemble de branches que nous possédons sur ce triple sujet. Ce n'est donc pas seulement par ces éléments pris individuellement, mais aussi par la combinaison de ses éléments que la branche III doit sa formation à la littérature populaire.

Ce conte de Renart qui vole des poissons aux charretiers est un de ceux qui ont égaré le plus les investigateurs des sources de notre compilation. En effet, par un de ses traits qu'il a en commun avec beaucoup de récits d'autres branches, il a suggéré l'hypothèse d'une influence directe du *Physiologus* et des *Bestiaires* sur la formation de l'épopée animale. Ce qui a frappé avant tout dans le récit, c'est la *feinte de la mort*. Comme ce motif se retrouve appliqué au goupil dans maint endroit du Roman, on l'a naturellement rapproché d'un des chapitres du *Physiologus* qui fait de cette ruse un trait caractéristique des mœurs de cet animal : « Ἐὰν οὖν πεινάσῃ... βάλλει αὐτὴν ἐν τῷ πεδίῳ ἄνω βλέπουσα, ἕλκουσα εἰς ἑαυτὴν τὰς πνοὰς, καὶ φυσᾷ ἑαυτὴν παντελῶς. Καὶ νομίζουσιν αὐτὴν τὰ πετεινὰ εἶναι τεθνηκυῖαν, καὶ κατασκηνοῦσιν ἐπ' αὐτήν, τοῦ φαγεῖν αὐτήν. Καὶ οὕτως αὐτὰ ἁρπάζει, καὶ διαφθείρει. » [1].

---

[1] *Spicilegium Solesmense*, III, 351.

Mais remarquons tout d'abord que l'auteur du *Physiologus* nous représente ce stratagème employé par le goupil pour duper des oiseaux, alors que dans notre récit il en use pour duper les hommes. L'écart n'est pas moins grand dans la branche XI (v. 629-700) où un écuyer l'emporte comme mort après sa lutte avec le milan et le lâche bientôt après, vaincu par la douleur que l'animal ressuscité subitement lui cause avec ses mâchoires ; dans la branche XIII (v. 805-843) où un chevalier trouve dix peaux de renard pendues au lieu de neuf qu'il croyait avoir ; dans la branche VI (v. 1339-1344), dans la branche XIII (v. 2264-2266), dans la branche XVII (v. 1374-1406) où Renart échappe à la mort par son immobilité cadavérique après ses batailles avec Isengrin, Roonel et Chantecler.

Un seul récit — et c'est encore la branche XIII (v. 861-890) qui le renferme — traite ce motif de la feinte de la mort d'après la tradition des *Bestiaires*. Renart voyant venir une corneille

> Lors se laisse chaoir sovin
> Le dos desoz, les piez desus,
> La langue traite, n'i'ot plus.
>
> (v. 868 sq)

et il dévore l'imprudente qui croyait être « venue à port » et goûter la chair de son ennemi [1]. Outre que ses détails sont parallèles à ceux des *Bestiaires* [2], le conte français par sa brièveté rappelle bien la sécheresse des descriptions de ces curieux recueils zoologiques. L'emprunt est indubitable. [3]

Doit-on l'admettre pour les autres passages précités, et en particulier pour l'épisode qui nous occupe ? L'hésitation est d'autant plus permise que, dans certaines branches, la ruse en question est attribuée non seulement au goupil, mais à d'autres animaux, au chien, par exemple, sur les dents duquel Renart

---

[1] L'épisode cité plus haut de Rohart (br. XVII, v. 1422-1459) est une reproduction de celui-ci.

[2] Cf. aussi les vers 119 sq. du *Poenitentiarius*, (*R. Fuchs*, p.400), où le renard raconte comment il prit une corneille en faisant le mort.

[3] Ce n'est pas seulement dans le *Roman de Renart* que cette tradition du *Physiologus* s'est introduite. Elle a exercé aussi son influence dans la littérature populaire : dans un conte breton (*Mélusine*, I, p.61), cette ruse est employée par le goupil successivement contre un merle-pie et un corbeau gris ; dans un conte slovène (Valjavec, p. 278), la ruse a été maladroitement transportée du renard à l'âne qui prend un oiseau et devient le roi des bêtes.

doit prêter un serment (br. V^a, v. 1007-1009) ; à l'âne espagnol Timer qui promet d'amener par ce moyen à son maître Renart et sa femme Hermeline (br. IX, v. 1630-1935). S'il y avait eu emprunt de la part de ces branches, un tel emprunt supposerait l'extension du motif à n'importe quelle aventure du goupil et la généralisation du même motif en faveur d'autres animaux. Ce double procédé n'aurait rien de contraire à la vie des contes. Sans cesse nous aurons à le signaler comme un des principaux ressorts de leurs métamorphoses multiples.

Ici, néanmoins, il n'a pas été mis en œuvre. Il suffit, pour s'en convaincre, de parcourir les recueils du *Pantchatantra* et de l'*Hitopadésa*. Dans ce dernier, le daim fait le mort, sur le conseil du corbeau, et est ainsi débarrassé des liens qui l'attachaient [1]. Ailleurs, un poisson pris dans un filet fait le mort, et, dès qu'on le jette hors des mailles, il saute et rentre au fond des eaux [2]. Ainsi, comme le *Roman de Renart*, les contes indiens ne spécialisent pas cette ruse de la mort dans un seul animal ; ils l'attribuent à toutes sortes de bêtes dont la malice n'est pourtant pas la qualité dominante. La raison en est bien simple : un grand nombre d'animaux, pour échapper à un danger immédiat, se pelotonnent, s'immobilisent et présentent toutes les apparences de la mort. Cette ruse, tout instinctive, a certainement frappé les premiers peintres des mœurs animales et ils l'ont utilisée dans leurs contes, mais d'abord, comme on l'a judicieusement remarqué [3], en la présentant comme un moyen employé par certaines bêtes pour sauver leur vie, et, plus tard seulement, comme un moyen de duperie, quand le chacal ou le renard eurent pris une place prépondérante dans les récits d'animaux et y furent devenus l'incarnation de la ruse et de la rouerie.

Ainsi, ce n'est pas du goupil vers les autres animaux que s'est déplacé le motif, mais bien au contraire il a passé des autres animaux au goupil. Par suite, sauf pour l'épisode de la corneille, le *Roman de Renart* n'est redevable en rien au *Physiologus* de ses nombreuses reproductions de la tradition concernant les animaux qui simulent la mort. L'un et l'autre en sont des échos parallèles et simultanés, avec cette différence

---

[1] Trad. Lancereau, p. 32.

[2] Ibid., p. 175. Cf. *Pantchatantra*, trad. Lancereau, p. 137, 139 sq. 242 246 sq. 333, 389.

[3] Benfey, *Ptsch.*, I, p. 332.

toutefois que le poème français la répercute plus fidèlement et presque dans toute sa complexité primitive [1].

D'ailleurs cette feinte de la mort n'est pas le seul trait qui doive nous occuper dans ce conte de *Renart et les Charretiers*; il ne constitue pas toute l'aventure et, à côté de lui, les charretiers, leur voiture à poissons, le pillage exercé par le voleur sont autant d'éléments que nous ne pouvons négliger si nous voulons précisément remonter à l'origine de ce conte. D'autre part, la branche XIV (var. p. 529 sq) compte, parmi ses nombreux épisodes, une variante de ce conte où le loup Primaut, sur le conseil de Renart qu'il a trouvé se régalant de poissons, va, lui aussi, s'étendre sur le chemin et faire le mort, mais en revient roué de coups par les charretiers. Dans quel rapport cette version est-elle avec la précédente ? En est-elle sortie dans le Roman lui-même, ou, comme l'autre, a-t-elle au dehors une source particulière ?

Ni le *Reinhart*, ni l'*Ysengrimus*, ni aucun recueil connu de fables latines du moyen âge ne renferme l'une ou l'autre de ces versions. Le *Reinaert* (v. 207-211) [2] contient, à vrai dire, quelques vers sur ce sujet ; mais quelle altération dans tous ses traits ! C'est pour faire plaisir au loup affamé que le goupil fait le mort et est jeté sur la voiture. Le loup mange les poissons à mesure que son compagnon les jette, et il ne lui laisse comme récompense que des arêtes [3]. Par contre, il n'est guère de pays dont la littérature orale ne nous offre un ou plusieurs spécimens de ce conte. Parmi ces versions populaires, le plus grand nombre évidemment reproduisent l'aventure de Renart volant les poissons; quelques-unes seulement possèdent celle du loup imitant la ruse de son compère.

La première, en effet, constitue le récit type et la seconde n'en est qu'une résultante, peu heureuse d'ailleurs par l'invention. Ce dédoublement de l'action a été sans doute amené par l'introduction de l'aventure primitive dans une série de contes où

---

[1] Une des variantes du conte des *Charretiers* nous montre néanmoins que cette indépendance des branches françaises vis-à-vis des *Bestiaires* n'existe que pour le fond. Pour la forme, il a pu arriver qu'un remanieur ou un copiste, nourri de la lecture de ces ouvrages si répandus au moyen-âge, ait eu des réminiscences involontaires ou voulues; voir à ce sujet *Romania*, XVII, p. 7.

[2] Cf. *Reinke*, v. 163-198.

[3] Nous avons vu plus haut p. 135 sq. ce qu'il faut penser au juste de cette version.

le loup se trouvait en présence du renard. La transformation est ancienne dans la littérature populaire, puisqu'elle figure déjà dans le *Roman de Renart*. Je sais bien que l'on a coutume de l'attribuer justement à celui-ci. Mais cette version française de Primaut étant la seule écrite, n'est-ce pas attribuer une popularité exagérée à ce récit isolé d'admettre qu'il ait pu faire souche aux quatre points cardinaux ? On rencontre en effet cette forme du conte non seulement en France [1] et en Allemagne [2], mais encore en Suède [3], dans la Louisiane [4] et chez les Hottentots [5]. Quelque peu naturelle que soit cette seconde forme, on ne peut guère, vu sa propagation aussi étendue, en attribuer la paternité à l'auteur de la branche XIV. D'ailleurs cette branche, comme j'aurai l'occasion de le constater plus loin, est construite à la façon des séries de contes oraux qui s'enchaînent les uns aux autres et forment comme un chapelet; elle est toute populaire par la forme et par le fond. Il serait bien extraordinaire que cette histoire de Primaut faisant le mort n'eût pas la même origine et formât exception.

Quant à l'aventure du vol des poissons dont Renart est le héros dans les branches III et XIV, elle a été incontestablement transportée des contes populaires dans notre Roman. Bien que la rédaction de ces branches soit d'une grande simplicité, elle renferme néanmoins quelques traits qui, comparés aux traits correspondants de certaines versions orales, prouvent en faveur de l'originalité de celles-ci.

Ainsi, la voiture de poissons est conduite, dans le poème français, par plusieurs charretiers. Or la plupart des contes populaires ne mettent en scène qu'un seul homme [6]. La multiplicité des personnes, qui n'est pas d'ailleurs particulière au *Roman de Renart*, a été amenée par le désir de créer un dialogue et de donner au récit plus de vie et d'ampleur.

---

[1] Sébillot, *Contes des prov.*, p. 322; Arnaudin, p. 7.
[2] Firmenich, I, p. 352; Birlinger, p. 227; Haltrich-Wolff, p. 44.
[3] Krohn, *Bar und Fuchs*, p. 50.
[4] Alcée Fortier, p. 32. L'aventure se passe entre un lapin et un bouc.
[5] Bleek, p. 13. L'hyène remplace le loup, et le chacal le renard.
[6] En particulier les variantes russes (Afanassiev, I, p. 1, 2, 15, 19, 20; Roudtschenko, II, p. 8). Dans les variantes du Soudan (Marno, p. 286) et du Cambodge (Aymonier, p. 34) l'homme est remplacé par une vieille femme.

Du reste, il y a dans les vers français des hésitations manifestes sur le nombre et la qualité des hommes dupés par le goupil. L'allusion à l'aventure de la branche IX ne fait mention que d'un seul charretier :

> Maint bon pesson et meinte anguille
> Oi jo, qui molt en fui joiant,
> En la carete au marcheant.
>
> (v. 524 sq.)

de même dans la branche XIV :

> Que je trovai un careton
> Qui en meine une caretee.
>
> (v. 544 sq.)

Les hommes auxquels Renart ou Primaut ont affaire sont-ils des voituriers ou des marchands ? Il est difficile souvent de le discerner d'une façon précise. La branche III parle de marchands, tandis qu'une allusion de la branche VI (v. 745) parle de charretiers. Dans la branche XIV, il est à la fois question d'un charretier et de marchands :

> Tot estendu iluec se tint,
> Tant que li charretier [1] i vint.
> Quant cil l'a veü, si s'escrie :
> « Ha, ha, le leu ! aïe, aïe ! »
> Li marcheant estoient loing
> Et quiderent qu'il ait besoing.
>
> (v. 597 sq.)

Quand les charretiers ou les marchands se sont aperçus de la fuite de Renart, ils courent pour le rattraper :

> Li marcheant vont après lui.
>
> (III, v. 139.)

> Esperdu sont et esbahi.
> Bien voient que sont deceü
> Et quant se sont aparceü
> Tuit ensemble le vont huiant.
>
> (XIV, Var. p. 531.) [2].

---

[1] Le texte de l'édition Martin porte *la charete*. La leçon *li charretier* semble plus satisfaisante pour le sens des vers suivants.
[2] Cf. sur cette question Kolmatschevsky, p. 61 et 67.

Telle n'était pas la scène dans la forme la plus simple du conte. En général le charretier ne s'aperçoit de la ruse qu'une fois rentré chez lui ; tout au plus, sur la route, jette-t-il de temps en temps un regard en arrière pour s'assurer que tout va bien et est en bon ordre [1]. Ce développement donné au motif par les trouveurs ou leurs modèles est sans doute peu considérable ; il est moins forcé que celui des contes populaires qui montrent le paysan, furieux de sa déconvenue à son arrivée au logis, envoyant à la recherche du goupil sa femme [2] ou sa belle-sœur [3] ; il n'en dénote pas moins une altération de l'idée primitive et une tendance à enrichir le sujet.

Malgré ces excroissances qui n'ont en rien déformé le corps sur lequel elles se sont produites, nous avons, dans ces morceaux de la branche III et de la branche XIV, deux représentants bien francs de la tradition si universellement répandue du goupil faisant le mort pour voler des poissons. Comparés à la version du *Reinaert* qui en a dénaturé la conclusion par l'addition du loup, pour lequel les poissons sont volés et qui les dévore sans rien laisser à son compère, rapprochés surtout de certaines variantes populaires qui font dérober le poisson sans l'aide de la feinte de la mort [4] ou qui remplacent le renard par un homme, une espèce de petit Poucet, qui grimpe sur la voiture [5], ces morceaux semblent très proche, par le naturel de leur peinture et par la simplicité de leurs détails, des contes oraux qui nous ont transmis la forme la plus ancienne et la plus originale de cette histoire.

[1] Voir là-dessus Krohn, *Bär und Fuchs*, p. 54.
[2] Ibid.
[3] Ibid.
[4] Afanassiev, I, p. 3 et 15.
[5] Veckenstedt, p. 98.

III

Renart et Brun chez Lanfroi.

Des nombreuses scènes du cycle où l'ours a été conservé et joue un rôle important. — Pourquoi l'épisode de *Brun chez Lanfroi*, une fois créé, est-il resté tel quel? — Il n'a aucun rapport avec le conte oriental *le Singe et le Pilier*. — Il se rattache, comme celui de la *Pêche à la queue*, à la série des contes populaires sur l'ours courtaud. — Comme quoi l'épisode de *Tibert chez le prêtre Martin* est une imitation de celui de *Brun chez Lanfroi*.

Nous venons de voir dans les deux chapitres qui précèdent, celui de l'*Adultère* et celui de la *Pêche à la queue*, l'ours remplacé par le loup sous l'influence de circonstances spéciales. Cette substitution s'est-elle opérée d'une façon absolue dans toute l'étendue et dans toute la durée du cycle animal? L'ours a-t-il été banni définitivement de la scène d'où semblait l'éloigner sa lourdeur toute septentrionale?

Nous savons déjà qu'il n'en a pas été ainsi. Il n'est pas une branche relative au *Jugement* où il ne figure, non en qualité de simple comparse, mais au premier plan et comme un personnage des plus importants. Nous l'y avons rencontré tantôt donnant gravement son avis dans les délibérations royales avec le rang de conseiller aulique, tantôt revêtant l'étole pour recommander à Dieu l'âme de feu Dame Copée, tantôt enfin chargé des hautes fonctions d'ambassadeur de Noble auprès de Renart.

Pourquoi Brun a-t-il été honoré de tant de dignités? On ne peut en attribuer l'idée qu'à la fantaisie des trouveurs. Nivard et le Glichezare ne se sont pas d'ailleurs fait faute de s'emparer de cette invention et même de renchérir sur leurs prédécesseurs. Le premier en fait un poète favori du lion, l'auteur du poème sur la guerre entre Reinardus et Ysengrimus, que le sanglier lit solennellement en présence de toute la cour (III, v. 1193 sq.). Le second lui donne tantôt le titre de chapelain (v.

1486, 1511,1524, 1533), tantôt celui de chancelier (v. 1525,2205)[1]: Chacun paraît s'être amusé à établir un contraste comique entre l'épaisseur d'esprit du personnage et la délicatesse des fonctions dont il est investi.

Or ce serait peine perdue de vouloir découvrir quelque chose de traditionnel dans ces conceptions qui ont un point de départ tout individuel et n'ont rien que de littéraire. Nous ne pouvons faire qu'une chose, c'est d'essayer de remonter à la source des contes où l'ours joue un rôle actif, qu'il soit chargé de telle ou telle fonction. Là nous marcherons moins à l'aveugle et ne resterons pas confinés dans le domaine des hypothèses.

Par exemple, à l'ambassade de Brun est liée une aventure dont l'étude ne présente pas peu d'intérêt (br. I, v. 476-605). Arrivé à Maupertuis, il est entraîné par Renart, qui flatte ses instincts gourmands, vers la ferme d'un certain Lanfroi, soi-disant possesseur d'un miel exquis. Brun, croyant se régaler d'un rayon, fourre avec avidité son museau et ses pattes dans une pièce de bois de chêne fendue, et aussitôt son guide en enlève les coins. Lanfroi survient bientôt après, et Brun fait pour se dégager de tels efforts qu'il laisse dans sa prison le cuir de ses pieds et de sa tête. Il est poursuivi par une foule de vilains qui le rouent de coups.

A l'encontre des épisodes étudiés précédemment, celui-ci a peu de représentants dans le *Roman de Renart*, et ses rares variantes ne nous apprennent, au point de vue de son introduction dans le cycle et de son développement, rien de bien satisfaisant. La branche VI (v. 231-297) et la branche XXIII (v. 375-435) le reproduisent sans changement notable[2]. La seule divergence à signaler est que la première ne parle pas de Lanfroi et se contente de faire intervenir vingt-deux forestiers. Dans le *Reinhart* (v. 1511-1604), Lanfroi est remplacé par un charretier qui, à la vue de l'ours prisonnier, court à l'église et sonne vigoureusement la cloche[3]. Tout le village est sur pied à ce

---

[1] Voir là-dessus Grimm, *R. Fuchs*, p. CCLVI sq.

[2] Il y a aussi de courtes allusions à l'incident dans les br. I^a v. 1663-1669, VI v.103 sq., X v.270 var., XIII v.1698 var. Nous parlerons plus loin de l'imitation de notre épisode que renferme la br. V^a v.611-750.

[3] Voir dans Voretzsch, 3e art. p. 16, le curieux rapprochement que l'on peut faire, d'après une leçon d'un des manuscrits du *Reinhart*, entre ce passage et quelques vers de la br. V^a Ce serait là encore

signal d'alarme ; hommes et femmes se précipitent dans la direction de Brun, et il leur échappe après avoir perdu sa coiffe et ses deux oreilles. Dans le *Reinaert* (v. 600-961), l'aventure est identique à celle de la branche I, sauf vers la fin : Brun, étourdi par un coup de hache que lui porte Lanfroi entre la tête et les épaules, bondit au milieu d'une troupe de femmes dont il jette quatre ou cinq à la rivière, et, parmi elles, dame Julocke, la femme du curé. Celui-ci ayant promis un an et un jour d'indulgences plénières à ceux qui la sauveraient, tous se précipitent avec des cordes et des crocs pour la tirer de l'eau. Brun en profite pour se laisser choir dans la rivière et s'enfuir à la nage loin de ses persécuteurs. Tout ce dénouement, sauf peut-être, comme on va le voir, l'intervention de femmes dans l'affaire, est une invention de Willem.

Si donc l'on en juge par l'accord de ces variantes, que ne contredit aucun autre passage du Roman ni aucune allusion, l'histoire de ce conte est des moins compliquées : elle n'a eu ni moments distincts, ni phases successives. Cette aventure de Brun puni de son amour pour le miel, du jour où elle a pris place dans le cycle, a atteint son plein développement et n'a subi aucune évolution à la façon de celles de *Renart médecin* ou de *Renart adultère* qui n'ont cessé de faire fortune et de s'accroître en largeur et en profondeur. Cette immobilité tient sans doute à ce que ce conte est un conte *accidentel* et non pas un conte *essentiel* comme ces derniers. Son introduction, sinon sa création, a été amenée par un incident particulier, celui de Brun envoyé en ambassade. A cette ambassade il fallait joindre un récit qui la montrât sous des couleurs tragi-comiques ; Brun devait revenir de Maupertuis penaud et ensanglanté. De là cette invariabilité de forme, cette liaison persistante entre Brun messager du roi et Brun au chaperon rouge. Il y a bien un fragment de la branche V[a] (v. 611-757) où cette liaison n'existe pas. Brun raconte aux juges assemblés pour décider du sort de Renart qu'il a été victime de sa malice. Renart lui avait, dit-il, promis de le régaler d'un vaisseau de miel à la ferme de Constant des Noes ; au lieu de ce vaisseau, il a trouvé deux mille paysans qui lui ont fait un très mauvais parti. Mais quel

---

une preuve à ajouter à celles que nous avons déjà données et qui établissent que la branche V[a] ne dérive pas directement de la br. I, mais d'un original qu'a utilisé aussi le Glichezare.

autre nom donner à ce récit que celui de plate et insipide imitation? Les traits principaux du conte, l'emprisonnement dans la fente de l'arbre, la perte d'une partie de la peau, ont été supprimés, soustraction qui n'a fait qu'enlever à la narration agrément et saveur. Ce n'est plus qu'une de ces aventures banales dont fourmillent les branches de la seconde heure. Nous n'avons donc point à la faire entrer en ligne de compte avec les versions des branches I, VI et XXIII et celle du *Reinhart* qui seules semblent bien nettement représenter l'idée primitive.

Quelle est donc la provenance de ce conte au cadre si rigide? A-t-il été créé de toutes pièces par l'auteur de l'ancienne scène du *Jugement*? Celui-ci l'a-t-il formé d'éléments puisés les uns à une source, les autres à une autre, ou bien encore l'a-t-il transporté tout entier de la tradition soit orale, soit littéraire, dans le *Roman de Renart*[2]?

On en a rapproché un des récits du *Pantchatantra*, *le Singe et le Pilier*[1]. Une troupe de singes rencontre un pilier de bois fendu par un ouvrier et dans lequel était enfoncé un coin. L'un d'eux s'assied sur ce pilier et, trouvant que le coin était mal placé, il entreprend de l'arracher. Il y réussit, mais reste sur place pris par les testicules. Ce rapprochement ne manque pas d'un certain à-propos; il y a évidemment une analogie entre les deux contes, mais elle ne porte que sur un point et ne peut suffire à faire de l'un le parent de l'autre; sinon, comment s'expliquer la transformation de tout le récit prototype, le changement non seulement des personnages, mais encore de presque tous les incidents? On comprend une métamorphose comme celle que nous offre la fable ésopique *le Singe et les Pêcheurs*[2]. Ici le filet du pêcheur représente l'arbre fendu, le singe voulant prendre des poissons à l'imitation des hommes qu'il a vus du haut de l'arbre remplace le singe voulant faire le charpentier; il n'est pas un trait du morceau grec qui ne trahisse son modèle; c'est comme un transparent à travers lequel on saisit les moindres lignes de l'original. Notre récit français, au contraire, ne rappelle le conte indien que par un seul trait. Ce n'est pas assez, et, puisque analogie

---

[1] Trad. Lancereau, p. 12 sq. Voir Potvin, p. 58, et Martin, *Obs.*, p. 12 note.

[2] Halm, n° 362.

il y a, on ne peut l'expliquer que de la façon suivante. L'emprisonnement d'un animal dans une pièce de bois, punition de son ignorance, de sa bêtise ou de sa fatuité, a dû être, de tout temps et en tous lieux, un motif servant à des contes différents et n'ayant en commun que ce trait qu'ils ne s'étaient point emprunté.[1]

Voici d'ailleurs un autre rapprochement qui nous donnera peut-être la clef de la transformation de notre épisode. Dans la *Fecunda ratis* d'Egbert de Liège, qui nous a déjà fourni de si curieux points de comparaison, se trouve un apologue qui contient en germe tous les éléments de l'aventure de Brun, dont la fable de Vichnousarman ne nous présente guère d'avant-coureurs :

> Hinc prorsus dicunt demensi corporis ursum :
> Tempestate nova cum primum nectara mellis
> Ignoraret, eum ruptis traxere priores.
> Auribus ; atque dehinc, postquam libavit ofellam,
> Perdidit innitens imi gestamen honoris.
> Experiendo colet quidam, quod primitus horret [2].

Qu'est cet apologue sinon une de ces nombreuses et bizarres réponses à des Pourquoi dont j'ai parlé plus haut ? Bien mieux, l'animal dont l'apologue a pour but d'expliquer les vices de conformation est l'ours, celui-là même pour lequel, et dans un but analogue, a été imaginé le conte de la *Pêche*. Là il perd sa queue par désir de se régaler de poissons ; ici il la perd plutôt que de lâcher le gâteau de miel. La fin dans l'un et l'autre conte est la même ; les moyens seuls diffèrent.

Ainsi, au Xe siècle, il existait deux traditions, et ce n'étaient pas sans doute les seules, qui avaient la prétention de remonter aux origines des irrégularités de structure physique de l'ours, et à l'une d'elles était attachée la légende de son amour pour le miel, légende bien caractérisée par ce distique latin du moyen âge :

> Qui semel est ursus mellis dulcedine captus
> Non facile efficies quin comitetur apes [3].

---

[1] Il se retrouve dans la littérature populaire ; voir là-dessus Krohn, *Bär und Fuchs*, p. 45 sq.
[2] P. 186.
[3] Cité par Voigt en note de l'apologue d'Egbert.

Le caractère populaire de cette légende est nettement affirmé par les noms de l'ours en russe (medvied) et en finnois (mesikâmmen), lesquels signifient « mangeur de miel ». N'avons-nous pas là plus de la moitié de notre épisode de Brun revenant de son ambassade avec un chaperon et des gants rouges ? La donnée ancienne, le sens primitif du conte a été altéré : à l'intention bien précise d'expliquer certains défauts physiques chez l'animal a succédé le dessein moins naïf de ridiculiser sa sottise en même temps que sa gourmandise; l'ironie a remplacé la fantaisie. La dérivation en tout cas pour le récit français de contes antiques où l'ours perdait sa queue et ses oreilles paraît indéniable.

Du reste, le trouveur qui a fait entrer cet épisode dans la branche I semble avoir eu conscience du rapport originel qui reliait le conte de l'ours pêcheur à celui de l'ours amateur de miel. A la femme qui, dans la forme archaïque du premier conte, arrivait seule pour frapper l'ours avec son bâton avaient été peu à peu adjoints d'autres personnages; de là s'était formé tout un tableau d'une lutte violente entre l'infortuné pêcheur et la foule ameutée contre lui; ce tableau, on se le rappelle, avait pris les couleurs d'une chasse seigneuriale dans le *Roman de Renart*, d'une bruyante sortie de messe dans l'*Ysengrimus*. Or, comme on l'a remarqué [1], ce tableau a été transporté à la fin de l'aventure de Brun pour lui servir de dénouement. La longue énumération des poursuivants que nous donne la branche I (v. 655-677), l'arrivée des hommes et des femmes du village au son de la cloche qu'ébranle le charretier dans le *Reinhart*; le bain que, heurtée par l'ours, prend dame Julocke dans le *Reinaert* sont autant de reproductions de la scène finale du conte de la *Pêche*.

Ainsi l'on peut dire que l'aventure de *Brun chez Lanfroi* est à la fois plus archaïque et plus moderne que l'aventure de la *Pêche à la queue*. Elle est plus moderne en ce sens qu'elle ne fait pas partie, à proprement parler, de l'*estoire* de Renart, qu'elle n'est pas un de ces antiques récits dont le groupement a constitué le noyau d'où est sorti notre Roman ; elle n'y est entrée que tardivement, formée de pièces et de morceaux par un poète soucieux de développer d'une façon agréable et plaisante un des incidents de la comédie du *Jugement*. Mais elle est plus archaïque en ceci que le point de départ des deux récits étant, on

---

[1] Krohn, *Bär und Fuchs*, p. 45.

peut le dire, le même, que l'un et l'autre ayant été dans leurs éléments essentiels puisés à des traditions populaires analogues, elle a pour sa part conservé un caractère plus primitif. Tout comme l'aventure de la *Pêche*, elle a oublié que son but unique était de démontrer pourquoi son héros avait certaines particularités physiques ; mais ce personnage, elle l'a du moins gardé, et, en ce sens, on peut la rattacher à la série des vieux contes populaires originaires du Nord où l'ours jouait le principal rôle, soit seul, soit en compagnie du goupil.

A la suite du message de Brun est racontée l'ambassade non moins malheureuse de Tibert le chat (br I, v. 742-917). Renart, voyant qu'il a faim, lui offre un repas de souris et de rats. Il le mène chez un prêtre nommé Martin qui soi-disant possédait en abondance du froment et de l'avoine dont se régalaient les souris. Martinet, le fils du prêtre, avait tendu à un trou du grenier deux lacs pour prendre le goupil. Tibert y est pris. Martinet, aux aguets, donne l'éveil ; sa mère et le prêtre sautent du lit ; tous trois rouent de coups Tibert qui se défend, coupe la corde du lacs avec ses dents, mord le prêtre entre les jambes et s'enfuit après avoir horriblement mutilé son agresseur qui

>A tot le meins en sa paroche,
>Ne puet soner qu'à une cloche.
>
>(v. 909 sq.)

Que cette aventure a été imaginée par le trouveur sur le modèle de celle de Brun, cela ressort bien clairement de la comparaison de l'une et de l'autre. Tibert, comme Brun, manifeste une faim enragée ; l'ours avait cherché un rayon de miel dans une pièce de bois fendue, Tibert veut trouver des souris derrière un trou où il n'y a que des lacs. Le dénouement seul apporte quelque nouveauté : c'est le prêtre et non le chat qui perd dans la lutte une partie de son corps. C'est là une variante amenée sans doute par la présence de ce prêtre marié dont l'infortune ne pouvait qu'exciter le rire chez les lecteurs du moyen âge [1].

Non seulement ces deux contes dans leur forme générale sont calqués l'un sur l'autre ; ils ont eu en outre la même fortune

---

[1] Une aventure analogue entre le renard et un prêtre figure dans les *Contes Syriens* de Prym et Socin, p. 337. Chose non moins curieuse la fin de la scène entre le prêtre et sa femme rappelle une scène conjugale entre Isengrin et Hersent que nous étudierons à propos de la branche *Renart teinturier et jongleur*. Il y a peut-être là simple rencontre d'idées.

dans le Roman, c'est-à-dire qu'à l'exemple de l'anecdote de Brun celle de Tibert est regardée comme inhérente au motif de l'ambassade. Comme celle-ci, et à côté d'elle, elle est rappelée sous forme de reproches adressés par l'intéressé au roi dans les branches VI (v. 158-231) et XXIII (v. 1630-1779) [1].

Il est douteux maintenant que la forme donnée par la branche I à l'affaire de Tibert soit la forme originale. Nous avons pu constater tout à l'heure de légères divergences entre les différentes variantes du récit de Brun : Lanfroi nommé dans l'une ne l'était pas dans l'autre. Pour l'affaire de Tibert, les différences sont plus tranchées. La branche I seule donne le nom de Martin au prêtre et lui attribue un fils. La branche VI, au lieu de faire délivrer Tibert par lui-même en rongeant le lacs, fait rompre la corde par les coups qui pleuvent sur lui :

> Tybert batent et donent cous.
> Li laz ront ou tenoit li cous.
>
> (v. 191 sq.)

De même dans le *Reinhart* (v. 1658-1729) : le prêtre a saisi une serpette et, dans l'obscurité, coupe en deux le lacs en croyant tuer le chat. Quant à la mutilation du prêtre, le Glichezare semble l'avoir omise par décence. Il a remplacé ce trait par une dispute entre le prêtre et sa femme qui, furieuse parce qu'elle croit que Reinhart lui a échappé, frappe son mari avec une bûche [2]. Évidemment ces deux dernières variantes représentent une tradition plus ancienne. Et ceci ne fait que corroborer l'hypothèse que j'ai émise plus haut sur l'existence d'une branche aujourd'hui perdue à laquelle le trouveur de la branche I aurait emprunté toute la première partie de son poème et que le Glichezare aurait traduite tout entière. C'est probablement sur cette branche disparue que l'auteur de la branche VI a établi son texte ; cela seul permet d'expliquer l'accord de son récit avec celui du *Reinhart*.

---

[1] Cf. aussi br. I v. 1657-63 ; VI, v. 101 sq., X. v. 270 var., XIII, v. 1698 var. Quant au récit de la branche XIII (v. 1630-1779), il n'est qu'une imitation de celui de la branche I : Tibert y joue d'ailleurs le rôle d'ambassadeur auprès de Chuflet et l'on ne peut que reconnaître le prêtre dans le forestier avec lequel, pris aux lacs, il essaie en vain de parementer.

[2] Voretzsch, 3e art. p. 17, croit que cette dispute entre le prêtre et sa femme existait dans l'original et a été supprimée par le trouveur de la branche I. Je ne le crois pas.

Ainsi là où il semble que les trouveurs ont été le plus livrés à eux-mêmes, là où on serait en droit de s'attendre à de l'inédit, à une création personnelle, on ne trouve qu'imitation de vieux récits, que rajeunissement d'idées aussi anciennes peut-être que le monde. Pour une double raison, ces deux contes de *Brun chez Lanfroi* et de *Tibert chez le prêtre Martin* semblaient pouvoir prétendre au titre de nouveautés. D'abord, rien en eux n'est visiblement traditionnel, ni l'entrée en matière, ni le fond, ni le dénouement de l'aventure. La promesse alléchante d'un rayon de miel à l'ours, d'un plat de souris au chat, est une exploitation de la gourmandise dont l'idée paraît subitement venir à l'esprit du goupil et lui être suggérée par la nécessité de se débarrasser de ces deux importuns. Le chêne fendu qui emprisonne la tête de Brun, le lacet qui étrangle le cou de Tibert, ce sont là des descriptions de captures d'animaux dont il semble presque puéril de rechercher des prototypes. Enfin le tableau de la ferme de Lanfroi ameutée à la poursuite de cet ours malencontreusement égaré dans son voisinage, celui du brusque réveil d'un ménage qui croit enfin être maître du voleur longtemps guetté sont d'un réalisme tel qu'on les croirait des originaux faits d'après nature plutôt que des copies exécutées sur des modèles. De plus, les événements au milieu desquels sont insérés ces épisodes et par lesquels ils sont provoqués sont ceux de la première partie de la branche du *Jugement*, c'est-à-dire tout un ensemble où la fantaisie de nos poètes s'est le plus donné carrière, où ils ont vraiment fait acte d'indépendance et d'affranchissement de la tradition. Ne serait-il pas très naturel que l'histoire des messages de Brun et de Tibert eussent le même caractère d'originalité ? Nous savons qu'il n'en est rien et que cette originalité ne réside qu'à la surface. Si celle-ci frappe avant tout, c'est qu'entre la forme qu'a revêtue le récit dans le *Roman de Renart* et celle qu'il avait dans le vieux conte oral, nous ne connaissons pas d'intermédiaires, et peut-être même n'en a-t-il jamais existé. C'est comme un fleuve qui, au sortir de sa source, ayant pénétré dans le sol reparaît large et puissant à la lumière après un long cours souterrain. Ici l'enveloppe qui recouvre le noyau primitif est plus épaisse et plus solide que pour le conte de la *Pêche* et même que pour celui de l'*Adultère*; parvient-on à la briser, on est en face d'un résidu analogue à celui que nous avons retrouvé au fond de ces aventures d'origine vraiment populaire.

IV.

Renart, Brun et Liétart.

Pourquoi des deux autres branches, la IXᵉ et la XXIᵉ, qui mettent en présence l'ours et le goupil, la première seule mérite d'être étudiée. — Analyse du conte de *Renart, Brun et Liétart*. — Défauts de ce long récit qui renferme deux parties distinctes mal ajustées.— Pourquoi et comment la seconde a été ajoutée.—Comparaison de la première avec les nombreuses variantes populaires sur le sujet du *Renard, l'Ours et le Paysan*. — Conclusion du chapitre Renart et l'Ours.

Il est encore deux branches du *Roman de Renart* où l'ours joue un rôle important : ce sont les branches IX et XXI. Ces deux branches, hâtons-nous de le dire, se séparent bien nettement des précédentes. Ainsi, la seconde n'a pas conservé à l'ours son nom épique de Brun; elle l'appelle Patous, et le récit qu'elle nous donne ne ressemble guère à ceux que nous avons l'habitude de lire dans le Roman. L'ours et le loup y disputent la possession d'un jambon à un vilain qui l'a lui-même volé à un reclus. Il est convenu entre eux que, le lendemain, ce butin sera adjugé à celui des trois qui montrera le plus large derrière. Le vilain envoie à sa place sa femme qui est naturellement jugée digne du prix. Quelque populaire que soit ce thème, quelque lointaine que paraisse son origine [1], on est forcé de convenir qu'un tel sujet est en dehors du cercle des sujets traités d'ordinaire par nos trouveurs. L'auteur a bien essayé, il est vrai, de le rattacher aux autres récits unanimement acceptés par la tradition, inhérents à la fable animale. Mais ce prologue qui nous montre Isengrin remis grâce aux soins de Hersent de ses blessures et de ses douleurs (v. 4-10) n'a aucun effet et n'enlève pas au conte son caractère adventice. Car ce caractère adventice résulte non seulement de son entrée

---

[1] Voir *Jahrb. f. rom. u. engl. Lit.*, III, p. 338.

tardive dans la collection, mais surtout du fond même de la narration dont le but visible est de dépeindre la ruse des femmes, leur habileté à trouver des expédients dans les circonstances difficiles, leur supériorité en ce point sur leurs maris. L'auteur de la branche XXI ne se fait pas faute d'ailleurs d'indiquer que telle est la fin de son petit poème; il appuie avec une insistance particulière sur l'enseignement qu'on peut tirer de son récit :

> Seignor, fame est et fole et sage,
> Et molt changanz de son corage.
> Fole est, quant ne se set partir
> D'une chose qu'a en desir :
> Et sage est, car qant en li rueve,
> Tost a trovee une controeve,
> Et verite dit por mençonge,
> S'ele en a mestier et besoigne.
> Ce nos dient cil fol musart,
> Plus que deables a un art;
> Mes je di ce en ma partie,
> Que sage et fole est par maistrie.
>
> (v. 81 sq.)

Ces démonstrations morales ne sont pas, on le sait, dans l'esprit de l'*estoire* de Renart dont le dessein général est de nous présenter un tableau purement divertissant des querelles du goupil avec les autres animaux, où l'élément humain ne joue qu'un rôle secondaire. Cette branche XXI ne mérite donc pas une plus longue étude.

Il n'en est pas de même de la branche IX, dont le titre bien connu est *Renart, l'Ours et le vilain Liétart*. Ce n'est pas qu'elle-même, bien que relativement ancienne, elle appartienne en propre au cycle. Comme la précédente, elle n'a fourni aucun élément aux autres branches; nulle part il n'est fait allusion aux événements qu'elle relate, nulle part Renart ne parle, soit dans ses confessions, soit dans ses plaidoyers à la cour de Noble, des tours dont il est regardé ici comme l'auteur. L'ours y porte bien le nom de Brun, mais il meurt dans le cours du récit, grave infraction à la loi de la tradition qui, en ayant fait un des principaux personnages du cycle, voulait qu'il demeurât éternellement vivant pour assister et prendre part à tous les actes de la comédie. Cette branche est donc, elle aussi, un fragment indépendant dans l'ensemble du Roman ; elle est en dehors de la série des nombreux épisodes qui, isolés à l'origine, se sont peu à peu agglutinés de manière à former une sorte d'épopée. Les manuscrits eux-mêmes présentent entre eux fort peu de divergences pour le texte de cette branche, et ils confirment de leur côté combien elle a pénétré peu profondément dans la tradition ; grâce à cette sorte d'exotisme, elle a échappé aux remaniements et a été respectée dans sa forme. Néanmoins les événements qu'elle renferme sont plus conformes que ceux de la branche XXI à la manière des anciens trouveurs ; le fond en est généralement naïf et la plupart de ses inventions, bien qu'elles n'aient apporté aucune contribution au cycle, sont dignes de figurer à côté des meilleures de celles qui le composent. De plus, et c'est là ce qui nous importe surtout, ce conte qui, dans sa première partie, met en présence le renard et l'ours, clôt la série des représentants dans le *Roman de Renart* des contes septentrionaux auxquels nous devons des fictions d'une aimable simplicité reposant sur l'inimitié entre ces deux animaux.

Pour la façon dont elle a pénétré dans le cycle, nous n'avons pas de peine à la découvrir. Le bon prêtre de la Croix-en-Brie, qui a rimé ce conte a pris soin de nous renseigner à ce sujet dans les premiers vers de sa branche que nous avons déjà cités :

> L'estoire temoinne a vraie
> Uns bons conteres, c'est la vraie.
>
> (v. 7 sq.)

C'est à la veine populaire que nous sommes redevables de cet épisode. La présence dans le recueil du juif Pierre Alphonse d'une fable sur le même sujet n'infirme en rien le témoignage de notre poète. C'est en effet, ainsi que nous allons le voir, par quelques traits seulement que le texte latin se rapproche du texte français ; le prototype de ce conte, comme cela arrive fréquemment, a donné naissance à des rejetons nombreux parmi lesquels ces deux versions littéraires ne sont que des rameaux issus d'un même tronc.

Maintenant le poète français nous a-t-il transmis fidèlement l'épisode tel qu'il l'a entendu débiter ? N'a-t-il pas, sans parler des enjolivements qu'il a pu tirer de son imagination — et ceux-là n'altèrent en rien le fond de l'aventure, — n'a-t-il pas donné à sa branche un développement plus riche que ne le comportait le sujet, tel qu'il était et qu'il est actuellement traité par la littérature populaire ? La longueur du récit, les faiblesses et les répétitions de la seconde partie donnent lieu de le supposer.

Un riche vilain, nommé Liétart, possédait huit bœufs dont l'un, Rogel, jadis le meilleur et le plus vigoureux, était devenu lent au travail. Fatigué de sa paresse, le paysan s'écrie un jour qu'il labourait :

> Je voudroie que lous ou ors
> Vos oüst oste a rebors
> Ce peliçon sans demorance.
>
> (v. 73 sq.)

Brun, qui reposait dans un buisson du voisinage, entendant cette malédiction, accourt et somme le paysan de lui livrer le bœuf. Liétart implore un répit :

> Vers Brun l'ors forment s'umelie,
> En plorant li dist, s'il deslie
> Rogel si mein, que sa jornee
> Iert tote a noient atornee,
> Que nul esploit ne porra fere,
> Que li set buef ne poent traire,
> Que trop est fors la terre et dure :
> Et sovent li aferme et jure
> Que granz merciz li devra rendre,
> Se de Rogol li veut atendre
> Jusq'a lendemein solement.
>
> (v. 231 sq.)

Brun fait d'abord la sourde oreille ; Renart lui a appris que « qui aise attend, aise le fuit » ; il aime mieux tenir que courir et d'ailleurs, trompé déjà par un paysan, il n'a guère foi dans la parole d'un vilain :

> Car c'est ore li pires gages
> Qui soit en l'ostel au vilain.
> Je ne sui mie cil qui l'ein
> Ne n'amerai jor de ma vie,
> Que de foi n'a ge nule envie,
> Ne prodom ne le doit prisier.
> Qu'en ne puet mie justiscier
> Vilein, ne avoir en destroit.
> Bien li semble qu'eschape soit,

> Con en le vout par sa foi croire.
> Ja puis ne venra un sol oirre
> Por querre de sa foi respit :
> Trop a vilein foi en despit,
> Ne l'aime ne crient ne ne prise.
> Fox est qui par foi le justise,
> S'il le puet en autre manere
> Justicher que il ait plus chere.
>
> (v. 294 sq.)

Liétart donne pourtant de telles assurances que Brun consent de patienter jusqu'au lendemain.

Notre vilain, resté seul, se désole de sa sottise quand survient Renart qui, après lui avoir raconté tous les tours qu'il a joués à Isengrin et vanté son habileté, le décide à lui confier sa peine. Aussitôt, et sur la promesse qu'il aura son coq Blanchart, il lui indique le moyen de se débarrasser de l'ours :

> Brun li ors vendra ci demein,
> Rogel vodra avoir en plain :
> Le matinet devant la messe
> Avoir cuidera sa premesse.
> Demein matin quant tu vendras,
> Sos ta cape en ta main tendraz
> Tot coiement une cunnie
> Qui soit trenchant et agusie
> Tot de novel en un fort mance,
> Et un cotel qui bien fort trenche
> Con ce fust cotel a bocher.
> Et ge qui sai ben cor tocher,
> L'espierai sans atendue,
> Et quant je saurai sa venue,
> Ferai ci pres tel cornerie
> Et tel cri et tel huerie
> Que tot entor moi sans mentir
> Ferai plein et bois retenir.
>
> (v. 651 sq.)

Brun entendant ce bruit en demandera la cause. Le paysan lui répondra que ce sont les gens du comte qui viennent chasser dans le bois, à cheval, à pied, avec des levriers, des arcs et des haches. Effrayé il demandera à être caché. Liétart, lui dira de s'étendre, et alors, ajoute Renart,

> De la coignie tost l'asome !
> Fier et refier, done et redone
> Tant qu'il ait vermeile corone,
> Et le cotel de bone fourje
> Li bote par desos la gorge !

(v. 696 sq.)

Le lendemain matin, Brun est en effet victime de ce stratagème, et, la nuit, Liétart, aidé de sa femme, de sa fille et de son valet, transporte en grand secret à la ferme le cadavre qui est dépecé et salé soigneusement. Renart vient dès le matin réclamer son salaire ; mais le vilain, sur le conseil de sa femme, a caché dans sa grange entr'ouverte trois chiens vigoureux ; et, tout en demandant des délais et en prétextant que le coq est trop vieux, qu'il faut quinze jours pour l'engraisser, il emmène le goupil près de la grange d'où s'élancent les trois mâtins qui le poursuivent jusqu'à Maupertuis où il parvient à rentrer, mais après avoir perdu sa queue[1].

Huit jours après, remis de ses blessures, il songe à se venger. Il vole à Liétart les courroies de ses bœufs. Le paysan se désole quand son âne, Timer, lui promet, moyennant un supplément de quelques rations d'orge, non seulement de lui rapporter ses courroies, mais encore de lui amener prisonniers Renart et sa femme Hermeline. Il va s'étendre à la porte de Maupertuis et fait le mort. Folle de joie à sa vue, Hermeline prend les courroies, lie la tête et la queue de Timer et elle s'attelle, ainsi que son mari, pour le traîner dans leur demeure. Mais Renart a vu l'âne remuer la tête ; il se défie et demande à être détélé, donnant pour prétexte qu'il ne peut supporter l'odeur insupportable qui s'exhale du derrière du mort. Hermeline, malgré ses conseils, tient bon quand l'âne, se relevant tout à coup, l'entraîne vers la ferme de Liétart. Celui-ci accourt avec son épée et veut tuer Hermeline ; elle esquive le coup qui tranche la cuisse de Timer qu'elle rapporte triomphalement à Maupertuis.

---

[1] On peut remarquer ici que toute cette partie de l'aventure offre des rapports de fond et de forme avec la scène initiale de l'aventure de *Renart et Chantecler* dans le *Reinhart*. Là aussi une paysanne, Ruotzela, donne des conseils à son mari Lanzelin pour empêcher le goupil de s'emparer du coq et des poules. Voir, pour plus de détails, Voretzsch, 1er art. p. 144 sq.

Renart essaie une nouvelle vengeance [1]. Liétart s'étant endormi dans un buisson un jour qu'il faisait chaud, Renart cache dans la forêt sa charrue et ses bœufs, puis revient le rouer de coups. Le vilain demande grâce et promet pour le lendemain matin le coq Blanchet et dix poussins. Revenu chez lui, il enferme toute cette volaille dans un sac. Mais sa femme, à qui il avait caché son aventure et ses suites, l'a aperçu à la dérobée et, pendant la nuit, remplace le coq et les poussins par un chien qui maltraite encore Renart quand le paysan lui livre le sac.

Il veut en finir avec le paysan. Il le rencontre dans le bois et le menace de le dénoncer au comte et à ses forestiers pour s'être approprié une venaison qui ne lui appartenait pas. Pris de terreur, Liétart qui, cette fois, n'est pas désavoué par sa femme, lui livre la récompense si longtemps attendue, tue sous ses yeux les trois mâtins, ses persécuteurs, et l'invite à venir à la ferme tant qu'il voudra. Renart, on le devine, usera largement de la permission [1] :

> Sovent i demore et sejorne,
> Si que quant a l'ostel retorne
> Ne pot au vilein remanoir
> Oe, capon, coc blanc ne noir,
> Ne pocinet ne cras oison :
> Tot porte Renart en meson.

(v. 2193 sq.)

Voilà une bien longue histoire, et qui ne se lit guère sans fatigue ni sans défaillance. Jusqu'au vol des courroies, tout est simple et naturel ; c'est le développement ingénieux du thème de l'oubli des bienfaits. Le récit s'arrêtant là ne donnerait point prise à la critique. Mais la suite, tout en conservant une certaine unité au sujet et en le circonscrivant autour des mêmes personnages, est franchement fastidieuse, tant elle contient de longueurs et d'exagérations ! Que penser en effet de Renart menaçant le vilain de le dénoncer au seigneur pour délit de chasse et lui cassant son bâton sur le corps pendant qu'il dort ? Que penser du vilain qui l'invite à venir dans sa maison et n'ose pas se débarrasser de cet hôte importun ? Le mâtin qui sort du sac que Liétart remet au goupil, n'est-ce pas

---

[1] Ici je suis le texte du manuscrit adopté sans doute par Méon. Cette partie est dans l'édition Martin à la page 324 sq. du vol. III.

une répétition de la scène précédente où sont sortis de la grange trois chiens à la poursuite de Renart ? Le vol des courroies n'est-il pas de même une bien faible vengeance exercée par Renart, et, sans la scène comique qu'il provoque, ne nous semblerait-il pas un trait sans intérêt ? Il y a visiblement dans cette branche deux parties d'un mérite tout à fait inégal : la première formant un tout bien compact et où chaque personnage reste dans les limites de son caractère, la seconde composée d'éléments faiblement ajustés les uns aux autres et dans l'exposition desquels on sent de l'effort et de la tension.

Le secret de cette faiblesse dans l'œuvre du prêtre de la Croix-en-Brie nous est expliqué par la littérature populaire. Celle-ci en effet ne possède pas pour ce conte les deux parties que nous trouvons dans le *Roman de Renart*. Aucune de ses versions ne nous montre le goupil exerçant des représailles sur le paysan. L'idée que cet animal doit toujours sortir vainqueur de ses luttes avec ses ennemis n'est pas en effet aussi bien établie dans les contes populaires et même, pourrait-on ajouter, dans les fables que dans l'épopée littéraire du goupil. Bien que le nombre des récits de la littérature orale où notre héros est montré triomphant soit considérable, il est impossible d'affirmer que ce soit là un principe constant, une conception générale qui domine toutes les aventures ; le renard n'y a pas accaparé tous les avantages de la malice et il les partage avec beaucoup d'autres animaux, même avec l'homme qui le dupe aussi souvent qu'il en est dupé. Dans l'épopée littéraire, au contraire, cette idée de Renart type unique d'habileté et de ruse règne en maîtresse; nos branches n'ont fait de réserves en ce sens, nous le verrons, que pour les épisodes où le goupil a affaire à des oiseaux ou à de petits animaux ; là, elles se sont conformées strictement à leurs modèles ; partout ailleurs, il est entendu que leur héros de prédilection triomphe toujours, et si quelquefois sa ruse est en défaut, elle ne tarde pas à reprendre une éclatante revanche.

C'est ce qui s'est produit ici. La branche IX, malgré sa parenté avec les versions populaires sur ce même sujet, lesquelles vont jusqu'à représenter le goupil comme stupide puisqu'il y donne sa queue aux chiens, ne s'est pas maintenue dans le cadre primitif et a voulu donner une compensation de sa défaite à Renart. Il est peu probable que ce soit là le fait du conteur auquel le prêtre de la Croix-en-Brie a dû l'histoire de

Liétart. Un tel développement ne répond point aux habitudes des conteurs populaires qui, en général, juxtaposent les aventures au lieu de les grouper d'une façon aussi voulue, en vue d'un but déterminé. En outre, si la contre-partie de la ruse de Liétart avait existé dans la littérature orale, il serait bien étonnant qu'aucune version ne l'eût conservée, au moins dans un des nombreux pays de l'Europe qui possèdent ce conte. Il faut donc attribuer la composition de cette contre-partie au poète lui-même.

Une restriction est néanmoins à faire dans l'attribution de toute cette suite au prêtre de la Croix-en-Brie. Le morceau qui traite de la ruse de la femme substituant un chien aux poulets ne figure que dans un manuscrit, et on a eu raison, semble-t-il, de le regarder comme une interpolation. Le coq que le paysan doit donner à Renart s'y appelle Blanchet, alors que dans le reste du texte il s'appelle Blanchart. En outre, l'aventure est reliée à ce qui précède par l'invention ridicule du vol de la charrue et des bœufs et celle des coups de bâton que Liétart reçoit du goupil. Enfin, je l'ai déjà fait remarquer, cette ruse de dame Brunmatin forme double emploi avec celle de son mari qui auparavant avait caché ses trois chiens à l'entrée de la grange : autant de raisons pour considérer ce fragment comme une addition postérieure.

A quel mobile a donc obéi le remanieur qui a allongé cette histoire déjà assez prolixe ? Son but a été identique à celui qu'a voulu atteindre, nous l'avons vu tout à l'heure, le trouveur qui a relié les histoires de la *Pêche* et des *Charretiers*. Il a tenu à ramener la branche IX à une expression plus conforme au type général adopté par la littérature orale pour le conte du *Renard, de l'Ours et du Paysan*. Dans les variantes populaires de ce conte figure régulièrement la ruse du sac : le paysan, pour récompenser le goupil de l'avoir délivré de l'ours, lui promet une paire de poulets qu'il remplace dans le sac par une paire de chiens. Ce n'est pas que ce motif appartienne en propre au conte en question ; on le retrouve servant de conclusion dans d'autres récits, par exemple dans le conte septentrional de la *Renarde pleureuse* : la renarde a été priée par un vieillard de venir chanter un thrène près du cadavre de sa femme ; une fois qu'elle a rempli consciencieusement son devoir, elle reçoit comme salaire plusieurs sacs contenant des poulets, mais dont l'un renferme des chiens qui lui font la chasse [1]. Dans un autre conte, un paysan lui a donné en échange d'une dinde sa petite fille enfermée dans un sac ; mais, dans la chaumière où elle reçoit l'hospitalité, on remplace la nuit la fillette par un chien, et quand, le lendemain matin, sur la route, la renarde crie à la fillette de chanter des chansons, il sort des aboiements du sac. Ce motif semble donc être commun à un certain nombre de récits où le goupil se trouve aux prises avec l'homme et s'attacher particulièrement à ceux où il est mal récompensé par celui dont il a été le bienfaiteur [2]. Or, dans la branche IX, ce motif est considérablement affaibli : les chiens cachés à l'entrée de la grange et qui s'élancent sur Renart quand il vient réclamer son coq ne rappellent que d'une façon lointaine les chiens cachés dans un sac de la tradition populaire. Cet affaiblissement est tel que notre remanieur a pu le considérer comme un anéantissement complet. Il a voulu combler cette lacune et, sans toucher au récit original, il a inséré un morceau de sa façon ayant pour base ce motif qu'il considérait à bon droit comme inhérent à la tradition, mais qu'il regardait comme absent de la rédaction française.

La part du prêtre de la Croix-en-Brie dans la composition de la suite du conte de *Renart*, *Brun* et *Liétart* se réduit donc à la ruse de Timer et à la capitulation de Liétart. Il n'est pas besoin d'insister pour montrer qu'il n'y a rien de traditionnel dans cette sotte humiliation de Liétart devant son ennemi. Ce n'est en effet qu'un épilogue et dont tous les éléments sont tirés du reste du récit : menace pour le paysan d'être accusé d'avoir pris la venaison du comte, livraison à Renart du coq et des poussins si longtemps convoités et massacre des trois mâtins qui l'ont tant malmené.

Quant au récit de la ruse de Timer, il est, tout comme l'histoire à laquelle il a été adjoint, d'origine populaire. Le trouveur nous dit en effet à la fin de son poème :

---

[1] C'est là une forme anthropomorphisée d'un conte où l'affaire se passe entre l'ours et la renarde ; par suite, dans cette version plus ancienne, il n'est point question de la ruse du sac. Voir Krohn, *Bär und Fuchs*, p. 94.

[2] Voir d'autres rapprochements très nombreux dans Cosquin, II, p. 203 sq. et cf. Gerber, p. 57.

De Renart encor vos contasse
En bon endroit, mes moi ne loist.

(v. 2200 sq.)

Il nous fait évidemment entendre par ces vers que le conteur qu'il a eu la bonne fortune d'écouter avait une ample provision de récits sur le goupil et ne s'était pas borné à lui faire connaître celui de Liétart. Peut-être est-ce de cette mine qu'a été tirée l'anecdote de Timer. Mais alors que, dans sa source, l'histoire de l'âne faisant le mort formait un conte isolé, indépendant de celui du paysan et de l'ours, il n'en a plus été de même dans la branche IX où les deux aventures ont été réunies et reliées. Il est vrai que le trouveur s'est peŭ mis en frais d'imagination pour opérer la soudure. Les lamentations de Liétart qui a perdu ses courroies, l'offre faite par Timer de les lui rendre moyennant quelques mesures d'orge de plus, ne sont que le plagiat de la scène du début de la branche où Renart promet à Liétart de le délivrer des exigences de l'ours et constituent en somme une transition si médiocre qu'on se voit en présence de deux épisodes originairement distincts. Quoi qu'il en soit, c'est dans le *Roman de Renart* seulement que nous trouvons les deux histoires côte à côte.

Sous quelle forme le récit a-t-il été transmis à notre trouveur ? Probablement sous celle qu'il a dans la septième des *Fabulae extravagantes*. Un loup rencontre un âne et veut aussitôt le dévorer. La victime demande à ne pas être mangée sur la grand' route ; son déshonneur sera moindre dans la forêt, loin de tout témoin. Le loup se laisse attacher à l'âne pour y être conduit ; mais l'âne le traîne vers la maison de son maître qui accourt et qui, au lieu de tuer le prisonnier, coupe maladroitement le lien qui le retenait[1]. Dans cette fable, aussi bien que dans notre épisode qui en a sensiblement modifié le sujet pour l'harmoniser avec les données du conte précédent, remplaçant le loup par le goupil et sa femme, faisant du traîneur le traîné, il y a un détail qui nous choque par son peu de naturel, à savoir celui des liens qui servent

---

[1] R. *Fuchs*, p. 424. Cf. Jahn, *Volkssagen aus Pommern und Rügen*, p. 550. Je ne fais pas entrer ici en ligne de compte le conte n⁰ 132 de Grimm, *Kind. u. Häusm.* où un cheval fait le mort pour amener un lion à son maître. Cette variante, quelque analogue qu'elle soit avec celle de la br. IX, est trop peu naturelle pour avoir servi de prototype.

à l'un des deux animaux à tirer l'autre. Aussi doit-on s'attendre à rencontrer dans d'autres variantes de ce conte une forme plus naïve et partant plus ancienne. Dans la fable 62 du *Romulus* de *Marie de France*[1], un hérisson et un loup ont fait alliance. Le loup a pris une brebis et se dispose à laisser son compagnon aux prises avec les chiens et les paysans qui arrivent. Mais le hérisson le prie de venir l'embrasser une dernière fois. Dès qu'il sent ses lèvres, il s'y attache fortement et est ainsi emporté dans une course folle jusqu'à la forêt où il lâche prise se sentant désormais en sûreté. Dans les contes du Nord, le procédé n'est pas moins naturel et, bien que le sujet soit différent, on reconnaît clairement que l'idée fondamentale est identique. Le loup rencontre le renard mangeant un morceau de chair fraîche et manifeste le désir d'en avoir un semblable. Le renard lui montre un cheval couché et lui dit d'aller happer un morceau de sa cuisse. Le loup enfonce si bien ses dents que, lorsque le cheval se relève et, aiguillonné par la douleur, part au galop, il ne peut se détacher[2]. Notre épisode de Timer faisant le mort et traîné par Hermeline ne repose donc pas, à proprement parler, sur un conte à forme déterminée, mais plutôt sur un thème général, celui d'un animal s'attachant à un autre et emporté par lui. Ce thème pouvait recevoir les applications les plus diverses, et, par suite, on doit moins s'étonner de la distance qui sépare les variantes septentrionales de celle du *Romulus* de *Marie de France* et cette dernière de la fable latine qui a servi de base au récit du prêtre de la Croix-en-Brie.

Il ne nous reste plus qu'à examiner en quoi la rédaction du *Roman de Renart* se rapproche ou s'éloigne des contes populaires qui traitent de l'aventure entre un paysan, un ours et un renard. Ces contes sont très nombreux. Parmi eux, beaucoup ont altéré les motifs fondamentaux ou en ont perdu quelques-uns ; beaucoup ont uni ceux qu'ils avaient conservés à des contes d'une autre provenance. Ainsi, dans une version finnoise[3] et dans une version de l'Asie Mineure[4], la scène entre

---

[1] Hervieux, II, p. 542.
[2] Moe, *Lappiske Eventyr*, p. 218 et page XIII note 1. Dans *Asbjörnsen-Dasent*, p. 127, c'est le renard qui veut avoir de la chair du cheval et il s'attache à la queue de celui-ci
[3] Schreck, p. 213 sq.
[4] Carnoy et Nicolaïdes, p. 239 sq.

l'ours et le paysan qui le tue est remplacée par l'intervention d'un arbitre, le renard, qui décide de leur querelle. Il en est de même dans la fable de Pierre Alphonse qui est fort incomplète d'ailleurs et qui ne renferme que la malédiction des bœufs et la demande de deux poules faite par le renard [1]. Dans les versions grecque [2] et slovène [3], le début du conte est le récit de l'adultère de l'ourse et du lièvre. Le commencement d'une des deux variantes esthoniennes [4] rappelle, comme Grimm l'a fait remarquer, la fable ésopique de l'*Oiseleur et de l'Alouette* [5]. Enfin un assez grand nombre de variantes renferment l'histoire du partage inégal des semailles qui sert de départ au conte et est substituée à la malédiction des bœufs [6].

Il n'est pas impossible néanmoins de dégager de toutes ces variantes, où les motifs anciens se sont tant dégradés et de nouveaux ont été introduits, la forme originale qu'a dû revêtir ce conte. La voici telle qu'elle résulte d'une comparaison attentive de tous ces dérivés d'un prototype commun avec ses trois thèmes qui constituent trois contes indépendants [7]. Un homme laboure sur la lisère d'un bois avec une paire de bœufs; les bêtes ayant ralenti le pas, il les maudit et forme le souhait que l'ours vienne les manger. Un ours, qui se trouvait près de là, entend ces paroles imprudentes et arrive pour réclamer sa proie. L'homme effrayé demande un délai et obtient de terminer sa journée de travail. Le renard qu'il rencontre promet, à la condition d'avoir comme récompense deux oisons, de lui livrer l'ours. Il s'éloigne dans le bois et, quand l'ours revient, il imite le bruit d'une chasse et les cris des veneurs excitant les chiens. L'ours effrayé demande au paysan qui fait ce vacarme. « Les chasseurs du roi, lui répond-il ». Il le supplie de ne pas le découvrir. Mais le renard caché dans le bois crie à l'homme : « Qu'as-tu de noir à côté de toi ? » L'ours souffle la réponse : « Un billot ». — « Un billot, répond l'homme. — Cou-

---

[1] Fab. 21, p. 142.
[2] Hahn, I. n° 94.
[3] Valjavec, p. 534 sq.
[4] R. *Fuchs*, p. CCLXXXVII.
[5] Halm, n° 340.
[6] Afanassiev, I, n°s 7a 7b 7c et le deuxième conte esthonien du *R. Fuchs*. Voir d'ailleurs pour plus de détails Krohn, *Mann und Fuchs*, p. 1, sq.
[7] Ibid.

che-le moi sur la voiture... Lie-le...Prends ta cognée...Enfonce-la dans le bois ». L'ours est assommé. Le paysan se rend chez lui, soi-disant pour aller chercher les oisons promis. Il apporte au renard un sac fermé. A peine celui-ci l'a-t-il ouvert qu'il en sort une paire de chiens qui le poursuivent jusqu'à l'entrée de son terrier. Là s'engage un dialogue curieux entre le renard et ses membres auxquels il demande de quelle aide chacun lui a été dans sa fuite. Sa queue lui ayant répondu qu'elle s'accrochait aux buissons et aux troncs d'arbre, mécontent, il la fait passer hors de son terrier, et les chiens la saisissent, la tirent jusqu'à ce qu'ils l'aient arrachée.

Telle est la forme originale de ce conte à trois thèmes dont la provenance, à n'en juger que par le nombre des variantes recueillies en Finlande[1], nombre considérable si on le compare à celui des variantes d'autres pays, ne peut être que septentrionale[2].

On voit que la branche IX s'est montrée assez respectueuse de la vieille tradition et ne l'a modifiée que dans ses détails accessoires. La paire de bœufs qui figure dans la plupart des variantes a été remplacée par trois bœufs dont un seul, le bon Rogel, est voué à l'ours. La scène si jolie de l'ours se faisant passer pour un billot et payant cher sa ruse a été simplifiée et réduite ; elle n'a rien gagné, il faut le dire, à ce rétrécissement. La ruse du sac, si elle est absente de la première partie, est reproduite, nous l'avons vu, dans la seconde, mais un seul mâtin est renfermé dans le sac au lieu de la paire que nous offrent presque tous les autres contes. Enfin le dernier trait, la conversation du renard avec ses membres, a disparu ; il en est resté toutefois une légère trace dans la conclusion de la scène, car Renart perd sa queue en voulant échapper aux chiens ; l'un d'eux, en effet,

---

[1] La Finlande a en effet fourni pour le premier thème 51 variantes sur 62, pour le second 20 sur 62, pour le troisième 2 sur 20. Voir Krohn, *Die geogr. Verbreitung einer nordischen Thiermärchenkette* in *Finnland*. Helsingfors, 1890, p. 9.

[2] Il est fort douteux, quoi qu'en dise Gerber, p. 56, qu'il faille rattacher le premier thème soit à la fable I d'Avianus où le loup attend qu'une mère lui livre son enfant qu'elle a menacé de sa voracité, soit à la fable ésopique (*Babrius* 50, Halm 35) où le renard est livré par un bûcheron à des chasseurs contre lesquels il lui a demandé protection.

> Les denz en la coe li bote
> Que il li a ronpue tote,
> Et par dejoste le crepon
> N'i remeist que le boteron.
>
> (v. 1373 sq.)

Remarquable survivance d'un motif qui, si le conte a changé de caractère et ne nous dépeint plus le goupil comme un personnage niais et imbécile, s'impose cependant dans ses traits généraux à la tradition [1].

Nous en avons fini avec les contes du *Roman du Renart* qui mettent en face du goupil l'ours ou son substitut dans un certain nombre d'aventures, le loup. Ces contes que nous avons analysés et comparés avec toutes sortes de versions écrites ou orales forment un des groupes les plus importants de la collection. Ceux de l'*Adultère*, des *Charretiers* et de la *Pêche* reposent sur des thèmes chéris, on peut le dire, de nos trouveurs et qu'ils ont traités dès le jour où l'on s'avisa de rimer quelques aventures du goupil. L'histoire de *Liétart* compose à elle seule une branche considérable. Celle de *Brun chez le fermier Lanfroi* est un des épisodes dont a été formée la fameuse scène du *Jugement*. Or, quel est celui de ces contes que l'on pourrait dire dérivé d'une source vraiment savante ? Il n'est pas une seule fable classique qui les renferme, seulement en germe. Le récit d'Élien et la fable de Phèdre qui semblent être des prodromes de la *Pêche* sont tellement éloignés de la forme qu'ont donnée au sujet les contes populaires que ceux-là seuls doivent être considérés comme les inspirateurs des nombreux écrivains du moyen âge, tant prosateurs que poètes, qui l'ont à leur tour développé en latin ou en français. Nous avons vu ce qu'il fallait penser de l'influence du *Physiologus* et des *Bestiaires* sur la rédaction du conte des *Charretiers* : elle est uniquement extérieure ; pour le fond, elle doit être écartée ; la peinture de la ruse de la mort dans le *Roman de Renart* et celle que renferment ces traités didactiques sont des reproductions parallèles d'une vieille croyance universellement répandue ; appliquée par ceux-ci au renard dupeur d'oiseaux, elle a été par nos trouveurs appliquée surtout au re-

---

[1] Cf. un conte de l'Asie Mineure (Carnoy et Nicolaïdes, p. 239) où le lévrier sortant du sac arrache aussi la queue du renard.

nard voleur de poissons, et cela sur le modèle de récits circulant alors dans le peuple et qui nous sont parvenus à l'état presque intact. Pour le conte de l'*Adultère*, il nous a été facile, grâce à la comparaison de quelques passages du poème français avec la version de l'*Ysengrimus* et celle du *Romulus de Marie de France*, de reconnaître que la forme primitive de l'aventure n'était guère différente de celle qu'elle a encore dans la littérature orale du Nord de l'Europe. La branche de *Liétart*, l'auteur nous le dit lui-même, et nous avons pu constater que son témoignage était véridique, ne doit rien de son contenu qu'à la mémoire inépuisable et complaisante d'un bon conteur du temps jadis. Pour l'aventure de *Brun chez Lanfroi*, il n'y a rien qui lui corresponde exactement dans aucune littérature écrite ou orale ; sa composition date en effet seulement du jour où l'on donna une allure épique à une scène jusqu'alors renfermée dans un cadre très modeste ; cette composition est donc toute savante. Mais les éléments mis à contribution ne sont-ils pas les mêmes que ceux qui ont servi de base au conte de la *Pêche* et, par leur origine lointaine, ne se rattachent-ils pas, eux aussi, à cette même source populaire ? Il n'est pas jusqu'au récit de *Patous*, pourtant bien étranger au cycle, qui lui aussi n'y ait été puisé. En somme, dans tout cet ensemble de contes que nous venons d'étudier, il n'en est qu'un, celui de *Renart et la Corneille*, sur lequel la littérature cléricale du temps peut revendiquer des droits légitimes ; celui-là seul dérive d'un « escrit » dont il est une traduction fidèle et respectueuse. Il est d'ailleurs en dehors des récits dont l'examen était le but de ce chapitre ; nous ne nous y sommes arrêté qu'en passant et par hasard. Nous aurons l'occasion d'y revenir quand nous parlerons des rapports du goupil avec des oiseaux.

CHAPITRE III.

Renart et le Loup.

I.

Renart pélerin.

De l'ancienneté de la branche VIII. — Son contenu. — Malgré son titre « le Pèlerinage Renart », il y est fort peu question de pèlerinage. — Il en est de même dans le récit correspondant de l'*Ysengrimus*. — L'absence de ce motif religieux et dans le *Reinhart* et dans les contes populaires prouve qu'il a été ajouté plus tard pour servir de cadre à l'aventure. — Ce qu'est en réalité cette aventure. — Les variantes orales se divisent en deux séries. — Les épisodes de l'*Ysengrimus* et de la branche VIII tiennent de l'une et de l'autre. — Du caractère religieux donné au loup dans la poésie cléricale, au loup et au renard dans le cycle français. — A ces données se rattache, mais dans une certaine mesure seulement, le motif du *Pèlerinage* traité par la branche VIII.

Dans le groupe des contes qui nous montrent le goupil en face du loup, celui-ci n'étant pas le substitut de l'ours, il convient d'étudier en première ligne celui qui a pour titre le *Pèlerinage Renart*. La branche VIII, en effet, qui nous l'a transmis est la plus ancienne de celles que nous possédons ; la rédaction en est certainement du XIIe siècle [1]. Ce n'est pas seulement l'archaïsme de son style qui lui donne ce cachet d'antiquité, c'est aussi la forme même du récit qui est empreinte d'une grande simplicité. Nous avons cité plus haut un

---

[1] Voir là-dessus *Romanische Studien*, I, p. 431 sq. et Martin, *Obs.*, p. 50 sq.

passage de cette branche faisant allusion à l'épisode de la pêche d'Isengrin : un vilain y tient la place du seigneur des autres versions, de ce Constant des Granches qui survient avec son équipage de chasse. Nous allons constater la même absence de recherche, le même réalisme naïf dans une grande partie de ce curieux morceau.

Renart, fatigué de mener une vie d'aventurier et de mériter par ses méfaits la haine de tous, passe en revue ses crimes et se lamente, quand un vilain passe auprès de lui. Il demande au goupil la cause de ses pleurs, et apprenant qu'il veut se confesser le mène à un monastère où « un bon crestien i avoit ». L'ermite, après avoir entendu les aveux de Renart, lui ordonne de prendre le bourdon et d'aller faire pénitence à Rome.

Renart s'est à peine mis en route qu'il aperçoit Belin. Celui-ci lui raconte qu'en échange des services qu'il lui a rendus en engendrant tant de brebis, son maître a promis sa chair à ses sœurs et sa peau à un « prodome » qui doit en faire des chaussures et les porter à Rome. « Ne vaut-il pas mieux porter toi-même ta peau à Rome ? lui répond Renart; la mort te menace d'un jour à l'autre ; si tu es épargné à Pâques, c'en sera fait de toi aux Rogations.» Belin se décide à l'accompagner.

Ils trouvent sur leur chemin Bernart l'archiprêtre qui paissait des chardons dans un fossé. Comme celui-ci manifeste son étonnement de les voir transformés en pèlerins, Renart lui reproche d'aimer mieux porter charges de bois et sacs de charbon, souffrir l'aiguillon et les mouches que de racheter ses péchés par les épreuves d'un pèlerinage ; qu'il vienne, il aura assez à manger. Cette promesse suffit pour gagner Bernart.

Tous trois entrent dans un bois et, le soir venu, Belin et Bernart refusant, par crainte des loups, de coucher en plein air, Renart les mène à l'hôtel du loup Primaut [1]. Celui-ci et sa femme Hersent étaient absents, et les pèlerins en profitent

---

[1] Les meilleurs manuscrits de la br. VIII donnent au loup les deux dénominations de Primaut et d'Isengrin ; ce n'est que plus tard que la première a été réservée à un second loup considéré comme le frère d'Isengrin. Voir Martin, *Obs.*, p. 51 sq., qui compare ce dédoublement à celui de Brynhild, d'abord synonyme de Sigrdrifa dans la tradition de Sigurd, puis ayant servi à désigner un personnage fictif.

pour se régaler de la viande, de la chair salée et de la cervoise qu'ils trouvent en abondance.

> Tant boit Belins que il s'envoise:
> Si a conmencie a chanter
> Et l'archeprestre a orguaner,
> Et dan Renart chante en fauset.
>
> (v. 308 sq.)

Sur ces entrefaites arrivent Primaut et Hersent; ils s'arrêtent en entendant le bruit. Hersent regarde par le pertuis, voit les pèlerins devant l'âtre et reconnaît Renart, Belin et Bernart. Sur leur refus d'ouvrir la porte, Primaut la heurte; elle résiste. Les trois pèlerins tiennent alors conseil. Renart décide que Bernart s'acculera à la porte, en la laissant entr'ouverte de façon que le loup puisse passer la tête.

Primaut en effet essaye de pénétrer. Alors Belin, toujours sur les conseils de Renart, prend son élan, et de ses cornes il écrase la tête du loup:

> Onques oncore a nule porte
> Ne veïstes si fier asaut
> Conme Belin fet a Primaut.
> Tant a feru et tant hurte
> Que le lou a escervele.
>
> (v. 368 sq.)

Hersent qui ne pouvait porter secours à Primaut s'en va dans les bois et en revient suivie d'une centaine de loups pour venger sa mort. Les pèlerins ont pris la fuite: les loups retrouvent leurs traces et les serrent de près. Renart, se voyant sur le point d'être pris, conseille à ses compagnons de l'imiter; il grimpe sur un arbre; Bernart et Belin s'accrochent de leur mieux aux branches. Les loups, arrivés au pied de l'arbre, ne savent que penser de cette disparition subite de leurs ennemis. Ils s'endorment à cette place, persuadés que les fuyards sont cachés sous terre. Mais Belin et Bernart ne peuvent rester longtemps suspendus:

> Belins qui les lous esgarda,
> N'est merveille s'il s'esmaia.
> « Ha las, fet-il, tant sui chaitis!
> Or voussisse estre o mes berbis! »

« Par foi, dist Bernarz, je me doil.
Tel ostel pas avoir ne soil.
Je me voil d'autre part torner. »
Renart le conmence a blamer.
« Vos porres encui tel tor fere,
Qui vos tornera a contrere. »
Dist Bernarz : « Je me tornerai. »
Dist Belins : « Et je si ferai. »
« Or tornes donc : car je vos les. »
Cil se tornent tot a un fes,
Qu'il ne se sourent sostenir :
A terre les convint venir.

(v. 419 sq.)

Dans leur chute, Bernart écrase quatre loups, Belin en perfore deux ; le reste, épouvanté par les clameurs de Renart qui crie :

Tien le, Belin ! pren le, Bernart !
Tien les, Bernart l'archeprovoire !

(v. 442 sq.)

prend la fuite, et les trois compagnons, à jamais dégoûtés des pèlerinages, rentrent chez eux.

Une chose nous frappe dans ce récit, c'est le peu d'accord entre le cadre et les événements renfermés dans ce cadre. Le cadre, c'est un soi-disant pèlerinage qu'entreprend Renart après sa confession à l'ermite. Il se présente donc comme pèlerin au mouton. Mais quelle raison décide celui-ci à accompagner le goupil ? Est-ce la piété ? Non, c'est l'idée qu'il échappera à une mort certaine :

S'avoc moi voloies venir,
L'en ne feroit ouan housel
Ne chaucemente de ta pel.

(v. 232 sq.)

lui dit Renart, et Belin part aussitôt. Non plus édifiante est la détermination de Bernart : il cède en entendant ces mots qui sonnent si bien à son oreille :

Tu ne seras ja sofretos
De rien dont te puissons aidier.
Tu auras ases a mangier.

(v. 264 sq.)

Renart a beau entremêler ses promesses séduisantes de touchantes et saintes paroles, d'arguments bibliques ; les promesses seules gagnent ses deux compagnons, qui seraient sans doute restés insensibles au reste.

Puis, les pèlerins une fois en route, il n'est plus question de visite aux Lieux saints ; le motif qui semblait fondamental s'évanouit et il ne reparaît qu'à la fin de la branche sous la forme de réflexions dans la bouche des trois animaux débarrassés des loups :

>   Dist Bernarz : « Je sui maennies.
>   Jei ne puis mes avant aler.
>   Ariere m'estuet retorner. »
>   Dist Belins: « Et je si ferai.
>   James pelerins ne serai. »
>   « Segnor, dist Renart, par mon chef,
>   Cist eires est pesanz et gref.
>   Il a el siecle meint prodome
>   Qu'onques encor ne fu a Rome.
>   Tiex est revenuz de sept seins
>   Qui est pires qu'il ne fu eins.
>   Je me voil metre en mon retor. »
>
>   (v. 452 sq.)

Ce peu de persistance du motif du pèlerinage, sa faible attache avec le reste du récit doivent nous inspirer des doutes sur son originalité, et le *Reinhart* qui, dans l'épisode correspondant, malheureusement tronqué, en reproduit le début (v. 551-562), ne fait que corroborer ces doutes. Reinhart, après avoir fait rouer de coups Isengrin enivré, se sépare de lui et rencontre l'âne Baldewin :[1] « Dis-moi, Baldewin, pourquoi veux-tu rester souffre-douleur ? Les fardeaux ne t'empêchent-ils pas de jouir de la vie ? Si tu voulais te joindre à moi, je te délivrerais de ce mal et je te donnerais du pain en quantité suffisante. » Ici, point d'allusion à un pèlerinage ; rien que la promesse d'un

---

[1] Il est assez curieux que dans le *Couronnement Renart* où, il est vrai, il n'est point question non plus de pèlerinage, Renart, dans une scène analogue (v. 253-427), n'ait affaire qu'à un âne, Timer. Il serait possible que la forme originaire dans le poème français n'eût comporté que ces deux personnages et que Belin eût été ajouté après coup. Dans *Renart le contrefet* (Rothe, p. 477), Renart, comme dans notre branche, se confesse, prend l'habit de pèlerin et emmène Belin et l'âne ; mais il est bientôt abandonné d'eux et renonce à continuer sa route.

sort meilleur [1]. Le Glichezare aurait-il, pour ce récit, raccourci son modèle, comme il l'a fait si souvent pour d'autres épisodes, et supprimé le motif religieux qui l'embarrassait ? Ce n'est guère probable ; le peu de liaison dans le poème français entre ce motif et la suite des événements montre que son introduction est le fait d'un remanieur.

Bien qu'elle ne figure pas dans le *Reinhart*, cette addition est ancienne : l'*Ysengrimus* lui-même nous offre la scène mélangée d'éléments religieux assez identiques (IV, v. I-889). Cette scène ouvre le poème composé par l'ours sur les altercations entre Reinardus et Ysengrimus et que le sanglier est chargé de réciter devant la compagnie. La chèvre Bertiliana entreprend un pèlerinage à Rome. A elle se joignent Rearidus le cerf, Berfridus le bouc, Joseph le bélier, Carcophas l'âne, Reinardus, Gerardus l'oie, et Sprotinus le coq. A la tombée du jour, ils s'arrêtent, au milieu des bois, dans une hôtellerie où ils s'apprêtent à passer la nuit. Survient Ysengrimus. Le premier moment de frayeur passé, ils songent à se débarrasser de cet importun, l'invitent à se mettre à table et lui offrent pour plat une tête de loup. Cette tête, présentée à diverses reprises comme une nouvelle tête, lui cause une peur salutaire et le fait quitter ces hôtes qu'il croit dangereux. Avant de partir, il déclare à Reinardus qu'il se vengera. En effet, il revient bientôt suivi de onze loups. Les pèlerins se sont tous réfugiés sur le toit de l'hôtellerie, sauf l'âne qui s'est attardé auprès d'un tas de foin. A la vue d'Ysengrimus et de son escorte, il veut grimper à son tour sur le toit ; mais il glisse, tombe, écrase deux loups dans sa chute, et le reste prend la fuite. Malgré les objurgations de Reinardus, les pèlerins, pleins de craintes pour l'avenir, veulent rentrer chez eux [2].

[1] Voretzsch, 1er art. p. 177, se refuse à voir dans ce fragment aucun rapppport avec le conte du *Pèlerinage*. Entre autres arguments qu'il donne, il s'appuie sur ce fait qu'il n'est point question dans le poème allemand d'un projet de pèlerinage. Cet argument ne me semble d'aucune valeur, puisque, comme on va le voir, la version originale de ce conte ne devait pas renfermer cet élément religieux. Néanmoins on doit se ranger de son côté en ce qui concerne le nom de Beaudoin donné à l'âne dans le poème allemand. Il est fort à croire qu'il portait ce nom dans l'original.

[2] Dans l'*Ysengrimus abbreviatus*, v. 529-688 (*R. Fuchs* p. 19), on retrouve ce récit avec quelques variantes de peu d'intérêt. Ainsi, c'est à Rome que se rend la chèvre. Mais le récit s'arrête court après l'éloignement du loup.

Quelles que soient les divergences qui séparent la version latine de la version française et montrent que chacun des poètes a travaillé indépendamment, un trait commun les relie, celui du pèlerinage qui groupe un certain nombre d'animaux ; et, coïncidence curieuse, ce motif n'a pas plus de consistance dans l'*Ysengrimus* que dans le *Roman de Renart* ; il disparaît dès que l'on pénètre dans le corps du récit. Après la victoire sur les loups, lorsque Sprotinus conseille à ses compagnons de revenir sur leurs pas, il fait certaines allusions assez contradictoires avec les premiers vers de l'épisode qui nous montraient les animaux mus par le plus pieux des sentiments :

> Transmutemus iter, nichil aestimo sanius esse,
> Nam mora suspecta est, demptaque causa morae.
> Conjugium expletum est, cui decrevere necari
> Altilium domini quadrupedumque mares,
> Nec portanda foco Carcophas ligna veretur,
> Omnia sunt isto percelebrata die ;
> Res igitur finem, quae nos praestrinxit, ut hujus
> Reinardi comites efficeremur, habet.
>
> (IV, v. 823 sq.)

Ainsi, dans l'*Ysengrimus* comme dans notre branche VIII, ce n'est pas réellement un but religieux, c'est avant tout le désir de sauver leur vie et d'échapper à des souffrances qui provoque cet exode d'animaux.

Or, tout comme dans le *Reinhart*, nous voyons ces raisons égoïstes seules en jeu dans un nombre infini de contes populaires qui, eux aussi, traitent de certaines aventures dont ont été les héros des animaux errants [1]. Dans ces contes, le renard souvent ne figure pas, ou bien il ne joue qu'un rôle secondaire. C'est là une preuve bien nette de leur antériorité par rapport aux versions écrites que je viens d'analyser. Dans celles-ci, le renard est le personnage principal ; dans l'*Ysengrimus*, sans doute, ce n'est pas lui qui prend l'initiative du pèlerinage ; il n'est d'abord qu'un simple associé, tout comme le coq et l'oie ; mais, à mesure que les événements se développent, il se montre sous son vrai jour de conseiller et de mystificateur ; il devient le centre du récit [2]. Cette

---

[1] L'ensemble de ces contes forme l'objet d'un chapitre du livre de Kolmatschevsky, p. 123 sq. ; cf. les notes de Cosquin, II, p. 103.

[2] Il est à différentes reprises appelé *dictator* v. 95, 225, 274. 341, 461, 878.

prédominance donnée au rôle du renard, alors que, dans les contes populaires où il prend part à l'aventure, il est un personnage secondaire, est visiblement une transformation toute littéraire de la donnée des récits oraux plus simple et aussi plus générale.

Dans ceux-ci, quelques animaux se groupent pour échapper à la persécution ou à la mort. Dans une variante russe [1], un chat menacé d'être assommé par ses maîtres dont il a dévoré la crème se sauve et, prophétisant au bélier l'arrivée d'un grand malheur, le décide à partir avec lui. Dans une variante norvégienne [2], c'est un mouton qui, apprenant qu'on l'engraisse pour le tuer, emmène avec lui un cochon. Dans une variante westphalienne [3], on voit à la fois un chien de chasse que son maître allait abattre parce qu'il ne lui était plus utile, un chat que sa maîtresse voulait tuer sous prétexte qu'il ne prenait plus de souris, et un coq auquel la cuisinière devait tordre le cou. Un mouton, un taureau, un chat, un chien, un coq et une oie, suivant une variante écossaise [4], s'enfuient à l'approche du massacre annuel de la Christmas. Dans certains autres contes, il se trouve un homme en compagnie des animaux [5]; dans quelques-uns mêmes, tout motif de pérégrination a disparu ; mais ce sont des variantes anthropomorphisées ou altérées du récit fondamental qui a d'ailleurs suivi toute la série des transformations possibles, jusqu'à aboutir dans l'île de Célèbes et au Japon à une aventure dont les héros sont des pierres à aiguiser, des aiguilles et du mortier [6].

L'idée mère du prototype est bien clairement une fuite de certains animaux domestiques devant la menace d'un grand danger [7]. Les promesses de Renart à Belin et à Bernart, celles de Reinhart à Baldewin, les paroles rassurantes de Sprotinus à ses compagnons, nous montrent d'une façon bien significa-

[1] Afanassiev, I, n° 19 a.
[2] Asbjörnsen-Dasent, p. 267.
[3] Kuhn, *Sag., Gebr., u. März. aus Westfalen*, II, p. 229.
[4] Campbell, I, n° 11.
[5] Meier, n° 3; Kennedy, p. 5; Sébillot, *Contes pop. de la Haute-Bretagne*, II, n° 63.
[6] Cosquin, II, p. 105.
[7] Je veux parler ici seulement du prototype en Europe. Car, comme le fait justement remarquer Gerber, p. 74, la spécification que des animaux domestiques quittent leurs maîtres, par suite des mauvais traitements ou sous la menace d'un danger, a pu se faire sur notre sol et modifier une tradition plus simple, si l'on en juge d'après certains récits classiques et indiens.

tive que toutes nos versions littéraires découlent de ce prototype. Dès lors aussi, on comprend pourquoi la présence de Renart comme personnage actif, sinon principal, dans le drame est un renouvellement de la forme archaïque. D'après cette forme, il ne s'agissait que d'animaux domestiques émus par la peur d'une calamité imminente et se sauvant spontanément. Mais, une fois entrée dans le cycle de l'épopée animale, l'aventure devait se modifier et s'adapter aux exigences d'une nouvelle scène. L'effroi du danger subsiste pour les fuyards, mais qui le leur suggère ? C'est l'éternel conseiller, l'inévitable dupeur, le goupil. Dans leurs courses à travers bois, ils vont avoir affaire aux loups. Qui les en délivrera par de sages avis ? C'est encore le malicieux et implacable ennemi du loup, le goupil. Lui seul, dans nos poèmes, pouvait être le centre de l'histoire et attirer sur lui tout l'intérêt.

Cette conception, si naïve et si touchante, d'une association dans le malheur de pauvres bêtes fuyant un péril pour en rencontrer un autre non moins grand, se présente, dans l'ensemble des variantes populaires, sous deux formes principales, bien distinctes l'une de l'autre, si ce n'est pour le début qui, on vient de le voir, leur est généralement commun.

Dans la première forme, les animaux rencontrent un ou plusieurs loups dans la forêt. Ils se débarrassent de leur présence gênante par la ruse ou par la violence ; les loups reviennent en nombre ; les voyageurs effrayés grimpent à un arbre ; l'un d'eux tombe, et cette chute inattendue met les ennemis en fuite [1].

Dans la seconde, les voyageurs arrivent dans une maison de loups (ou de voleurs), d'où les propriétaires sont absents ; ils s'y installent pour passer la nuit. Les loups reviennent, essaient de pénétrer dans leur logis ; mais ils sont malmenés par leurs hôtes et se retirent croyant avoir affaire à des êtres surnaturels [2].

---

[1] Afanassiev, I, nos 19 a, 19 b, 19 c, et IV, p. 22 sq ; Roudtschenko, I, p. 24. Dans la plupart de ces contes, figure la ruse de la tête de loup reproduite par l'*Ysengrimus* : voir à ce sujet Gerber, p. 75.

[2] Schreck, p. 224 sq. ; Asbjörnsen-Dasent, p. 267 ; Grimm, n° 27 ; Kuhn, II, p. 229 ; Meier, n° 3 ; Haltrich-Wolff, n° 36 ; Vernaleken, n° 12 ; Waldau, p. 208 ; Campbell, I, n° 11 ; Kennedy, p. 5 ; Sébillot, *Litt. or.*, p. 239, et *Contes pop. de la H^{te} Bretagne*, II, n° 63 ; Cosquin, n° 45 ; Bladé, *Contes gascons*, III, n° 6 ; Maspons y Labros, II, p. 80 ; Bertran y Bros, n° 2 ; Pitrè, *Novelle*, n° 52 ; Gonzenbach, n° 66 ; ; Braga, n° 125 ; *Zts. f. rom. Phil.*, III, p. 617.

Cette seconde forme du conte est évidemment postérieure à la première et en est tout entière sortie : la maison a remplacé la forêt, mais la substitution n'a pas été assez absolue pour que çà et là n'aient subsisté certains souvenirs vivaces de la scène primitive. Ainsi, dans les variantes russes, qui appartiennent à la première forme, les animaux allument du feu pour se réchauffer, et c'est autour de ce feu que les loups les trouvent installés. Or, ce trait du feu allumé s'est conservé dans certains détails assez comiques, et qui semblent au premier abord inattendus, des variantes de la seconde série : dans un des contes catalans [1], le loup allume sa lumière et est interrompu dans cette occupation par les voyageurs qui le rouent de coups; dans le conte norvégien, le loup veut allumer sa pipe ; dans le conte lorrain, le voleur s'approche de la cheminée pour enflammer une allumette ; dans un conte japonais, le singe veut se faire du thé et allume du feu. Enfin, dans les contes bretons, les loups croient que leur feu n'est pas éteint, et ce sont les yeux du chat qu'ils prennent pour des braises.

Un autre caractère qui semble spécial aux variantes de la seconde série, puisqu'il se rencontre dans toutes, c'est le fait d'éloigner les loups par la violence. « Surpris par la nuit, nous raconte la variante gasconne, les voyageurs arrivent au château des trois loups dont le chat grimpé sur un arbre avait vu les lumières de loin. Les loups étaient au bal. Ils éteignent et ferment tout, sauf la grande porte. L'oie se cache dans l'évier, le bélier dans le lit de l'aîné des trois loups, le chat près du foyer, le coq sur la plus haute cheminée du château. Les trois loups n'osent entrer. Le plus jeune, dépêché, veut aller boire à la cruche à tâtons; l'oie lui allonge trois coups de bec ; il raconte qu'un menuisier caché dans l'évier lui a allongé trois coups de maillet sur la tête. Le cadet est envoyé; il veut allumer la chandelle et cherche la cheminée; le chat le griffe ; il raconte qu'un cardeur accroupi près du foyer lui a lancé trois coups de peigne de fer qui ont ensanglanté son museau. L'aîné veut entrer ; il arrive à son lit ; le bélier lui porte dans le ventre trois grands coups de tête; il raconte qu'un forgeron couché dans son lit a bondi et lui a presque fait vomir ses tripes par ses coups. A ce moment, le coq chanta trois fois. Les trois loups décampent, et les hôtes restent maîtres du château. »

Cette scène, qui rappelle le second acte de notre branche,

---

[1] Celui de Maspons y Labros.

peut être prise comme type de toutes celles que renferment les variantes de la seconde série. Leur appartient-elle toutefois en propre ? Non, car une variante russe nous montre ce motif en germe dans l'entrevue du loup et des voyageurs au milieu de la forêt : le loup, en effet, se retire effrayé par la force du bouc avec lequel on lui propose d'entrer en lutte [1]. La scène en question n'est que le développement de ce trait qui semble ici secondaire. Il ne l'est pas toutefois. On va voir tout de suite pourquoi. Cette façon d'éloigner les loups par la violence est à coup sûr un trait plus naïf, plus ancien que celui de leur faire peur par la ruse ; ce dernier procédé a dû être introduit postérieurement. Le conte primitif, si l'on en juge par cette variante russe que je viens de signaler, devait être des moins compliqués : les animaux, une fois dans la forêt, allumaient du feu ; un ou plusieurs loups survenaient ; ils s'en débarrassaient par la brutalité, c'est-à-dire en se jetant tous sur lui et en usant chacun des armes que la nature lui avait données. Après avoir écarté ce danger, ils revenaient sur leurs pas, dégoûtés des voyages et trop heureux d'en avoir été quittes à si bon compte.

Cette forme si simple a cédé de bonne heure la place à une autre plus complexe dont le fond est un assemblage de deux motifs indépendants qui, reliés à l'introduction des animaux émigrant et errant dans les bois, ont donné cette série de variantes particulières à la région du Nord. Le premier motif ainsi soudé n'est autre que celui qu'on rencontre dans un conte du *Pantchatantra du Sud*, où un bouc fait peur à un lion. Celui-ci lui ayant demandé pourquoi il a une barbe si longue, le bouc lui répond qu'il a fait vœu de la laisser pousser jusqu'à ce qu'il ait dévoré en l'honneur de Civa cent-un tigres, vingt-cinq éléphants et dix lions ; il ne lui reste plus, ajoute-t-il, qu'à immoler les lions. Le lion s'enfuit et rencontre un renard qui se moque de sa terreur, dès qu'il en connaît la cause, et le force à revenir en présence du bouc. Celui-ci, en les voyant arriver, s'écrie : « Est-ce ainsi que tu tiens ta promesse, vilain renard ? Tu m'avais promis dix lions et tu ne m'en amènes qu'un [2] ». Il est évident que cette histoire du *Pantchatantra* est une variante

---

[1] Afanassiev, I, p. 76.

[2] Dubois, p. 99 ; cf. Benfey, *Ptsch.* I, p, 505, qui donne les versions du *Soukasaptati* et du *Touti-Nameh* turc. On peut rapprocher de ce récit un autre de la même famille du *Sidhi-Kûr* donné par Benfey, p. 548 ; cf. Gerber, p. 76.

de celle du sac des têtes de loups et que celle-ci, comme celle-là, devait former un récit à part tout à fait indépendant de l'exode des animaux, et peut-être ce récit n'a-t-il disparu de la littérature orale à l'état de conte isolé que parce qu'il faisa désormais partie intégrante du conte des animaux voyageurs.

Dans le conte indien, le lion qui représente le loup de notre pèlerinage, revient sur ses pas, et s'il se sauve de nouveau, c'est sous l'effet d'une peur identique à celle qui l'a fait fuir une première fois et provoquée par la même cause. Il y a en somme répétition. Ne serait-ce pas pour remédier à cette monotonie qu'on aurait introduit le motif si comique de l'escalade et de la chute de l'arbre ? On a conservé le retour de l'animal trompé, mais en l'entourant de nouvelles circonstances, propres à apporter de la variété. Ces circonstances, elles aussi, ont été empruntées à un conte indépendant dont elles formaient le fond, tel que, par exemple, le conte esthonien suivant. Le renard, furieux de la mauvaise foi de l'ours et du loup, amène comme vengeurs un chat, un coq et un chien boiteux. Le loup et l'ours montent à un arbre ; mais l'effroi augmente leur maladresse ; ils tombent et, dans cette chute, l'ours se casse les pattes, le loup se rompt le cou [1]. Citons aussi un conte brésilien. Le lapin et le renard rencontrent une once et, après l'avoir attachée, la rouent de coups. Plus loin, ils aperçoivent sous un grand arbre une quantité d'autres onces. Ils grimpent dans les branches. « Ne regarde pas en bas, dit le renard au lapin, car la tête te tournerait et tu pourrais tomber. » Le lapin ne suit pas ce sage conseil et dégringole. En le voyant tomber, le renard lui crie : « Choisis la plus grosse ! » Les onces s'imaginent que le renard désigne par ce cri celle qui doit être mangée la première, elles ont peur et s'enfuient [2]. Ce motif de la scène sur l'arbre a été utilisé, on le voit, postérieurement par notre conte des *Animaux errants* et adapté habilement de façon à lui servir de conclusion.

Ainsi, même dans la littérature orale, ce récit auquel on a justement donné le titre de « Ligue des faibles [3] » est, à quelque variante que l'on ait affaire, un récit des plus

---

[1] Grimm, *R. Fuchs*, p. CCLXXV ; cf. Haltrich-Wolff, n° 34.
[2] De Santa-Anna Néry, *Folk-lore brésilien*, p. 215 ; cf. *Uncle Remus*, p. 5 et 52 sq. L'origine orientale que Gerber, p. 77, assigne à ce conte me paraît contestable.
[3] Hins, p. 120 sq.

complexes, dont la forme originale semble avoir disparu, étouffée sous la foule des motifs adventices qui, peu à peu, y sont venus se greffer. On peut même dire que la seconde série des variantes, celle qui renferme la lutte des animaux dans la cabane contre leur ennemi, nous présente une reproduction plus fidèle de cette forme originale. Les autres, à côté d'éléments primitifs, en contiennent un plus grand nombre d'origine diverse, et, bien qu'ils se soient fondus et forment un tout en apparence homogène, on parvient facilement à les dégager et à les ramener à leur point de départ. Ces dernières variantes ont dû recevoir ces développements alors qu'elles avaient déjà donné naissance aux précédentes ; cela seul peut expliquer comment des versions dérivées offrent plus de simplicité que celles d'où elles sont sorties.

Les versions littéraires de l'*Ysengrimus* et du *Roman de Renart* ne sont pas moins éclectiques, et, il faut l'avouer, tout en se rapprochant de très près des variantes finnoises et russes, l'une par l'escalade de l'arbre, l'autre par la retraite des pèlerins sur le toit de l'hôtellerie, elles ont néanmoins quelques traits qui les identifient en partie avec les variantes du centre de l'Europe. Dans l'une et l'autre, la première rencontre des voyageurs et du loup a lieu dans une maison et n'a point pour théâtre la forêt elle-même ; et le feu autour duquel Primaut aperçoit assis Renart, Belin et Bernart est le seul débris qui subsiste de la scène primitive. Dans l'une et l'autre aussi, on use de violence à l'égard du loup : Primaut est massacré dans le poème français ; dans le poème latin, une place prépondérante est sans doute donnée à la ruse ; mais, à côté, a été conservée une lutte entre le loup et ses ennemis ; quand Ysengrimus, pris de peur, veut s'éloigner de l'hôtellerie, il est enserré dans l'entre-bâillement de la porte par Carcophas et chacun de se ruer sur lui :

Cervus agit costas, caper armos, guttura vervex.
. . . .
Gallus terga, marem vulpes, caudam occupat anser,
Vellit is, hic mordet, calcitrat ille furens.

(v. 619 sq.)

On dirait qu'à l'époque où Nivard et le trouveur de la branche VIII ont composé leurs récits la tradition du conte des *Animaux errants* était confuse dans le nord de la France, et qu'une scission bien nette ne s'était pas encore formée entre ses nombreux et divers éléments. Ces deux versions littéraires sont comme le témoignage d'une période transitoire qui a précédé et préparé l'état de choses actuel où le conte possède deux formes bien distinctes, qui ne courent plus risque, grâce à leur éloignement, de se mêler et d'influer l'une sur l'autre.

Quelque explication que l'on puisse donner de la constitution de ces deux versions, celle du *Roman de Renart* a du moins l'avantage d'avoir conservé à l'ensemble de l'aventure, malgré tous les développements introduits, quelque chose de la rudesse et de la naïveté des variantes populaires. Il est peu de branches inspirées par la littérature orale où le ton soit plus naturel et où tous les traits soient plus conformes aux mœurs des animaux. La chose est surtout visible quand on compare le caractère prêté au goupil dans le poème français à celui qui lui a été donné dans le poème latin. Dans celui-ci, Reinardus agit d'un bout à l'autre en personnage rusé. C'est lui, bien qu'il n'ait point pris l'initiative du pèlerinage et qu'il n'y ait figuré d'abord que comme humble associé, qui devient bientôt le chef de la bande ; à lui revient l'honneur de la ruse des têtes de loups, à lui tout le mérite d'avoir fait fuir Ysengrimus et ses compagnons quand ils ont été surpris par la chute de l'âne. Il s'est même montré si habile dans toute cette expédition que les pèlerins, après avoir failli être victimes de la cruauté des loups, ont peur de devenir les victimes de sa fourberie :

> Mirantur gallus et anser
> Tot vulpis victos arte fuisse lupos.
> Jamque retractantes sollertia facta, futuri
> Oderunt socium suspicione doli.
>
> (v. 811 sq.)

Dans le *Roman de Renart*, au contraire, toutes les actions du goupil sont celles du bouc ou de la chèvre des variantes populaires, où, je l'ai déjà dit, le renard ne figure pas la plupart du temps et où, par conséquent, sa ruse ne doit pas éclater dans tout son triomphe. Aussi, quand Belin et Bernart ont décidé de revenir sur leurs pas, est-il de leur avis :

> Cist eires est pesanz et gref.

leur répond-il, et c'est de grand cœur qu'il crie avec eux : « Outrée! Outrée ! » et, en leur compagnie, accomplit sa « retornée ».

Il nous est bien et dûment accordé, je pense, que notre branche VIII est, pour son fonds, d'origine essentiellement populaire. Reste à expliquer la présence de certains accessoires qui la séparent, elle et le livre IV de l'*Ysengrimus*, des versions congénères de la littérature orale. Pourquoi cette aventure si laïque en soi, si profane, d'animaux en quête d'un abri, a-t-elle été enchâssée dans un cadre religieux? Ce cadre est mince et ténu, sans doute; il n'est pas néanmoins inutile d'en examiner la provenance. Ce sera une occasion de nous expliquer une fois pour toutes sur les éléments religieux épars dans le *Roman de Renart*.

Si la mention du pèlerinage était propre seulement au poème français, si le poème latin ne la possédait pas parallèlement, rien ne serait plus facile que d'assigner une cause à cette transformation du récit. On la mettrait, sans hésiter, sur le compte d'un remanieur qui, voulant relier l'épisode à ceux des autres branches, aurait, dans ce but, imaginé un repentir de Renart, et, comme conséquence de ce repentir, sa confession à l'ermite nous déroulant la série de ses méfaits antérieurs. C'est là un procédé qui, nous le savons déjà, a été fort à la mode parmi nos poètes et dont le point de départ semble être la confession de Renart à Grimbert quand celui-ci le ramène à la cour du roi; cette dernière scène est déjà dans le *Reinhart*; elle est donc ancienne dans la tradition, et l'auteur du *Pèlerinage* aurait pu s'en inspirer. Mais on doit renoncer à cette explication, puisque l'*Ysengrimus*, lui aussi, donne pour prélude à l'aventure un projet de visite aux Lieux saints et que, en tête des pèlerins, figure le goupil. Car, si Bertiliana la chèvre est d'abord seule au premier plan, l'action ne commence véritablement que quand le goupil entre en scène et qu'elle lui présente ses compagnons qui, dit-elle, ont fait le même vœu qu'elle :

> Cervus, ego et vervex, gallus, caper, anser, asellus
> Sumpsimus ejusdem vota gerenda viaé.
>
> (v 65 sq.)

Il est impossible que Nivard ait emprunté ce motif initial à notre branche. Il a été montré tout à l'heure combien il s'en éloignait dans toutes les parties de sa rédaction. S'il ne l'a pas imitée pour le reste, pourquoi lui serait-il redevable du début ? L'hypothèse d'un remaniement ne peut donc se soutenir qu'à la condition de distinguer dans la première partie de la branche VIII deux éléments : d'une part, le repentir de Renart et sa transformation en pèlerin ; d'autre part, sa confession à l'ermite. Si, en effet, on fait abstraction de cette confession, on obtient un conte plus voisin de celui de l'*Ysengrimus*. Le texte de la branche VIII est ancien ; mais, malgré son antiquité, il a pu être précédé d'un autre qui, comme celui du poème latin, montrait le goupil repentant, emmenant avec lui le mouton et l'âne, sans y avoir été provoqué par une influence humaine. Telle a dû être la forme du conte français qui a succédé immédiatement à celle que nous reproduit le *Reinhart* où n'entrent aucune allusion ni aucun motif religieux. Plus tard, par besoin de souder le conte au cycle, on a introduit la scène du vilain qui entend les gémissements du renard et de l'ermite qui le confesse. Mais, ce hors-d'œuvre écarté et attribué à une retouche postérieure, nous ne nous trouvons pas moins en présence dans le poème français et dans le poème latin d'une tradition définitivement attachée au conte des *Animaux errants*, celle de *Renart pèlerin*. Comment s'est-elle formée ?

Pour s'en rendre compte, il faut remonter aux origines les plus lointaines de l'épopée animale savante, c'est-à-dire de celle qui peu à peu s'est formée dans les cloîtres. On a pu remarquer la place que tient le loup dans les petits poèmes ou dans les apologues composés par les moines dès le Xe siècle. Sans cesse, il y apparaît comme le protagoniste des scènes d'animaux. Un grand nombre des centons de la *Fecunda Ratis* d'Egbert de Liège lui sont consacrés ; il est le principal héros de l'*Ecbasis* ; c'est lui qui donne son nom au *Sacerdos et Lupus*, au *Luparius*, et, bien que l'œuvre de Nivard soit en grande partie imitée des poèmes français, elle porte pour titre *Ysengrimus* ; et, de fait, tout l'ensemble du récit est combiné de façon a être un vaste tableau de la stupidité du loup, depuis sa première rencontre malheureuse avec le goupil jusqu'au massacre de son corps déchiré par la truie Salaura et toute sa famille. Or, partout, sauf dans le *Sacerdos et Lupus*, c'est sous les traits d'un abbé ou d'un moine qu'il se présente à nous, et, sous ce masque, il conserve tous les caractères de son espèce : la dissimulation, la rapacité et la gloutonnerie. Faux docteur qui se dit sans cesse exténué par les rigueurs du jeûne, [1] casuiste consommé quand il se trouve en face d'une chair appétissante [2], il est le type hideux de l'hypocrisie religieuse, le type dans lequel se sont incarnées souvent les revendications amères de certains esprits écœurés des désordres dont l'église et les cloîtres étaient parfois le théâtre.

> Nil tonsura juvat, juvat aut amplissima vestis ;
> Si lupus es, quamvis esse videris ovis.

Ces deux vers d'Alexandre Neckam [3] nous donnent bien le sens de cette personnification dans le loup de tous les vices de la société cléricale ; ils nous rappellent les allégories de la Bible : « Attendite a falsis prophetis qui veniunt ad vos in vestimentis ovium, intrinsecus autem sunt lupi rapaces (*Math.*, VII, 15). Ego scio quoniam intrabunt post discessionem meam lupi rapaces in vos, non parcentes gregi (*Act. Apost.*, XX, 29). ». On a même pu dire avec raison que ces allégories étaient l'embryon de toutes ces inventions ecclésiastiques, qui en seraient sorties par une lente et insensible germination [4] : exemple des plus mémorables de la force d'expansion des sentences ou des proverbes qui, à un certain moment, se dilatent, s'étendent et se développent en tous sens et à l'infini.

Il eût été extraordinaire que ce travestissement religieux donné au loup par les écrits des cloîtres ne se prolongeât pas jusque dans le cycle français, alors même que celui-ci ne lui avait pas conservé sa place prépondérante et ne songeait pas à tirer parti de ce personnage dans un but satirique. La conception du loup moine, en se dépouillant de son caractère purement agressif et personnel, avait d'ailleurs pénétré dans la tradition orale sous la forme d'un petit conte bien connu au moyen âge et que Marie de France a rimé, celui du *Loup à l'école* [5]. Un prêtre veut apprendre l'alphabet à un loup qui

---

[1] *Zts. f. deuts. Alterthum*, XXIII, p. 311 ; *Ecbasis*, v. 97 sq. et 182 sq.

[2] *Luparius*, v. 406 ; cf. la fable 14 *de Lupo et Multone* du *Romulus de Marie de France*, (Hervieux, II, p. 490) et la fable 11 *de Lupo et Ariete* d'un dérivé de ce *Romulus*, (ibid. p. 528).

[3] *Opera S. Anselmi*, éd. Gerberon, p. 195.

[4] Voigt, *Ysengr.* p. XCI.

[5] Fab. 82. Sur ce sujet existe un joli petit poème allemand du XIIIᵉ siècle, édité dans le *R. Fuchs*, p. 190 sq.

se destine à l'église ; l'écolier encapuchonné parvient bien à déchiffrer les trois premières lettres ; mais sa patience se lasse, ses instincts reprennent le dessus et à toutes les questions il répond « agneau. » Longue serait l'énumération de toutes les versions qui nous sont restées de ce petit conte [1]. Il n'a pas passé dans le *Roman de Renart*, mais c'est de la même tradition que dérivent deux de ses épisodes, l'un (br III, v. 165 sq.) où Isengrin consent à se faire tonsurer dans l'espérance de manger de bons poissons et qui précède l'aventure de la *Pêche* [2] ; l'autre, sur lequel nous reviendrons plus loin, et où Renart après l'avoir enivré et lui avoir fait une large couronne sur la tête, l'amène à chanter à l'autel (br. XIV, v. 360 sq.).

D'autre part, si le loup avait conservé même dans le cycle français une partie de ses anciennes attributions monacales, ne devait-il pas tout naturellement se produire un dédoublement, et le renard ne devait-il pas attirer à lui quelque chose de ce rôle religieux ? Je dirai plus : le goupil étant censé représenter la malice humaine sous toutes ses formes et nos branches ayant comme raison d'être la glorification de ses ruses, ne devait-il pas compter parmi ses meilleures celle de la fausse piété et de la tartuferie ? On trouve déjà ce dédoublement accompli dans l'*Ecbasis* : le renard y fait dévotement ses prières, se confesse et chante des psaumes. Mais l'idée n'est qu'en germe ; elle recevra son plein développement avec nos trouveurs pour qui elle devient une des faces les plus attrayantes du caractère de leur héros. Avec leur esprit enjoué et leur bonne humeur, ils ne présenteront pas ce trait d'une façon tragique ni sous des couleurs sombres. Ce n'est pour eux qu'une veine de plus à exploiter en vue du comique et de la plaisanterie. Renart est condamné à la potence ; il offre, pour l'expiation de ses péchés, de prendre la croix, d'aller outre mer en toute humilité, et Dame Fière, l'épouse du lion, est si convaincue de son repentir qu'elle lui fait don de son anneau et lui recommande de bien prier pour elle et son mari. A peine est-il délivré et hors de portée qu'il jette croix, bourdon et écharpe du haut d'un rocher aux yeux de la cour ébahie

---

[1] Voir cette énumération d'ailleurs dans Voigt, *Ysengrimus*, p. LXXXI.
[2] Voir *Romania*, XVII, p. 14 sq, et Voretzsch, 2ᵉ art. p. 344, qui compare la rédaction française à celle du Glichezare plus simple et plus naturelle.

(br. I, v. 1351 sq.) Une autre fois, battu par Isengrin et près d'être achevé, il est sauvé par Frère Bernart, prieur de Grantmont, qui, passant par là, a obtenu sa grâce. Celui-ci le fait entrer dans un couvent. Tout d'abord il se montre scrupuleux observateur de la règle :

> Les signes fet del moiniage.
> Molt le tienent li moine a sage,
> Cher est tenuz et molt amez.
> Or est frere Renart clames.
> Molt est Renart de bel service,
> Volenters vet a seinte iglise.
>
> (VI, v. 1439 sq.)

Mais un jour il ne peut résister à la tentation d'égorger quatre chapons ; son larcin est découvert et il est chassé du couvent (br. VI, v. 1363-1511). Tantôt il feint d'être malade, à l'article de la mort, demande au milan d'écouter l'aveu de ses péchés et, quand il a terminé, il dévore son confesseur (br. VII, v. 243-844) ; tantôt il fait prendre à un de ses ennemis un piège tendu par un vilain pour de saintes reliques ; il s'agenouille dévotement devant ce piège, et l'autre, persuadé que celui qui approche la bouche est guéri de tout mal, s'y laisse prendre et est bientôt assommé par des paysans (br. X, v 369-637). Partout, on le voit, la note est gaie, et l'inspiration simplement malicieuse et étrangère à toute idée de parodie. N'étaient l'antécédent de l'*Ecbasis* et la présence constante dans les poèmes latins du loup affublé en moine, on serait tenté de regarder ces scènes comme de provenance purement française et dépourvues de toute affinité avec la tradition établie par les moines.

C'est parmi elles qu'il faut ranger notre histoire du *Pèlerinage* ; elle se rattache aussi à cette source cléricale et savante. Sans doute, elle s'en distingue par un trait qui semble en contradiction avec ce que je viens de dire sur le caractère comique donné par nos trouveurs au rôle religieux de Renart. Ici, en effet, le goupil est de bonne foi ; il se repent sincèrement : le vilain auquel il manifeste son désir de se confesser se refuse tout d'abord à le croire ; cette conversion subite lui paraît, à bon droit, suspecte :

> Tu sez tant de guile et de fart :
> Bien sai, tu me tiens por musart.
>
> (v. 79 sq.)

Mais il est forcé de se rendre à l'évidence et mène tout droit Renart au moutier. Là notre converti bat sa coulpe sincèrement et en toute humilité; il veut laver son âme de toutes ses souillures :

> Molt ai fait autres tricheries
> De larecins, de felonies.
> Bien sai qu'escomeniez sui.
> Certes je ne vos auroie hui
> Dit la moitie de mes pechiez.
> Che que voudrois, si m'en chargiez :
> Car je vos ai dite la soume.
>
> (v. 151 sq.)

De même le discours de Renart à Belin est celui de quelqu'un qui a trouvé son chemin de Damas :

> Dex a conmande que l'en lest
> Pere et mere, frere et seror
> Et terre et herbe por s'amor.
> Cist siecles n'est que un trespas.
> Molt est or cil chaitis et las
> Qui aucune foiz ne meüre.
> Ja trovons nos en escriture
> Que Dex est plus liez d'un felun,
> Quant il vient a repentison,
> Que de justes nonante noef.
> Cist siecles ne vaut pas un oef.
>
> (v. 218 sq.)

Mais n'oublions pas que, d'après la donnée du conte auquel est adapté ce motif de *Renart pèlerin,* il ne peut être question d'inimitié entre lui et ses compagnons, et que sa malice ordinaire ne peut s'exercer que sur Primaut. C'est là certainement ce qui a arrêté le poète et l'a empêché de présenter son héros sous les dehors d'un faux pénitent. Il ne lui a fait montrer le bout de l'oreille qu'à la fin de l'aventure par une réflexion qui ne nuit pas à l'unité du récit, mais qui, par ses sous-entendus, nous ramène à la réalité et nous désabuse un peu de la bonne opinion que nous nous étions faite de notre pèlerin :

> Il a el siecle meint prodome
> Qu'onques encor ne fu a Rome.
> Tiex est revenuz de sept seins
> Qui est pires qu'il ne fu eins.
>
> (v. 459 sq.)

A la même réserve n'était pas tenu Nivard dans le poème duquel l'aventure ne forme pas un tout, mais est suivie d'une autre scène où Reinardus s'empare du coq Sprotinus qui s'est défié de ses bonnes intentions. Il semble étrange qu'un voyage qui a débuté sous des auspices si pacifiques se dénoue d'une façon si tragique. Cette conclusion est complètement opposée à l'idée originaire du conte. Au moins a-t-elle l'avantage de nous montrer le goupil sous son vrai jour et d'avoir mis l'épisode en harmonie avec l'*estoire* qui en avait fait un personnage en tout et partout rusé et perfide.

II.

Renart et Isengrin dans le puits.

Les développements donnés à ce sujet par la branche IV n'ont rien de commun avec la fable ésopique *le Renard et le Bouc*. — Détermination de la forme archaïque du conte dans la tradition des trouveurs. — Rapports de cette forme avec celles de la tradition orale. — Du motif de l'image de la lune prise pour un fromage ou un visage dans la littérature écrite et dans la littérature orale. — Ce qu'est devenu ce motif dans la branche IV et pourquoi il s'est dédoublé.

S'il est un cas où la théorie qui fait dériver directement les branches françaises des fables ésopiques ou phédriennes est en défaut, c'est bien celui de l'aventure de *Renart et Isengrin dans le puits*. La fable antique *le Renard et le Bouc* que la littérature du moyen âge aurait pu connaître par Phèdre, qui l'avait traduite [1], fait justement partie du groupe de celles du poète latin qui n'ont point passé dans le *Romulus*, ni, par suite, dans aucun des recueils auxquels celui-ci a servi de base. Il suffit d'ailleurs de comparer entre eux le contenu de l'apologue et celui de la branche IV pour reconnaître qu'ils sont au fond étrangers l'un à l'autre.

Chacun a présente à la mémoire la donnée ésopique ou phédrienne. Le renard tombe par hasard dans un puits ; il ne sait comment en sortir, quand un bouc, passant d'aventure par là et dévoré par la soif, s'enquiert des qualités de l'eau. Il a à peine entendu la réponse du renard, qui lui assure qu'elle est excellente, qu'il descend à son tour. Une fois qu'il s'est désaltéré, le renard lui fait dresser le corps contre la paroi, et, grimpant hors du puits le long de son dos et de ses cornes, le laisse seul après lui avoir lancé la plaisanterie bien connue :

---

[1] Esope, Halm, n° 45 ; Phèdre, IV, fab. 9.

> Si le ciel t'eût, dit-il, donné par excellence
> Autant de jugement que de barbe au menton,
> Tu n'aurais pas, à la légère,
> Descendu dans ce puits. Or, adieu, j'en suis hors. [1]

Suivant la branche IV, Renart affamé arrive une nuit devant une abbaye. Après avoir tourné longtemps autour des murailles, il se décide à pénétrer par le guichet de la porte, laissé justement entr'ouvert. Il va droit aux gelines, en dévore deux et se dispose à emporter la troisième quand il se sent envie de boire. Un puits était dans la cour. En se penchant, il voit au fond son ombre qu'il prend pour le visage de sa chère Hermeline :

> Renars fu pensis et dolens :
> Il li demande par vertu :
> « Di moi, la dedens que fais tu ? »
> La vois du puis vint contremont :
> Renars l'oï, drece le front.
> Il la rapelle une autre fois :
> Contremont resorti la vois.
> Renars l'oï, moult se merveille.
>
> (v. 162 sq.)

Il saute dans un des seaux qui l'entraîne rapidement jusqu'à l'eau où il pense se noyer. Il désespère de remonter jamais quand survient Isengrin qui, à son tour, scrutant la profondeur, aperçoit sa propre image reflétée à côté de Renart. Il s'imagine que c'est Hersent qui se trouve là en compagnie de son mortel ennemi et le déshonore de nouveau :

> Sachiez pas ne li embeli,
> Et dist : « Moult par sui maubailliz,
> De ma fame vilz et honniz
> Que Renars li rous m'a fortraite
> Et ceens avec soi a traite.
> Moult est ore traître lere,
> Quant il deçoit si sa conmere.
> Si ne me puis de lui garder.
> Mes se jel pooie atraper,
> Si faitement m'en vengeroie
> Que james crieme n'en auroie. »

---

[1] La Fontaine, III, fab. 6. Cette plaisanterie ne figure pas dans le texte de Phèdre.

> Puis a usle par grant vertu :
> A son umbre dist : « Qui es tu ?
> Pute orde vilz, pute prouvee,
> Qant o Renart t'ai ci trovee ! »
> Si a ulle une autre foiz,
> Contremont resorti la voiz.
>
> (v. 212 sq.)

Renart le laisse hurler ainsi quelque temps, puis il le calme en lui persuadant qu'il est mort, que même il est tout joyeux d'être mort, et il lui fait un tableau alléchant des délices du paradis céleste où est son âme :

> Ceens sont les gaaigneries,
> Les bois, les plains, les praieries;
> Ceens a riche pecunaille,
> Ceens puez veoir mainte aumaille
> Et mainte oeille et mainte chievre,
> Ceens puez tu veoir maint lievre,
> Et bues et vaches et moutons,
> Espreviers, ostors et faucons.
>
> (v. 269 sq.)

Isengrin veut y descendre; Renart lui en indique le moyen, mais lui conseille de faire la confession de ses péchés avant de venir le rejoindre. Pendant qu'Isengrin, la face tournée vers l'occident, demande à Dieu, avec force hurlements, la rémission de ses fautes, Renart s'installe dans le seau qui est au fond du puits. Isengrin, sa prière finie, saute dans l'autre :

> Or escoutez le bautestal !
> Ou puis se sont entre encontre,
> Ysengrins l'a araisonne :
> « Compere, pourquoi t'en viens tu ? »
> Et Renars li a respondu :
> « N'en faites ja chiere ne frume,
> Bien vous en dirai la coustume :
> Quant li uns va, li autres vient,
> C'est la coustume qui avient.
> Je vois en paradis la sus,
> Et tu vas en enfer la jus.
> Du diable sui eschapez
> Et tu t'en revas as maufez. »
>
> (v. 346 sq.)

Isengrin reste dans sa prison toute la nuit. Le lendemain, les sergents des moines viennent tirer de l'eau. Leur âne ne parvenant point à ramener le seau trop lourd à l'orifice, ils regardent et, apercevant le loup, ils vont chercher de l'aide. Le malheureux Isengrin repêché est roué de coups et laissé pour mort [1].

Il suffit, on le voit, de mettre côte à côte la fable grecque et la branche IV pour voir que celle-ci ne dérive pas de celle-là. Il y a bien entre elles un fonds d'idées commun : un animal tombé dans un trou en sort grâce à la stupidité d'un autre. Mais là se borne la ressemblance. Dès qu'on examine les développements donnés de part et d'autre à ce thème, on reconnaît que les deux récits sont étrangers l'un à l'autre. La branche IV, il est vrai, n'est pas le prototype, dans la tradition des trouveurs français, du conte de *Renart et Isengrin dans le puits*; nous allons remonter de degré en degré à un état plus simple de l'*estoire*, grâce aux versions du *Reinhart* et du *Reinaert*, grâce aussi à certaines allusions d'autres branches. Mais ce n'est pas à la fable classique que nous aboutirons au terme de cette analyse.

Le *Reinhart* (v. 823-1060) reproduit assez fidèlement le récit de la branche IV ; mais, à côté de divergences insignifiantes, [2] il en est deux importantes qui nous prouvent que le texte de la branche IV est un texte remanié. Dans le Glichezare, il n'y a point de ces traits satiriques dirigés contre l'église dont est parsemé le morceau français ; de plus, au lieu de la longue introduction à l'aventure qui relate le vol des gelines de l'abbaye et motive la soif de Renart, il y a ce simple préambule : « Reinhart se rendit à une abbaye ; il savait qu'il y trouverait beaucoup de poules ; mais Dieu sait qu'il en fut pour ses peines, car la place était entourée de murs. Il en fit le tour, et il vit devant la porte un puits profond et large. » Ainsi, suivant le poème allemand, ce n'est pas la soif qui amène le goupil près du puits, c'est le hasard ou plutôt sa curiosité, et il descend uniquement parce qu'il a cru reconnaître sa femme. Par suite, l'exposé des faits est plus simple, moins cho-

---

[1] L'épisode se trouve ainsi conté dans *Renart le Contrefet* (Robert, II, p. 300 sq.) et dans un petit poème anglais du XIIIe siècle, *the Vox and the Wolf* (Mätzner, *Altenglische Sprachproben*, Berlin, 1867), p. 130.

(2) En voir le détail dans Voretzsch, 2e art., p. 352 sq.

quant que celui de la branche IV ; là, en effet, la descente de
Renart a un double motif, la soif d'abord, puis la conviction
qu'Hermeline est dans l'eau.

Par contre, si le motif de la réflexion de l'image du goupil
dans l'eau figure seul dans le poème allemand, celui de la soif
se présente seul aussi dans une variante française isolée et
contenue dans un manuscrit unique[1] :

> Renars est ore en moult grant painne,
> En mainte guise se demainne :
> Tramble et tressaut, sa barbe leche ;
> De soif li cuist la barbe et seche.
> Ne puet par nul engien savoir
> Com il peust de l'euve avoir.
> Lieve la teste et les orelles,
> Si a veuez les deus selles
> Pendues sor le puis a destre.

Isengrin lui-même qui, dans le *Reinhart*, comme dans la
branche IV, croit avoir reconnu sa femme en compagnie du
goupil, ne grimpe ici dans le seau que par gloutonnerie : il
veut aller dans ce Paradis que lui a décrit son compère :

> Tout a mes cuers quanqu'il desire,
> De nule riens ne s'en consire,
> Et trestruit li autre ensement
> Qui chaiens ont herbergement.
> A mengier avons tot ensamble
> Gelines tant con boin nous samble.

De même, dans les branches VI et IX, où il est fait brièvement allusion à l'aventure, Isengrin n'est attiré que par l'appât offert à sa gourmandise :

> Tu deïs qu'o toi porroie estre
> Laiens en paraïs terrestre
> O il avoit gaaigneries
> Et plein et bois et praeries :
> N'estovoit cele rien rover
> Qu'en ne poüst iloc trover :
> Et qui voloit manger poissons,
> Ou lus ou troites ou saumons,
> Tant en avoit con li plaisoit,
> A son talant les eslisoit.
>
> (VI., v. 615 sq.)

[1] Martin, *R. de Renart*, I, p. XIII note. Ce morceau a été publié
par Chabaille dans le supplément de l'édition Méon, p. 113 sq.

> De pite li fis le cuer tendre,
> Que je li fis croire et entendre
> Que g'ere en paradis terrestre,
> Et il dist qu'il i voudroit estre,
> Et ses voloirs li fist doloir,
> En l'eve l'apris a chaoir
>
> (IX, v. 511 sq.)

Enfin, avec le *Reinaert* II (v. 6410-6451), nous arrivons à une exposition d'une simplicité encore plus grande : la mention du paradis qu'ont en commun toutes les versions que nous venons d'étudier est absente ; le motif de la gourmandise est dégagé de tout élément religieux. C'est Erswyn, la femme du loup qui parle : « Plein d'anxiété, tu étais assis dans l'un des deux seaux, suspendu au-dessus de l'eau, au fond du puits, lorsque je passai près de là. Je t'entendis crier et te demandai comment tu te trouvais en ce lieu. « J'ai tant mangé, répondis-tu, *du poisson* qui se rencontre ici que le ventre m'en rompt. — Comment pourrai-je venir, dis-le moi, répondis-je. »

Nous voilà arrivés à une des formes primitives qu'a dû revêtir l'épisode dans l'ancienne tradition des trouveurs. D'où l'ont-ils tirée ? Certainement de la source populaire. Une des *Paraboles* d'Eude de Cheriton suffirait à nous en convaincre [1]. Là, nous voyons le loup attiré par la perspective d'une pêche abondante et se laissant prendre aux belles paroles du goupil : « Bone compater, hic habeo multos pisces bonos et magnos. » Là surtout, le conte a un cadre des plus simples : la scène n'a pas lieu dans une abbaye, mais dans une cour de ferme ; ce sont des paysans qui, le lendemain, tirent le loup de sa prison, et ils le tuent. Ce dernier trait suffit à lui seul pour faire exclure toute supposition d'emprunt à des sources littéraires analogues au *Roman de Renart*. La provenance populaire de cette forme de notre histoire est d'ailleurs pleinement attestée par le conte américain suivant [2]. Frère Lapin (le renard) est descendu dans un puits pour se rafraîchir. « Frère Renard (le loup) avait toujours un œil sur frère Lapin et le surveillait ; il l'avait vu sauter dans le puits et disparaître. « Eh bien ! dit-il, si je ne me trompe, c'est là que frère Lapin cache son argent ou bien il a découvert une mine

---

[1] Hervieux, II, p. 609.
[2] Harris, *Uncle Remus*, n° 16.

d'or. » Il s'approcha plus près du puits, mais n'entendit aucun son métallique, et, se rapprochant encore, il ne vit et n'entendit rien ; il appela : « Holà ! frère Lapin, que faites-vous ? — Qui ? Moi, je pêche, frère Renard. Je m'étais promis de vous faire la surprise d'un plat de poissons pour dîner. — Y en a-t-il beaucoup, frère Lapin, demanda le renard ? — Une grande quantité, des milliers ; l'eau en est littéralement pleine. Venez m'aider à les prendre. — Comment pourrai-je descendre ? — Sautez dans le seau, il vous descendra sain et sauf. » Frère Lapin parlait si gaiement et si éloquemment que frère Renard sauta dans le seau qui descendit immédiatement, tandis que son poids faisait remonter frère Lapin. Lorsqu'il se rencontrèrent à moitié chemin du puits, le lapin se mit à chanter :

> Adieu, frère Renard, prenez garde à vous,
> Car c'est le chemin que le tourment prend :
> Les uns vont en haut, les autres en bas ;
> Vous arriverez sain et sauf au fond. »

Toute notre histoire se retrouve trait pour trait dans ce conte des nègres de la Caroline ; il n'est pas jusqu'à la sentence qui le termine qui ne rappelle les vers du poète français :

> Quant li uns va, li autres vient,
> C'est la coustume qui avient.

Comment cette forme si simple est-elle devenue la scène si compliquée de la branche IV ? Comment au motif de la gourmandise est-il venu se greffer celui de l'illusion produite par la réverbération d'une image dans l'eau ? C'est ce qu'il convient d'examiner maintenant.

Cette superposition de motifs n'est pas à mettre au compte de l'originalité de nos trouveurs. Car le folk-lore de leur temps leur fournissait les éléments de cette combinaison. Un des morceaux de la *Disciplina clericalis* de Pierre Alphonse nous présente justement le motif de la gourmandise uni, dans l'histoire du puits, au motif de l'image d'un objet dans l'eau prise pour un corps réel. Le renard a promis un fromage au loup et l'emmène au bord d'un puits ; il lui montre au fond l'image de la lune : « Ecce, amice, caseum quam magnum et bonum ; descende ergo et ipsum affer ». Le loup l'invite à descendre le premier ; mais il l'imite bientôt, le renard prétendant ne pas pouvoir apporter le fromage, tant il est gros ; le pauvre sot ne tarde pas à rester seul dans l'eau [1]. Avant Pierre Alphonse, un autre juif, le rabbin Raschi, qui mourut à Troyes en 1040, avait conté l'aventure d'une façon presque identique : « Pourquoi es-tu descendu dans le puits ? demanda le loup. — C'est qu'il y a ici, répond le renard, de la viande et du fromage pour manger et se rassasier ». En même temps il lui montre une forme ronde qui n'était que le reflet de la lune dans l'eau et qui ressemblait à un fromage [2].

Le *Roman de Renart* ne semble pas avoir connu cette forme de l'histoire. Il y a bien une allusion de la branche I qui parle de la réverbération de la lune prise par le loup pour un fromage:

> Gel fis pecher en la fonteine
> Par nuit, quant la lune estoit plene.
> De l'ombre de la blance image
> Quida de voir, ce fust furmage.
>
> (v. 1057 sq.)

Mais ces vers se rapportent moins à notre épisode qu'à un thème bien connu de la littérature écrite et de la littérature orale d'après lequel tantôt le renard lui-même, tantôt le loup, sur le conseil du renard, se remplit, jusqu'à en éclater, de l'eau d'une rivière en croyant absorber un fromage qui n'est que l'image de la lune [3]. Mais l'absence dans le *Roman de Renart* de cette forme qu'a l'histoire dans les deux fables juives n'exclut pas la possibilité que nos trouveurs se soient inspirés, pour modifier le conte original, de la tradition orale vivant autour d'eux. Cette tradition ayant pour fond l'illusion produite par le reflet de la lune ne devait pas avoir une expression unique. Rien n'est plus commode en effet pour exploiter la naïveté des pauvres d'esprit que les erreurs auxquelles peut donner lieu ce phénomène. Ces erreurs peuvent être multiples ; on peut diversifier à l'infini les effets de cette cause unique. S'il est tout un groupe

---

[1] P. 144 sq.

[2] Gelbhaus, *Ueber Stoffe altdeutscher Poesie*, Berlin, 1886, p. 38 sq. et Derenbourg, *Directorium*, p. IX note. La littérature orale de l'Espagne et du Portugal connaît encore cette forme de l'aventure: Antonio de Trueba, p. 91 sq. et Coelho, p. 14.

[3] Hervieux, II, p. 532 ; Marie de France, fable 49 ; Arnaudin, p. 116 ; *Jahrb. f. rom u. engl. Lit.*, IX, p. 401 ; Kolmatschevsky, p. 77 ; Campbell, I, p. 272 ; cf. le 46e conte de Nicole Bozon.

de contes où c'est un fromage qui fait les frais de la mystification, on comprend sans peine qu'il doit en exister certains autres où le mirage est différent. Ainsi, dans un conte breton, l'image de la lune est prise pour une jeune fille bien en chair que le loup veut aller embrasser [1]. Dans le *Pantchatantra,* un lièvre emmène l'éléphant au bord d'un lac et lui montre le disque de la lune qu'il prend pour le roi des lièvres et auquel il demande pardon d'avoir écrasé quelques-uns de ses sujets [2]. Bien mieux, dans ce même recueil, un lièvre conduit un lion auprès d'un puits profond et lui montre son image réfléchie par l'eau ; le lion croit que c'est un de ses ennemis qu'il cherche et se précipite pour le tuer [3].

La réverbération de la lune est absente de ce dernier conte et y est remplacée par celle de la figure de l'animal. Est-ce là une véritable substitution ? Je ne le crois pas. Cette seconde manière n'est pas sortie de la précédente ; ce sont plutôt deux utilisations différentes d'un thème général qui est la reproduction par l'ombre ou par la lumière de n'importe quel objet sur un plan clair ou obscur. La reproduction de la lune a donné naissance à une foule de légendes, telles que celle des Malinois qui croient la nuit que leurs murailles sont en feu et apportent des pompes pour éteindre cet incendie [4] ; elle a produit les contes et les fables du loup qui boit, jusqu'à en éclater, l'eau de l'étang, persuadé qu'il atteindra un fromage imaginaire. Parallèlement, l'illusion produite par la reproduction de la figure dans l'eau est devenue la gracieuse histoire de Narcisse en même temps que celle du lion qui se jette dans un puits pour tuer son ennemi.

N'est-ce point là la clef de la première partie du récit du *Reinhart* et de la branche IV ? Le goupil descendant au moyen d'un seau pour retrouver sa femme, le loup aboyant après son ombre qu'il s'imagine être Hersent, n'est-ce pas une peinture qui est pour l'Europe le pendant de ce qu'est pour l'Inde la peinture du lion se précipitant dans l'eau à la chasse de son ennemi ? Il est évident que cette dernière scène n'est pas la cause génératrice du motif français. L'emprunt serait impossible à démontrer, et il suffit de les considérer attentivement l'un et l'autre

---

[1] *Rev. des Trad. pop.*, I, p. 363.
[2] Trad. Lancereau, p. 216.
[3] Ibid. p. 75.
[4] *Rev. des Trad. pop.*, II, p. 163.

pour voir que le conte du *Pantchatantra* n'a pas servi de modèle au conte du *Roman de Renart*. L'aventure du puits avait jeté ses racines dans tout l'Orient aussi bien que dans tout l'Occident ; l'Inde et la France, chacune à sa façon, nous ont conservé des spécimens nous montrant qu'à cette aventure s'était incorporé le motif de la méprise d'une ombre prise dans l'eau pour une figure réelle. Le thème primitif et fondamental de deux animaux se rencontrant au bord d'un puits est profondément altéré dans le *Pantchatantra*, presque anéanti, parce qu'il est noyé au milieu d'un contexte qui devait fatalement en faire disparaître les traits principaux et caractéristiques. Dans la branche IV et dans le *Reinhart*, l'histoire étant isolée, on saisit davantage les linéaments anciens, et la superposition du motif de la réflexion du visage ressort plus nettement.

Cette superposition, on a pu le remarquer, y est double ; elle est appliquée à Renart d'abord, puis à Isengrin ; tous deux sont victimes de la même illusion ; Renart croit apercevoir Hermeline, Isengrin est persuadé qu'il a devant lui Hersent. Celui-ci est détrompé par Renart dans la branche IV, ou plutôt il y a une solution de continuité dans le récit ; car le lecteur est très surpris de voir qu'Isengrin qui était si inquiet de la présence de sa femme n'a plus ce souci en tête dès que Renart lui a appris qu'il est mort et que son âme est au Paradis. La situation est plus logique dans le *Reinhart* où Isengrin reste persuadé que sa femme est avec son compère, bien que dans un lieu de délices. Cette variation d'un texte à l'autre prouve que le motif n'a été appliqué qu'incidemment au loup, qu'il n'a été introduit pour celui-ci que comme motif épique, c'est-à-dire pour faire de cette histoire un des épisodes de la guerre du loup et du renard à propos des rapports criminels de celui-ci et de la louve. Afin d'amener une allusion à cet événement, un des centres principaux du cycle, on s'est servi du motif même qui avait amené Renart dans le puits, à savoir le désir de rejoindre sa femme.

Pour Renart, au contraire, on ne peut dire que l'attribution de ce motif ait une cause épique. Était-il bien dans le caractère du goupil de descendre ainsi par amour pour son épouse ? Un tel accès de tendresse conjugale ne déroute-il pas l'opinion que donnent de lui la plupart de ceux qui ont chanté ses faits et gestes ? Qu'est en effet, suivant la tradition générale, pour ce chevalier d'industrie, celle qu'il appelle « sa chère Hermeline » sinon une sorte d'esclave propre à faire cuire le gibier qu'il rapporte de ses expéditions ou à bander ses plaies quand il rentre au logis ensanglanté et tout meurtri ? Les effusions affectueuses ne sont guère le fait de cet aventurier dont la vie se passe sur les grands chemins, dont les courtes apparitions au foyer ne sont que des trèves forcées, imposées par la peur ou la maladie, à son besoin d'agitation et de désordre. D'ailleurs, nous le savons, la réputation même d'Hermeline n'était pas telle, toujours à en croire nos poètes, qu'elle pût inspirer à son mari un attachement et un respect sans bornes. Le ménage Renart se présente à nous comme un de ces ménages louches, comme une association de deux êtres vicieux dont la complicité dans la tromperie et la reconnaissance tacite d'une mutuelle liberté font toute l'union. Comment donc ne pas être étonné en face de Renart pris d'une soudaine tendresse pour un objet qui en est si peu digne et s'exposant à la mort pour joindre celle dont nous nous attendrions plutôt à le voir heureux d'être débarrassé ? Mais ce contresens s'explique si l'on suppose que le trouveur, voulant expliquer la chute de Renart dans le puits, s'est inspiré d'une autre forme du conte dont faisait partie le motif de la réverbération de la figure dans l'eau du puits ; celui de la soif ne lui a pas paru assez dramatique ; il l'a conservé, il est vrai ; les vers suivants en font foi :

> Si ot moult grant talent de boivre
> Cilz qui bien sot la gent deçoivre.
> Un puis avoit enmi la cort :
> Renars le vit, celle part court
> Pour sa soif que il volt estaindre.

(v. 143 sq.)

Mais il l'a vite laissé de côté pour porter tout son effort sur l'autre qui était certes une matière plus riche en développements intéressants.

III

Primaut chanteur et glouton.

Constitution particulière de la branche XIV. — Sa ressemblance avec les chaînes de contes si fréquentes dans la littérature populaire.— Analyse de l'épisode de *Primaut s'enivrant et chantant dans une église*. — Le *Reinaert* et une allusion de la branche VIII ne le font ni s'eniver, ni chanter, mais sonner les cloches, — Ces trois motifs, l'enivrement, le chant et la sonnerie des cloches se retrouvent dans différents contes oraux. — De l'épisode de *Primaut à la panse trop pleine*. — En quoi il se rattache à la littérature populaire et non à la littérature classique.

La branche XIV est, dans sa presque totalité, consacrée à la guerre entre le loup et le goupil; on peut même tenir tout son début, qui traite de certaines affaires entre Renart et Tibert le chat, comme un fragment à part, une sorte de petite branche isolée [1]. A partir du vers 199, Renart n'a plus en face de lui que Primaut, ce soi-disant frère d'Isengrin, mais qui, nous l'avons vu plus haut, n'est autre qu'Isengrin lui-même caché sous un nom différent. [2] Cette seconde partie se compose de cinq aventures qui forment une série plutôt qu'un groupe; rien ne serait troublé dans la narration, rien ne serait amoindri de l'intérêt qui peut en résulter, si l'on s'avisait de les déplacer toutes, sauf pourtant la dernière qui sert d'épilogue; encore même serait-il possible de lui enlever ce caractère d'épilogue au moyen d'une légère modification et de donner à une des quatre autres la forme d'une conclusion. De même, rien ne serait plus aisé que d'augmenter le nombre de ces aventures, d'intercaler parmi elles un ou plusieurs épisodes empruntés à d'autres branches traitant du loup et du gou-

---

[1] Il a été considéré comme tel par un certain nombre de manuscrits, et, dans l'édition Méon, il constitue une branche distincte, la huitième.

[2] Voir ci-dessus p. 206 note.

pil [1]; c'est comme une rangée de perles de grosseur et de valeur uniformes dont on pourrait changer la disposition et diminuer ou multiplier le nombre à volonté. Mais, semblable au fil qui relierait ces perles, il y a entre ces cinq aventures une idée commune qui sert de transition; cette idée commune, c'est la bêtise du loup qui, sans cesse trompé par Renart, veut chaque fois se venger et se laisse de nouveau prendre aux belles paroles et aux séduisantes promesses de son ennemi, jusqu'à ce qu'il soit enfin réduit à l'impuissance et incapable de bouger.

> Par vos ai este escharnis
> Et batu et mal atorne.
> Ja ne vos sera pardone,
> Ja ne morres que par ma mein.
>
> (v. 930 sq.)

dit Primaut à Renart qui l'a fait battre dans une église où il s'était enivré, battre sur la route par des marchands auxquels il avait cru dérober des poissons en faisant le mort, battre par un paysan dont les jambons l'avaient tant engraissé qu'il n'avait pu sortir par où il était entré, battre enfin par des chiens au moment où il croyait être maître d'une troupe d'oies. Et, malgré tous ces déboires, il consent à aller jurer une nouvelle amitié à Renart dans un lieu sacré qui n'est autre qu'un piège où il laisse une de ses pattes.

Or, si nous considérons la façon dont la littérature orale traite les aventures du loup et du renard, nous voyons qu'elle procède aussi très souvent par coordination de récits. Sans doute, chacun de ces récits peut se rencontrer çà et là à l'état isolé; mais il n'est guère de recueils de contes qui ne renferme un de ces chapelets d'aventures ayant trait aux tours multiples et sans cesse renouvelés que joue le goupil au loup; et, là aussi, le fil conducteur est la naïveté de celui-ci. Il est berné une première fois; il veut dévorer son dupeur; celui-ci le radoucit, lui fait entrevoir une proie inespérée et un succès certain; il est de nouveau berné, de nouveau radouci et alléché, et ainsi

---

[1] D'ailleurs cette intercalation existe de fait dans certains manuscrits qui, outre ces cinq aventures, en renferment d'autres, celle de Renart et de Primaut qui vendent les vêtements du prêtre pour un oison, celle de l'oison dévoré par un vautour. Voir pour cela l'édition Méon, fin de la branche IX et début de la branche X, ou le volume III de Martin pour la branche XIV.

de suite jusqu'à ce qu'il perde la vie. De cette sorte se trouvent rangées les unes à la suite des autres, mais dans un ordre qui varie suivant les caprices du conteur, les histoires de la *Pêche à la queue*, des *Charretiers*, du *Baptême du beurre*, de la *Panse trop remplie*, du *Loup ivre dans un cellier*, de la *Lune prise pour un fromage*, et bien d'autres dont chacune a pour but de montrer la force impuissante du loup aux prises avec un ennemi faible mais rusé. Rien n'est plus caractéristique en ce genre que les aventures d'Ilmola de la littérature orale des pays du Nord et en particulier de la Finlande, lesquelles constituent comme une comédie à cent actes divers qui se joue entre le renard et l'ours.

Ces chaînes de contes ont sans doute existé très anciennement; les narrateurs de profession ont dû les former dès qu'il y eut en circulation un nombre assez considérable de récits ayant pour sujet commun l'animosité du renard et de l'ours ou du loup. Loin de moi la pensée de vouloir établir quelque analogie entre la constitution du *Roman de Renart* lui-même et celle de ces chaînes de contes. Il n'y a rien de commun entre elles. Mais ce qui doit nous frapper, c'est la ressemblance de la branche XIV avec ces chaînes. La marche des événements et la transition de l'un à l'autre sont identiques de part et d'autre. De plus, sur les cinq aventures qui composent cette branche XIV — l'aventure de *Primaut et les Oies* (v. 844-897) est insignifiante et peut être écartée, — quatre figurent presque invariablement dans les chaînes de contes populaires et en sont des anneaux inévitables. Enfin, le style lui-même de la branche XIV rappelle la narration brève et sèche qui est propre à la littérature orale ; comme elle, il a l'allure rapide, va droit à son but, sans digressions et sans se charger d'incidents étrangers au sujet ; comme elle, il vise à la netteté et à la clarté plutôt qu'à la grâce et à l'élégance.

Nous avons vu déjà ce qu'il faut penser de l'aventure de Primaut essayant de dérober des poissons en faisant le mort ; ce n'est qu'une variante de celle de Renart ayant recours, mais avec succès, à la même ruse, et provoquée justement par la formation de ces chaînes de contes. Nous étudierons plus loin l'aventure du serment d'amitié prêté sur un piège. Contentons-nous d'étudier maintenant l'épisode de *Primaut ivre et chanteur* (v. 199-540) et celui de *Primaut à la panse trop remplie* (v. 647-840).

Renart a dérobé à un prêtre une boîte d'hosties. Il rencontre Primaut qui est affamé. Il lui en donne deux qui ne font qu'aiguiser son appétit, et, pour le contenter, il le mène à l'église d'un moutier où ils pénètrent par un trou qu'ils creusent au seuil. Après avoir dévoré toutes les hosties qu'elle renfermait, ils avisent une huche pleine de pain, de viande et de vin ; ils la pillent. Mais le vin ne tarde pas à monter à la tête de Primaut que son compagnon fait boire outre mesure ; il déclare qu'il veut chanter la messe. Grande joie de Renart :

> Bien porras, fet il, tel chant fere
> Qui te tornera a contraire.
> Chanter ne dois nus, bien le sez,
> Devant que il soi ordenes.
> Nus ne doit estre chapeleins
> Se il n'est corones au meins.

(v. 353 sq.)

Primaut accepte d'être tonsuré, et Renart, au moyen d'un rasoir qu'il a découvert dans une armoire, lui pratique une large couronne sur la tête. Puis il lui fait sonner les cloches :

> Les cordes cort tantost saisir.
> Les seins sone de grant aïr.
> A glas sone et a quareignon.

(v. 427 sq.)

Cela fait, Primaut endosse l'aube, la chasuble, et, pendant qu'à l'autel, devant le missel ouvert, il crie et hurle à pleins poumons, Renart regagne le trou par où ils sont entrés et s'enfuit après l'avoir soigneusement bouché. Le prêtre, éveillé par le son des cloches et les chants de Primaut, se lève, va droit à l'église et regarde dans l'intérieur par une fente de la porte. A la vue du loup, il va chercher de l'aide dans les rues. On arrive en foule et on ouvre la porte. Primaut n'a que le temps de retirer ses vêtements et de courir vers le trou ; il le trouve obstrué. Affolé par la peur et par les coups qu'il reçoit de toute part, il prend un vigoureux élan et saute dehors par une fenêtre haute de dix pieds et demi qui était par hasard ouverte. Il retrouve au fond d'un bois Renart qui le persuade sans peine que c'est le prêtre qui avait bouché le trou.

En regard de cette scène on peut mettre celle de la branche XII (v. 789-1400) où Renart chante vêpres dans une église avec

Tibert. Richard de Lison, l'auteur de cette branche, bien qu'il prétende avoir tiré la matière de son récit d'un ouvrage latin, l'avoir « translatée en romanz », s'est évidemment inspiré de la branche XIV. Le prêtre qui, dans celle-ci, aperçoit le loup par un trou le prend, suivant certains manuscrits [1], pour un diable; il en est de même dans la branche XII : le vilain qui a le premier aperçu le chat pendu à la corde de l'église s'enfuit de peur et crie partout

> Que as cordes a un diable.
>
> (v. 1267.)

Sans doute, le motif de l'ivresse a disparu, ainsi que celui du trou bouché par Renart, mais le cadre est bien le même. Ce qui prouve surtout l'emprunt, c'est le partage de deux fromages qu'ils trouvent dans l'église et qui rappelle le pillage des hosties et du contenu de la huche de la branche XIV.

Ce dernier trait est absent des vers du *Reinaert* qui font allusion à une scène analogue: « Je le fis moine à Elmar où nous nous étions retirés du monde ; mais il ne put supporter ce genre de vie. Je fis en sorte qu'il se liât les deux pieds de devant à la corde de la cloche. Il aimait tant à sonner qu'il voulut apprendre à le bien faire. Il s'en tira à sa honte, car il sonna si violemment que tous ceux qui passaient dans la rue ainsi que les habitants du couvent crurent que c'était le diable et coururent voir d'où venait ce tintamarre. » (v. 1480-1493). Seule aussi, la sonnerie des cloches fait le fond de l'aventure dans l'une des allusions de la branche VIII :

> Car jel fis moigne en un moster
> Et si le fis devenir prestre.
> Mais au partir n'i vousist estre
> Por une teste de sengler.
> Car je li fis les seins soner.
> Si vint li prestres de la vile
> Et des vileins plus de deus mile
> Qui le batirent et fusterent;
> A bien petit ne le tuerent.
>
> (v. 126 sq.)

Cette différence entre les versions de la branche VIII et du *Reinaert* qui ne présentent que le motif de la sonnerie des cloches et la version de la branche XIV qui renferme en outre

---

[1] Martin, III, p. 520.

ceux de l'ivresse et du chant, nous avertit que celle-ci ne peut guère être un conte simple et qu'elle doit être le résultat d'une juxtaposition faite peu à peu d'éléments divers et hétérogènes.

Voici en effet deux histoires relatives au loup, où, sans être ivre, et uniquement par bêtise, il attire les gens par son chant. La première est dans la collection des *Fabulae extravagantes*. Le loup rencontre près d'un bourg des chèvres qui, à son approche, se cachent dans un four. Elles refusent d'en sortir, voulant, disent-elles, entendre la messe avant d'être dévorées par lui, et elles lui demandent de la chanter. Lui, se croyant évêque, hurle de toutes ses forces ; les voisins accourent et le rouent de coups [1]. Il était tout naturel, presque inévitable que cette scène changeât de théâtre, que la messe si désirée par les chèvres fût chantée dans une église et non plus auprès d'un four. Nous voyons cette transformation opérée dans une variante basque. Les chèvres emmènent le loup dans une église où elles doivent servir de chantres, et le loup se met à hurler de telle façon que les chiens arrivent et le mettent en pièces [2]. Voilà pour le motif du chant de Primaut dans l'église.

Dans le *Romulus de Munich* [3] et dans son dérivé, le *Romulus de Berne* [4], un conte isolé nous montre aussi le loup en train de chanter, mais, cette fois, dans une intention moins édifiante. Rencontrant un chien affamé, mal nourri par son maître, il lui conseille de le poursuivre sans l'atteindre lorsqu'il le verra prendre un agneau, de façon à décider cet avare à mieux traiter son serviteur et à lui donner les forces nécessaires pour bien garder son troupeau. Le loup s'empare ainsi de deux agneaux, et le chien reçoit désormais une pitance convenable. Une autre fois, le loup veut dérober un agneau. Mais le chien s'y oppose et, pour le dédommager, il l'emmène au cellier dont il n'avait pas la garde ; là, ils trouveront de la viande, du porc et du vin. Le loup fait si bonne chère qu'il s'enivre, chante à gorge déployée, attire par ses cris le maître du logis qui le rosse d'importance.

Ces deux motifs, celui du loup qui chante la messe dans une église par présomption naïve et celui du loup qui chante à la

---

[1] Hervieux, II, p. 737.
[2] Cerquand, n° 115.
[3] Hervieux, II, p. 739.
[4] Ibid. p. 749.

suite de libations prolongées ne sont au fond qu'un seul thème plus simple, celui de l'animal à la voix discordante qui veut envers et contre tous faire résonner les échos de ses accents. Le *Pantchatantra* nous l'a conservé dans le conte de l'*Ane chanteur*. Un âne n'ayant pu résister, malgré les objurgations d'un chacal, à l'envie de faire entendre les accords de sa voix, est battu par le garde du champ où ils errraient la nuit[1]. Ce thème s'est scindé, nous venons de le voir, en deux thèmes différents, l'un faisant du loup un évêque, l'autre un ivrogne, et ceux-ci, à leur tour, se sont fondus en une scène unique, celle de Primaut qui, excité par les fumées du vin, célèbre la messe à l'autel et attire tout le voisinage par ses modulations.

Reste à expliquer la présence d'un troisième facteur de cet épisode, la sonnerie des cloches, que la branche VIII et le *Reinaert* ont considérée comme l'unique base de l'aventure. Ce motif semble bien être de sa nature un motif à part et indépendant de celui du chant ; la preuve est qu'il le remplace dans certains contes de la littérature populaire, par exemple dans ce conte agenais où le loup attire les gens non point par sa voix, mais par la malencontreuse idée qu'il a de faire tinter la cloche de l'église où il se trouve en compagnie d'une chèvre. Ils y sont entrés par un trou de la porte ; le loup ne pouvant plus sortir, tant il est enflé par la miche de pain qu'il a dévorée, grimpe, sur le conseil de sa compagne, à la corde de la cloche qui sonne à toute volée, et aussitôt les paysans accourent avec des fourches et des bâtons [2].

Nous surprenons donc encore ici, chez le trouveur de la branche XIV, une tendance à réunir en un seul faisceau des contes divers : au chant du loup dans l'église, il a non seulement ajouté le trait de l'ivresse, mais aussi celui de la sonnerie de la cloche, et, tous trois, on peut en juger par les recueils qui nous les ont conservés et aussi par leur naïveté, lui ont été transmis par la voie orale et populaire.

Le conte agenais que nous venons d'analyser, et dont la scène se passe dans l'église, a comme conclusion le tableau des efforts

---

[1] *Pantchatantra*, trad. Lancereau, p. 330 sq. Voir un rapprochement des différentes variantes de ce récit dans Kolmatschevsky, p. 48. Voretzsch, 1er art. p. 172, et Gerber, p. 66, contestent le rapport entre nos contes européens et ce motif oriental. Ils voient dans cette coïncidence un simple résultat du hasard.

[2] Bladé, *Contes agenais*, p. 126; *Contes gascons*, III, p. 159

que fait le loup pour repasser par le trou qui lui a servi d'entrée ; n'y pouvant réussir à cause de sa panse trop remplie, il grimpe à la corde de la cloche. Le même tableau se retrouve dans la plupart des contes où la scène se passe dans un cellier et où le loup s'enivre et chante. « Quand ils eurent bu, dit une variante landaise, le loup n'y tenait plus et se mit à chanter sans plus attendre, criant et hurlant comme un fou, faisant un tel vacarme que la batterie de cuisine en tremblait à l'autre bout de la maison. Entendant cela, le renard s'éclipse sans rien dire. En même temps les gens de la maison se réveillent ; ils accourent tout ébahis..... le loup ne chante plus ! Il gagne le trou au plus vite ; mais il avait trop rempli sa panse et ne pouvait plus passer ; il manqua d'être mis en pièces. A force de peine, il se vit enfin dehors et il s'en alla en trébuchant, laissant la moitié de son cuir sur la place »[1]. Ce même épilogue se retrouve dans une variante transylvanienne[2] et dans une variante hongroise[3]. Ainsi au motif du loup ivrogne et chanteur est lié souvent celui du loup glouton qui a le ventre si gonflé qu'il ne peut plus sortir et s'échapper.

Le premier, seul, figure[4] dans le court épisode rapporté sous forme d'allusion dans la branche VI (v. 704-731), lequel correspond à un récit très peu étendu, lui aussi, du *Reinhart* (v. 499-550). L'épisode, dans le Glichezare, suit l'histoire où, Reinhart ayant procuré un jambon à Isengrin, celui-ci et les siens le dévorent sans en rien laisser. Reinhart, pour se venger, les emmène étancher leur soif dans un cellier voisin. Le loup, mis en gaîté, chante une chanson « à la manière de son père ». Tout à coup six hommes se montrent avec des gourdins. La porte est fermée ; Isengrin et dame Hersant sont obligés, après maints horions, de sauter par-dessus une haie. De même, dans la branche VI :

> « Un jor que mangai d'un bacon
> Grant talant avoie de boivre ;
> La me soüs molt bien deçoivre.
> Tu me deïs que d'un celer
> T'en avoit on fet celerer,

---

[1] Arnaudin, p. 124 sq.
[2] Haltrich-Wolff, p. 41.
[3] Teza, p. 71.
[4] Il en est de même dans un conte finnois (Schreck, p. 199), et dans un conte esthonien (*R. Fuchs*, p. CCLXXXIV).

> En ta garde estoient li vin
> Toz tens au soir et au matin.
> La me menas bien a envers.
> Tu m'as chante de meint fax vers. »
> Ce dit Renars : « Or as tu tort.
> De ce sui bien en mon recort
> Que tant boüs que tos fus ivres.
> Si te vantas que tot sans livres
> Chanteroies bien un conduit.
> Puis conmenças a si grant bruit
> Que tuit cil de la vile vindrent
> Qui a grant merveille le tindrent.
>
> (v. 704 sq.) (1)

Le motif de la panse trop remplie est aussi absent de la scène d'ivresse dans l'église de la branche XIV. Renart a bouché l'ouverture par où ils s'étaient glissés à l'intérieur, et, de guerre lasse, Primaut poursuivi se sauve par une fenêtre. Cette fin, toute naturelle qu'elle est, n'en est pas moins inattendue. Pourquoi le trouveur qui jusqu'ici a suivi pas à pas la tradition, qui a représenté le loup non seulement buvant de façon a être ivre et à oublier toute prudence en chantant, mais encore dévorant toutes les provisions du prêtre de façon à avoir le ventre plein, l'abandonne-t-il brusquement ? Pourquoi, au lieu de nous montrer Primaut essayant de sortir par le trou de la porte et n'y réussissant point parce qu'il est trop gros, nous le dépeint-il ne trouvant plus de trou et sautant par une fenêtre haute de dix pieds, en émule du héros Tristan pourchassé dans une église par les émissaires du roi Marc ?

Si l'on a imaginé cette conclusion, c'est qu'en conservant la forme originale on se serait exposé, dans la branche XIV, à une répétition du plus mauvais effet. La troisième aventure de cette branche est justement le conte où Primaut est devenu si large pour s'être bourré de lard chez un paysan, qu'il ne peut parvenir à suivre Renart qui a franchi le premier le trou par où ils ont pénétré. Il supplie Renart de le tirer de là :

---

[1] Voretzsch, 1er art. p. 176, insiste sur le rapport qui unit l'allusion de la branche VI et l'épisode du *Reinhart* et qui prouve que tous deux remontent à un prototype commun. Il ajoute, et cela concorde avec notre manière de voir, que le poète de la branche XIV, dont le développement est si différent, a pu fort bien ne pas utiliser ce prototype et puiser dans la tradition orale.

> Renars as orreilles le prist,
> A deus meins et si sache et tire,
> A pou le cuir ne li descire.
> Et onques ne sot tant tirer
> Que d'iloc le poüst oster.
>
> (v. 720 sq.)

Il va alors chercher une corde, la lui passe autour du cou et, tout en disant hypocritement

> Leirai je ci mon conpaignon ?
> Nenil, que je puisse par De.
>
> (v. 750 sq.)

il donne de terribles secousses qui enlèvent la peau du malheureux. Aux hurlements de douleur de Primaut, le vilain s'éveille. Il arrive, une chandelle à la main, et veut le frapper de son bâton. La chandelle s'éteint. Il court au feu pour la rallumer ; mais, pendant qu'il est baissé, Primaut le saisit aux « naches ». Le vilain pousse des cris qui attirent sa femme. Plus elle frappe Primaut, plus il serre les mâchoires :

> Ne le voloit Primaulz laissier,
> Einz le teneit et bel et gent.
>
> (v. 798 sq.)

Force est à la femme d'appeler les voisins à l'aide. Elle ouvre la porte, et Primaut en profite pour s'échapper.

Cet épisode étant tel, il était impossible, on le voit, au trouveur de la branche XIV de reproduire le trait de la panse trop remplie dans l'aventure de Primaut à l'église ; on ne peut que le louer d'avoir si légitimement été infidèle à ses modèles.

Quant à l'épisode en lui-même de Primaut retenu dans sa fuite, on nous accordera, je pense, après ce qui précède, qu'il doit être, comme les autres épisodes de la branche XIV, rattaché à la tradition orale. La tradition littéraire a, en effet, traité ce sujet d'une façon assez différente. Chez elle, la scène est plus simple : l'animal prisonnier a pénétré dans le garde-manger de lui-même, sans y être amené par personne. Quand il se plaint de ne pouvoir sortir, un autre personnage survient qui lui dit de patienter et d'attendre qu'il ait repris ses dimensions ordinaires :

> Si vis, ait, effugere istinc,
> Macra cavum repetes quem macra subisti. [1]

Le récit est construit comme celui de la fable *le Bouc et le Renard* : un personnage vient faire de la morale à un autre qui s'est imprudemment mis dans l'embarras. Celui-ci, dans le cas présent, n'est pas invariablement le même animal : c'est un renard dans les fables ésopiques [2], un mulot dans Horace, une souris dans Saint Jérôme [3], un serpent dans Grégoire de Tours [4]. De même celui dans la bouche duquel est placée la sentence finale n'est pas non plus un personnage fixe : c'est tantôt un animal de la même espèce que le prisonnier, tantôt un animal différent, tantôt enfin un homme. Le caractère didactique étant prédominant dans cette fable, sa fin unique étant de montrer l'imprévoyance du glouton en général, le thème reçoit aussi bien son application avec tels personnages qu'avec tels autres.

Il n'en va pas de même dans la littérature orale qui a transformé ce thème et, au lieu de le faire servir à une leçon morale, l'a présenté comme un moyen ingénieux de se débarrasser d'un adversaire gênant [5]. Le fond de l'aventure a été conservé, mais pour une destination différente. Si les deux personnages ont été maintenus, l'un est la victime de l'autre passé au rôle de perfide conseiller. Cela étant, on comprend pourquoi l'affaire se passe presque invariablement entre le renard et le loup. C'est le renard qui mène le loup au garde-manger, comme ailleurs il lui enseigne à pêcher, lui fait faire le mort sur la route, lui verse rasade sur rasade pour l'amener à chanter. L'aventure est entrée dans le cycle que les conteurs populaires ont peu à peu formé de toutes sortes de thèmes qui, la plupart, n'avaient nullement pour base l'animosité du renard et du loup, et, une fois introduite dans ce cycle, elle a revêtu

---

[1] Horace, *Ep.* I, VII, v. 32 sq.
[2] Babrius, n° 86 ; Esope, Halm, n°s 31 et 31ᵈ.
[3] *Opera*, Paris, 1706, tome IV, col 665.
[4] *Historia ecclesiae Francorum*, livre IV, ch. IV, p. 22 (Éd. Guadet et Taranne).
[5] Une seule variante populaire, à ma connaissance, reproduit la fable ésopique ; c'est une variante bretonne (Sébillot, *C. pop. de la Hᵗᵉ Bretagne*, III, p. 365). Dans les *Contes* de Nicole Bozon, n° 145, c'est aussi le renard qui est victime de sa gloutonnerie et c'est le chat qui l'encourage à se régaler outre mesure.

tous les caractères de ces contes qu'elle allait coudoyer, unis tous entre eux par l'idée commune de cette guerre entre les deux animaux. Le loup devient le glouton obligé; le renard qui, dans la forme originaire, pouvait aussi bien tenir ce dernier rôle est érigé en mauvais génie du loup. Si, comme pour conserver au conte quelque trace de son ancienne constitution, on le fait entrer avec le loup dans la cachette aux jambons, il a soin d'en sortir avant d'être trop enflé. Autre part, il se gardera de suivre son compagnon; il restera dehors, et, au moment voulu, il ira chercher et appeler les gens du voisinage [1]. C'est bien le même renard qui, pendant que le loup pêchait, courait avertir la femme de la ferme et l'attirait du côté de l'étang. Cette femme elle-même, dont la présence, nous l'avons vu, est devenue un trait inséparable de toutes les scènes de ce genre, apparaît dans notre branche sous les traits de la femme du vilain que Primaut est en train de mutiler :

> Sa feme sailli erraument,
> Si tint un baston en sa mein [2].
>
> (v. 792 sq.)

---

[1] Hervieux, II, p. 705; cf. *Jahrb. f. rom. u. engl. Lit.*, IX, p. 400, et Haltrich-Wolff, p. 500.

[2] Dans certains manuscrits, le bâton est remplacé par une quenouille que porte la paysanne, tout comme la mère Martinet dans l'aventure de *Tibert* de la br. I. De même, d'ailleurs, la façon dont ici Primaut saisit le vilain et paralyse ses mouvements rappelle la mutilation faite par Tibert au prêtre Martin. J'aurai plus loin l'occasion de revenir sur ce rapprochement. Cette même branche I renferme aux vers 1050 sq. une allusion très précise à notre épisode :

> Trois bacons avoit en un mont
> Ches un prodome en un larder :
> De çous li fis ge tant manger,
> N'en pot issir, tant fu ventrez,
> Par la u il estoit entres.

Le nombre de trois bacons que l'on retrouve dans la branche XIV v. 666 :

> A trois bacons moult bien sales

semblerait indiquer une relation directe entre les deux passages. Mais il est assez curieux que deux manuscrits de la branche I qui ne contiennent pas la branche XIV (voir Var. p. 28) portent ce nombre à dix, ce qui ferait supposer que les manuscrits qui contiennent les deux branches ont fait une correction dans les vers de l'allusion de façon à faire concorder les deux textes.

En somme, ce conte a été enchâssé par la littérature orale dans un cadre nouveau et y a perdu sa simplicité antique, tout en gagnant du plaisant et du pittoresque. C'est sous cette forme renouvelée, et muni de tous ses développements postérieurs, que les trouveurs de Renart l'ont connue et fait passer dans leur collection.

IV

RENART TEINTURIER ET JONGLEUR

De l'originalité que paraît offrir dans son ensemble la branche I^b. — Analyse de cette branche. — L'épisode de *Renart teinturier* ne peut pas dériver du conte indien *le Chacal bleu*. — Existence dans la littérature orale de tous les pays du motif de l'animal qui se déguise. — L'épisode de *Renart noir* dans la branche XIII n'est qu'une imitation de celui de *Renart teinturier*. — La transformation de Renart en jongleur et son baragouin sont des inventions du poëte. — Rapports de la scène du vol de la vielle avec une scène de la branche XIV ; antériorité de celle-ci. — A cette branche XIV sont empruntés les détails de la scène du serment de Poncet sur la tombe d'un martyr. — De l'élément religieux renfermé dans cette scène. — La dispute entre Renart et Hersent, la noce de Poncet et d'Hermeline, la bataille d'Hersent et d'Hermeline n'ont point de prototypes. — Conclusion du chapitre RENART ET LE LOUP.

L'originalité, on a pu en juger par ce qui précède, n'est pas précisément le fait des trouveurs qui ont collaboré au *Roman de Renart*. J'ai montré, au début de cette étude, la façon de procéder de nos poëtes et la contrainte presque absolue qu'ils s'étaient imposée de ne pas se mouvoir en dehors du cercle tracé avant eux par la fable classique ou par le conte populaire. Toujours esclaves d'une tradition, ils ne prennent guère de libertés avec leur matière que pour en développer plus ou moins le fond et lui donner telle ou telle forme qui répond à leur goût et à leur tour d'esprit particulier. Séduits par certains traits de leur modèle, qui se prêtent soit à une description, soit à une peinture comique, ils s'y attardent complaisamment et, quelquefois avec un talent réel, trop souvent hélas ! avec un dédain absolu de la mesure et de l'à-propos, mettent en œuvre et déversent à grands flots toutes les ressources de leur imagination mobile et enfantine. Mais tout cet amas de détails adventices, tout ce luxe débordant de complications et d'imbroglios laisse entier et intact le squelette d'un conte emprunté qu'ils ont seulement pourvu d'une chair plus opulente et d'un sang plus riche. Pour d'autres encore, nous l'avons vu, l'invention consiste à s'emparer d'un sujet déjà traité par leurs devanciers et à le renouveler ou l'amplifier par toutes sortes de reprises et de retouches : les noms des personnages ont changé; les aventures ont une cause et une fin différentes; mais, là encore, il reste toujours assez de traces du récit original pour dévoiler l'artifice et mettre à nu la supercherie de ces prétendus innovateurs : de tels morceaux ne sont pas des arbustes isolés, mais les rameaux les plus éloignés d'un tronc unique. En un mot, nous n'avons pas encore rencontré sur notre route, je ne dis pas une branche, mais même un fragment de branche créé de toutes pièces par un trouveur et sans aucun lien de parenté avec quelque récit similaire.

La branche I[b], celle qui porte en général pour titre *Renart teinturier*, semble pourtant faire exception par ses détails et par son ensemble, et se présenter à nous comme une production toute nouvelle. Dans les autres branches, alors que les animaux se rapprochent le plus des hommes par leurs mœurs et leurs actions, on les reconnaît facilement sous leur masque d'emprunt. Ici, au contraire, on remplacerait les animaux par des hommes que la marche de l'action n'en serait point amoindrie. C'est une sorte de joyeux vaudeville, de grosse farce bourgeoise où les bêtes tiennent tous les rôles, mais après avoir laissé dans les coulisses tout ce qui pouvoit rappeler leur naturel et s'être compètement travesties en personnages humains.

Renart, dont la tête est comme mise à prix après les tours pendables qu'il a joués au roi et à ses barons, s'enfuit à toutes jambes. Une fois hors de leurs atteintes, il s'arrête sur un tertre et là, la face tournée vers l'Orient, il adresse à Dieu cette singulière prière :

> He Dex qui meins en trinite,
> Qui de tans perilz m'as jete
> Et m'as soufert tans malz a fere
> Que je ne doüsse pas fere,
> Garde mon cors d'ore en avant
> Par le tien seint conmandement !
> Et si m'atorne en itel guisse,
> En tel maniere me devise
> Qu'il ne soit beste qui me voie,
> Qui sache a dire que je soie.
>
> (v. 2221 sq.)

Son souhait est bientôt exaucé. Il arrive près de la maison d'un teinturier qui, après avoir préparé une cuve de couleur jaune, était allé chercher son aune pour mesurer le drap qu'il devait tremper. Renart, voyant la fenêtre ouverte et n'entendant aucun bruit à l'intérieur, saute et tombe en plein dans la cuve. Il s'épuise en efforts inutiles pour sortir de ce bain inattendu quand arrive le teinturier. Pour sauver sa vie, il lui assure qu'il connaît son métier ; le teinturier lui demandant pourquoi il est entré dans la cuve, il lui répond plaisamment :

> Por atenprer
> Ceste teinture et atorner :
> C'est la costume de Paris
> Et de par tot nostre païs.
> Or est ele molt bien adroit
> Atornee tot a son droit.
> Aidiez moi tant que je fors soie,
> Puis vos dirai que je feroie.
>
> (v. 2291 sq.)

Le niais le croit ; mais, une fois hors de la cuve, notre compère se moque de son libérateur et décampe, riant fort d'en être quitte à si bon compte et de se voir ainsi déguisé.

Isengrin se trouve sur son chemin et se signe à sa vue

> Et dit que mes ne vit tel beste,
> D'estranges terres est venue.
>
> (v. 2348 sq.)

Renart lui apprend en effet qu'il est de Bretagne, et, dans un baragouin où l'anglais se mêle au flamand, il dit se nommer Galopin, être un jongleur des plus habiles, capable de lui chanter les lais les plus célèbres :

> « Ge fot savoir bon lai breton
> Et de Merlin et de Noton,
> Del roi Artu et de Tristran,
> Del chevrefoil, de saint Brandan.
> — Et ses tu le lai dam Iset ?
> — Ya, ya : goditoët,
> Ge fot saver, fet il, trestoz. »
>
> (v. 2389 sq.)

Isengrin veut l'emmener à la cour du roi pour y déployer son talent. Il refuse sous le prétexte qu'il n'a plus sa vielle ; on la lui a, prétend-il, volée la veille. Ils vont alors essayer d'en dérober une chez un paysan du voisinage. La nuit venue, Isengrin s'introduit dans la maison par la fenêtre laissée ouverte, se glisse droit au clou où l'instrument était pendu, le saisit et vient le porter à Renart. A peine celui-ci l'a-t-il dans les mains qu'il ferme brusquement la fenêtre, et Isengrin tombe prisonnier dans la maison. Au bruit de sa chute, le vilain s'éveille, court au feu pour allumer sa chandelle. Isengrin en profite pour le saisir au bas des reins. Mais en même temps le chien se jette sur lui et le mutile horriblement. C'est dans ce piteux état qu'il sort de la maison, au moment où le vilain ouvrait sa porte pour recevoir les voisins venant à l'aide, et il en sort si précipitamment qu'il étend son ennemi dehors dans la fange.

Quand Hersent s'aperçoit, le soir, du fâcheux accident survenu à son mari, elle entre dans une violente fureur, et, sourde aux explications embarrassées d'Isengrin, elle abandonne le logis conjugal. Pendant ce temps, Renart, la vielle au cou, arrive auprès de sa femme qu'il trouve sur le point d'épouser Poncet, le cousin de Grimbert. A cette bigamie prochaine il y avait certes des circonstances atténuantes : chacun disait Renart mort ; Tibert prétendait même l'avoir vu pendre aux fourches après son jugement. Les deux fiancés rencontrent, sans le reconnaître, le revenant qui, cette fois encore, se fait passer pour jongleur :

« Qui estes vos, font il, bel frere ?
— Sire, ge fot un bon juglere,
Et saver moi molt bon chançon
Que je fot pris a Besençon.
Encor molt de bons lais saurai,
Nul plus cortois joglor n'aurai.
Ge fot molt bon joglor a toz,
Bien sai dir et chanter bons moz.
Par foi mon segnor seint Colas,
Bien fot senbler que tu l'amas,
Et li senbler bien toi amer.
Et ou voler tu si aler ?

(v. 2799 sq.)

Poncet lui raconte l'histoire de ses fiançailles et l'invite à assister à leurs noces. La cérémonie a lieu « à grant joie » ;

toutes les bêtes y prennent part ; le dîner est servi par Brun et Tibert, pendant qu'en son anglais Renart leur chante toutes sortes d'airs plaisants.

Après le repas, tous s'en vont pour laisser les époux, sauf Hersent qui prépare la couche nuptiale et Renart. Il avait vu, la veille, dans le voisinage, un piège tendu sur la tombe de la martyre Dame Copée, reputée pour accomplir des miracles. Il persuade à Poncet que, s'il y vient en pèlerinage, il engendrera un fils la nuit même. Poncet est pris au piège, et Renart lui dit toujours dans son jargon :

> Molt ama vos icil martir
> Que ne laisse toi li partir.
> Tu voler devener, ce quit,
> Moine ou canon en cest abit.

(v. 2967 sq,)

Surviennent un vilain et quatre chiens qui le malmènent et le déchirent.

Renart retourne chez lui en toute hâte, se fait reconnaître de sa femme, l'accable d'injures et de coups et la met à la porte ainsi que sa conseillère Hersent. Les deux commères, une fois dehors, se reprochent mutuellement leurs adultères et, des injures en venant aux coups, se roulent à terre dans une lutte furieuse [1]. Hersent, la plus forte, allait étrangler sa rivale, quand survient un saint homme de pèlerin. Il les sépare, les relève, les gourmande doucement, décide Hersent à rejoindre Isengrin et ramène Hermeline à Renart qui consent à faire la paix avec elle et lui raconte ses aventures.

L'ensemble de cette branche est, à coup sûr, original. L'auteur semble avoir voulu sortir de la voie tracée par ses devanciers. Cette prière de Renart tourné vers l'orient, sa promesse au teinturier de lui enseigner de nouveaux procédés pour son métier, son dialogue comique avec Isengrin, la scène d'alcôve entre celui-ci et sa femme, le retour imprévu de Renart au moment où Hermeline va épouser son cousin, la célébration de leur noce, Hersent arrangeant le lit de l'épousée, enfin la dispute finale entre les deux mégères qui s'injurient et se battent comme deux marchandes de la halle, ne sont-ce pas là autant de scènes d'une comédie tout humaine ? N'est-ce pas là

---

[1] Voir ci-dessus p. 142 sq.

un véritable fabliau transporté dans le domaine de la fable animale avec sa franche gaîté et sa peinture brutale de la société ? Trop de fois, néanmoins, dans les chapitres précédents, nous avons dû nous mettre en garde contre la tendance naturelle à attribuer à nos trouveurs le mérite d'inventions qui semblaient toutes simples et toutes naïves, pour qu'ici nous penchions sans examen vers l'affirmative. Voyons de près si l'auteur de la branche I^b a tout tiré de lui-même, s'il n'a rien emprunté à ses devanciers, ou si, à leur exemple, il n'a pas tiré les éléments de son fabliau des sources bien connues où chacun puisait abondamment.

Souvent, en effet, on a indiqué comme source à l'aventure initiale, celle de Renart qui tombe dans la cuve et en sort tout jaune, un conte du *Pantchatantra*[1]. Dans ce conte, un chacal poursuivi par des chiens pénètre dans une maison, se plonge dans une cuve d'indigo et en ressort tout bleu. Les chiens ne le reconnaissent naturellement plus et s'éloignent. Lui, à la faveur de ce déguisement, se fait déclarer roi par tous les animaux. La ruse est bientôt déjouée quand ses sujets entendent le son de sa voix[2].

Il est certain qu'il y a entre les deux récits des points de ressemblance frappants. C'est à la suite d'un accident presque le même qu'ici, le chacal, là, le renard acquièrent une couleur nouvelle ; à l'un et l'autre cette transformation sert à mystifier des ennemis. Mais une grosse difficulté se présente si l'on veut établir entre les deux textes une filiation historique ou géographique quelconque. Car le conte du *Chacal bleu* n'appartient certainement pas à la rédaction primitive du *Pantchatantra*[3]. Il ne figure pas dans les anciennes traductions de ce recueil, dans le *Kathâsaritsâgara*, dans le *Pantchatantra du Sud*, dans *Kalilâh et Dimnâh* ; il n'a pu être introduit dans la compilation de Vichnousarman'que dans le milieu du XIIe siècle, et la forme sous laquelle il s'y est introduit nous ferait supposer

---

[1] Grimm, *R Fuchs*, p. CCLXXIII ; Benfey, *Ptsch.*, I, p. 225 sq. ; Kolmatschevsky, p. 252 ; Martin, *Obs.*, p. 17.

[2] Trad. Lancereau, p. 82. Dans l'*Hilopadesa*, p. 142, c'est par hasard que le chacal tombe dans la cuve. Le *Touti-Nâmeh* persan (conte 22 de Marie d'Heures) nous le montre enfonçant son museau dans tous les vases et plongeant sa tête dans une jarre d'indigo. Enfin le *Touti-Nâmeh* turc (II, p. 146) a changé l'indigo en un bain multicolore qui donne au chacal un aspect étrange.

[3] Benfey, *Ptsch.*, I, p. 225

que l'influence grecque n'a pas été tout à fait étrangère à cette insertion. Ce chacal déguisé qui se fait nommer roi par les animaux rappelle en effet l'apologue ésopique *l'Ane vêtu de la peau du Lion*[1]. Or notre branche de *Renart teinturier* est, elle aussi, du XIIe siècle, de la fin sans doute du XIIe siècle [2]; mais l'intervalle entre les deux époques n'est pas assez large pour permettre d'affirmer que la version indienne ait pu se transporter subitement des rives de l'Indus aux rives de l'Escaut. Ce n'est pas que cette version n'ait été jamais connue en Europe. Un conte grec et un conte géorgien nous attestent sa transmission. Dans le conte géorgien [3], un chacal est tombé dans une cruche et en sort tout habillé de bleu; il se fait dès lors passer pour moine auprès d'un coq, d'un milan et d'une huppe qu'il confesse avant de partir pour Jérusalem. Même hypocrisie religieuse de la part du chat dans le conte grec [4]. Il est tombé dans le vase où son maître, un cordonnier, mettait sa poix. En le voyant tout noir, les souris le prennent pour un moine, et il profite de leur naïveté pour en croquer un nombre considérable. Mais de ces deux contes, littéraires l'un et l'autre, le second est du XIVe siècle et le premier du XVIIe; l'acclimatation du récit indien dans d'autres contrées avait eu alors le temps de se produire. Le cas serait plus extraordinaire en ce qui concerne le conte de *Renart teinturier* presque contemporain de celui qu'on voudrait lui assigner comme source, à moins qu'on ne suppose — ce qui serait une hypothèse par trop commode — une importation en Europe individuelle et fortuite, faite par un voyageur dont la narration aurait aussitôt passé dans le *Roman de Renart*.

Faut-il donc admettre que le trouveur a inventé lui-même ce motif initial de sa branche et qu'il y a eu simplement rencontre fortuite d'idées et de peinture entre lui et l'interpolateur du *Pantchatantra*? Il est tout un chapitre de la littérature orale de l'Europe qui ne permet pas de lui attribuer cette originalité. Un renard se barbouillant d'un liquide et, ainsi transformé, dupant ses ennemis est un tableau que nous présente assez

---

[1] Halm, 336. Cette fable était certainement connue dans l'Inde; cf. Benfey, loc. cit. et *Indische Studien*, III, p. 349.

[2] Voir Martin, *Obs.*, p. 17.

[3] Mourier, p. 13 sq.

[4] Nicephorus Gregoras, dans le *Corpus Scriptorum Historiae Byzantinae*, t. XXVIII, p. 246 sq.

fréquemment cette littérature. Déjà J. Grimm avait noté un conte esthonien où le renard, qui vient de mettre le loup aux prises avec les paysans d'une ferme, fourre sa tête dans un cuveau de crême. Quand il revoit le loup geignant des coups qu'il a reçus, il prétend impudemment qu'on l'a battu, lui aussi, jusqu'à lui faire sortir la cervelle du crâne [1]. Depuis, on a recueilli un assez grand nombre de contes analogues [2]. C'est sous la forme que je viens d'analyser que la scène est régulièrement décrite dans tout le Nord de l'Europe, et, dans cette région, la matière qui défigure le renard est toujours blanche, soit de la crême, soit du lait, soit de la pâte. Ailleurs, c'est de marmelade [3] ou de miel [4] qu'il s'enduit. Ailleurs encore, le renard se donne une couleur nouvelle en se frottant d'airelle rouge [5] ou du sang d'un animal qu'il vient de tuer [6].

Une conclusion me paraît s'imposer en présence de toutes ces variantes, tant écrites qu'orales, du même sujet, c'est que très anciennement a été répandue en Asie et en Europe la tradition de l'animal qui se défigure pour arriver à ses fins et donner à sa ruse les apparences de l'honnêteté, ou la faire servir aux surprises de la mystification. Aucun thème ne se prêtait plus à la variété. Aussi voyons-nous que, comme les conteurs populaires, les auteurs d'apologues non seulement en tirent des aventures diverses, mais présentent le thème lui-même sous des aspects multiples: dans Ésope, c'est le choucas qui se blanchit pour ressembler aux colombes [7]; dans les *Bestiaires*, c'est le renard qui se roule dans de la terre rouge pour mieux contrefaire le mort [8]; dans Phèdre, c'est la belette qui se couvre de farine et se blottit dans un coin pour tromper les souris [9].

---

[1] *R. Fuchs*, p. CCLXXXV.

[2] Voir la liste et la comparaison de ces contes dans Krohn, *Bär und Fuchs*, p. 55 sq.

[3] Birlinger, p. 230.

[4] Haltrich-Wolff, p. 42.

[5] Haupt und Schmaler, II, p. 165.

[6] Veckenstedt, p. 423. Kolmatschevsky, p. 84 sq., croit que ce trait du renard ensanglanté a été introduit en Occident par une description des *Bestiaires* dont je vais parler. Je crois avec Krohn, p. 57, que c'est simplement une variante du motif des autres contes.

[7] Halm, 201 b.

[8] A. Mai, *Classicorum auctorume vaticanis codicibus editorum*, VII, p. 595.

[9] IV, 2.

Ce déguisement de l'animal rusé ne constitue pas par lui-même une aventure, c'est une préparation, un prélude à une ou plusieurs aventures, et l'on s'explique ainsi la variété infinie des formes qu'il a affectées et l'impossibilité où l'on est de fixer d'une manière précise le point de départ de cette tradition, tant le thème en est simple, tant il a pu se développer sur plusieurs points du monde, chez divers peuples, d'une façon indépendante.

Si donc le récit de la branche I$_b$ et celui du *Pantchatantra* offrent entre eux une notable ressemblance, cette ressemblance n'est pas due, encore une fois, à un emprunt direct d'un écrit à l'autre ; elle n'est pas non plus fortuite dans l'acception absolue du mot, comme on l'a quelquefois prétendu [1]. L'un et l'autre récit est sorti de la même tradition, et c'est dans ce sens que l'on peut accepter l'opinion de Grimm que cette branche repose sur une base très ancienne.[2]

Moins primitive et inspirée sans doute par la branche I$_b$ est la donnée de la branche XIII (v. 1008 sq.), d'après laquelle Renart, au moyen d'une herbe « précieuse et chère » qu'il portait sur lui, se noircit le corps pour jouer toutes sortes de tours, sous le nom de Cuflet, à Isengrin, dont il déshonore la femme sous ses yeux, ainsi qu'à Rossel, à Tibert et à Belin.[3] Ici, Renart agit tout comme un homme, et le caractère de la tradition qui jusqu'alors le faisait changer de couleur par des moyens naturels s'affaiblit et se dégrade. C'est bien pis encore dans *Renart le Nouvel* (v. 1440 sq.), où le goupil se teint — l'auteur oublie de nous dire par quel procédé — le visage en gris pour se rendre auprès du lion qui le prend pour un Cordelier envoyé du pape. Dans le *Couronnement* enfin (v. 1285 sq.), les apparences ne sont plus sauvées ; l'auteur fait tout simplement habiller son héros en grand clerc et nous le donne sans autre façon pour un prieur de l'ordre des Jacobins. A mesure que nous avançons dans le développement de l'histoire de Renart, le motif se dénature et s'altère. Mais, grâce à la filiation que l'on peut historiquement établir entre ces différentes formes littéraires, il est aisé de les rattacher toutes au même point de départ, à la seule et unique tradition de l'animal qui change la couleur de sa peau, et il n'est pas peu intéressant, à mon avis, de reconnaître dans

---

[1] Éd. du Méril, *Poés. inéd. du m. â.* p. 114, note 9 ; Jonckbloet, p. 345.
[2] *R. Fuchs*, p. CXXVIII.
[3] Voir ci-dessus p. 82.

Renart clerc des Jacobins un parent assez proche du chacal bleu de l'Inde et du goupil à tête blanche de l'Esthonie.

Ainsi, dès le seuil de cette branche I[b], qui pourtant, au premier abord, frappe le lecteur par une apparence de nouveauté et une intention bien nette de se distinguer des autres parties du Roman, nous nous trouvons en face d'un emprunt à cette source inépuisable des traditions, l'imagination populaire, trésor accessible à chacun, libéralement ouvert à tous, et dont la richesse n'a d'égale que son incessante générosité. Cette constatation à propos du premier motif ne peut que rendre plus défiant pour les autres et forcer à serrer de près chaque épisode, sous peine de ne pas attribuer à qui de droit le mérite de telle ou telle invention.

Évidemment la mise en scène de Renart comme jongleur est une trouvaille de notre poète. C'était l'époque de la vogue de ces chanteurs ambulants, de cette confrérie peu recommandable par ses mœurs, et on ne pouvait pas trouver un meilleur type, pour les représenter d'une façon allégorique, que l'astucieux et dupeur Renart. Il serait même difficile d'établir que l'idée de cette scène ait été inspirée par d'autres causes et qu'une tradition quelconque ait exercé son influence. Si la cathédrale de Bâle possède un bas-relief où l'on voit un renard jouant du violon devant un autre animal[1], l'artiste, à coup sûr, a eu la pensée de fixer sur la pierre cette scène de notre Roman et non point une autre dont elle serait dérivée. J'en dirai autant du dialogue où Renart se fait passer pour Breton et salue son ennemi avec le mot de bienvenue néerlandais « Godehelpe ».

Que le baragouin de Renart soit à peu près le même que celui qui est parlé dans le fabliau des *Deux Anglois*[2], il n'y a là rien d'étonnant. La parodie de la prononciation de nos voisins d'outre-Manche et d'outre-Rhin ne peut pas présenter des variétés infinies ; elle ne porte que sur certaines particularités bien caractéristiques. Cela est si vrai que l'on a pu constater des ressemblances dans le jargon de Renart non seulement avec celui des *Deux Anglois* mais même avec celui de Scapin dans *les Fourberies*. Et cette parodie est si bien dans nos habitudes modernes, nous la retrouvons si fréquemment dans les comédies du XVIIe et du XVIIIe siècles, et toujours avec les mêmes procédés

---

[1] Martin, *Obs.*, p. 17.
[2] Raynaud et Montaiglon, II, p. 178. Ce rapprochement a été fait par Martin, loc. cit.

et les mêmes formes, que doit nous paraître toute naturelle cette coïncidence entre ce fabliau et notre branche.

Quant à l'aventure du vol de la vielle chez le paysan endormi, elle suggère, pour qui a lu attentivement le *Roman de Renart*, certains rapprochements avec plusieurs aventures éparses dans les autres branches. Le tour que joue Renart à Isengrin en lui fermant la fenêtre et en le mettant ainsi à la merci du vilain se retrouve en effet dans une variante de la branche V^a [1]. Renart, avant de prêter son serment judiciaire sur la mâchoire de Roonel, propose à Brun et à Tibert de les mener chez un certain Frobert pour s'y régaler. Ils arrivent à la maison dont une fenêtre est restée ouverte et pénètrent par là à l'intérieur. Une fois qu'ils sont bien en train de se gorger, Renart saute au dehors et a soin de fermer la fenêtre derrière lui. Je me hâte de le dire, la présence de cette scène dans la branche V^a n'a rien de compromettant pour le mérite d'invention du trouveur de la branche I^b. Cette scène de la branche V^a est interpolée, et, c'est en outre une addition qui n'a guère sa raison d'être et ne fait que troubler la suite des événements. De plus, d'autres passages de cette variante reproduisent servilement certaines parties de la branche I et de ses continuatrices, les branches I^a et I^b [2], de sorte qu'il ne faut voir dans ce morceau qu'une imitation du début de l'épisode qui nous occupe.

Il n'en est pas de même d'un fragment de la branche XIV qui suit de fort près la seconde partie de l'épisode en question, à savoir la lutte entre Isengrin captif et le paysan éveillé qui va allumer sa chandelle. Dans l'un et l'autre récit, le loup profite de la position du vilain courbé devant son foyer pour le saisir « par les naches »; les voisins accourent aux cris du malheureux et le loup s'échappe par la porte, ouverte pour leur livrer passage. Toutefois, dans la branche XIV, ce n'est pas le vilain mais sa femme que le loup renverse dans la boue,[3] et un chien n'intervient que dans la branche I^b. Et ce n'est pas seulement pour le fond et pour les détails que les deux poètes se sont rencontrés. Les expressions dont chacun s'est servi offrent entre elles d'étranges ressemblances [4] :

---

[1] Martin, III, p. 179, v. 47 sq.
[2] Martin, *Obs.*, p. 43.
[3] Voir ci-dessus p. 246.
[4] Kolmatschevsky, p. 222.

Li vileins saut, c'est sa costume,	Li vilein est au feu coru
Au feu en vient et si l'alume.	Por sa chandeile alumer.
Quand Ysengrin le voit lever,	Primauz ou il n'a que irer
Voit qu'il velt le feu alumer,	Le vit bouteculer au feu.
Un petitet se tret arere,	Atant li corut sus li leu ;
Par les naches le prent deriere.	Par les naches du cul l'a pris.
Li vileins a jete un cri.	Et cil a escrier s'est pris.
. . . .	. . . .
Quant Ysengrin vit l'uis overt,	Quant Primaus choisi l'uis overt
Et li vilein felun cuvert,	Et le vilein fel et cuivert
. . . .	. . . .
Entre la porte et le vilein	Meintenant issi par la porte.
Fet Ysengrin un saut a plein.	La feme a sor le sueil trovee,
Si fort le horte qu'il l'abat	Si l'a en la boe botee.
En une fange trestot plat.	
(Iᵇ v. 2559 sq).	(XIV, v. 784 sq.)

Évidemment l'un des deux trouveurs a connu la rédaction de l'autre et se l'est appropriée en ne la modifiant que pour les besoins de sa cause. Mais lequel a imité l'autre ? La question est délicate, d'autant que des données certaines font absolument défaut pour établir la date de chacune de ces branches et par suite la priorité de l'une ou de l'autre. Voici cependant quelques considérations qui porteront, je pense, à donner la préférence au récit de la branche XIV.

J'ai déjà montré [1] que la façon dont, dans la branche XIV, Primaut saisit le vilain et paralyse ses mouvements rappelait la mutilation faite par Tibert au prêtre Martin quand il est pris au lacet. La branche Iᵇ a, en quelque sorte, doublé le motif en faisant intervenir un nouveau personnage, le chien : d'une part, elle fait mordre le vilain par Isengrin ; d'autre part, elle fait mutiler Isengrin par le chien. J'ai aussi avancé que la femme du vilain qui veut frapper Primaut et qui, d'après certains manuscrits, tient à la main non un bâton mais une quenouille, correspond à la mère Martinet de ce même épisode de la branche I.[2] La présence d'une femme parmi les poursuivants de l'animal prisonnier soit dans la glace, soit dans un piège, est, ai-je besoin de le répéter, un trait des plus anciens qu'on retrouve dans les contes populaires qui ont gardé leur antique saveur. La branche XIV l'a conservé ; comme la femme du curé, dans le *Reinaert*, est jetée par Brun dans la rivière, Primaut abat la femme du vilain dans la boue. La branche Iᵇ

---

[1] Voir ci-dessus p. 248, note 2.
[2] Ibid.

mentionne bien une chute ; mais pour elle, la victime est le mari. Il est sans doute question de la femme au début de l'aventure :

> Sa feme escrie et ses enfanz:
> Or sus! il a larons çaienz.

(v. 2557 sq.)

mais elle ne joue dans la suite aucun rôle ; seuls, le vilain, son chien et, plus tard, les voisins ont affaire au loup. C'est là certes une marque d'infériorité pour la version de la branche Ib, et, étant donnée l'analogie entre les deux textes, il est de toute probabilité que c'est le trouveur de cette branche qui a imité l'autre. Son récit, pour résumer, n'est qu'une variante, à propos du vol d'une vielle, de la scène du loup et du renard dans un lardier, issue elle-même du conte du renard à la panse trop pleine. Le pertuis par où jusqu'alors nous avions vu pénétrer le héros du conte a été remplacé ici par une fenêtre refermée brusquement au moment où il veut sortir. C'est ce dernier trait, seul que notre trouveur peut revendiquer comme étant sa propriété.

Là ne se bornent pas d'ailleurs les rapports entre la branche Ib et la branche XIV. Il saute en effet aux yeux que Poncet accompagnant, après ses noces, Galopin sur la tombe de Dame Copée n'est que le substitut de Primaut allant jurer amitié à Renart sur la fosse d'un martyr et confesseur[1]. Ici encore, sans que la concordance soit aussi frappante que pour le mor-

---

[1] Br XIV, v. 969-1077. Ne pourrait-on pas rapprocher aussi des derniers vers de la b. Ib :

> Puis fu Renars en sa meson
> O sa moillier molt grant seson.
> Trestot li dist et tot li conte :
> Conment il dut recevoir honte,
> Qant en la cuve fu sailliz ;
> Con il dut estre malbailliz... etc.

(v. 3197 sq.).

des vers qui terminent une des variantes de la br. XIV :

> Renars a Hermeline conte
> Con il a fet a Primaut honte,
> Et qu'il fist a Tybert le chat
> La queue perdre par barat... etc.

(Var. p. 543)

ceau précédent le poète de la branche Ib a eu sous les yeux une rédaction de la branche XIV. Il la suit pas à pas et ce qu'il y ajoute de son crû n'en modifie guère que la partie extérieure et les accessoires. Comme Renart jongleur voulant se débarrasser de Poncet, Renart ennemi de Primaut se rappelle avoir vu un piège tendu dans le voisinage. L'un comme l'autre vante les vertus du saint ou de la sainte dont il propose d'aller honorer les restes, et ici, Primaut, là, Poncet est invité à passer devant :

> Primaut, fet Renars, vien avant.
>
> (XIV, v. 1032)

> Passez, seignor, dit-il, avant.
>
> (Ib. v. 2950) [1]

La branche XIV a cependant quelque chose de plus que sa copie : Primaut reste dans le piège et n'en sort que lorsque son pied est pourri :

> Et saches que peine sosfri
> Quand le pie iloc li porri.
>
> (v. 1075) [2]

Dans la branche Ib, au contraire, à peine Poncet est-il tombé dans le « broion », que surviennent quatre chiens et un vilain qui lui font un très mauvais parti.

Or, pour ce qui concerne cette fin, la version de la branche XIV est unique dans son genre. En effet, dans les autres parties du Roman où une aventure analogue est soit racontée tout au long, soit seulement mentionnée, on voit toujours l'animal captif aux prises avec des hommes ou des chiens. Ainsi, dans la branche XIII [3], quand Renart tout barbouillé de noir

---

[1] Le texte de Martin porte une leçon moins claire, mais qui au fond dit la même chose que celle-ci tirée des variantes, p. 79.

[2] Dans l'*Ysengrimus*, VI, v. 550, le dénouement est à peu près le même : Ysengrimus n'échappe qu'en laissant dans le piège le pied qu'il s'est coupé avec ses dents. Cette scène où Ysengrimus prête serment sur une chausse-trape, servant de reliquaire, est une imitation où sont combinés des éléments de celle que nous étudions et de la scène de même origine du serment de Renart sur la mâchoire de Roonel. Voir plus haut page 80 sq.

[3] V. 1008 — 1090 ; voir plus haut p. 82.

fait aborder Isengrin dans l'île où se trouvait un piège « que bien il savoit », Isengrin, après être resté tout un jour prisonnier par la patte, voit arriver celui qui avait tendu le piège et quatre vilains, et il n'échappe à leurs coups qu'en laissant son pied en gage. La branche I, sous forme d'allusion, nous dit par la bouche de Renart :

> Gel fis el braion enbraier
> Ou le troverent trois bercher,
> Sil batirent con asne a pont.
>
> (v, 1047 sq.)

La branche VIII, elle aussi, laisse supposer une lutte entre Isengrin et des vilains :

> Et puis le refis prendre au piege
> Ou il garda huit jorz le siege.
> Au partir i laissa le pie.
>
> (v. 143 sq.)

N'est-ce pas encore une version parente de celle-ci, sinon leur source commune, que le troisième épisode de la branche II (v. 665-843), reproduit par le Glichezare (v. 313-384), et conséquemment plus ancien dans *l'estoire* de Renart, bien qu'il soit particulier au Roman français ? Renart rencontre Tibert et l'engage à s'associer avec lui contre Isengrin. En route, il avise « un broion de chesne fendu ». Il essaie, en proposant une sorte de steeple-chase, d'y faire tomber Tibert. Mais celui-ci, dans une dernière épreuve hâtée par l'arrivée inopinée de deux mâtins, heurte son compagnon qui est pris par la patte droite. Le vilain qui survient à la suite de ses chiens lève sa hache ; mais il brise maladroitement le piège au lieu de tuer Renart qui s'enfuit en traînant son pied tout meurtri[1].

Enfin, il faut ajouter à cette série déjà longue deux aventures de Renart avec Roonel le mâtin, où nous retrouvons tous les éléments observés dans les précédents récits : présence d'un piège dans le voisinage, capture inévitable du sot animal, arrivée de vilains. Dans la branche XIII (v. 1140-1301), qui renferme pourtant, comme nous l'avons vu, un conte de même

---

[1] Nous reparlerons plus loin de cette blessure à propos de l'épisode de *Renart et Tiécelin*.

nature dont la victime est Isengrin, Renart noir, autrement dit Cuflet, rencontre Roonel affamé ; il lui propose d'aller manger des raisins. Ils entrent dans la vigne

> Ou un vilein avoit plante
> Un poçon conme trebucet.
> Molt tres bien l'i savoit Coflet.
>
> (v. 1190 sq.)

Et ce n'étaient point seulement les grappes qui étaient appétissantes; un morceau de viande était appendu au «poçon». Renart s'excuse de ne pouvoir en manger, ayant fait pour quelque temps vœu d'abstinence. Le même scrupule n'arrête par Roonel qui est aussitôt pris au col. Le gardien des vignes qui, de loin, le voit suspendu en l'air accourt avec trois vilains armés de bâtons. Roonel évite le premier coup qui va « escerveler » l'un d'eux. Pour le venger, on prend la hache. Mais, comme dans la branche II, elle tranche la corde du piège au lieu de tuer le chien qui s'enfuit tout éperdu.

Dans la branche X (v. 369-519 et v. 575-637), Roonel a été envoyé comme messager auprès de Renart qui n'a pas paru à la cour. Renart fait semblant de s'y rendre en sa compagnie. Tout à coup, au milieu d'une vigne,

> Il garde et voit dessous la haie
> Une cooignole tendue
> Que uns vilains y ot pendue,
> Qui des vignes se faisoit garde.
>
> (v. 378 sq.)

Aussitôt notre fourbe de s'agenouiller et de faire de dévotes et humbles prières. Ce sont là, apprend-il à Roonel ébahi, de précieuses reliques fort honorées dans le pays, et celui qui en approche sa bouche est à jamais à l'abri de tout mal [1]. On devine la suite. Roonel imite d'autant plus volontiers Renart que ces reliques sont pourvues d'un morceau de fromage. Il est pris, et deux vignerons lui « aunent ses bureaus » avec de tels coups de massue qu'ils rompent le lacs auquel il était pendu [2].

[1] L'allusion à cet épisode de la br. VI précise davantage et donne le « seintuaire » comme consacré à Saint Ylaire, v. 367 sq.

[2] Dans la br. XI, v. 338 sq. on voit encore Renart rencontrant Roonel laissé pour mort par des paysans qui l'ont battu et le pendant lui-même à un arbre. C'est sans doute une aventure tirée des précédentes, bien que l'idée en soit notablement altérée.

Pourquoi l'auteur de la branche XIV a-t-il ainsi, en dépit des habitudes des conteurs, abandonné Primaut à son malheureux sort et ne l'a-t-il pas, comme les autres, fait sortir de ce mauvais pas par un dénouement violent et tragique ? Cela tient à la nature même de son sujet et à la place qu'occupe cette aventure dans son poème. Cette branche XIV, j'ai eu déjà l'occasion de le dire, est une série de tours joués par Renart à Primaut, et le serment de fidélité qu'il veut lui faire prêter est justement la dernière de ses malices ; il est décidé, cette fois, à se débarrasser coûte que coûte de son ennemi. Quelle meilleure et plus naturelle conclusion que de laisser Primaut dans le piège où sa naïve crédulité l'a fait tomber ? Le silence désormais se fait sur lui ; désormais il peut passer pour mort, d'autant, remarquons-le bien, qu'il ne sera plus jamais question dans le reste du Roman de ce Primaut. Nous n'aurons plus affaire qu'à Isengrin, dont il a pris la place pendant quelque temps. Isengrin seul reparaîtra comme type consacré de la violence et de la stupidité. Dans les autres versions, au contraire, sauf dans la branche I[b], le conte en question est toujours suivi d'un autre conte auquel il fallait forcément le lier. De là la nécessité d'introduire cette attaque d'un ou plusieurs paysans avec leurs chiens, laquelle ramène sur la scène le prisonnier dont la présence est indispensable pour la suite du récit. Dans la branche I[b], Poncet, après sa mésaventure, devient un personnage inutile. Il pouvait, comme Primaut, finir sans inconvénient le reste de ses jours sur la tombe de Dame Copée sans être déchiré par les gaignons du vilain qui

> Tant l'ont tire et desache
> Que tot l'ont mort et esqachie.
>
> (v. 2985.)

Notre trouveur, moins hardi et aussi moins logique que celui qu'il imitait, n'a pas voulu sans doute rompre entièrement avec la tradition, désireux de conserver à l'aventure tous ses contours habituels.

On a pu remarquer en passant que, parmi les contes similaires que je viens de passer en revue, et dont la source commune est, il est facile de le deviner, l'aventure de *Tibert chez le prêtre Martin*, trois seulement ont introduit dans le récit un élément religieux. Ce sont la branche I[b], qui s'est servie de l'histoire de la tombe de Dame Copée réputée pour accomplir des miracles [1], la branche X et la branche XIV, qui transforment le piège l'une en reliques précieuses, l'autre en tombe de saint. C'est là un développement de l'idée primitive qui n'a rien de forcé et qui a dû se présenter tout naturellement à l'esprit des poètes en quête d'inventions nouvelles. Cette addition est d'ailleurs parfaitement motivée dans les trois aventures ; elle l'est surtout dans celle de Primaut où il s'agit d'un serment. Toute promesse solennelle se faisait à l'époque de notre trouveur la main posée sur l'Évangile ou sur des objets sacrés. Il a donné cette attitude au loup, non pas, comme on pourrait le croire, dans l'intention satirique de parodier cet usage, mais séduit seulement par la similitude de situation, et peut-être aussi par la pensée de compléter son personnage de Renart en doublant sa malice de l'hypocrisie d'un Tartufe. On a signalé, il est vrai, un conte populaire russe d'une analogie telle que l'on pourrait douter que notre trouveur dût à lui-même cette conception pourtant si simple.[2] Une brebis voyage de compagnie avec la renarde. Elles rencontrent le loup, et le dialogue suivant s'engage : « Qu'est-ce que cela, brebis ? Tu as endossé ma pelisse. — Bien vrai, repart la renarde, c'est la tienne ? — Oui, c'est la mienne ! — Tu le jures ? — Je le jure. — Tu es prêt à en faire le serment ? — Certes oui, - Viens donc baiser le serment.[3] » Et elle le conduit à un piège où il est pris au museau. Rien pourtant dans cette variante russe si curieuse, ni la mention du serment, ni la présence du piège tenant lieu d'objet sacré ne peut infirmer les arguments par lesquels j'ai attribué l'introduction de l'élément religieux à des contes plus simples, antérieurement composés et tous de source française et savante. La coïncidence signalée est un simple effet du hasard.

Tout ce dédale de citations, d'analyses et de rapprochements a pu paraître long ; il était pourtant indispensable de s'y engager et de le parcourir en tous sens pour arriver à déterminer la part d'originalité qui revient au trouveur de la branche I_b. Cette part est jusqu'ici assez restreinte. Ni la chute de Renart dans la cuve du teinturier et sa transformation en un person-

---

[1] C'est sur cette tombe en effet, que le lièvre Coart est guéri de la fièvre et Isengrin de son mal d'oreille. Voir br. I, v. 451-469.

[2] Kolmatschevsky. p. 164.

[3] C'est-à-dire l'objet sur lequel il doit prêter serment.

nage nouveau, ni le tour de gamin qu'il joue à Isengrin en l'enfermant chez le paysan, ni le pèlerinage de Poncet sur la tombe de Dame Copée ne sont des peintures dont il puisse revendiquer l'idée première. Seuls doivent être considérés comme des produits de son imagination le travestissement de Renart en jongleur et son langage mystificateur en présence d'Isengrin. Il convient maintenant d'y ajouter tous les épisodes de la branche que je n'ai pas encore étudiés : la scène conjugale entre Isengrin et Hersent, tout le tableau si gai et aux couleurs si vives de la noce de Poncet, la préparation de la couche nuptiale par Hersent et enfin la dispute violente entre ces deux mégères que Renart a chassées. En effet, je répéterai à propos de ces épisodes ce que j'ai dit tout à l'heure sur le jargon de Renart. On peut trouver dans des écrits contemporains du *Roman de Renart* ou dans la littérature antérieure des scènes dont le fond et même les procédés de développement soient identiques et ne pas être, néanmoins, en droit d'établir entre ces scènes et celles dont je m'occcupe un lien quelconque de parenté.[1] De tels tableaux dans notre Roman n'appartiennent plus au domaine de la fable et du conte proprement dit ; ce sont des représentations de la vie humaine transportées dans la société des bêtes avec le dessein de rendre ce petit monde plus vivant et plus comique. Or, quand l'imitation n'est pas évidente et palpable, quand elle ne se trahit point par une similitude choquante dans la marche des événements et l'expression des sentiments, est-il possible d'accuser ainsi de plagiat un auteur qui n'a peut-être jamais connu le morceau qu'on lui assigne comme modèle ? N'est-il pas plus prudent et plus dans le vrai de déclarer que les deux écrivains ont ensemble observé la même situation et l'ont reproduite par des procédés semblables ? Peut-être n'oserais-je pas pousser cette explication jusqu'à ses dernières limites pour la dispute entre Isengrin et sa femme. Elle offre un caractère assez particulier pour que l'idée première en ait été fournie au trouveur par la lecture d'un fabliau ou l'audition d'un conte graveleux. Mais je ne saurais être qu'affirmatif pour les autres scènes. Penser autrement revien-

---

[1] Martin, *Obs.*, p. 17, rapproche la querelle des femmes du fabliau de *Boivin de Provins*, et la scène conjugale de celui du *Pescheor de Pont-seur-Seine*. Kolmatschevsky, p. 224, sans toutefois insister, cite un conte russe, où la renarde épouse le chat, à propos de la noce d'Hermeline.

drait à soutenir que l'auteur de la *Fille de Madame Angot* s'est inspiré de la littérature de nos pères au lieu de prendre ses peintures dans des scènes de la vie réelle.

En résumé, la branche I^b se divise dans son ensemble en deux parties bien distinctes, l'une que le poète doit tout entière à lui-même, formée d'éléments qu'il a, avec un réel talent d'observateur ramassés autour de lui et dont il a fait une série de tableaux amusants et pleins d'humour, d'une liberté excessive de langage et d'un cynisme souvent brutal dans les situations, mais dont la hardiesse ne dépasse pas la mesure ordinaire du réalisme si goûté au moyen âge. Dans cette partie de son œuvre, une telle originalité s'explique par le fait que souvent les animaux en scène y jouent de véritables rôles d'hommes et se trouvent dans des conjonctures qui les font sortir de leurs caractères réels ; la fantaisie du poète se donne alors libre carrière. Mais dès que ces héros agissent en simples animaux, quand Renart cherche une proie, quand il veut se débarrasser, comme partout ailleurs, d'Isengrin ou de Poncet, alors la tradition reprend ses droits, et l'auteur redevient esclave de ses devanciers. Il serait néanmoins injuste, après lui avoir tant enlevé, de lui refuser même ici, dans cette seconde partie de son poème, quelques louanges et de lui dénier tout mérite. Alors qu'il n'est plus maître de lui-même, il sait se garder des plates imitations et des fastidieuses paraphrases ; ce qu'il prend dans les autres branches ou emprunte à des sources étrangères, il le rajeunit en l'habillant d'un vêtement qui lui donne un air nouveau. Une seule fois, il a suivi de très près son modèle ; partout ailleurs, il ne s'est pas réduit à être un simple interprète et a mis la marque de son génie particulier.

Les recherches sur les aventures de Renart et du loup dont je viens d'exposer les résultats dans ce chapitre corroborent, plus encore que celles des deux précédents, l'hypothèse émise en tête de cette étude, que les origines du *Roman de Renart* ne répondent à rien de précis et d'immédiatement saisissable. Au moins pour les aventures de Renart et du lion, alors même qu'entre le cycle français et la source lointaine s'étageait toute une série de productions cléricales, nous avions dans les fables gréco-orientales un point d'appui sérieux, une base historique suffisante. De même, pour celles de Renart et de l'ours conservé ou remplacé par le loup, il était possible de leur assigner une origine commune, un point de départ unique. Ici, rien de pareil. Multiple est la provenance, complexe a été la formation de ces nombreux épisodes : ce sont comme des graines apportées des quatres coins de l'horizon et ayant germé sur un même sol. L'aventure du *Pèlerinage* est, si l'on en juge par la nationalité des variantes les plus naïves, d'origine européenne et septentrionale ; mais nos trouveurs y ont introduit le renard et, avec lui, un ensemble d'éléments religieux qui en font une variante à part : la forme en est à la fois populaire et savante. La scène de *Renart et Isengrin dans le puits*, bien qu'étrangère à toute influence de la fable grecque, renferme quelques traits qui la rattachent à des contes orientaux ; mais elle est en même temps fort imprégnée de traditions universellement répandues et dont la nature est si simple qu'il est difficile de leur assigner tel lieu de naissance plutôt que tel autre. Point de prototype direct non plus pour l'histoire de *Renart teinturier*, malgré sa resemblance étonnante avec le conte indien du *Chacal bleu*. Les autres épisodes examinés dans ce chapitre, et en particulier ceux de *Primaut ivre dans l'église* et de *Primaut à la panse trop pleine*, se rattachent facilement à la source populaire et ont tous les caractères des contes oraux ; et, cependant, à quelles minutieuses analyses, à quel travail de décomposition avons-nous dû nous livrer pour saisir la filiation entre les thèmes primitifs et ces dérivés littéraires ! En résumé, nous n'avons découvert, en dehors du cycle français, rien de compact, aucun noyau solide d'où soient sorties, en groupe, ces histoires du goupil et du loup ; chacune d'elles a eu une naissance et un processus particuliers.

Si maintenant l'on envisage en bloc tous les morceaux du *Roman de Renart* où le goupil a des démêlés avec le loup et que, pour plus de commodité, nous avons répartis en trois sections, on peut facilement se rendre compte du peu de part qu'a eu la littérature classique dans la conception primitive, dans l'éclosion de cette épopée animale ayant pour base l'inimitié de ces deux personnages. Son influence n'a été que sporadique, point du tout persistante ni générale. N'aurions-nous pas d'ailleurs constaté son faible apport dans ce qui précède qu'un rapide examen de la liste des apologues ésopiques où le renard à maille à partir avec d'autres animaux renseignerait surabondamment. De ces trente et quelques apologues, deux seulement mettent le loup en face de notre héros[1]. Cela était-il suffisant pour suggérer l'idée de la fameuse « noise » dont les innombrables péripéties ont, durant quatre siècles, fait les délices de nos ancêtres ? Tout ce qu'on peut concéder à la littérature classique, c'est qu'en raison de la quantité d'ennemis et de victimes qu'elle attribue au goupil, elle l'a considéré comme le type bien caractérisé de la ruse, comme l'incarnation de la fourberie; pour elle, l'exploitation de la bêtise d'autrui est l'apanage presque exclusif du renard. Quant à faire du loup le plastron obligé de sa malice, elle ne paraît pas y avoir songé. Il est vrai que l'un de ces deux apologues, celui du *Lion malade*, a eu une destinée toute particulière dans l'histoire du cycle et que, même sans tenir compte des développements successifs qu'il a reçus dans le cours de cette histoire, on pourrait voir dans le court et simple exposé qu'il nous offre du loup accusant le goupil absent de la cour le germe de la guerre entre Renart et Isengrin. Mais qu'est ce minime appoint en face de l'immense contribution fournie par la littérature populaire ? Qu'avaient besoin nos poètes de s'inspirer de ces vagues données des fables antiques, eux dont l'enfance avait été bercée et dont l'âge mûr était sans doute charmé par le récit des histoires du loup et du renard dont les conteurs d'autrefois, plus encore que ceux de nos jours, se plaisaient à multiplier et à diversifier les incidents. Car, on ne peut le nier, l'habitude de grouper ensemble un certain nombre de contes ayant comme sujet commun la mystification du loup par le renard est très ancienne et existait dans le plus haut moyen âge. La liaison dans le *Roman de Renart* de l'épisode des *Charretiers* avec celui de la *Pêche à la queue*, qui se retrouve si fréquemment encore dans la littérature populaire, la constitution de la branche XIV, d'une ressemblance si frappante avec celle de certaines séries de contes oraux recueillis récemment, en sont des témoignages évidents. Originaires des pays du Nord, où s'était créée une sorte d'épopée complète du renard et de l'ours, ces chaînes ont été transportées de bonne heure dans le centre de l'Europe où elles se sont modifiées par la substitution du loup à l'ours, sans pour cela changer de caractère. Sur leur modèle, se créèrent bientôt d'autres chaînes formées

---

[1] On peut en dire autant de la collection renfermée dans les quatre livres et dans l'appendice de Phèdre.

tant de contes autochtones que de contes venus de l'Orient par l'intermédiaire de Byzance et des Juifs. Cette vaste agglomération de récits hétérogènes, d'où l'infinie variété n'excluait pas l'unité, dont chaque élément renfermait comme principe générateur l'idée mère d'une lutte impitoyable entre le goupil et le loup, c'est elle qui a fourni à nos trouveurs non pas seulement la plupart de leurs matériaux, mais aussi le ciment destiné à relier les différentes parties de leur édifice. Le *Roman de Renart* existait presque tout entier sur les lèvres des conteurs avant qu'on lui eût donné une forme littéraire, et peut-être même l'imperfection et l'inachèvement de cette forme tiennent-ils à l'instabilité et à la fluctuation de ses modèles dont le caprice était l'unique règle.

CHAPITRE IV

Renart et les oiseaux

I

Renart et Chantecler

De l'infériorité du goupil vis à vis de ses adversaires dans cette classe de récits. — La fable ésopique *le Chien et le Coq* renferme en germe tous ces récits. — Comparaison de la version du conte de *Chantecler* donnée par la branche II avec celles du *Reinhart* et des branches XVI et XVII. — Version de l'*Ysengrimus*. — Le motif du chant aux yeux fermés rappelle une fable de Jean de Capoue. — Celui du coq se sauvant de la gueule entr'ouverte de Renart est une des variétés d'un thème populaire. — De la fable d'Alcuin *le Coq et le Loup*.

Les contes qui vont faire partie de ce chapitre ont presque tous ceci de commun que le goupil s'y montre inférieur à ses antagonistes, pourtant plus faibles que lui. On se souvient que le Glichezare, en tête de son petit poème, a rangé les épisodes où son héros est berné successivement par le coq, la mésange et le corbeau. Ce sont eux et quelques autres, particuliers au Roman français, qui vont nous occuper ici, et, dans la plupart, nous allons assister à une humiliante défaite de Renart. Si çà et là il est victorieux, les récits qui nous le montrent triomphant ne sont point des récits originaux, mais, au contraire, des dérivés sortis de prototypes où il était représenté vaincu et dupé.

En effet, dans les données de la littérature des contes et des fables d'animaux, nous l'avons déjà vu, le renard ne sort pas nécessairement vainqueur de ses aventures ou de ses luttes avec les autres animaux. Il arrive souvent qu'il tombe dans les pièges qu'il tend à autrui et est victime de ses propres ruses. Tantôt il rencontre un chat auquel il se vante de posséder un sac rempli de tours ; le chat n'en connaît qu'un, celui de grimper à un arbre quand il est en danger. L'occasion s'offre bientôt pour l'un et l'autre de déployer leurs talents. Le chat, avec son unique expédient, se tire sain et sauf du péril; le renard est pris et mis en pièces[1]. Tantôt encore, il prie un limaçon de s'écarter de son chemin : « Je fais plus de route en un quart d'heure, lui dit-il, que toi en une année. » Ils conviennent de se retrouver le lendemain à la même place, à la tête d'un sillon, et de voir lequel serait le plus vite rendu à l'extrémité. Le colimaçon place un de ses compères à l'un des bouts du sillon et lui à l'autre, et ils s'y prennent tous deux si bien qu'ils font crever le renard[2]. Je pourrais ajouter à ces deux récits une foule d'autres qui sont comme une touchante compensation en faveur des faibles que l'imagination populaire a voulu donner aux éclatants triomphes du goupil sur les forts et les puissants. C'est à cette famille de récits qu'appartiennent nos aventures entre Renart et le coq, la mésange, le corbeau et le moineau. Elles ont été transportées, telles quelles, avec leur caractéristique, de la tradition orale, distribuant impartialement la ruse entre les différents animaux, dans l'épopée animale dont le dessein, au contraire est de faire de la ruse l'apanage du renard, de l'incarner en quelque sorte dans son héros préféré. L'auteur du *Reinhart* semble si bien avoir compris que la défaite du goupil par la mésange ne répondait pas à la conception générale du cycle qu'il s'excuse en ces termes de violer les principes reçus (v. 211-220) : « Il s'était donné beaucoup de peine pour un maigre dîner. Il en fut chagrin et dit : « Seigneur, comment se fait-il qu'un si petit oiseau m'ait trompé ! Cela me fait de la peine, je l'avoue. » Reinhart était plein de finesse, mais aujourd'hui il n'a pas de bonheur : rien ne lui réussit. » Comme le Glichezare, les trouveurs français protestent de leur étonnement, et en termes à peu près semblables :

> N'i a si sage ne foloit.
> Renars qui tot le mont deçoit
> Fu deçoüs a cele foiz.
>
> (II, v. 429 sq.)

[1] Cette histoire qui se rencontre dans un grand nombre de recueils populaires (cf. Kolmatschevsky, p. 107 sq. et Krohn, *Am Ur-Quell, Monatsschrift für Volkkunde*, III, p. 177 sq.) paraît faire partie aussi de la collection des trouveurs. Au début de la branche XV, Renart et Tibert ont trouvé une andouille ; Tibert décide Renart à s'en dessaisir ; il veut, dit-il, lui montrer comment il faut la porter. Alors il grimpe sur une croix et s'en régale devant Renart qui est bientôt forcé de s'enfuir à l'approche de chiens qui surviennent.

[2] Sébillot, *Litt. or. de la Haute-Bretagne*, p. 237.

> Ja disoie que buef d'arer
> Ne savoit tant con moi de guile,
> Et un petit cochet de vile
> M'a engignie et deceü.
>
> (XVI, v. 710 sq.)

Ainsi les aventures de Renart avec des oiseaux ne forment pas seulement un groupe à part à cause du genre spécial d'adversaires qu'il a en face de lui, mais aussi et surtout par le fait que, contrairement aux habitudes du cycle, ce représentant de la malice, ailleurs victorieux, y descend au rôle de dupe et de mystifié.

Étudions d'abord le plus important de tous, celui de *Renart et Chantecler* conté par la branche II (v. 23-469).

Une fable ésopique bien connue, *le Chien et le Coq*, renferme en germe la plupart des motifs qui constituent cet épisode du *Roman de Renart* et, on peut l'ajouter, de presque tous les épisodes où le goupil est en scène avec des oiseaux. Un chien et un coq voyagent de compagnie. La nuit les surprend. Le coq se perche sur un arbre pour dormir, le chien se couche dans un creux au pied. A une certaine heure, le coq se met à chanter, selon sa coutume. Le renard l'ayant entendu accourt et le prie de descendre. Il désire embrasser un animal doué d'une si belle voix. « Éveille d'abord le portier, lui dit le coq ; il dort au pied de l'arbre ; quand il t'aura ouvert, je descendrai. » Comme le renard cherchait à lui parler, le chien éveillé saute sur lui à l'improviste et le déchire [1].

Trois motifs forment le fond de cette aventure : le coq chante sur un arbre, le renard essaie par ses flatteries de l'en faire descendre, le chien fait un mauvais parti au renard.

Dans ce dernier motif, le chien a un caractère particulier : il est le compagnon du coq. Il n'en est pas de même dans les épisodes français, ni non plus, d'ailleurs, dans les versions soit écrites soit orales que j'aurai à en rapprocher. Le chien unique de l'apologue grec est, en général, remplacé par plusieurs chiens, et leur intervention dans le drame est due à des circonstances toutes différentes, ou même souvent au simple hasard. On dirait qu'il y a eu là influence de la forme générale de tant de contes où le renard est en jeu, qui se terminent invariablement par une poursuite d'hommes et de chiens. En cela

---

[1] Halm, 225.

la fable ésopique se présente comme plus originale ; elle a quelque chose *sui generis* qui a disparu partout ailleurs et qui en fait son principal attrait. Et ce qui montre bien que, quelque dénaturé qu'il pût être, le motif du chien se présentant à l'improviste était fondamental, c'est sa persistance dans certaines versions où, à en juger par le reste du récit, il semble être un hors-d'œuvre. Rien ne peut mieux nous faire saisir le rapport étroit qui rattache toutes les versions à cette fable grecque. Si elle n'est pas leur source directe, leur prototype immédiat, elle représente du moins la forme primitive qu'a dû avoir le récit.

Quant aux deux autres motifs, ils n'ont pas subsisté avec plus d'intégrité. D'ailleurs, ils se prêtaient à certaines altérations qui n'ont pas manqué de se produire. Le coq pouvait être remplacé par un autre oiseau si l'on supprimait la circonstance du chant nocturne, ou même par un animal d'une autre espèce si le chant lui-même n'était plus une des conditions de la marche du drame. Aussi verrons-nous tour à tour la mésange, la perdrix, l'oie, l'écureuil etc. remplir son rôle, et, par suite de telle ou telle substitution, l'épisode subira telle ou telle modification. D'autre part, les flatteries du renard à l'adresse du volatile qu'il cherchait à duper étaient un de ces canevas sur lesquels on peut broder à l'infini. De là des divergences sans nombre entre les différentes versions, encouragées du reste et provoquées par d'autres récits bien connus où le renard cherche à duper des animaux. Enfin, il était naturel que le coq fût représenté se laissant prendre d'abord aux flatteries du renard et devenant pour un moment sa proie, quitte à reprendre, aussitôt après, son rôle traditionnel de dupeur et à échapper par la ruse ; nouveau motif venant se greffer sur l'ancien pour le développer et l'étendre.

En un mot, c'est le squelette seul de la fable grecque que nous allons retrouver dans nos deux récits français et dans les versions congénères. Ce qui revient à dire, non pas, encore une fois, que cette fable est la source de toutes les variantes sur le même sujet, mais qu'elle nous représente l'état premier, la forme la plus simple de l'aventure du renard et du coq. Cette histoire, en même temps qu'elle s'est transmise, sous ce vêtement ancien, de recueil d'apologues à recueil d'apologues, s'est, sous l'action de la tradition orale, de plus en plus richement étoffée, et de ce travail incessant, ajoutant draperie sur draperie, est sorti le joli épisode de *Chantecler*.

Renart pénètre par une brèche dans le courtil de Constant des Noes. Au bruit qu'il fait en se cachant, Pinte s'enfuit avec ses gelines; Chantecler, se riant de leurs alarmes, se pose bravement sur un toit. Il s'endort bientôt et voit en songe quelque chose

> Qui li venoit enmi le vis,
> Et tenoit un ros peliçon
> Dont les goles estoient d'os.
> Si li metoit par force el dos.
>
> (v. 137 sq.)

Il se réveille tout frissonnant d'effroi et va conter sa vision à Pinte. Elle lui explique, avec son bon sens de femme, que le personnage au « ros peliçon » n'est autre que le goupil caché près de là, sous les choux, et prêt à le dévorer. Chantecler persiste néanmoins dans sa téméraire incrédulité :

> Pinte, fait-il, molt par es fole.
> Molt as dit vileine parole,
> Qui diz que je serai sorpris,
> Et que la beste est el porpris
> Qui par force me conquerra.
> Dahez ait qui ja le crera !
> Ne m'as dit rien ou ge me tiegne.
> Ja nel crerai, se biens m'aviegne,
> Que j'aie mal por icest songe.
>
> (v. 261 sq.)

Il retourne sur son fumier au soleil. Renart s'approche doucement et cherche à le happer. Il échoue. Alors il essaye de l'attirer par la flatterie : il l'appelle son cousin germain, lui rappelle son bon père Chanteclin qui chantait à longue haleine, les yeux clos, et le prie d'en faire autant. Chantecler se défie :

> Un poi te trai ensus de moi
> Et je dirai une chançon.
> N'aura voisin ci environ
> Qui bien n'entende mon fauset.
>
> (v. 328 sq.)

Il chante donc, mais en ne fermant qu'un œil. Cela ne fait pas l'affaire du goupil :

> Ce dist Renars : « N'as fet neent.
> Chanteclins chantoit autrement
> A uns lons trez les eilz cligniez. »
>
> (v. 341 sq.)

Le pauvre sot se décide à rivaliser d'habileté avec son père :

> Lors let aler sa meloudie
> Les oilz cligniez par grand aïr.
>
> (v. 346 sq.)

Renart le saisit aussitôt et s'enfuit avec sa proie.

La femme du courtil, qui survenait à ce moment, l'aperçoit et ameute après lui les chiens et les gens de la ferme. Constant des Noes est à leur tête. Chantecler conseille alors à son ravisseur de se moquer du fermier :

> Quant il dira : « Renars l'enporte, »
> « Maugrez vostre, » ce poes dire.
>
> (v. 426 sq.)

Renart suit son conseil ; mais dès que Chantecler sent sa prison ouverte, il bat des ailes et s'envole sur un pommier d'où il raille Renart.

En regard de cette rédaction, il est indispensable de placer celle du Glichezare (v. 11-176). Elle offre, en effet, des divergences qui nous amènent à un état plus simple et, partant, plus ancien de l'histoire. Comme on l'a justement remarqué [1], la version allemande renferme 164 vers contre 446 du poème français. L'écart est trop grand pour l'expliquer par un procédé de raccourcissement du modèle, propre au traducteur. Il a eu certainement devant les yeux un texte moins long et aussi plus naturel. On ne voit point dans le *Reinhart*, le coq s'endormir par deux fois, d'abord pour motiver le songe, ensuite pour motiver une première attaque du goupil. L'exposé est plus rapide [2]. Reinhart a pénétré

---

[1] Voretzsch, 1er art., p. 142 sq.

[2] Je n'analyse pas la petite scène de début, absente du *Renart*, et où, suivant le Glichezare, Lanzelîn, invectivé par sa femme Ruotzela, fait une forte clôture à sa basse-cour pour mettre à l'abri Schanteclêr et sa femme dont Renart menace la vie. Fort ingénieusement, Voretzsch, 1er art. p. 146, rapproche cette scène de celle de la br. IX entre Liétart et sa femme à propos du coq qui doit être livré à Renart. Ce motif a dû être emprunté par le trouveur de la br. IX à l'épisode de *Chantecler* tel que l'a connu le poète allemand.

dans l'enclos de maître Lanzelin en arrachant un pieu avec ses dents et se tapit près de Schanteclêr. Celui-ci dormait ; il est éveillé par Pinte qui, à la vue du goupil, s'est enfuie avec ses compagnes. Schanteclêr leur affirme qu'elles n'ont rien à craindre et raconte son rêve. Pinte n'interprète pas ce rêve, mais dit ce qu'elle a vu, supplie son mari de ne pas la laisser veuve avec ses enfants orphelins et le décide à se placer sur un buisson d'épines. Il ne s'y endort pas et ne s'expose pas, comme dans le *Roman de Renart*, à une première surprise de Reinhart qui s'est glissé au pied du buisson. Tout au contraire, immédiatement commence entre les deux animaux le dialogue qui va livrer Schanteclêr à son ennemi. Enfin, on a pu noter aussi qu'aux vers 139 sq. il n'est pas dit expressément que Reinhart, en emportant Schanteclêr, est poursuivi et injurié par les paysans, et pourtant il desserre la gueule pour répondre à leurs insultes [1].

Cette complexité du morceau de la branche II, qui ressort si nettement de sa comparaison avec le morceau correspondant du *Reinhart*, indique que l'histoire a subi un remaniement. Mais il est douteux que, comme on l'a dit [2], ce remaniement ait été fait sous l'influence de la branche XVI qui contient dans sa première partie un récit concernant Chantecler (v. 1-672). Cette branche XVI, je l'ai déjà dit plusieurs fois, est des plus médiocres, et son influence sur le reste du cycle est très contestable, pour ne pas dire inadmissible. Les analogies non seulement de contenu, mais encore de forme, que l'on peut signaler entre les deux morceaux s'expliquent aussi bien par un emprunt du trouveur de la branche XVI à la branche II, déjà remaniée de son temps, qu'à un emprunt de celui de la branche II à la branche XVI. Quoi qu'il en soit, celle-ci n'en est pas moins intéressante ; en effet, à côté de certains points de similitude avec la branche II, elle possède des traits particuliers qui montrent que sa source n'est pas tout à fait la même que celle du premier épisode. C'est à la fois une imitation de celui-ci et une variante originale.

De l'invention du trouveur est le début, insipide d'ailleurs et d'une longueur désespérante. Renart a pénétré dans le courtil du riche maire Bertolt ; il essaie d'attraper Chantecler qui

---

[1]. Martin. *Obs.*, p. 107. Voir les restrictions que fait sur ce point Voretzsch, p. 147.

[2]. Voretzsch, p. 143 sq.

s'échappe et attire par ses cris le paysan. Celui-ci parvient à emprisonner le goupil dans un filet ; mais Renart le saisit au pied et ne lâche prise que quand il lui a promis son coq comme rançon. A partir de là, nous sortons du domaine de la fantaisie pour rentrer dans celui de la tradition. Pendant qu'il emporte Chantecler, Renart remarque qu'il est triste et verse des pleurs. Comme il lui en demande la cause, Chantecler répond qu'il est chagrin à la pensée que ses compagnes qu'il vient de quitter, elles au moins,

> Seront a grant joie mengiees.
> S'en seront leur ames plus liees
> Et du solaz et de la feste.
>
> (v. 567 sq.)

Lui aussi, il mourrait avec plaisir si Renart lui faisait entendre une petite chanson. Renart ouvre la gueule pour chanter, et Chantecler s'échappe. Ils s'épanchent l'un et l'autre en injures quand quatre lévriers suivis de brachets et de veneurs surviennent et mettent le voleur en fuite.

Quant à la branche XVII, elle a eu certainement pour modèle la branche II dans le fragment où Renart enlève Chantecler (v. 1053-1200). On croit Renart mort ; on va l'enterrer en grande cérémonie. Tout à coup il se ranime et ouvre les yeux. D'abord étonné de cet appareil funèbre, il reprend bien vite ses esprits et se sauve en emportant Chantecler qui tenait l'encensoir au bord de la fosse. Noble irrité lance tous ses barons à la poursuite du ravisseur. Chantecler conseille à Renart de leur crier qu'il emporte un gage du tort qu'on lui a fait à la cour en voulant l'enterrer vif ; il s'y refuse, car il se rappelle

> Que par engin et par parole
> L'avoit autre foiz engingnie [1].
>
> (v. 1126 sq.)

Mais plus loin, le chien d'un vilain s'étant mis de la partie et uni à ses ennemis, il se décide à laisser la liberté à Chantecler à la condition que celui-ci ne lui nuira pas auprès du roi [2].

[1]. C'est là une allusion évidente à l'aventure de la br. II.
[2]. Dans cette même branche XVII, v. 20-45, il semblerait qu'il y eût une autre réminiscence de l'histoire de *Chantecler* ; en tout cas, elle ne serait que lointaine.

L'*Ysengrimus*, comme la branche XVI, ne laisse pas d'affecter une indépendance bien caractérisée (IV, v. 887-1044). Nulle trace de la conversation du coq avec la poule, ni du songe de Chantecler. Mais ces altérations sont motivées par l'aventure précédente qui est celle du *Pèlerinage*. Les compagnons de Reinardus, se méfiant de lui, se décident à le quitter. Furieux, il se met à leur poursuite et atteint le coq Sprotinus dans une grange; il l'amadoue par d'hypocrites paroles et l'amène à chanter comme son père qui

> Orbi quadrifido resonum fundebat, in uno
> Stans pede, pupillam clausus utramque, melos.
>
> (v. 955 sq.)

Il s'en empare, mais est aussitôt poursuivi par une troupe de paysans qui l'ont aperçu ravissant cette proie et l'appellent voleur. Sprotinus engage Reinardus à se disculper :

> Et me deposito dic: « Plebs insana, silete !
> Si porto, cujus rem nisi porto meam ? »
>
> (v. 1017 sq.)

Reinardus dépose donc son fardeau et s'apprête à haranguer la foule; mais son prisonnier bat des ailes et va se réfugier au haut d'un mûrier.

Voyons maintenant l'origine des développements donnés aux différentes parties du récit dans l'épisode de *Chantecler*.

De ce que cette histoire de *Chantecler* est, on le sait déjà, le sujet d'un poème latin du XIe siècle, *Sacerdos et lupus*, et a pris place dans le *Romulus de Marie de France*, il ne s'ensuit pas qu'elle soit à considérer dans le *Roman de Renart* comme étant de provenance savante et cléricale. Le poème latin renferme certains traits spéciaux et un développement assez prolixe qui, malgré sa haute ancienneté, lui donnent l'air d'un remaniement très postérieur.[1] Du reste, la longue application allégorique qui lui sert d'appendice en fait un de ces morceaux à part qui à priori ne doivent pas entrer ici en ligne de compte et n'ont pas pu servir de modèles à nos trouveurs, ennemis de ce monotone et ennuyeux didactisme. Quant à la

---

[1]. Grimm und Schmeller, *Lat. Gedichten*, p. 345 sq. Voir sur ce poème Wackernagel, *Kleinere Schriften*, II, Leipzig, 1873, p. 272 sq.

fable du *Romulus*, on peut dire hardiment qu'elle est la mise en latin d'un conte certainement en faveur à cette époque et très connu encore de nos jours dans la littérature populaire ; on en a recueilli de nombreuses variantes dans divers pays de l'Europe, et il suffit de mettre en présence le texte du soi-disant apologue latin et celui d'une des variantes orales, de la variante basque, par exemple, pour s'assurer que l'un et l'autre sont congénères.

De Gallo et Vulpe.

Gallus in sterquilinio conversabatur ; quem Vulpes intuens accessit, et ante illum residens in haec verba prorupit : « Numquam vidi volucrem tibi similem in decore, nec cui plus laudis debetur pro vocis dulcedine, patre tuo tantum excepto. Qui, cum altius cantare voluit, oculos claudere consuevit. » Gallus igitur, amator laudis, sicut Vulpes docuit, lumina clausit, et alta voce cantare coepit. Protinus Vulpes, in eum irruens, cantum in tristitiam vertit, raptumque cantorem ad nemus deferens properavit. Aderant forte pastores in campo, qui Vulpem profugam canibus et clamoribus insequebantur. Tunc Gallus ait Vulpi : « Dicite quod vester sim et quod nichil ad eos spectet rapina ista. » Vulpe igitur incipiente loqui, Gallus, elapsus ab ore ipsius, auxilio pennarum mox in arbore summa refugium invenit. Tunc Vulpes ait : « Vae sibi qui loquitur, cum melius deberet tacere. » Cui Gallus de sublimi respondit : « Vae sibi qui claudit oculos, cum potius eos deberet aperire[1]. »

Les finesses du Renard

Renard se mit en quête d'un souper. Il arriva près d'une ferme et s'arrêta à considérer les poules qui picoraient çà et là pendant que Coq, perché sur un mur, chantait son coquerico. Renard dit à Coq : « Feu ton père, quand il chantait, chantait les yeux fermés, et c'était plaisir de l'entendre. » Coq, désireux d'imiter son père, ferma les yeux et reprit son coquerico. Mais il n'avait pas eu le temps d'achever que Renard sauta sur le mur, happa le sot volatile et s'enfuit. Ce que voyant les femmes se mirent à crier : « Le renard emporte la poule !. Le renard

---

[1] Hervieux, II, p. 533 ; cf. p. 726 et 747.

emporte la poule ! — Dis-leur donc que c'est le coq que tu emportes et non la poule » dit le pauvre Coq. Le renard, enchanté de l'avis, desserre les dents pour mieux parler, et aussitôt Coq s'envola et de plus belle chanta Coquerico. « Dorénavant, dit-il à Renart, quoi qu'ait pu faire feu mon père, je ne chanterai plus les yeux fermés. — Et moi, dit Renard tout penaud, je n'ouvrirai les dents qu'à bon escient. »[1]

La ressemblance est frappante, on le voit, à neuf siècles de distance ; abstraction faite de quelques différences insignifiantes et d'un parfum plus prononcé d'archaïsme dans le texte latin, on pourrait presque considérer les deux morceaux comme contemporains. L'histoire de *Chantecler* narrée dans la branche II n'est, à son tour, qu'une autre variante de ce sujet populaire. Retirez-en les préliminaires un peu longs quoique intéressants, les précautions que prend Renart pour se cacher, la conversation de Chantecler avec Pinte, le récit du songe, vous obtiendrez un résidu analogue de tout point au contenu de la fable du *Romulus* et de la version basque.

Les deux motifs qui caractérisent l'histoire de *Chantecler* et la distinguent nettement de la fable ésopique *le Chien et le Coq* sont celui du chant aux yeux fermés et celui de la ruse du coq arrivant à sortir de la gueule du goupil.

Le premier ne se rencontre pas invariablement dans toutes les variantes orales; il semble particulier à celles de l'Ouest. A l'Est, il a été remplacé par une tartuferie du goupil qui se fait passer pour confesseur: il persuade au coq qu'il n'a ni jeûné ni prié depuis longtemps; il lui donne des remords de pratiquer la polygamie; bref, le coq veut faire pénitence et descend de l'arbre se livrer à son ennemi[2]. Mais ce qui prouve l'ancienneté et surtout la fixité de ce trait des yeux fermés, c'est qu'il figure dans une fable de l'*Ésope d'Adémar*, où ce n'est plus le coq, mais une perdrix qui est l'objet de la convoitise du rusé. Cette fable est une de celles que le premier compilateur phédrien n'a point empruntées au poète latin et qu'il a presque toutes tirées du folk-lore de l'époque.[3] Naturellement il ne s'agit pas ici de chant : les flatteries du renard sont, par suite, différentes : « Quam formosa est facies tua ! crura tua ut rostrum, os tuum sicut corallum. Nam si dormires, pulchrior esses. »

---

[1] Cerquand, p. 137.
[2] Afanassiev, I, nos 4 a et 4 b.
[3] *Journal des Savants*, 1884, p. 683 sq.

La perdrix ferme les yeux et est aussitôt emportée : elle prendra tout à l'heure sa revanche [1]. D'où ce trait a-t-il pénétré dans ce conte? On n'en peut guère rapprocher qu'un récit de Jean de Capoue où le renard se venge du moineau, qui a donné des conseils à la colombe, en s'emparant de lui au moyen d'une ruse assez semblable à celle qui nous occupe. Il lui demande comment il fait quand le vent souffle de tous côtés : « Je mets la tête sous mon aile », répond le moineau. Et comme le renard prétend que le fait n'est pas croyable, le moineau veut le lui prouver et est aussitôt pris [2]. Le trait des yeux fermés est probablement parent de cette tradition arabe ; celle-ci a dû se modifier insensiblement avant d'être devenue ce qu'elle est dans la littérature orale et dans les différents écrits qui s'en sont servis avant le *Roman de Renart*.

Il y a quelque chose de plus dans ce dernier et dans les versions qui lui sont congénères : le coq dupé devient à son tour dupeur. A partir de là, ces versions rentrent dans le cadre de la fable grecque, mais toujours en le modifiant et l'élargissant. Le coq s'est laissé prendre aux flatteries du renard, et, au moment où il va périr, la conscience du danger qu'il court lui suggère une ruse qui doit à la fois le sauver et le venger. Il amène adroitement son ravisseur à prononcer quelques mots pour lui faire lâcher prise et s'échapper de sa gueule ouverte.

On ne peut méconnaître dans ce renouvellement du thème fondamental l'influence d'autres récits très nombreux où un animal pris, ou sur le point d'être saisi, engage une conversation avec son ennemi. Telle est, par exemple, la fable ésopique où le chat reproche au coq, avant de le dévorer, ses délits et ses crimes et reste sourd à sa défense [3]. Telle est encore et surtout la fable *le Bouc et le Loup*, qui présente une grande analogie avec cette partie de l'épisode de *Chantecler*. Un bouc serré de près par un loup se retourne et lui dit : « Je vais devenir ta proie, sonne de la trompette pour que je saute et meure avec moins de regret. » Le loup sonne de la trompette, le bouc saute; mais les chiens accourent au bruit de l'instrument et poursuivent le loup [4]. Le *Roman de Renart* lui-même nous fournit un

[1] Hervieux, II, p. 132.
[2] Benfey, *Ptsch.*, I, p. 609 et Derenbourg, *Direct.* p. 322.; cf. Bleek, p. 21.
[3] Halm, 14.
[4] Halm, 134.

témoignage de l'indépendance primitive de ce motif. Dans la branche XIV (v. 141-199), nous voyons Renart tenant dans sa gueule un coq en présence de Tibert. Celui-ci, à qui Renart venait de faire couper la queue, trouve là une bonne occasion de se venger. « Le tiens-tu bien? » lui crie-t-il, Renart de répondre affirmativement et le coq de s'envoler. Je me refuse à voir là une simple imitation de l'épisode de *Chantecler* [1]. L'hypothèse serait admissible, alors même que le coq n'est pas ici l'agent de la ruse, si ce stratagème du chat appartenait en propre au *Roman de Renart*. Or, la littérature populaire, aussi bien que le recueil des fables ésopiques, nous montre surabondamment que ce motif n'était pas lié exclusivement à l'épisode de *Chantecler* et qu'il a vécu à l'état isolé, formant à lui seul un récit indépendant. Le coq dans un conte hottentot [2], le moineau dans un conte syrien [3], l'oie dans un conte écossais [4] conseillent au renard de prier avant de les dévorer, et ils s'envolent au moment où leur ennemi commence ses oraisons. Dans un conte malgache [5], la couleuvre qui a attrapé la grenouille par une patte lui demande si elle est contente : « Prononce donc mieux, » lui répond-elle; la couleuvre ouvre la bouche et la grenouille décampe. Dans un conte finnois [6], le renard prisonnier dans la gueule de l'ours lui dit : « Comment peux-tu me traiter si durement ? Je me suis toujours comporté avec toi d'une façon si courtoise! — Toi ! dit l'ours qui lâche prise, et le renard s'enfuit » Dans tous ces contes, l'auteur de la ruse est l'animal qui court le danger. Voici un autre conte finnois où la scène est analogue à celle de la branche XIV. L'oiseau y est délivré par la ruse d'autrui. L'ours portant triomphalement dans sa gueule une gelinotte rencontre le renard qui veut punir son outrecuidance. Il lui demande d'où souffle le vent. L'ours embarrassé montre avec une pantomime expressive le ciel, les arbres, et murmure entre ses dents « Tuu, tuu. » Mais le renard fait le niais et force ainsi son ennemi à desserrer les dents et à donner la liberté à sa victime [7].

[1] Telle est en effet l'opinion de Kolmatschevsky, p. 97 sq. et de Martin, *Obs.*, p. 78.
[2] Bleek, p. 23.
[3] Prym und Socin, p. 313.
[4] Campbell, I, p. 267.
[5] Cité par Cerquand, p. 138 ; cf. *Rev. des trad. pop*, IV, p. 103, et *Tour du monde*, X, p. 214.
[6] Schreck, p. 194.
[7] Id., p. 211.

L'épisode de la branche XIV n'est donc pas une imitation de l'épisode de *Chantecler* conté dans la branche II, bien que le coq, en s'envolant, attire par ses cris le paysan Gonbaut qui se met à sa poursuite avec des chiens. C'est un conte indépendant. Quant à celui de la branche XVI, il a certainement quelques rapports avec la branche II : ici et là, le pieu grâce auquel le renard pénètre est pourri ; de part et d'autre, il essaie une première fois, sans succès, d'atteindre un coq qui porte le nom de Chantecler. Mais ce ne sont là que des affinités extérieures ; celles-ci ne portent pas sur l'aventure elle-même qui, dans la branche XVI, ne commence, cela est visible, que lorsque Bertolt a remis Chantecler à Renart. Alors, étant donné ce qui précède, il faut voir dans ce récit du goupil consentant à chanter une chanson au coq avant sa mort une variante du thème de l'animal laissant échapper la proie qu'il tient dans la gueule et non pas une simple imitation de l'histoire de *Chantecler* de la branche II. La meilleure preuve, d'ailleurs, en est dans le raccord maladroit qui termine l'épisode. Pour conserver ses droits à la tradition, le trouveur de la branche XVI, comme celui de la branche XIV, a tenu à mettre en scène des chiens dont la présence n'était nullement nécessitée par le sujet, ici surtout, puisque le coq avait été donné et non volé. Pour cela, le poète a dû faire appel au hasard : les levriers qui font décamper Renart le rencontrent tandis qu'ils poursuivent un porc à travers la plaine. Rien de plus inutile, de plus déplacé.

Si maintenant nous rapprochons ces contes populaires que nous venons d'énumérer et les récits des branches XIV et XVI, d'une des fables d'Alcuin, *Gallus et Lupus*, nous allons constater encore une fois l'indépendance ancienne du motif en question et, en outre, être mis sur la voie de l'origine de ce motif. Un coq, en train de chercher sa nourriture, est enlevé par un loup. Il flatte alors le loup sur sa belle voix qu'il a si souvent entendu vanter :

> Saepe meas tua fama, lupe prefortis, ad aures
> Venit, et ignoto monuit rumore, quod altum
> Vox tibi magna sonum claris concentibus edat,
> Nec tantum doleo, inviso quod devoror ore,
> Quantum, quod fraudor, liceat ne dicere de te
> Credere quod licuit.

Le loup ouvre la gueule pour chanter, et le coq s'enfuit[1]. On

---

[1] R. *Fuchs,* p. 320 ; cf. p. CLXXXIII. On peut en rapprocher la

a l'habitude de rattacher cette fable à la série des versions latines parentes de l'épisode de *Chantecler*. Elle n'a pourtant de commun avec cet épisode que la ruse du coq, tout comme le récit de la branche XIV et les contes populaires précités. Elle est donc, comme ceux-ci, une variante du thème de l'animal s'échappant de la gueule de son ravisseur par l'effet de sa propre ruse ou de celle d'un autre, thème qui, dès le VIIIe siècle, constituait dans la littérature écrite un conte indépendant.

Quel est maintenant le mobile qui décide le loup à desserrer sa mâchoire et à lâcher sa proie ? N'est-ce pas un mobile semblable à celui qui décide le corbeau dans la fable ésopique bien connue à laisser tomber le fromage qu'il tient dans son bec? Le coq, dans Alcuin, n'adresse-t-il pas au loup des flatteries absolument semblables à celles qui servent au renard pour s'emparer du butin du corbeau ? C'est un rapprochement qui s'impose à la simple réflexion. Cela ne revient pas à dire que la fable d'Alcuin, pas plus que les contes populaires ses congénères, soit tirée directement de la fable grecque *le Renard et le Corbeau*. Ce serait aller trop loin. D'une part cette dernière fable, d'autre part celle du *Bouc et du Loup*, celle d'Alcuin et toutes les autres versions sont des développements parallèles d'un thème unique, celui d'un animal cherchant et réussissant, soit par des flatteries, soit par un autre moyen, à faire lâcher prise à son ennemi tenant une proie. Si maintenant la fable d'Alcuin se rapproche plus de la fable *le Renard et le Corbeau* que les autres variantes, cette ressemblance est due uniquement à une réminiscence, d'ailleurs assez maladroite, du texte grec ou à une conscience de l'analogie de la situation dans l'un et l'autre développement du thème; et, par suite, les deux traditions qui étaient parties d'un point unique et avaient bifurqué sont venues se réunir et se rejoindre dans cette fable du plus grand savant du VIIIe siècle.

En résumé, cet épisode de *Chantecler* qui a sûrement été transmis à notre trouveur par la voie populaire, quoique sa rédaction rappelle celle du poème *Gallus et Vulpes* et de la fable du *Romulus de Marie de France*, est un des plus curieux spécimens d'agglomération et de superstructure de récits. Au vieux

fable *Dou lou et de l'oue* de Jean de Boves (Barbazan et Méon, *Fabliaux*, III, p. 53-55). Voir sur la fable d'Alcuin Wackernagel, *Kleinere Schriften*, II, p. 257.

fonds que nous offre encore la fable grecque sont venus se superposer, pour le renouveler et en faire un drame des plus ravissants, deux contes indépendants, celui de l'animal qui se laisse persuader de fermer les yeux et celui de l'animal qui fait lâcher prise a son ennemi. Son dénouement lui-même, bien qu'il ressemble au dénouement de beaucoup d'autres contes, en nous représentant le goupil poursuivi par des chiens et des paysans, n'a rien de banal : ici, ce lieu commun est relevé par le dialogue entre Renart et Chantecler, par l'envolée de celui-ci et le désappointement du voleur de poules qui n'a même pas la consolation de pouvoir répondre aux paroles ironiques que lui lance son prisonnier du haut de l'arbre où il s'est perché.

II

Renart et la Mésange.

Suite de l'aventure du renard et du coq dans l'*Ysengrimus*. — Elle a sa source dans les récits français sur *Renart et la Mésange*. — Double forme qu'a ce conte dans le *Reinhart* et dans le *Roman de Renart*. — Cette dualité se retrouve en dehors du cycle.

L'épisode de *Chantecler* a, dans l'*Ysengrimus* (V, v. 1-317), une suite que j'ai laissée de côté parce que, comme on va le voir, elle a avec lui un rapport seulement indirect. C'est ici le moment d'en parler. Quand Sprotinus s'est réfugié au haut d'un mûrier et que la foule des poursuivants s'est dispersée, Reinardus ne se tient pas pour battu. Il revient au pied de l'arbre et, par un long discours, il essaie de persuader au coq que la paix est faite et jurée entre tous les animaux :

> Aspice signatam, si non mihi credis, (et offert
> Quam tulerat), cartam ; nuncia pacis adest.
>
> (v. 157 sq.)

Mais la vue de cette charte signée ne convainc pas Sprotinus qui parvient enfin à se débarrasser de son ennemi en lui annonçant l'arrivée de chasseurs et de chiens.

Il faut avouer que ce retour du renard armé d'une nouvelle ruse est une addition d'un goût douteux. Pourquoi prolonger ainsi l'aventure, puisque la poursuite dont notre héros était l'objet et l'imminence du danger devaient naturellement lui faire perdre de vue la proie qui lui avait échappé ?

La seule excuse de Nivard est l'existence dans la tradition du cycle, pour ce conte, de deux formes distinctes qu'il a cru bon de réunir en un seul tout : l'une, où le coq pris d'abord se sauve grâce à la réponse qu'il suggère au goupil ; l'autre, où le coq perché sur un arbre ne se laisse pas prendre aux belles paroles du goupil qui fut interrompu dans son discours par l'arrivée des chiens. Et, entre autres divers moyens de persuasion employés par ce flatteur, figure l'argument d'une paix universelle. C'est sous cette forme que La Fontaine, après tant d'autres, a, on le sait, traité l'aventure:

> Nous ne sommes plus en querelle
> Paix générale cette fois.
> Je viens te l'annoncer; descends que je t'embrasse.
> . . . .
> Ami, reprit le coq, je ne pouvais jamais
> Apprendre une plus douce et meilleure nouvelle
> Que celle
> De cette paix
> Et ce m'est une double joie
> De la tenir de toi. Je vois deux lévriers
> Qui, je m'assure, sont courriers
> Que pour ce sujet on envoie.
>
> (II, 15.)

Cette deuxième forme, Nivard l'a tout probablement tirée, comme beaucoup des épisodes de son poème, de l'*estoire* de Renart. Dans le poème français, en effet, elle est la base du conte de *Renart et la mésange* (br. II, v. 469-602). Mais, s'il l'en a tirée, ce n'est pas ce fragment de la branche II, tel que nous le possédons, qu'il a imité, mais un récit plus ancien. Car la rédaction de ce fragment est des plus complexes. Le motif de la paix y constitue, à la vérité, le cadre de la narration. Renart apercevant la mésange sur un arbre la prie de descendre l'embrasser, et, comme elle se montre défiante, il célèbre sur un ton quasi lyrique la pacification générale que Noble a ordonnée entre tous ses sujets:

> Mesire Nobles li lions
> A or par tot la pes juree,
> Se Dex plaist, qui aura duree.
> Par sa terre l'a fait jurer
> Et a ses homes afier
> Que soit gardee et meintenue.
> Molt lie en est la gent menue.
> Ore, carront par plusors terres
> Plez et noises et mortex guerres,
> Et les bestes grans et petites
> La merci Deu seront bien quites.
>
> (v. 492 sq.)

En outre, à la fin de l'épisode, la mésange signale à Renart l'arrivée de chiens et de veneurs ; il essaie, mais sans succès, de l'amadouer encore en lui soutenant plaisamment que ces chiens

> N'erent pas encore si saive
> Au jor que lor pere et lor aive
> Jurerent la pes a tenir,
> Que l'en les i feïst venir.
>
> (v. 591 sq.)

Mais entre cette introduction et cet épilogue sont enserrés certains éléments qui, si l'on se reporte à l'épisode correspondant du *Reinhart* (v. 177-216), paraissent avoir formé primitivement un conte isolé, tout à fait indépendant des éléments concernant le motif de la paix. Dans le poème allemand, il est seulement question d'un baiser que doit donner la mésange à Renart qui s'est engagé de fermer les yeux. Elle prend du fumier entre ses pattes, descend de branche en branche et le laisse tomber dans la gueule du goupil qui le happe croyant saisir l'oiseau. Le conte s'arrête là. Point d'intervention de chiens et de chasseurs. Et ce qui montre en outre l'antériorité et l'originalité de cette rédaction, c'est, quand on la compare à celle de la branche II, le peu d'influence qu'a exercé sur elle le récit de *Chantecler*, son voisin et, peut-on dire aussi, son parent. Car c'est à celui-ci qu'il faut attribuer certainement la double tentative que fait Renart dans le poème français : la mésange a pris « plein son poing » de la mousse et des feuilles, et les lui introduit prestement dans la gueule au moment où il croit la saisir. Aux reproches de l'oiseau, il répond qu'il a voulu simplement lui faire peur ; à la seconde épreuve, il n'est pas plus heureux ; il cherche à en obtenir une troisième quand surviennent les lévriers. Et pourtant, l'on trouve dans cet épisode du *Reinhart* des vers qui correspondent exactement aux vers de la branche II. On est donc forcé de conclure que le Glichezare n'a connu du conte de *Renart et la mésange* que la rédaction où le motif fondamental était celui du baiser. D'autre part, la présence dans l'*Ysengrimus* de la seconde partie de l'épisode de *Chantecler* porte à croire qu'à côté de celle qu'à connue le Glichezare il existait une autre rédaction, basée tout entière sur le motif de la paix, et que Nivard a utilisée. Ces deux rédactions, jadis indépendantes l'une de l'autre, un remanieur les a fondues en un seul récit qui est celui de la branche II [1].

Du reste, cette dualité antérieure est attestée par les allusions à cet épisode comprises dans différentes branches. Aucune ne nous offre le mélange des deux motifs. Dans la branche I[a], où l'écureuil remplace la mésange, il n'est fait mention que du motif de la paix :

> Et vos, Rossaus li escuireus,
> Ge vos fis ja de molt granz dels,
> Quant je vos dis qu'estoit juree
> La pes et bien aseüree.
>
> (v. 1691 sq.)

Dans la branche V[a], par contre, il n'est question que du baiser :

> Et puis refist il bien que lere
> De la mesenge sa conmere,
> Quant il au baissier l'asailli
> Conme Judas qui Deu traï.
>
> (v. 759 sq.)

De même dans la branche VI :

> Et la messenge se compleint :
> Qar qant ele le volt besier
> Et a lui se volt apaier,
> Les denz jeta por lui conbrer.
>
> (v. 298 sq.) [2]

Cette dualité s'explique lorsque l'on rapproche ces divers passages du *Roman de Renart* des versions écrites et orales que nous possédons sur ce sujet en dehors du cycle.

Deux auteurs seuls, à ma connaissance, ont réuni les deux motifs. C'est d'abord Jacques de Vitry, dont la rédaction offre d'étroites ressemblances avec nos épisodes français. L'absence du trait de l'arrivée des chiens la rapproche du récit simple du

---

[1] Voretzsch, 1er art. p. 151, semble croire que c'est sous l'influence de l'*Ysengrimus* que s'est opérée cette fusion. Je ne le crois pas.

[2] Peut-être ici l'allusion est-elle double et fait-elle mention à la fois et du baiser et de la paix. En tous cas, la chose n'est pas claire. Cf. Voretzsch, p. 148.

Reinhart ; mais la mention de la paix l'en éloigne. « Audivi de vulpe quam vulgariter renardum appellant, quod pacifice salutavit volucrem quae gallice *masange* nominatur. Cui illa dixit.: «.Unde venis ? » At ille : « De colloquio regis in quo jurata est pax cum bestiis et volucribus observanda. Unde rogo te ut pacis osculum mihi tribuas. » Cui illa : « Timeo ne me capias. » Cui renardus : « Accede secure. Ecce oculos claudam ut te capere non valeam. » Volucre autem accedente et ante vulpem volitante, cum aperto ore vellet eam capere, velociter evolavit irridens vulpem quae contra pacis juramentum ipsam laedere voluisset[1]. » Dans une parabole d'Eude, bien que l'affaire se passe entre un loup et une brebis, la scène n'est pas différente. Le lion a ordonné aux animaux de s'entre-baiser en signe de paix. Un loup rencontre une brebis qui se défie de ses intentions et hésite à aller l'embrasser. Alors le loup convient « quod resupinis clausis oculis jaceret et sic oscularetur eam, ne incideret in edictum. » La brebis s'approche, l'embrasse à la hâte et s'enfuit fort à propos[2]. Rien ne nous autorise à faire dériver ces deux versions du *Roman de Renart* ; Eude, en particulier, nous l'avons constaté et le constaterons encore plusieurs fois, ne s'inspire pas des poèmes français ; il puise ses récits ailleurs, surtout dans la littérature orale du temps. Voilà donc deux témoignages de la coexistence des deux motifs dans l'épisode en dehors du cycle.

Par contre, il est aisé de signaler d'autres récits qui ne présentent qu'un seul motif. Le *Romulus de Marie de France* mentionne seulement celui de la paix. Le renard invite la colombe, perchée sur une croix, à descendre ; elle manifeste des craintes : « Procul sit, ait vulpes, omnis timor et horror ; recenter enim de curia venio ubi lites prohibitae snnt et rapinae, et lectae sunt cartae perpetuae pacis » [3]. Nous retrouvons le conte sous cette forme dans certaines versions orales, et en particulier dans le conte russe suivant. « La renarde courait par la forêt ; elle vit sur un arbre un coq de bruyère et lui dit : Terenty, j'ai été à la ville. — Bouboubou, tu as été, soit ! tu as été. — Terenty, j'ai obtenu un oukaze. – Bouboubou, tu as obtenu, soit ! tu as obtenu. — Que vous, coqs de bruyère, n'ayez plus à vous percher sur les arbres, mais à vous promener toujours

---

[1] Crane, n° 20.
[2] Hervieux, II, p. 661.
[3] Ibid. p. 583 sq. ; cf. Mone, *Anzeiger*, IV, p. 361, et Bozon, n° 61.

par les vertes prairies. — Bouboubou, nous promener, soit, nous promener! — Terenty, qui vient là? » demanda la renarde au bruit du galop d'un cheval et de l'aboiement d'un chien. — Un moujik. — Qui est-ce qui court derrière lui ? — Un petit poulain. — Comment tient-il la queue? — En croc. — Alors, adieu Terenty! je ne puis rester, je dois rentrer à la maison[1] ».

Cette forme du conte, on le voit, ne suppose pas de la part de l'oiseau une épreuve de la bonne foi du renard ; il n'a pas à s'approcher de lui ; il reste sur l'arbre et le persifle à son aise sans courir aucun danger. Dans la forme parallèle, au contraire, où il n'est question que d'un baiser que le renard prie le coq de venir lui donner, l'oiseau doit voler près de la gueule de son ennemi. Cette forme, nous ne la trouvons pas en dehors du cycle telle que nous l'a présentée le *Roman de Renart*. En effet, dans une fable très ancienne, quoique interpolée, du *Directorium vitae humanae* de Jean de Capoue, la ruse du goupil triomphe [2]. Il rencontre un coq, le flatte, l'appelle roi des animaux, prophète, et le décide à descendre de l'arbre où il est posé pour venir l'embrasser; le coq descend et est dévoré. Toutefois l'on ne peut nier que l'aventure française de *Renart et la mésange* ne soit contenue là en germe. Ce thème général du goupil au pied d'un arbre cherchant à attirer à lui un oiseau devait, je le répète, être peu à peu exploité de toutes sortes de façons et se prêtait à une infinité d'expressions. L'invention d'un baiser demandé par le renard et celle de la paix qu'il prétend avoir été signée entre tous les animaux sont deux de ces innombrables variantes. Nous n'avons pas à nous étonner de les trouver réunies à un certain moment ; grâce à leur point de départ commun, elles pouvaient rentrer l'une dans l'autre et concourir au développement d'une même action.

[1] Afanassiev, I, n° 11 ; cf. Campbell, I, p. 268 sq.; Cénac-Montaut, p. 222 sq. et Krauss, II, n° 10 et 38.
[2] Benfey, *Ptsch.* I, p. 310 et Derenbourg, *Directorium*, p. 141 ; cf. Voigt, *Kl. lat. Denkm.*, p. 144 sq.

III

Renart et Tiécelin

La rédaction de la première partie de ce conte a été influencée par celle des contes voisins de *Renart et Chantecler* et de *Renart et la mésange*. — Pourquoi cet épisode occupe une place différente dans le *Reinhart* et dans le *Roman de Renart*. — Cause des modifications apportées par le texte de la branche II à la version de la fable ésopique le *Renard et le Corbeau*.

L'épisode de *Renart et Tiécelin*, autrement dit celui du goupil et du corbeau, appartient, lui aussi, à la branche II qui renferme, nous venons de le voir, ceux de *Chantecler* et de la *Mésange*. La fable ésopique le *Corbeau et le Renard*[1] offrant, ainsi que je l'ai indiqué, une grande analogie de situation avec les récits sur le coq et le renard, il semble tout naturel que les trouveurs aient réuni les aventures de *Chantecler* et de la *Mésange* à celle de *Tiécelin*, le jour où ils ont songé à grouper entre elles les différentes histoires du goupil. Dans sa première partie, en effet, l'épisode de *Tiécelin* reproduit presque intégralement le fond de la fable ésopique.

Tiécelin aperçoit, séchant au soleil, un millier de fromages ; il en dérobe un et se moque de la vieille chargée de les garder, laquelle le poursuit de ses cris et lui lance des pierres[2]. Pendant que, perché sur une branche, il entame son fromage, un morceau se détachant tombe à terre et met en appétit Renart couché justement au pied de l'arbre. Celui-ci le flatte et l'amène à chanter. En se haussant pour tirer de son gosier une note aiguë, il écarte sa patte droite du fromage qui tombe devant Renart (br II, v. 843-945).

Les trouveurs ne se sont pas contentés de rapprocher l'une

---

[1] Babrius, 77, et *Ésope*, Halm, 204.
[2] Tout ce début manque dans le *Reinhart*, et il est tout probable qu'il ne figurait pas dans l'original du Glichezare ; voir à ce sujet Voretzsch, 1er art., p. 154.

de l'autre deux aventures parentes; ils ont même tenté de les identifier par certains détails. Ainsi, le dialogue entre Tiécelin et la gardienne des fromages

> Vassal, vos n'en porterois mie.
> ....
> Vielle, fet-il, s'en en parole,
> Ce porroiz dire, jei l'en port,
> Ou soit a droit ou soit a tort.
>
> (v. 876 sq.)

rappelle les paroles de Chantecler à Renart :

> Quant il dira : « Renars l'enporte »,
> « Maugrez vostre » ce poes dire.
> Ja nel porres mels desconfire. »
>
> (v. 426 sq.)

De même que Renart vante auprès de Chantecler le talent de chanteur de son père, de même il loue auprès de Tiécelin la voix de son père Rohart :

> Bien ait hui l'ame vostre pere
> Dant Rohart qui si sot chanter !
> Meinte fois l'en oï vanter
> Qu'il en avoit le pris en France.
>
> (v. 920 sq.) [1]

La branche IX, qui renferme une allusion à l'aventure, va même plus loin; elle fait du corbeau un fils de Chanteclin :

> Que vos eüstes le fromage
> Par vostre sen de Tiecelin
> Le corbeil, le filz Chanteclin.
>
> (v. 568 sq.) [2]

---

[1] Voici les vers correspondant à l'épisode de *Chantecler* :

> Membre te mes de Chanteclin,
> Ton bon pere qui t'engendra ?
> Onques nus cos si ne chanta.
> D'une grant liue l'ooit on.
>
> (v. 310 sq.)

Martin, *Obs.*, p. 33, fait remarquer que l'expression « cheant levant » se trouve dans les deux récits.

[2] Cf. d'autres allusions br. Iª, v. 1683 sq.; Vª, v. 754 sq. ; VI, v. 325 sq.

Pourtant, dans le *Roman de Renart*, l'épisode de *Tiécelin* ne suit pas immédiatement ceux de *Chantecler* et de la *Mésange*. Entre ce dernier et lui est intercalé (v. 665-843) le récit du steeple-chase Tibert et de Renart à l'issue duquel celui-ci est pris au piège où il voulait faire tomber son ennemi. Un vilain qui survient avec ses chiens veut le tuer ; mais il le délivre en dirigeant mal sa hache qui brise le piège. Renart s'enfuit avec une patte fortement endommagée.[1] Ce dernier trait éclaire la seconde partie de l'épisode de *Tiécelin*, celle-là tout à fait étrangère au récit de la fable classique, mais qui, par contre, a dû être inspirée par la scène où Renart décide le coq ou la mésange à venir l'embrasser, nouveau point de ressemblance entre les deux familles de contes. Le fromage une fois tombé, Renart ne s'en empare pas aussitôt ; il veut avoir en sa possession et le fromage et le corbeau. Aussi feint-il de ne pouvoir se traîner jusqu'à lui ; il a eu, dit-il, la jambe cassée l'autre jour, et il prie Tiécelin de venir enlever de son voisinage ce fromage qui sent si mauvais. Tiécelin, plein de confiance, descend et n'échappe qu'à grand'peine à la griffe de Renart dans la gueule duquel il laisse quatre de ses plumes (v. 945-1026).[2]

Cet épilogue paraît au premier abord ne pouvoir s'expliquer que par l'aventure qui précède, celle où Tibert a fait blesser Renart ; cette blessure permet à celui-ci de tromper et d'attirer à lui Tiécelin. Mais ce rapport, si étroit en apparence, n'a pas dû toujours exister entre les deux aventures : le *Reinhart* nous montre qu'elles ont été probablement étrangères l'une à l'autre à l'origine. Dans le poème allemand, le récit de *Tiécelin* précède celui de *Tibert* ; il est sans doute fait mention dans le premier d'une blessure, mais en termes qui manquent de précision, sous la forme d'un mensonge qu'imagine le goupil : « Écoute, Diezelin ; aide-moi, mon cher cousin. Hélas ! tu ne connais guère mon malheur ; ce matin, je fus blessé. Ce fromage est trop près de moi, il a une odeur trop forte ; j'ai peur qu'elle ne soit nuisible à ma blessure. » (v. 237-260).

Telle a dû être la rédaction ancienne et tel aussi l'arrangement primitif des deux récits. L'on ne peut guère, à mon avis, accepter l'opinion que le Glichezare a maladroitement

---

[1] Voir ci-dessus p. 264.
[2] Cf. pour cette seconde partie des contes postérieurs dans Grimm, *R. Fuchs*, p. 358 et Robert, II, p. 275.

renversé l'ordre des événements qu'il avait sous les yeux. Chez lui, en effet, les épisodes, quoique se suivant, sont encore à l'état fragmentaire, c'est-à-dire que chacun d'eux pourrait être mis à une place autre que celle qu'il occupe dans sa traduction sans que la narration en souffrît. Il y a simplement juxtaposition, et juxtaposition assez logique du reste, puisque les aventures de la *Mésange*, de *Chantecler* et de *Tiécelin*, qui sont parentes par leur origine, s'y trouvent réunies côte à côte. On a là le premier essai de groupement. Plus tard, un remanieur voulut subordonner les unes aux autres ces histoires qui n'avaient extérieurement aucun lien entre elles. Remarquant que, d'une part, Renart était blessé dans son aventure avec Tibert, et que, d'autre part, il entretenait Tiécelin d'une blessure imaginaire, il ne trouva rien de mieux que de rendre celle-ci réelle, de la motiver d'une façon nette et précise en faisant précéder l'épisode de *Tiécelin* de celui de *Tibert*. Il obtint ainsi un ordre plus raisonné et plus épique, moins naturel cependant que celui du Glichezare qui groupait ensemble trois contes d'une harmonieuse concordance pour le fond et les détails, ceux de la *Mésange*, de *Chantecler*, et de *Tiécelin* [2].

Dans quelle mesure maintenant peut-on dire que l'épisode de *Tiécelin* a comme source le récit classique sur le corbeau et le renard ? C'est là une question que nous devons nous poser alors même que nos branches se rapprochent de très près des rédactions ésopiques et phédriennes ; nous avons pu constater mainte fois combien il serait téméraire de passer légèrement sur les modifications et les embellissements apportés dans le poème français à ces vieux récits, et de les attribuer en bloc à la fantaisie des trouveurs.

Certes, s'il est un apologue dont le texte primitif a été scrupuleusement respecté par les fabulistes proprement dits, depuis l'auteur du *Romulus* jusqu'à La Fontaine, c'est celui du corbeau qui perdit son fromage [3]. Les louanges données à l'éclat des

[1] Telle est l'opinion de Martin, *Obs.*, p 110. L'opinion contraire est solidement soutenue par Voretzsch, 1er art., p. 154 sq

[2] C'est peut-être d'après le même principe que tant de manuscrits insèrent après l'aventure de Tibert la branche XV (*l'andouille, les deux prêtres*) où Tibert joue un rôle actif ; les aventures dont il est le héros se trouvaient ainsi réunies en un seul groupe.

[3]. Voir une étude comparative sur ce sujet dans Soullié, *La Fontaine et ses devanciers*, Paris-Angers, 1861. Cf. aussi dans Grimm, *R. Fuchs*, p. 358 sq., une fable allemande postérieure, *der Fuchs und der Rabe*.

plumes du corbeau, le regret exprimé par le renard que son ramage n'égale pas son plumage, la prétention vaniteuse de l'oiseau qui veut montrer son talent et laisse tomber le fromage de son bec, voilà trois points reproduits invariablement depuis des siècles et en des termes presque toujours identiques. En face de ces innombrables variantes uniformes, le *Roman de Renart* ne se distingue pas seulement par l'abondance du développement ; il montre encore une indépendance assez marquée dans l'exposition des détails. Sans parler de l'entrée en matière mouvementée et toute dramatique qui a remplacé la tradition, nelle introduction de Phèdre (Cum de fenestra corvus raptum caseum Comesse vellet....), il n'est plus question dans la branche II de l'éloge du plumage du corbeau ; toutes les flatteries de Renart portent sur le chant de Tiécelin :

> Vos meïsme en vostre enfance
> Vos en solieez molt pener.
> Saves vos mes point orguener ?
> Chantes moi une rotruenge.
>
> (v. 924 sq.)

Tiécelin, excité par cet éloge et par la sotte envie de mieux « orguener » que son père, chante ; mais le fromage reste à sa place ; aussi Renart revient-il à la charge :

> Encore se vos voliees,
> Irieez plus haut une jointe.
> . . . .
> Cantes encor la tierce fois !
>
> (v. 932 sq.)

Ce n'est qu'à cette troisième reprise que le fromage tombe à terre [1].

J'ai dit tout à l'heure qu'il y avait eu sans doute, pour l'exposition de cette scène, influence du conte de *Chantecler*, que peu à peu les deux épisodes s'étaient identifiés. Mais cette assimilation n'est pas l'œuvre des poètes français ; il l'ont trouvée déjà presque faite dans la tradition. Les continuateurs du *Romulus*, nous l'avons déjà vu, non contents d'ajouter à cette compilation qu'ils avaient adoptée pour base de leurs collections, prennent

---

[1]. Ce qui semble appartenir au trouveur français, c'est ce trait du fromage qui, serré dans les pattes du corbeau, tombe quand celui-ci les écarte en se haussant pour jeter une note plus élevée. Ce détail vaut celui de la fable classique, s'il ne lui est pas supérieur.

souvent de grandes libertés avec le texte antique et, obéissant à des inspirations diverses, le modifient et lui donnent un air rajeuni. Tel a été le cas pour l'apologue en question. Jusqu'à *l'Anonyme de Névelet*, la fable de Phèdre se transmet intacte. Mais, dans une rédaction abrégée en prose de ce recueil du XIIIe siècle [1], le renard, tout en comparant encore le corbeau pour la couleur au cygne, ne déplore plus qu'il ne chante pas : il l'invite à faire entendre sa voix : « Si placet, canta, quia places super omnes aves. » Dans Eude, on voit apparaître la mention du père du corbeau : « Quoniam bene cantabat pater tuus, vellem audire vocem tuam [2]. » Enfin, dans le *Romulus de Berne*, le corbeau chante par deux fois : « Qui parum cantavit. Quo canente altius, caseus cecidit [3].... » Nous avons là, épars et ne demandant qu'à être réunis en un faisceau, les éléments de l'épisode de *Tiécelin*. L'apologue classique a fourni le fond de la scène ; mais, avant de passer dans le *Roman de Renart*, cet apologue, comme tant d'autres, a été, malgré son canevas si simple, soumis à ces remaniements que le voisinage d'autres récits analogues et surtout l'utilisation des fables comme exercices littéraires et grammaticaux dans les écoles devaient forcément amener.

[1] Hervieux, II, p. 431 ; cf. I, p. 576. Voir aussi l'*Ysopet* I de Robert, I, p. 19 sq. et *Lyoner Yzopet*, p. 21 sq.

[2]. Hervieux, II, p. 653 ; cf. Bozon, n° 8.

[3]. Hervieux, II, p. 742 sq. Ici, comme le fait remarquer justement Voretzsch, 1er art., p. 151, c'est à contre sens que le corbeau tient le fromage à son bec.

IV.

Renart et Droïn.

Du rôle particulier que joue le chien dans cette aventure et qui la rattache indirectement à la fable ésopique *le Chien et le Coq*. — Entrée tardive dans l'histoire de ce personnage absent de certaines variantes. — Le conte de *Renart et Droïn* est la réunion de deux récits, l'un mettant en scène le renard et un oiseau, l'autre le renard, le chien et un oiseau. — Transformations ultérieures qu'a subies ce conte — Les variantes françaises y ont échappé — Du trait du rire conservé dans l'une d'elles — Particularités qu'offre la rédaction du *Roman de Renart*.

En comparant les épisodes de *Chantecler* et de *la Mésange* avec la fable ésopique *le Renart et le Coq*, nous avons constaté, on se le rappelle, que le motif de l'amitié du chien pour le coq, qui joue un rôle important dans le récit classique, avait été presque anéanti dans les récits de la branche II, qu'il n'y en restait d'autre trace que l'arrivée inopinée de chiens qui accourent dans la direction du renard sans être d'intelligence avec l'oiseau. Le conte de *Renart et Droïn* renferme justement comme principal élément une association entre le chien et un oiseau, et ce dernier, mis en danger par Renart, est sauvé par le chien qui sort d'un buisson (br. XI, v. 761-1375), comme dans la fable ésopique il s'élançait du creux de l'arbre.

Un moineau, Droïn, perché sur un cerisier, a jeté quelques fruits à Renart et lui demande, en retour, de guérir ses neuf petits

>Qui chascun jor cheent de gote.
>
>(v, 849)

Renart le lui promet; mais auparavant, dit-il, il faut les baptiser :

> « Droïn. fait il. par Seint Omer
> Tu les feras crestiener.

> Sitost con bautissiez seront,
> Jaines de cest mal ne carront. »
> Et dist Droïn : « Ce puet bien estre,
> Mes ou troveroie ge prestre ? —
> Prestre ? dist Renart, par ta foi
> Ne sui ge prestre, di le moi ? »
> Dist Droïn : « Par l'ame mon pere
> Il ne m'en sovennoit, bau frere.
> Mes or vos pri ge et requier
> Que vos les viegnes bautiszier. »
>
> (v. 871 sq.)

Il lui jette ses petits l'un après l'autre, et Renart les dévore. Droïn jure de se venger. Il court tout le pays pour trouver quelqu'un qui l'aide dans son projet.

> Mais celui a qui il parloit
> Molt gentement li responoit
> Qu'il ne s'en volent entremetre.
> « Grant entente i covendroit metre,
> Font cil, ne nos entremetrons
> Que durement Renart dotons,
> Ne ja sor li en nule guise
> Ne movroms por fere justice.
> Alez vos aillors porchacier. »
>
> (v. 975 sq.)

Après bien des recherches infructueuses, il trouve gisant sur le fumier, tout amaigri par la faim, un pauvre chien, Morhout, qui, en échange de la nourriture que lui procurera Droïn, accepte d'être son champion :

> Se vos a manger me donez
> Tant que je sente un poi mon cuer,
> Je vos di bien que a nul fuer
> Ne saurois chose conmander
> Que ne face sanz demorer.
>
> (v. 1018 sq.)

Le pacte conclu, Droïn songe à satisfaire la faim de son associé. Il aperçoit sur la route une voiture pleine de provisions qui s'avançait de leur côté. Il emploie alors la ruse à laquelle nous avons vu recourir Renart dans l'aventure du *Jambon* :

> Atant s'en vait Droïn corant ;
> E vos le chareter errant

> Qui molt grant oire cheminoit.
> Droïn qui cele part coroit
> Molt bone oire sans atarger,
> S'en vet devant le chareter
> Tot ausi con s'il fust ferus.
> Li chareters est descendus
> Ausitost con il l'aperçut.
> Meintenant cele part corut,
> Molt bien le quida detenir.
> Mes quant Droïn le vit venir,
> Salletant s'en vet ça et la,
> Et li chareters apres va
> Corant un levier a son col.
> Mes Droïn ne fu mie fol,
> Que pas atendre ne le vout.
> Li chareters quanqu'il pot court
> Apres, que prendre le voloit.
> Droïn toz jorz devant coroit
> Quanque il pooit voletant.
>
> (v. 1093 sq.)

Morhout, pendant ce temps, tire un jambon de la voiture et se rassasie. Maintenant il a soif. Passe une seconde voiture chargée de vin. Droïn se perche sur la tête du cheval de timon et lui becquète l'œil. Le charretier veut le frapper de son « tinel »; mais Droïn s'envole au moment où il assène un coup violent qui étend le cheval roide mort. L'essieu se brise, et le liquide, s'échappant du tonneau défoncé, abreuve Morhout. Redevenu gros et dispos, celui-ci veut venger son bienfaiteur. Droïn vole au logis de Renart, et lui crie :

> Renart, car me venes mangier!
> Vien tost a moi et si m'estrangle!
> Ge ne me movrai de cest angle,
> Ne me voil de ci desrenger :
> Tel dol ai, je cuit enragier.
> Vien, s'en delivre le païs,
> Quant tu as mes enfans ocis :
> Car certes ne quier vivre mes.
>
> (v. 1252 sq.)

Renart accourt et Droïn, en voletant, l'entraîne jusqu'à un buisson où se tenait blotti Morhout:

> Adont s'asist et dist : « Par foi,
> De ci ne me movrai por toi,
> Ci iloques voil je morir. »

> Renart fu en molt grant desir
> De li prendre et entalente,
> Molt en avoit grant volente,
> Si li est sus corut tantost.
> Mes Morhout qui s'estoit repost,
> Si est maintenant sus sailliz.
> Par li fu Renart asailliz,
> Si li curt sus plus que le trot.
> Quant Renars l'a veü, por sot
> Se tint, si torne le talon.
> Et cil l'aert par te crepon,
> As denz le pigne et house et hape.
>
> (v. 1297 sq.)

Morhout ne cesse de s'acharner sur Renart que lorsqu'il le voit gisant à demi mort.

Dans ce conte de *Droïn*, le motif du chien ami du moineau appartient évidemment à la famille de récits dont la fable ésopique le *Chien et le Coq* est le type, et où il sert de cadre à l'aventure. Mais, transporté de cette famille dans une autre, il a subi l'influence des motifs auxquels il s'est incorporé. Le chien n'est plus seulement un compagnon de l'oiseau, il est en outre son vengeur, et sa vengeance, il l'accomplit par gratitude envers le moineau. Entre le pacte d'amitié et les mauvais traitements dont le goupil est victime, s'est intercalée toute une série de traits qui, en motivant cette amitié, lui donnent un réel intérêt et en font le nœud d'une véritable intrigue dramatique.

Quelle que soit cependant l'importance de ce motif dans notre épisode, il ne peut être considéré comme un élément primordial de sa formation. C'est postérieurement qu'il est venu s'agglutiner à d'autres traits plus anciens; son admission dans le corps de l'aventure n'a été provoquée, comme cela arrive tant de fois, que par la nécessité d'un complément au récit ou par l'effet d'une analogie scénique. Un conte transylvanien nous le montre d'une façon significative. Dans ce conte, en effet, le chien ne figure pas; toute l'affaire se passe entre le renard et la mésange. Le renard menace celle-ci d'abattre avec sa queue l'arbre où elle est posée si elle ne lui livre pas ses petits. Elle les sauve en promettant à ce terrible ennemi de lui procurer une proie meilleure. Suivent l'aventure de deux femmes portant une corbeille de pâtisserie dont le renard se régale grâce à la ruse du vol de la mésange, et celle d'un charretier qui fend son tonneau de vin avec sa cognée en voulant tuer l'oiseau. Repu et abreuvé, le renard demande à rire. Ils se rendent à une aire où deux paysans battent leur blé. La mésange se pose sur le crâne chauve du plus âgé ; l'autre, pour le débarrasser de l'oiseau, lance un coup de fléau qui n'atteint pas la mésange, mais étend le paysan presque mort. Le renard, qui s'était hissé sur le perchoir des poules pour assister à la scène, rit tellement qu'il en perd l'équilibre, tombe à terre et est roué de coups avant de pouvoir s'échapper [1].

Ce conte transylvanien est composé de deux parties bien distinctes : d'une part, la menace du renard à la mésange ; d'autre part, la complaisance de l'oiseau pour son ennemi. Or cette complaisance n'est-elle pas choquante par son épilogue inattendu ? L'oiseau, en effet, ne songe pas un seul instant à duper le renard. S'il arrive malheur à celui-ci, c'est par sa faute et non par le fait de sa trop docile compagne.

Nous retrouvons une scène identique dans d'autres récits. Dans un conte indien, une perdrix fait manger, boire et rire un chacal, et même, quand celui-ci se noie en voulant se désaltérer à la roue d'un moulin où elle l'avait attaché, surpris par le meunier qui lâche toute l'eau, elle pleure sa mort [2]. Dans un petit poème allemand du XIIe siècle, une alouette prend pitié d'un chien chassé par son maître, et elle lui procure successivement le manger, le rire et un médecin [3]. Mais, dans ces deux récits, l'oiseau n'est menacé d'aucun péril ; il n'attend point une vengeance de celui qu'il soigne ; son dévouement est tout désintéressé. Par conséquent, ces deux récits appartiennent à une famille de contes où de deux animaux, liés par l'amitié ou la sympathie, l'un se fait le serviteur de l'autre. Par suite aussi, c'est à cette famille qu'il faut rattacher la seconde partie du conte transylvanien qui nous offre une suite d'événements identiques, avec cette seule différence que l'oiseau agit par peur et non par dévouement.

Quant à la première partie, elle rappelle le début de la fable

---

[1] Haltrich-Wolff, n° 21.

[2] Cité par Kolmatschevsky, p. 156. On retrouve les mêmes idées dans un conte gascon (Bladé, III, n° 6) : un lévrier va à la foire ; la merlesse l'accompagne parce qu'il a épargné ses enfants, et s'engage à le faire manger et boire. Le lévrier est ivre et veut se désaltérer. Il se penche dans un puits et la merlesse le tient par la queue. Il crie « Happe » pour qu'elle le relève, mais elle répond « la queue m'échappe », ouvre la bouche et le lévrier se noie.

[3] R. Fuchs, p. 291.

de Jean de Capoue dont j'ai parlé plus haut à propos de l'épisode de *Chantecler*. Là aussi, le renard exige de la colombe qu'elle lui livre ses petits, la menaçant de grimper à l'arbre; elle se débarrasse de lui grâce aux conseils du moineau qui devient la victime. Cette introduction, commune aux deux récits, et à laquelle chacun de son côté a ajouté une fin différente, tirée d'autres contes, est une des nombreuses variétés du dialogue entre le renard affamé et un oiseau perché sur un arbre. La voracité du goupil s'attaque ici aux petits de l'oiseau et non plus à l'oiseau lui-même. Mais rien ne pouvait plus mettre en relief la peur de celui-ci ou son désir de vengeance. Cela ne jette-t-il pas sur toute l'aventure une note attendrissante, et ne suit-on pas avec sympathie cet être chétif cherchant à apitoyer son ravisseur ou à lui faire expier durement sa cruauté ?

Dans cette seconde partie, je le répète, le conte transylvanien a altéré la tradition dont il s'est inspiré : l'animal nourri par l'oiseau est son ennemi au lieu d'être son compagnon.

Au contraire, dans le *Roman de Renart* et aussi dans trois contes oraux, breton [1], gascon [2] et esthonien [3], cette tradition reprend ses droits et est rétablie dans toute son intégrité, grâce à l'introduction d'un troisième personnage qui est le chien. Comment s'est opérée cette transformation ? A-t-elle eu pour base unique la forme du conte transylvanien dans laquelle on aurait habilement introduit le motif du chien de la fable grecque ?

Une variante slovène nous incline à croire que la chose s'est passée autrement. Suivant cette variante, le renard demande à un oiseau de lui donner ses œufs. Celui-ci le prie d'attendre qu'il ait fini de couver, et il se mettra à sa discrétion lui et ses enfants. Le renard ayant consenti, l'oiseau gagne à lui un chien courant, le cache, et, quand le renard revient, il lui chante sa dernière chanson; c'était le signal convenu : le chien s'élance et se jette sur le renard [4].

Quels que soient les défauts de ce conte, dont certains détails sont d'une invention peu heureuse, comme l'envie que manifeste le renard de manger des œufs d'oiseau et son acceptation d'un

[1] Sébillot, *Contes pop. de la Haute Bretagne*, I, n° 59.
[2] Bladé, III, n° 5.
[3] R. *Fuchs*, p. CCLXXXIV.
[4] Valjavec, n° 63.

délai, je ne puis le considérer comme une forme raccourcie de l'histoire de *Droïn* dont on aurait supprimé tous les détails relatifs à la nourriture donnée au chien[1]. Pourquoi le narrateur aurait-il laissé ainsi de côté, de parti pris, ces traits si pleins d'intérêt? Comment aussi supposer qu'avec le temps ils aient disparu alors qu'ils paraissent si inhérents au contexte? Et, par suite, il faut admettre qu'il y eut une époque, dont la variante transylvanienne et la variante slovène sont les précieux indices, où l'introduction de la fable de Jean de Capoue avait reçu deux développements différents, l'un mettant en présence l'oiseau, le renard et le chien, comme dans la fable *le Chien et le Coq*, l'autre ne faisant figurer que l'oiseau et le renard et ayant emprunté à une autre série de contes le tableau des soins donnés par un animal à un autre. Plus tard, ces deux variantes d'un même sujet se sont fondues en un seul récit : la forme du conte slovène a été le cadre où sont venues s'enchâsser, mais en étant attribuées au chien vengeur de l'oiseau, toutes les attentions que, dans la forme du conte transylvanien, ce dernier a pour le renard.

D'ailleurs, ces différentes transformations ne sont pas les seules qu'ait subies cette histoire, et d'autres variantes nous font assister à de nouvelles et curieuses étapes de son développement. Alors que le renard, d'après les variantes précitées, semblait être un élément principal et presque indispensable de la narration, nous voyons dans deux variantes russes son rôle s'effacer considérablement. Suivant l'une[2], un vieux chien qu'un pic a nourri pour le récompenser d'avoir gardé ses petits est invité par son bienfaiteur à se lancer à la poursuite d'un renard; il est pris dans les roues de la voiture d'un paysan et écrasé. Suivant l'autre[3], un paysan qui passait juste à ce moment tue d'un seul coup renard et chien. Puis, dans l'un et dans l'autre récit, le pic venge la mort de son ami : le paysan, croyant le frapper, tue son cheval ou est tué lui-même par sa femme dont le coup était dirigé sur l'oiseau. Le renard qui figure encore ici, bien qu'occasionnellement, a

[1] C'est l'opinion de Kolmatschevsky, p. 158. Une forme raccourcie est la variante russe (Afanassiev, I, n° 12) : le renard chasse un pic de l'arbre où il nichait avec ses trois petits, puis il attire ceux-ci en promettant au premier de lui apprendre le métier de forgeron, au second celui de cordonnier, au troisième celui de tailleur.

[2] Afanassiev, I, n° 32 a.

[3] Id. n° 32 b.

disparu tout à fait dans deux variantes allemandes [1] : le chien est broyé par la voiture d'un paysan ou assommé par lui pendant qu'il dort au bord de la route, et tout le reste du récit porte sur la vengeance exercée par l'oiseau.

Plus originales et plus complètes sont les versions de Bretagne et de Gascogne, et celle d'Esthonie ; elles seules peuvent nous intéresser, étant, par leur cadre et leur contenu, les parentes de la version du *Roman de Renart*. Comparons-les donc à celle-ci.

Dans le conte transylvanien, on l'a vu, le renart, après s'être repu et abreuvé, demande au moineau de le faire rire. Ce trait est fondamental ; on le trouve, en effet, dans le conte indien et dans le poème allemand. Comme la version du *Roman de Renart*, les versions bretonne et esthonienne l'ont supprimé ; il a sans doute désormais paru déplacé et peu en rapport avec la situation. Passe encore que le renart, dans le conte transylvanien, pousse l'exigence envers le moineau jusqu'à vouloir être égayé. Mais ce désir n'est guère dans le rôle du chien qui, semble-t-il, n'a que deux choses à demander en échange du service qu'il va rendre, puisqu'il est faible et affamé : manger et boire. Seule, la variante gasconne a conservé ce trait archaïque du rire : « Passaient le bâton à la main le curé de Marsolan et deux de ses paroissiens, qui s'en allaient ensemble à la foire de Lectoure. La merlesse se perche sur le chapeau du curé. Les deux paroissiens lui lancèrent chacun un bon coup de bâton. « Ah ! gueux, criait le curé, vous m'avez cassé la tête. Attendez canaille ! » Le chien riait tout son soûl, tandis que le curé de Marsolan et ses deux paroissiens s'assommaient à coups de bâton [2]. » Quelque comique que soit ce motif, il cesse d'être naturel dans la nouvelle forme qu'a prise le conte, d'autant plus qu'il fait double emploi par son exposition avec celui qui le précède immédiatement. Car la merlesse se joue du charretier de la même façon que des paroissiens de Marsolan ; c'est au moyen de la même ruse qu'elle lui fait percer sa barrique et qu'elle ensanglante la tête du curé et de ses deux ouailles. Voilà justement pourquoi la variante bretonne ne

[1] *Kind. und Hausm.*, n° 58 ; Vernaleken, n° 6.
[2] Dans le conte indien, une file de fakirs s'avance sur la route. La perdrix se pose sur la tête de l'avant-dernier ; le dernier lui assène un coup de roseau ; elle va se poser sur la tête du précédent qui est frappé à son tour, et ainsi de suite jusqu'à ce que les cent fakirs aient la tête ensanglantée.

possède pas le trait de la soif du chien. Cette variante a, en effet, conservé comme conclusion le trait des batteurs de blé qui tuent un des leurs à coups de fléau, mais sans l'appliquer au motif du chien égayé. Conserver en même temps le trait du charretier qui défonce sa barrique en voulant tuer l'oiseau, c'était s'exposer à une répétition analogue à celle du conte gascon. Quant à la variante esthonienne, elle ne connaît aucun de ces deux traits; elle a dû nous parvenir mutilée. En somme, c'est la version du *Roman de Renart* qui, pour cette partie du conte, présente le plus de régularité et de vérité. Des éléments primitifs, elle a gardé ceux qui étaient d'une exacte convenance et cadraient le mieux avec le sujet.

Dans cette version, le début de l'aventure est différent de celui des contes qui lui sont parallèles. Suivant ceux-ci et aussi suivant la plupart des contes de la même famille, le renard menace l'oiseau tantôt de monter à l'arbre, tantôt de l'abattre avec sa queue ou avec une hache; tantôt encore, il se fait remettre les petits sous prétexte de les contempler. Dans le poème français, c'est au contraire Droïn qui suggère à Renart l'idée de dévorer ses enfants en le priant de les guérir de la gale. Il déclare qu'il les baptisera d'abord [1], car il est à la fois prêtre et médecin, et, une fois que le moineau les lui a jetés, il les mange. Cette particularité semble avoir sa source dans une autre histoire du Roman, celle du *Lion malade*, ou du moins avoir été inspirée par elle, à en juger par les vers suivants, qui font allusion à cet épisode:

> Tu ses bien qu'il n'a pas passe
> Plus de deus ans que j'ai este
> En Calabre et en Romanie,
> En Toscane et en Herminie:
> G'ai quatre fois passe la mer
> Por mecine querre et trover
> Mon segnor l'enpereor Noble.

(v. 853 sq.)

Pourtant, un autre conte transylvanien nous donne la même

---

[1] Un motif religieux se trouve aussi dans la variante gasconne. Le renard qui demande à voir les petits de la merlesse déclare qu'il ne les mangera pas, car il s'est confessé la veille, et, pour expier sa mauvaise vie, il lui a été ordonné de ne pas manger de viande pendant un an. Quand il a obtenu les petits, il prétend que ce sont des tanches, et il les dévore.

entrée en matière : le renard rencontre un corbeau à la recherche d'un médecin qui puisse guérir ses petits de la gale[1]. Peut-être ce trait existait-il à côté des autres dans la tradition orale et lui a-t-il été emprunté par le trouveur qui a en même temps jugé à propos de rattacher entre eux le motif de Renart médecin des petits du moineau et celui de Renart médecin du lion.

Pour la conclusion de l'aventure, la branche française s'éloigne aussi des variantes bretonne, gasconne et esthonienne. Dans celles-ci, l'oiseau dit au chien de contrefaire le mort, et, quand le renard arrive, il se pose sur le prétendu cadavre, le becquète ; voyant que le chien ne fait aucun mouvement, le renard s'avance et est aussitôt déchiré à belles dents. C'est là un thème qui nous est bien connu, et dont le *Roman de Renart* lui-même nous offre de nombreux spécimens[2]. La branche XI en a choisi un autre pour l'histoire de *Droïn*; elle nous montre le chien blotti dans un buisson et se précipitant sur le goupil dès que le moineau l'a attiré près de sa cachette. Est-ce la reproduction d'une scène que nous rencontrons dans d'autres branches ou une imitation lointaine de la fable *le Chien et le Coq*, comme je le disais en commençant ? La chose importe peu. Cette fin spéciale n'altère en rien le mérite de ce conte de *Droïn*, un des meilleurs du *Renart* français, qu'il est d'ailleurs le seul à posséder parmi tous les monuments littéraires de l'épopée animale, et dont la valeur est comme rehaussée par la médiocrité et la platitude des récits au milieu desquels il se trouve placé dans la branche XI, véritable joyau enfoui dans un grossier écrin.

[1] Hattrich-Wolff, n° 18.
[2] Voir ci-dessus p. 173 sq.

V

Renart et Hubert

D'une forme raccourcie de la fable ésopique *le Chien et le Coq* d'où sont sorties certaines fables latines où le coq figure comme confesseur. — Comment ce caractère religieux lui a été attribué. — La branche VII où Renart mange Hubert son confesseur est un dérivé de ces récits. — Pourquoi le milan a été substitué au coq. — L'aventure du *grillon Frobert* de la branche V est une imitation de celle d'*Hubert*. — Tous ses éléments ont été tirés du *Roman de Renart* et non du dehors. — De son double dénouement. — Conclusion du chapitre Renart et les oiseaux.

Nous avons vu, à propos de l'épisode de *Renart et la Mésange*, que le *Directorium vitae humanae* renferme une fable où le renard ayant affaire à un coq le dupe, en dépit de la tradition qui veut qu'en de telles rencontres le renard soit toujours mystifié : le coq consent à descendre de l'arbre pour venir embrasser son flatteur qui le dévore aussitôt. Cette déformation de la tradition ne se trouve pas uniquement dans le recueil de Jean de Capoue. On en rencontre des traces dans la littérature orale et dans la littérature écrite.

Suivant un conte transylvanien, un coq borgne descend de l'arbre pour embrasser le renard qui lui a promis de guérir son œil malade s'il consent à lui donner un baiser [1]. Dans une parabole d'Eude, le renard feint d'être à l'article de la mort et demande à se confesser au coq : « Venit igitur Chanticlerus, scilicet gallus, qui est capellanus bestiarum. » Pressentant les intentions perfides du goupil, il se tient à quelque distance de son pénitent ; mais celui-ci prétexte sa grande faiblesse, le fait approcher pour mieux entendre et l'étrangle [2]. De même dans Jean de Sheppey, un des continuateurs d'Eude, le coq se fait longtemps prier avant d'accepter d'être le confesseur du renard.

---

[1] Haltrich-Wolff, n° 20.
[2] Hervieux, II, p. 644.

Attendri à la fin, il avertit sa femme, au moment de sortir du poulailler, de ce qu'il va faire : « Oportet omnino quod exeam ad eam. — Domine, nullo modo ; multum deceptuosa est, et nescitur ad quem finem tendit. — Tanquam una de stultis mulieribus locuta es. Nonne mihi cura animae suae tradita est? » Et ouvrant la porte il entraîne le goupil dans un lieu écarté où il ne tarde pas à être victime de sa naïveté [1].

Ce dialogue entre le coq et sa femme rappelle celui de Chantecler et de Pinte du *Roman de Renart* :

> Mes se vos me volieez croire,
> Vos retorneriez ariere :
> Car il est repos ci derere
> En cest boisson, jel sai de voir,
> Por vos traïr et decevoir.
> . . . .
> Pinte, fait-il, molt par es fole.
> Molt as dit vileine parole,
> Qui diz que je serai sorpris,
> Et que la beste est el porpris
> Qui par force me conquerra.
> Dahez ait qui ja le crera !
>
> (II, v. 254 sq.)

Jean de Sheppey a dû s'inspirer de cette heureuse invention par laquelle le trouveur français avait donné un intérêt poignant à l'aventure et humanisé en quelque sorte le récit si sec de ses devanciers. Mais là s'arrête l'emprunt de Jean de Sheppey ; sa fable n'est ni une reproduction ni une imitation de l'épisode français. Il est en effet de tradition dans le *Roman de Renart* que Chantecler sorte toujours victorieux de ses luttes avec le goupil ; il figure toujours au nombre de ses ennemis, et, dans la dernière évolution du cycle, son importance s'accroît tellement qu'il prend la place d'Isengrin en face de Renart, réclamant le combat judiciaire et le forçant, après l'avoir vaincu, à demander grâce ; il arrivera à être le seul des accusateurs de Renart à qui le roi permette de se venger et de réclamer sa mort. Ce n'est donc pas dans l'*estoire* française du goupil qu'a été puisé le fond du récit que Jean de Sheppey a reproduit après Eude en lui ajoutant quelques embellissements.

L'indépendance de la parabole d'Eude vis-à-vis du *Roman de*

---

[1] Id., p. 783.

Renart n'est pas infirmée non plus les dénominations de *Chanticlerus* et de *Reinardus* qui y sont données au coq et au goupil. Elles ont été probablement introduites par la fantaisie d'un copiste. D'une part, en effet, ces dénominations sont sporadiques dans l'ensemble des contes d'animaux d'Eude; pourquoi les aurait-il employées ici plutôt qu'ailleurs ? D'autre part, Jean de Sheppey qui a eu certainement le texte d'Eude sous les yeux, qui a paraphrasé ses paraboles, appelle ses héros *gallus* et *vulpes*. Il faut donc voir dans cette fable latine et dans le conte transylvanien des dérivés, parallèles au conte de Jean de Capoue, de la forme raccourcie du *Chien et du Coq*.

L'innovation introduite par les dérivés latins dans la version primitive est le rôle religieux donné au coq. Dans la variante transylvanienne, c'est au contraire le renard qui en est chargé ; il se présente comme un homme de Dieu, caractère qui lui est attribué fréquemment dans les contes écrits et dans les contes oraux, et en particulier dans un conte géorgien qui n'est pas sans offrir quelques rapports avec le thème en question. Un renard qui est tombé dans une cruche en sort tout bleu ; il fait croire à un coq, à un milan et à une huppe qu'il a renoncé au monde, qu'il est devenu moine et qu'il part pour Jérusalem. Ils demandent à l'accompagner. « Il vous faut d'abord vous confesser, » leur dit-il. Il les mène à son terrier. La confession du coq et du milan a pour dénouement leur mort; car, aux yeux du renard, ils ont commis des fautes irrémissibles. Quant à la huppe, elle s'avise d'une ruse qui la délivre et met le pieux ermite entre les mains de chasseurs [1].

Dans Eude et Jean de Sheppey, les rôles sont inverses : le renard est pénitent et le coq directeur des consciences. Il serait puéril, à mon avis, et malgré que le coq soit expressément appelé « capellanus bestiarum » d'aller chercher bien loin la cause de cette interversion et de voir là un souvenir du caractère plus ou moins sacré attribué à cet animal dans les croyances chrétiennes. Il serait inutile aussi de rapprocher ce trait de celui des variantes du conte de *Chantecler* où le coq, au moment d'être mangé, prie son ravisseur de faire une prière pour remercier Dieu du repas qu'il lui a procuré. La chose peut s'expliquer plus simplement. A la donnée du goupil tartufe, établie de tout

---

[1] Mourier, p. 13. sq. ; cf. Afanassiev, I, n° 4 c où le renard veut confesser le coq. Le péché reproché à celui-ci est en général la polygamie.

temps dans les apologues et dans les contes n'était pas indispensablement et uniquement liée la donnée du goupil confesseur. L'hypocrisie du renard pouvait ressortir aussi bien, sinon mieux, dans une scène où il serait pénitent, s'accuserait ou s'entendrait accuser de ses innombrables méfaits et finalement dévorerait son confesseur. Le thème général de cet animal faisant le pieux pouvait aboutir à l'une et l'autre représentation.

Une autre parabole d'Eude nous montre le passage de la forme laïque de la fable de Jean de Capoue au récit tout clérical du renard qui se confesse. Dans ce morceau, il n'est pas un mot qui touche à la religion. Pourtant, l'on pressent en le lisant que la scène n'a qu'un pas à faire pour se transformer en scène ecclésiastique. Le renard se voit refuser l'entrée d'un poulailler par les poules et leur dit : « Bene potestis mihi credere, quia, fame et frigore conflicta, vitam jam debeo terminare, et, si moriar in hoc periculo, imputabitur vobis. » Les poules sont attendries, et il est à peine entré qu'il fait un carnage [1]. A ce tableau, une légère retouche suffirait pour le transformer en une peinture analogue à celle de l'autre parabole d'Eude.

Le *Roman de Renart*, lui aussi, renferme une histoire du goupil confès. laquelle remplit toute la branche VII. Cette branche, j'ai déjà eu l'occasion de le dire, est un des rares morceaux satiriques de la compilation. De la bouche du goupil, qui prend un malin plaisir à se présenter comme le type le plus hideux de la gloutonnerie et de la luxure, sortent de virulentes attaques contre le libertinage des moines et le dérèglement des abbés ; il nomme certains de ceux-ci qu'il déclare ne pas égaler en vices : ce sont l'abbé de Corbie, Hunant le roux, Tabarie, Mauduit le clerc d'Ateinvile et bien d'autres encore, chacun stigmatisé avec une verve endiablée et une rare violence. On croirait lire des pages de la diatribe de Nivard ou de la seconde partie du poème de Gelée : c'est le même ton acerbe, la même acrimonie. Or, sous quelle forme le trouveur ancien a-t-il exhalé ses plaintes indignées et fulminé ses revendications ? Sous celle d'une confession de Renart à Hubert le milan qu'il a aperçu au moment où il se reposait sur une meule entourée d'eau.

Il est impossible de rapprocher cette scène de certaines autres scènes du Roman dont il a été déjà parlé à plusieurs re-

---

[1] Hervieux, II, p. 629 sq.

prises et où le goupil avoue ses fautes à un animal ou à un homme. Ces confessions diverses sont en effet des procédés purement épiques ; elles servent à résumer un grand nombre d'épisodes racontés au long dans d'autres branches. De plus, que Renart se confesse à son cousin Grimbert quand il le ramène à la cour, ou à l'ermite à la veille de partir en pèlerinage, l'aveu de ses péchés semble sincère et amené par une véritable contrition. Au contraire, dans la branche VII, l'énumération de ses méfaits n'a nullement la prétention d'être une revue rétrospective ; les crimes dont s'accuse Renart ne sont guère du genre de ceux que lui attribue *l'estoire* :

> J'ai este set mois toz entiers
> Parjures et escuminiez.
> Mes ce n'est mie grant peciez ;
> Ja por escuminacion
> N'aura m'arme damnacion.
> Sire, g'ai este sodomites,
> Encore sui je fins herites ;
> Si ai este popelicans
> Et renaie les cristiens.

(v. 344 sq.)

Plus loin, il est vrai, la confession semble rentrer dans le domaine de l'*estoire* : Renart fait allusion à ses amours avec la louve ; s'il n'est pas entré dans les ordres blancs, c'est que l'austérité y est trop rigoureuse :

> Et je connment i entreroie
> Qui nul mal soffrir ne porroie,
> Ne qui consirrer ne me puis
> De Hersent ne de son pertuis ?

(v. 427 sq.)

Mais cette mention obscène de la liaison adultère du goupil et de la louve n'est ici qu'un prétexte que s'est octroyé le trouveur pour lâcher bride à son imagination bouffonne et donner satisfaction à son goût de peintures lubriques. Le moyen âge, passé maître en ce genre de tableaux réalistes, n'a rien produit de plus grossier que la description faite par le milan des ardeurs insatiables de Hersent et de son corps usé par la débauche. En outre, le seul mobile qui pousse Renart à appeler le milan à ses côtés sur la meule est le désir d'en faire sa proie. Sans doute, il n'est fait mention de ce désir dans le récit lui-même qu'au moment où Renart veut se venger sur le milan de son mépris pour Hersent :

> S'onques nus manja son provoire,
> Je vos manjerai en cest jor,
> Ja n'en aures autre retor.

(v. 666 sq.)

Mais les vers qui précèdent immédiatement la scène de la confession nous le montrent en danger de mourir de faim :

> Si se conmence a dementer
> Con d'iloc porra escaper :
> Qar s'il remaint desus le fain
> Bien set que il morra de fain.

(v. 307 sq. Var.)

Nulle part, d'ailleurs, n'apparaît l'ombre d'une conversion sincère de Renart ; il agit envers le milan tout comme le goupil agit dans la fable d'Eude avec le coq.

Ce qui peut égarer sur les rapports entre cette fable et notre aventure, c'est que, dans celle-ci, le dessin du prototype est noyé dans un luxe de détails étrangers. Le poète auquel étaient inconnues, comme à la plupart des écrivains de son temps, les règles de la mesure et du bon goût, entraîné d'ailleurs par une faconditié qui lui semble propre, a laissé courir sa muse bride abattue et n'a pas su la contenir dans de justes limites. Par suite, les lignes fondamentales du conte sont flottantes et presque insaisissables dans l'ensemble. On peut néanmoins les dégager, grâce à quelques traits précis qu'on rencontre çà et là.

Le coq, personnage traditionnel qui est resté dans Eude, a été remplacé par le milan, et nous en savons la cause. Chantecler ne pouvait, vu son importance dans le cycle, mourir sous la dent de son ennemi. Du moment que ce conte était introduit dans le corps des aventures de Renart, il fallait à tout prix y remplacer le coq par un autre oiseau. Mais, en réalité, c'est le nom seul qui a été changé, le caractère est resté le même : si, dans les fables latines, le coq est le chapelain des bêtes ou se dit chargé du soin des âmes, Hubert, lui aussi, est revêtu de fonctions non moins graves ; c'est, dit Renart :

> ..... un religious ermofle
> Qui par cest païs quiert les pes,
> Et si se font a lui confes
> Li malade et li peceor
> Qui de lor peche ont poor.
>
> (v. 804)

Et comment ne pas rapprocher la demande faite par le goupil au coq dans Eude de celle que Renart fait ici à l'escoufle :

> Sees vos ci dejoste nos,
> Lez ceste lasse creature
> Qui est ici en aventure
> Et en dotance de morir.
>
> (v. 316 sq.)

Dans deux autres passages, le texte de la branche VII rappelle, non plus précisément le texte d'Eude, mais celui des contes de *Chantecler* et de la *Mésange*. Cela n'a rien que de très naturel ; tous ces récits ont un fonds commun, la tentative de Renart pour s'emparer d'un oiseau ; cette identité du sujet devait amener, quelque variés qu'aient été ses développements, une fréquente reproduction des mêmes motifs.

C'est ainsi que Renart essaie une première fois de happer Hubert, comme il le fait ailleurs pour Chantecler. Plus loin, à la fin du conte, il lui demande un baiser de paix, comme il l'avait demandé à la mésange ; il avoue avoir mangé les quatre fils de son provoire et il ajoute :

> Je en vien a grant repentance.
> Mes or fetes une acordance !
> Por vos enfans que mangies ai
> Vostre home lije devendrai,
> Si nos entrebesons en foi.
>
> (v. 833 sq.)

Mais, moins heureux que la mésange, l'escoufle est saisi et dévoré.

A l'histoire de *Renart et Hubert le milan* on peut ajouter, comme échantillon du thème du goupil confès, l'histoire de *Renart et Frobert le grillon*[1] contée dans la branche V (v.161-220).

---

[1] Il ne porte aucun nom dans le texte de la branche V de l'édition Martin ; cette dénomination se trouve dans les variantes de cette branche au vers 180.

Renart vient de se séparer d'Isengrin, qui l'a indignement trompé, pour se rendre au pèlerinage de Saint-Jacques [1]. Il arrive dans le courtil d'un prêtre où il trouve des rats à foison. Il s'apprête à s'en régaler quand, apercevant un grillon, il craint d'être dénoncé par lui. Celui-ci s'est tu à son approche. Renart l'engage à continuer son chant :

> Clerc sevent bien chanter latin.
> Je te donroie bon loier,
> Dan clers, dites vostre sauter !
>
> (v. 168 sq.)

Frobert est défiant ; non seulement il ne reprend pas son chant, mais en outre il veut s'assurer de quel pied cloche son flatteur. Il s'approche et manque d'être englouti dans la gueule de Renart. Dépité, celui-ci déclare n'avoir eu en vue que le livre de cantiques du grillon ; en l'avalant il aurait su toutes ses chansons. Puis il feint d'être malade et de vouloir, avant de mourir, obtenir rémission de ses fautes :

> Molt sui sopris de grant malage,
> Que j'ai fet meint pelerinnage.
> Or voi bien ne puis plus durer :
> Un malx fait moult mon cors grever.
> Certes je sui uns chatis hon.
> Mes fai moi or confession,
> Car il n'a ci entor nul prestre.
>
> (v. 191 sq.)

Vous aurez « prestres à planté » lui dit Frobert. En effet, sept chiens arrivaient suivis de chasseurs et d'arbalétriers qui se mettent à la poursuite du faux pèlerin.

Ce petit conte a été rapproché à tort, à mon avis, d'une fable ésopique qui met en présence le renard et la cigale. Le renard l'entendant moduler sur le haut d'un arbre la prie de descendre pour qu'il puisse la contempler. Elle lui répond qu'elle est sur ses gardes depuis qu'elle a vu dans les excréments d'un de ses frères une aile de cigale [2]. Il y a évidemment certaines ressemblances entre les deux morceaux ; l'un et l'autre possèdent comme second personnage un insecte ; l'un et l'autre tournent

---

[1] Voir ci-dessus p. 133.
[2] Halm, 400 ; cf. Kolmatschevsky, p. 184 sq.

en ridicule le renard en ce qu'il flatte en pure perte le chant de l'insecte et ne parvient pas à saisir la proie que sa méchanceté convoite. Mais, en laissant de côté le fait que nous ne possédons aucun intermédiaire entre la fable ésopique et le conte français, celui-ci n'est-il pas composé d'éléments puisés dans le *Roman de Renart* lui-même ? Ce n'est pas la première fois que nous voyons Renart louer le chant d'un animal dans une intention perfide ; les aventures de *Chantecler* et de *Tiécelin* renferment ce trait qui est très probablement la source de l'insistance que met ici Renart à faire chanter à Frobert les versets de son psautier. Il saute non moins aux yeux que l'arrivée des chiens qui délivre le grillon n'est qu'une contrefaçon de celle des chiens singuliers courriers de paix dans l'aventure de la *Mésange*. Quant à la présence d'un insecte, trait commun à la fable grecque et au conte français, elle est le résultat d'une simple coïncidence. Remarquons tout d'abord que la fable grecque n'est, au fond, qu'une variante du thème général du goupil mystifié par un animal plus faible et en général moins rusé que lui. Dans la forme adoptée par les contes auxquels elle se rattache, c'est ordinairement un oiseau dont le renard est la dupe. Mais l'idée morale qu'ils développent, à savoir la victoire des petits et des humbles sur les puissants et les forts, pouvait ressortir aussi bien avec un insecte qu'avec un oiseau pris pour héros ; la substitution amenait seulement quelques modifications dans le contexte, mais ne dénaturait en rien le sujet [1]. L'affaire du renard et de la cigale peut donc être considérée comme un récit parallèle à celle du renard et du coq. D'autre part, le conte de *Frobert* n'est pas un dérivé direct de la tradition qui nous a donné ceux de *Chantecler* et de la *Mésange* ; c'est une rédaction en quelque sorte de la troisième heure, un composé de toutes sortes de motifs empruntés à ces contes et à d'autres encore. Il serait donc extraordinaire que cette rédaction n'eût emprunté à la fable grecque que la particularité de faire figurer un insecte au lieu d'un oiseau. Ici encore il est plus rationnel d'interroger le *Roman de Renart*. Au nombre des ennemis de petite taille acharnés contre Renart, à côté du coq, de la mésange, du corbeau, de la corneille, se trouvent toujours Tardif le lima-

---

[1] Un conte oral a remplacé de la même façon le coq par l'écureuil; à l'éloge du chant est par suite substitué l'éloge de l'agilité. Voir Rolland, *Faune pop.*, I, p. 148.

çon et Frobert le grillon.[1] Leurs noms reviennent sans cesse dans les différents jugements du goupil. A mesure que le cycle se développe, leur importance s'accroît, et on les voit, comme Chantecler, livrer avec leur adversaire irréconciliable des combats dont ils sortent souvent vainqueurs. Un trouveur a sans doute voulu motiver l'inimitié de Frobert et donner un corps aux accusations qu'il dirige, de concert avec les autres animaux, contre Renart. A cet effet, il a créé un conte dont le grillon est le héros avec différents éléments épars dans les diverses aventures du goupil et d'un oiseau. On a pu voir combien il avait eu peu à faire pour ajuster ces éléments à ce nouveau dessein.

Parmi ces éléments, celui qui tient le plus de place et qui domine tous les autres est sans contredit celui de la confession. Ce n'est que dans la seconde partie du conte que Renart demande au grillon de le soulager du poids de ses fautes ; il n'y est, semble-t-il, déterminé qu'après avoir vainement essayé de s'en emparer. Mais la chose est préparée par tout ce qui précède et ne nous surprend guère quand elle se produit. Le rusé compère se présente en effet sous les dehors d'un pèlerin, et le grillon le considère si bien comme tel que, lorsqu'il a échappé à une perte certaine, il s'écrie :

> Or a diable un pelerin
> Qui la gent mordra en la fin.
>
> (v. 183 sq.)

Le grillon lui-même, sans être précisément, comme le milan de la branche VII et le coq d'Eude, revêtu d'un caractère religieux, ne laisse pas d'être traité par Renart comme un homme de Dieu. Il le prie, nous l'avons vu, de continuer ses cantiques ; puis il le déclare digne d'entendre ses péchés et de les absoudre :

> Que clers estes et bons et sages...
> Qar je sai bien se je cerchoie
> Tot cest païs ci environ
> Ne troveroie plus preudon.
>
> (v. 198 sq. Var.)

---

[1] Voir pour Frobert en particulier br. I, v. 1323 sq. et XIII, v. 2050 sq.

. La tradition a, en somme, été conservée intacte, bien que la façon dont les faits sont présentés affecte une certaine originalité et que l'histoire, dans son ensemble, n'ait plus guère qu'un air de famille avec celle d'*Hubert*. La fin de l'aventure qui laisse survivre le grillon est une déviation de la donnée primitive ; nous avons vu la cause de cette déviation. Mais, à vrai dire, notre conte a deux conclusions : l'une, celle que nous connaissons, où le renard est obligé de s'enfuir, poursuivi par les chiens ; l'autre, que je n'ai pas signalée dans l'analyse faite plus haut, où le renard, après avoir dépisté les chiens qui vont trouver Isengrin sur leur route, revient vers Frobert et l'enferme prisonnier dans son trou.[1] Au point de vue de l'unité de la narration, il eût certes mieux valu que ce second dénouement fût absent ; le conte se serait terminé à la façon de ceux de *Chantecler*, de *la Mésange*, de *Droïn*, où la fuite de Renart devant un ou plusieurs chiens clôt définitivement l'aventure ; là, il ne songe pas à se venger et il se met en quête d'une autre proie plus facile. On ne comprend guère de quelle utilité est dans notre épisode ce retour offensif du goupil. Il déroute le lecteur qui, croyant passer à un nouveau récit, se voit ramené à celui qu'il croyait épuisé. Il est en contradiction avec l'*estoire* qui fait de Frobert un des personnages toujours vivants du cycle et le met sans cesse en présence de Renart ; la branche V, au contraire, le condamne à mourir brûlé dans le four du prêtre. Il ne sert en rien à l'action elle-même ; car, étant donné que Renart se débarrasse du grillon comme d'un témoin gênant, capable de dénoncer ses larcins, pourquoi, une fois délivré de sa présence, ne rassasie-t-il pas sa faim avec les rats ou les gelines qui peuvent se trouver dans le courtil du prêtre ? Cette lacune est significative ; elle nous dit assez qu'il n'y a rien d'épique ni d'esthétique dans ce second dénouement. En faisant ce raccord si peu heureux, le trouveur ou plutôt un remanieur a voulu rétablir le sens de la tradition, altérée par la survivance du grillon, au moyen de l'emprisonnement dans son trou de Frobert qui ne reverra plus la lumière :

> N'en istra mes de ceste année
>
> (v. 215, Var.)

---

[1] Voir cette suite dans Martin, *Variantes*, p. 153 sq.

Le conte tout entier est ainsi ramené au type consacré par la branche VII et les fables d'Eude et de Jean de Sheppey. Si Renart ne mange pas ici son confesseur, du moins — et cela suffit pour établir l'analogie — il fait disparaître un animal dont il a voulu faire son confesseur, et dont il avait juré la perte.

Telles sont les aventures de Renart et des oiseaux dans le cycle français. Il faut y ajouter le court épisode de *Renart et la Corneille* que nous avons étudié à propos de l'épisode des *Charretiers*. De ces cinq contes deux seulement sont sortis de la tradition savante ; l'un, celui de *Renart et la Corneille*, a sa source indubitable dans un passage des *Bestiaires* ; l'autre, celui de *Renart et Tiécelin*, est une variante de la fable ésopique *le Renard et le Corbeau*. Mais ni l'un ni l'autre n'est la traduction exacte de son prototype : le premier n'est probablement qu'un souvenir d'écolier ; le second reproduit le morceau classique avec des altérations et des enjolivements dont les imitateurs directs de Phèdre plutôt que les trouveurs doivent porter la responsabilité. Voilà toute la part qu'a à revendiquer dans ce groupe la littérature écrite du moyen âge. Car l'aventure d'*Hubert*, bien que n'ayant de représentants en dehors du cycle que dans des ouvrages latins, semble être un produit de la tradition arabe dont ces ouvrages eux-mêmes se sont mainte et mainte fois inspirés. Quant aux trois principaux épisodes, ceux de *Chantecler*, de *la Mésange* et de *Droïn*, ils sont d'origine populaire, malgré leur rapport avec la fable ésopique *le Chien et le Coq*. Et c'est avec dessein que j'ai insisté sur ce rapport pour en faire pleinement ressortir l'inanité au point de vue d'une filiation, je ne dis pas immédiate, mais même indirecte. Le travail de décomposition dont a été l'objet le thème de cette fable a été fait non sur elle ni d'après elle, mais sur un type, propriété immémoriale de la tradition populaire, à laquelle l'ont emprunté non seulement l'auteur de la compilation ésopique, mais, bien avant lui, les auteurs des recueils des *Jâtakas* bouddhistes[1]. La tradition littéraire a eu uniquement le mérite de nous avoir conservé ce type à peu près intact ; mais à la tradition populaire revient celui de l'avoir développé et d'en avoir fait sortir nos trois ravissantes

---

[1] Voir dans Jacobs, p. 74 sq., le contenu de ce Jâtaka et aussi la reproduction de la sculpture de la stupa de Bharhut relative à ce morceau.

histoires. Il n'est certes pas peu intéressant de constater que cette idée de montrer victorieux du goupil des adversaires inférieurs à lui par la taille et par leurs moyens de défense, et qui a fait son chemin dans le cycle au point que Chantecler le coq et Tardif le limaçon deviennent dans la dernière période de véritables protagonistes, est elle-même traditionnelle, et qu'elle est une partie de l'héritage qu'ont si libéralement dépensé nos poètes, au lieu d'être une de leurs créations et un témoignage de leur originalité.

CHAPITRE V

Le loup

I

ISENGRIN ET LE PRÊTRE MARTIN

Epopée particulière que constituent les branches XVIII, XIX et XX. — La branche XVIII est la traduction très fidèle du poème latin *Sacerdos et Lupus*. — L'originalité de celui-ci n'est qu'apparente. — Il est issu des versions anthropomorphisées du conte populaire des *Quatre animaux dans la fosse*. — Les altérations que ce conte a subies en passant dans la littérature écrite n'ont rien de forcé.

Les branches XVIII, XIX et XX, qui vont faire l'objet de ce chapitre, ont, je l'ai fait remarquer dans l'exposition de mon plan, ceci de commun que pas une des trois n'a trait à quelque aventure de Renart; celui-ci n'apparaît nulle part, et c'est Isengrin qui passe au rôle de protagoniste, dans la première, en face du prêtre Martin, dans la seconde, en face d'une jument, dans la troisième, en face de béliers. Aussi bien, l'un des trois manuscrits qui nous ont transmis ces morceaux les a groupés comme en une sorte d'épopée particulière du loup. Sont-elles d'un même auteur ? Tout porte à le croire. Rien n'est plus convaincant en effet que cet air de famille qui leur est donné par l'absence du goupil au milieu d'une foule de contes dont il est le centre, et à la collection desquelles il a donné son nom. En outre, on retrouve de l'une à l'autre de ces branches la même narration rapide, le même tour enjoué et badin, unité qu'il serait difficile de constater entre d'autres fragments du Roman. Enfin, les deux dernières sont pourvues d'un prologue qui, autant que faire se peut, relie l'action nouvelle à la précédente et établit ainsi entre les trois épisodes un enchaînement raisonné. Ainsi les premiers vers de la branche XIX :

> Or vos dirai con il avint
> A Ysengrin, qant la nuit vint.
> Parmi ces bos s'en va corant....

nous reportent à la scène de la branche précédente où, ayant laissé le prêtre à demi-mort de peur, Isengrin

> s'en va moult tost,
> Par bois et par chans si s'en fiche.
>
> (XVIII, v. 122 sq.)

La branche XX, avec son début

> Or vos redirai d'Isengrin
> Qui se remist en son chemin,

forme une suite naturelle de la scène de la branche XIX qui nous montre le malheureux loup gisant en la prairie où l'a étendu le coup de pied de la jument.

Il n'y a donc aucune témérité à attribuer à un seul trouveur la composition de cette trilogie consacrée au loup. Mais cette trilogie, l'a-t-il trouvée toute créée soit dans la tradition savante soit dans la tradition populaire, ou bien, ayant puisé chacune de ses parties à une source différente, en a-t-il fait lui-même la synthèse ?

La seconde proposition est la seule acceptable en ce qui concerne l'épisode d'*Isengrin et le prêtre Martin*. Le poète nous avertit qu'il a tiré la matière de son récit d'un livre :

> Si con nos conte l'escripture
>
> (XVIII, v. 103.)

et il ne nous a pas trompés. En effet, nous possédons un petit poème du XIe siècle, le *Sacerdos et lupus*, dont cette branche est la fidèle transcription. Or ce poème est une œuvre isolée ; il ne fait point partie d'un corps de récits où il aurait déjà figuré à côté des histoires de la *Jument* et des *Béliers* ; et même, ni la littérature écrite ni la littérature orale ne nous offrent des variantes de son contenu. Nous verrons tout à l'heure si, entre les deux histoires auxquelles il est lié dans le *Roman de*

Renart, il faut admettre une connexité quelconque en dehors du cycle ; pour celle qui va nous occuper, il ne peut être question d'une chaîne traditionnelle à trois anneaux qu'un trouveur aurait reforgée pour son propre compte.

La branche française, je le répète, suit de très près son original latin. La forme en est, à la vérité, renouvelée ; elle est enrichie non seulement de tout ce qu'une interprétation versifiée amène de libre et d'imprévu, mais elle est surtout relevée par une malice gauloise qui donne au morceau français une saveur plus piquante encore que n'est celle du modèle déjà si mordant et si caustique. Quant au fond, il est resté absolument intact ; rien n'y a été changé.

Un prêtre. — que le trouveur, en souvenir d'autres branches, appelle Martin — donnait tous ses soins à l'élevage de brebis dont il avait maint fromage. Mais un loup, son voisin, rendait souvent visite au troupeau,

> Sovent li faisoit ses oailles
> Non per, s'eles erent parailles :
> Et sovent les rapareilloit,
> Se non pareilles les trovoit [1].

(v. 19 sq.)

Lassé à la fin, Martin creuse une fosse, qu'il dissimule sous une claie posée sur une perche à laquelle il lie un agneau [2]. La nuit venue, Isengrin court à l'agneau et tombe dans la fosse. Martin qui, dans l'attente de cette prise, n'avait pas fermé l'œil, se lève au petit jour et va droit au piège. A la vue du loup, il

---

[1] *Lateinische Gedichten*, p. 340 sq., v. 13 sq. :

> Hi (lupi) minuentes numerum
> Per ejus summam generum
> Dant impares ex paribus
> Et pares ex imparibus.

[2] Id. v. 21 sq. :

> Fossam cavat non modicam
> Intus ponens agniculam,
> Et, ne pateret hostibus,
> Superne tegit frondibus.

s'arme d'un bâton et veut le frapper. Isengrin saisit le bâton aux dents ; chacun tire de son côté [1] :

> Au prestre avint une avanture,
> Que la terre est soz lui fondue,
> Desoz les piez li est cheüe.
> Il s'en vet enz o le baston,
> Or a Ysengrin conpaignon.
> L'uns fu de ça, l'autre de la,
> De paor l'un l'autre esgarda.
> Moult ot Ysengrin grant paor,
> Mais li prestre ot asez graignor.
> Il a conmencie son sautier
> Par toz les moz a verseillier,
> Et puis dist conmendacion
> Que Diex le giet de sa prison.
> Ceste sept siaume disoit plus,
> Miserere mei, Deus :
> Pater noster disoit enclin. [2]
>
>   (v. 104 sq.)

Isengrin en profite pour lui sauter sur le cou, gagner le bord de la fosse et s'enfuir à travers champs. Les sergents du prêtre viennent le tirer de la fosse, et, conclut le poète,

> Bien vos puis dire et aconter
> Que onques messe ne sautier
> Ne chanta puis de bon entent
> Ne par si bon entendement

---

[1] La description de la lutte du prêtre et du loup, assez développée dans la branche française, est plus courte et plus rapide dans le poème latin. Celui-ci ne lui consacre que douze vers tandis qu'elle est la matière de plus de trente vers dans le *Renart*.

[2] Id. v. 43 sq. :

> Ripa cedente corruit
> Et lupo comes incidit.
> Hinc stat lupus, hinc presbiter,
> Timent sed dispariliter ;
> Nam, ut fidenter arbitror,
> Lupus stabat securior.
> Sacerdos secum mussitat,
> Et septem psalmos ruminat,
> Sed revolvit frequentius :
> « Miserere mei Deus! »

> Com il fist ovec Ysengrin,
> Tant con il fu en son enging[1].
>
> (v. 133 sq.)

Quelle est maintenant la source de ce joli conte? Tel que nous le lisons dans le poème latin, il nous paraît marqué au coin de la plus franche originalité. Tout semble être sorti de l'imagination du moine qui l'a composé, sauf la description de la fuite du loup s'échappant grâce au dos courbé du prêtre, laquelle rappelle la fable ésopique *le Renard et le Bouc*. A part ce trait, qui est d'ailleurs un très menu détail de la scène, l'ensemble a tous les dehors d'une création spontanée, d'autant plus que le sujet, à le bien considérer, penche plus vers la satire humaine que vers le conte d'animaux proprement dit; c'est le prêtre et non le loup qui est le centre de l'action; l'objet visible du poète a été de faire la caricature du pasteur d'âmes de son temps qui était en même temps et surtout pasteur de brebis; peut-être même avons-nous là une satire très particulière, très personnelle, dirigée contre un prêtre connu des lecteurs dans le cercle desquels elle a été écrite, le récit comique et malin d'une aventure d'un fonds réel, dont chacun déjà s'était égayé et dont ce morceau devait consacrer l'amusant souvenir[2].

Mais, et c'est là ce qui rend cette histoire un des cas les plus curieux de la formation des contes au moyen âge, elle a beau avoir toutes les apparences de l'originalité, elle a beau même reposer sur quelque chose de non fictif et faire allusion à un événement contemporain, elle n'en est pas moins le dérivé d'une tradition. J'ai dit tout à l'heure que ni la littérature écrite ni la littérature orale ne nous en offraient de variantes. Oui, si l'on veut parler de variantes directes, c'est-à-dire représentant un prêtre cherchant à capturer un loup ravisseur de ses brebis

---

[1] Id. v. 81 sq.:
> Hinc a vicinis quaeritur
> Et inventus extrahitur,
> Sed non unquam devotius
> Oravit nec fidelius.

[2] Le moine dans son petit préambule nous dit:
> Narrabo non ficticium.
>
> (v. 4.)

et tombant lui-même dans le piège qu'il a tendu à son ennemi. Mais il en va tout autrement si l'on suppose à ce sujet un cadre moins étroit, une envergure plus large. Il se trouve traité avec cette ampleur dans deux contes, l'un norvégien [1], l'autre allemand [2], qui, mis côte à côte et se complétant l'un et l'autre, nous fournissent les éléments dont se compose notre épisode d'*Isengrin et le prêtre Martin*.

D'après la variante norvégienne, un homme fatigué de voir ses chèvres et ses brebis dérobées par le loup se résout à creuser une trappe. Il y plante une perche surmontée à son extrémité d'une planche qui porte un petit chien. Puis il la dissimule sous un amas de branches et de feuilles. La nuit venue, le petit chien aboie à la lune. Le renard, le loup et l'ours, attirés successivement par ses cris et pensant se régaler d'une proie facile à saisir, sont précipités dans la fosse. Survient une vieille pauvresse avec un sac sur le dos. Elle s'agenouille au bord du trou pour voir si quelque bête est capturée. Pendant qu'elle harangue ironiquement les trois prisonniers, le sac glisse sur sa tête et l'entraîne dans sa chute. Les voilà tous quatre transis d'effroi et n'osant pas bouger, chacun blotti dans un coin. Celui qui avait creusé la trappe arrive bientôt, délivre la femme et tue les animaux. La variante allemande n'a pas de préambule; elle entre aussitôt dans le corps du sujet. Un violoniste qui cheminait gaiement la nuit dans un bois tombe dans une fosse à loup. Renonçant à en sortir avant l'aube, il s'installe dans un coin pour dormir. Peu après, tombe le loup qui prend le musicien pour le diable et se blottit dans le second coin. Les deux autres sont successivement occupés par le renard et l'âne non moins effrayés. Le musicien qui, lui aussi, n'est pas rassuré se met à jouer du violon. Pris d'épouvante, le renard persuade à l'âne de se dresser contre la paroi, et, se servant de son dos comme d'une échelle, il s'enfuit ainsi que le loup. Restés seuls, l'âne et le musicien peuvent dormir tranquilles jusqu'au matin où on les délivre.

Disons tout de suite que ni l'une ni l'autre de ces variantes ne renferme la forme primitive de l'histoire. La présence de l'homme dans un conte d'animaux est, à de rares exceptions près, un signe d'altération. C'est le cas ici. Nous avons affaire à des versions anthropomorphisées d'un conte où primitive-

---

[1] Asbjörnsen-Dasent, p. 63 sq.
[2] Haltrich-Wolff, n° 39.

ment l'affaire se passait non pas entre trois animaux et un homme, mais entre quatre animaux. Il est encore très répandu sous cette forme archaïque en Russie, d'où il est probablement originaire, en Finlande, en Hongrie et aussi dans l'Asie occidentale. [1] Ce sont ordinairement le lièvre, le renard, le loup et l'ours qui se trouvent réunis dans la fosse. D'après certaines variantes, une fois le lièvre et le loup dévorés, comme la faim torture encore l'ours et le renard, celui-ci place sous son ventre les entrailles du loup et les mange, faisant croire à son compagnon qu'il se repaît de ses propres intestins. L'ours veut l'imiter, s'ouvre le ventre et bientôt il expire. Quand le propriétaire de la fosse survient, le renard fait le mort, est jeté hors du trou et s'enfuit. D'après d'autres variantes, le loup resté seul avec le renard ne continue pas de manger ses entrailles ; vaincu par la douleur, il reste à jeun. Alors le renard le décide à se dresser contre la paroi et s'élance au dehors.

La description du piège que nous donne la variante norvégienne, l'effroi dont sont saisis en présence les uns des autres l'homme et les trois animaux, enfin la fuite d'un des prisonniers par l'escalade du dos d'un de ses compagnons d'infortune, voilà des traits qui, se retrouvant dans le *Sacerdos et Lupus*, sont des preuves irréfragables de sa dérivation traditionnelle. Je dirai plus. Cela même qui caractérise la rédaction latine, la concentration du drame sur deux personnages, est-il accidentel ? N'est-ce pas plutôt l'effet d'un processus naturel, un aboutissement des données elles-mêmes du conte ? D'abord, en effet, la substitution d'un homme à l'un des quatre animaux a déplacé visiblement l'intérêt. La fin primitive du conte était, quel qu'en fût le dénouement, la glorification d'une nouvelle ruse du renard échappant à la famine seul à côté des cadavres de ses compagnons. Le violoniste de la variante allemande, la pauvresse de la variante norvégienne, en introduisant l'élément de la peur qui remplace désormais l'élément de la faim, attirent toute l'attention sur eux et annihilent si bien le renard lui-même qu'ici, il est tué dans la fosse, et que là, s'il parvient à s'enfuir, ce n'est plus à sa gloire, mais talonné par la peur, et imité d'ailleurs par le loup qui est ainsi mis sur le même rang que lui. On comprend que, dans ces conditions, et chacun des animaux ayant une importance égale à celle des deux autres, leur nombre n'ait plus

---

[1] Voir la savante étude de ce conte de Krohn *Bär und Fuchs*, p. 81-89, et aussi Kolmatschevsky, p. 164 sq. et Gerber, p. 79 sq.

été respecté. Ce nombre avait été, à l'origine, déterminé par celui des coins de la fosse. L'intervention d'un homme dans l'affaire ayant détruit l'antique équilibre et, de plus, troublé l'économie du récit, ce nombre devait fatalement être réduit à l'unité ; et cette unité ne pouvait être représentée que par le loup, puisque le lieu invariable de la scène était une fosse à loup. Ce n'est pas tout. Dans les variantes soit de la forme archaïque soit de la forme dérivée, apparaît en dehors des quatre personnages de fondation un cinquième personnage au rôle un peu effacé, le propriétaire de la fosse, dont il est fait mention tantôt au début, tantôt surtout à la fin du conte. Ce *Deus ex machina* du drame n'a-t-il pas dû, à un certain moment, sembler faire double emploi avec l'homme ou la femme qui tombent par mégarde ou par curiosité dans le piège ? N'était-il pas dans la situation et même dans l'intérêt du sujet de faire entrer celui-là dans leur rôle ? Le mystificateur était mystifié et le conte, devenait plus comique.

Ainsi la simplification de la scène aux éléments multiples des *Animaux dans la fosse*, la réduction à deux personnages des cinq que l'on retrouve encore dans la littérature populaire ont pu fort bien s'opérer dans la tradition orale avant le jour où un moine s'est emparé de cette histoire pour l'appliquer à une aventure réelle et en faire le cadre d'une satire du clergé. Quel qu'ait été le degré d'altération du conte à son époque, le poète latin a eu peu à faire pour l'assouplir à son dessein particulier, pour l'individualiser : la matière s'y prêtait admirablement. Et d'ailleurs, le résidu obtenu par cette décomposition est des plus curieux et des plus charmants, grâce aux éléments nouveaux introduits par le poète ; loin d'enlever à la quintessence extraite du récit primitif sa rude naïveté, ils lui donnent, au contraire, une nouvelle saveur. Pour une fois que, dérogeant à l'habitude de sa corporation qui s'était donné comme mission d'interpréter la tradition « vulgaire », un de nos trouveurs s'est avisé de traduire un « escrit », le choix a été heureux, et il se trouve justement que cet original latin qu'il a dû prendre pour quelque chose de très neuf et de très personnel n'est lui-même que le reflet de cette tradition vulgaire qu'il avait un moment délaissée. Son histoire d'*Isengrin et le prêtre Martin* n'est qu'un fragment du folk-lore européen de jadis vu à travers le prisme de la littérature cléricale et satirique du moyen âge.

II

ISENGRIN, LA JUMENT ET LES BÉLIERS

La juxtaposition de l'histoire d'*Isengrin et la Jument* (br. XIX) et de l'histoire d'*Isengrin et les Béliers* (br. XX) n'est pas fortuite. — Elles se trouvent liées aussi dans l'*Ysengrimus*. — Bien que le renard figure dans le poème latin, les aventures de part et d'autre se rattachent à une même source, l'histoire populaire du *Loup nigaud*. – Particularités qu'offrent les variantes latines et françaises.

Les aventures contées dans les branches XIX et XX sont bien connues ; elles reproduisent des récits répandus partout et familiers à la littérature écrite. Isengrin, après sa lutte désespérée avec le prêtre Martin, rencontre dans un pâturage la jument Rainsent. Il lui offre de devenir sa compagne, lui promettant paix et bonheur dans sa société. Elle s'excuse de ne pouvoir accepter pour le moment, ayant à son pied droit une épine qui l'empêche de courir ; aussi le prie-t-elle de la lui tirer avec ses dents ; s'il y réussit, elle sera toute à sa dévotion. Isengrin, plein de joie, se met en posture de la délivrer, et, pendant qu'il inspecte soigneusement le sabot, elle allonge la patte et étend sur l'herbe le pauvre « mire » avec le front fracassé. — Revenu de sa pâmoison, il se met de nouveau en route et, au sortir d'un bois, attiré par des bêlements, il aperçoit deux moutons, Belin et Bernart, qui jouaient en se heurtant de leurs cornes. Isengrin les aborde et ne leur cache pas son dessein de les dévorer. Ils lui demandent de leur donner auparavant la satisfaction de les mettre d'accord ; car ils se disputent la possession du champ où ils sont. Isengrin y consent. Il se place au milieu ; Bernart doit arriver de droite, Belin de gauche, en partant d'extrêmités opposées ; celui qui touchera le premier le but sera propriétaire du champ. Belin, qui a de l'avance, abat violemment Isengrin, et celui-ci est à peine relevé qu'il reçoit le choc de Bernart :

> Quatre costes li ont brisie
> A bien petit l'ont mort laissie.
>
> (XX, v. 73 sq.)

On va comprendre tout de suite pourquoi nous réunissons ces deux branches dans une même étude. Comme la précédente, elles sont d'une venue tardive dans la collection; elles font partie du petit groupe des morceaux additionnels, derniers produits du cycle à son déclin, enfants de sa vieillesse, dont les uns, par la déplorable médiocrité de leur forme, les autres, par l'étrangeté ou l'exotisme de leur sujet, attestent l'épuisement de ses forces et ses tentatives pour reprendre une nouvelle vigueur. Est-ce à dire qu'ici, comme à propos de l'épisode d'*Isengrin et le prêtre Martin*, nous ne puissions trouver de points de comparaison qu'en dehors du cycle? Non, car le poème de Nivard vient à notre secours et nous apporte une double et précieuse contribution. Il nous fournit d'abord une version de l'histoire de *la Jument* et deux de celle des *Béliers*. En outre, il va nous montrer que la juxtaposition de ces deux histoires dans le *Roman de Renart* n'est pas du tout arbitraire, n'est ni l'effet du hasard, ni un caprice d'arrangeur, mais repose au contraire sur une réelle tradition. Occupons-nous d'abord de ce dernier point. Nous examinerons ensuite les différences qui peuvent séparer les rédactions du poème français de celles du poème latin et des nombreuses versions que l'on possède de ce conte.

Dans l'*Ysengrimus*, on rencontre d'abord une longue histoire (II, v. 271-688) où le loup informé par Reinardus que quatre béliers, Joseph, Belinus, Colvarianus et Bernardus se disputent la possession d'un champ, s'offre d'en être l'arpenteur. Il se place au milieu, et les béliers s'élançant avec impétuosité des quatre coins lui enfoncent leurs cornes dans le corps. Après cette aventure, il est forcé par le goupil de céder une partie de sa peau pour guérir le lion, et c'est dépouillé de sa robe qu'il rencontre le cheval Corvigarus (V, v. 1131-1322)[1]. Il lui demande sa peau et, en outre, un morceau de sa chair. Corvigarus élude la question en lui proposant de

---

[1] Entre l'épisode de la guérison du lion par la peau du loup et l'épisode de Corvigarus se place la lecture du poème de l'ours comprenant le Pèlerinage, l'aventure du coq Sprotinus, le moniage d'Ysengrimus et le viol de sa femme.

lui refaire avec ses rasoirs, c'est-à-dire avec ses fers, sa couronne de moine très mal dessinée. Alors Ysengrimus l'accuse d'avoir volé les anneaux des portes de son couvent. « Détache-les de mon pied, » lui répond le cheval qui feint le repentir et l'humilité, et Ysengrimus s'est à peine approché qu'il reçoit un terrible coup sur le front. Puis il rencontre Reinardus (VI, v. 1-133), qui lui fait croire que, s'il a perdu sa peau, la faute en est au bélier Joseph. Se rappelant son malheureux arpentage, il se fait conduire à lui et prétend que le coupable livre sa toison et son corps. Joseph propose de se jeter tout vivant dans sa gueule. Ysengrimus se poste donc, s'arc-boute solidement sur ses jambes et ouvre le plus qu'il peut ses mâchoires ; Joseph arrive de tout son élan et perfore de nouveau le stupide animal.

Cette disposition des histoires, quand on la considère isolélément, ne présente rien d'extraordinaire ni d'anormal; ce retour inopiné de la narration dans le livre VI à un épisode déjà développé dans le livre IV paraît justifié, grâce à la transition assez bien ménagée qui le ramène, et aussi grâce à la variété apportée dans chacune des deux expositions. Mais quand l'on constate que le *Roman de Renart* a, lui aussi, lié les histoires de la *Jument* et des *Béliers*, cette reproduction dans le poème latin d'un même épisode à deux places différentes, et la seconde fois immédiatement après l'aventure du loup et du cheval, paraît autre chose qu'un procédé littéraire et une combinaison esthétique.

On doit en effet écarter de prime abord l'hypothèse que l'auteur des branches XIX et XX a voulu imiter le poème de Nivard: les différences entre les deux rédactions sautent trop aux yeux pour qu'on puisse, un seul moment, admettre un emprunt. Il est non moins impossible de supposer que ces sujets, qui auraient existé dans la vieille tradition française, dans *l'estoire* d'où sont sorties les anciennes branches, et que les premiers metteurs en œuvre de cette *estoire* auraient dédaignés, ont été d'abord utilisés par Nivard, puis ont tenté la verve d'un rimeur de la dernière époque du cycle. A cela s'oppose péremptoirement ce fait que le goupil ne figure point dans l'équipée du loup des branches XIX et XX et n'assiste le loup de l'*Ysengrimus* que dans sa double aventure avec les béliers, et encore d'une façon bien indécise ; son rôle est effacé, et l'on sent dans cette intervention quelque chose de plus épique que de traditionnel. D'ailleurs, il est à remarquer que la partie de l'*Ysengrimus* où se trouvent juxtaposés nos deux épisodes est celle où Nivard doit le moins à l'*estoire* de Renart. Sur les cinq aventures qu'elle renferme, lesquelles sont les dernières du poème, celle de Corvigarus, de Joseph, du serment d'Ysengrimus, du partage du lion, de la truie Salaura, une seule, la troisième, peut se rapprocher d'un morceau de l'ancienne collection. Les autres n'ont pris place que dans les branches postérieures, ou sont étrangères tout à fait au *Roman*, comme celle de Salaura. N'est-ce pas là une indication suffisante qu'il nous faut chercher ailleurs que dans le cycle le secret de la liaison de nos deux épisodes ?

Nous avons, plus haut, à propos de la branche XIV, constaté dans la littérature populaire l'existence de chaînes d'aventures dont le renard et le loup sont les héros, l'un traînant l'autre de piège en piège jusqu'à ce que souvent il perde la vie. La littérature populaire possède aussi des séries non moins intéressantes, plus uniformes encore que les précédentes d'un pays à l'autre, de contes où le loup seul, non plus conseillé par le renard, mais livré à ses propres inspirations, nous étale le spectacle varié de sa stupidité en roulant d'infortune en infortune au bout desquelles il trouve la mort dans une dernière et sanglante catastrophe. Rien n'est à la fois plus comique et plus lamentable que la succession de ces tribulations que s'impose ce malheureux par sa sotte jactance qu'aucun déboire ne parvient à rebuter [1]. Un de ces drames à actes multiples a passé dans des recueils de fables latines du moyen âge ; il fait partie sous le titre *De infortunio lupi* du *Romulus de Munich* [2], et sous le titre *De lupo pedente* des *Fabulae extravagantes* [3]. Or, ce morceau latin et une foule de versions orales renferment l'histoire du loup et des moutons. Bien plus, on y trouve racontée une aventure qui se passe entre le loup et un porc ou une truie. Tantôt, comme dans une variante russe, le loup demande à manger à un porc; celui-ci n'ayant rien à lui donner, il le condamne à le porter jusqu'à l'entrée du village ; là, les paysans attirés par les grognements de la monture rouent de coups le cavalier.

[1] On peut lire une liste et une étude approfondie de ces groupes de contes dans Kolmatschevky, p. 139 sq.

[2] Hervieux, II, p. 735 sq.

[3] *R. Fuchs*, p. 423 et *Steinhöwel*, éd. Oesterley, p. 212.

Tantôt, comme dans une autre variante russe et dans la fable latine, une truie dont le loup veut dévorer les petits le prie de les baptiser d'abord, et le conduit à un moulin dans l'eau duquel il pense se noyer ou être écrasé sous la roue. N'est-ce point là le prototype de l'épisode final de l'*Ysengrimus* où la truie Salaura ayant demandé au loup, qui veut lui donner le baiser de paix, de lui serrer l'oreille pendant qu'elle va chanter la messe, attire par ses cris toute sa famille qui met l'imbécile en pièces ? Par suite, cet épisode de Salaura étant dans le poème latin fort rapproché de celui du bélier Joseph, et l'épisode de Joseph suivant celui de Corvigarus, n'est-il pas évident que Nivard a connu l'histoire populaire du *Loup nigaud*, et n'est-il pas non moins évident que le trouveur des branches XIX et XX a exploité le même filon ? Il a même si peu dissimulé l'emprunt qu'il a conservé, maladroitement on peut dire, un trait qui indique avec netteté que l'original était plus ample et comprenait d'autres récits que les deux qu'il a interprétés. A la fin de la branche XIX, Isengrin se lamente ainsi :

> Ahi, maleüreus chaitis!
> Se ier oi mal, or ai hui pis.
> Ne me sai mes en qui fier,
> Ne puis en nuli foi trover.
>
> (v. 85 sq.)

De même dans la branche XX :

> Ha las, dist-il, dolenz chaitis,
> Con sui mal eürez tout dis !
>
> (v. 83 sq.)

Cette dernière lamentation se retrouve identique dans la fable latine : « O Deus, quanta mala die hodierna super me inecta sunt! » Quant à la première, il serait surprenant qu'elle se rapportât à l'aventure précédente, celle du *Prêtre Martin*, qui est censée s'être passée le matin, alors que le poète nous dit que la rencontre d'Isengrin et de la jument a eu lieu le soir du même jour, « quant la nuit vint. » Il y a là une contradiction, et l'on ne peut la résoudre qu'en supposant qu'ici le poète a été esclave de son modèle au point de laisser subsister dans son imitation tronquée des allusions à des aventures qu'il a laissées de côté.

L'uniformité de nombre et de disposition des récits composant les différents drames populaires du *Loup nigaud* n'implique pas l'uniformité de rédaction pour chacun d'eux. Ces récits, en effet, avaient vécu à l'état isolé avant de faire partie de groupes compacts, et, par suite, leurs sujets avaient pu avec le temps recevoir différentes formes, recevoir tel ou tel développement particulier suivant les circonstances et les pays. Aussi ne devons-nous pas être étonnés de voir entre les versions de l'*Ysengrimus* et celles du *Roman de Renart* des différences si tranchées, en particulier en ce qui concerne l'épisode des *Béliers*.

Cette histoire est d'origine orientale [1], ou, tout au moins, la forme indienne que nous ont transmise le *Pantchatantra* et ses dérivés est la plus naïve de toutes. On y voit un chacal léchant par gourmandise le sang répandu à terre de deux béliers en train de se battre et finissant par être pris et écrasé entre leurs cornes [2]. En Europe, le loup a été substitué au chacal, et, dans un grand nombre de variantes, le motif de l'arbitrage dans la dispute pour la possession du champ à celui de la gloutonnerie. C'est sous cette forme qu'on rencontre l'histoire à l'Ouest de l'Europe, c'est celle de la fable latine du *Romulus de Munich*, celle du *Roman de Renart* et celle du premier récit de l'*Ysengrimus*. On est à bon droit étonné de voir dans ce dernier quatre boucs au lieu des deux traditionnels ; peut-être faut-il voir là l'influence d'une autre fable orientale où le lion a affaire à quatre taureaux alliés qu'il décide à se séparer et vainc un par un [3]. Par contre, si le nombre des béliers a été doublé ici, il est réduit de moitié dans beaucoup de variantes slaves, où, comme dans le second récit de l'*Ysengrimus*, l'aventure de Joseph, un bélier propose au loup de lui sauter dans la gueule [4]. On voit que Nivard a donné hospitalité dans son poème aux

---

[1]. Je ne peux admettre comme témoignage de sa transmission par les Arabes ce fait qu'elle se trouve citée dans un auteur qui vivait à Séville en 1109 (Dozy, *Recherches sur l'hist. pol. et litt. de l'Espagne pendant le m. âge*, I, p. 351, Leyde, 1849). Ce n'est là qu'une réminiscence littéraire d'une importance nulle pour la propagation des contes.

[2]. Trad. Lancereau, p. 44. Sous cette forme, mais avec des cerfs et non des béliers, cette fable a été traduite en latin dans l'*Esope* de Camerarius, n° CCCLXXIX.

[3]. *Aviani Fabulae*, n° 18.

[4]. Voir Kolmatschevsky, p. 145, qui croit que la version du loup arpenteur est dérivée de celle du bélier sautant dans la gueule du loup. Son argumentation paraît spécieuse et peu solide.

deux formes du conte. Pareil éclectisme a été d'ailleurs constaté plus haut à propos de son histoire du coq Sprotinus où se trouvaient mélangés deux contes, celui du goupil et du coq et celui du goupil et de la mésange.

Pour l'épisode de la *Jument*, le poème français et le poème latin se tiennent plus près l'un de l'autre. Les particularités de la rédaction de Nivard tiennent moins à une différence de source qu'à la manie qu'a cet auteur d'introduire dans chaque aventure une pointe d'ironie et de lui donner une couleur satirique bien prononcée. En réalité, ces deux versions du cycle correspondent à la forme la plus simple de l'histoire, celle de la fable ésopique [1] qui a été reproduite par le *Romulus* primitif [2]. On sait tous les développements postérieurs qu'a reçus cette fable. L'épine a été remplacée par l'âge du cheval ou par son nom, voire même par son prix inscrit sur le sabot. Aux deux personnages primitifs viennent s'adjoindre d'abord un poulain, puis le renard. Et alors on aboutit à des variantes plus compliquées, comme celles du *Reinaert* (v. 3992-4107) et celle de *Renart le Contrefet* [5], Celles du *Roman de Renart* et de l'*Ysengrimus* sont plus simples et rappellent le récit classique; elles n'en sont pas pour cela les dérivés directs. Le long examen, auquel je me suis livré tout à l'heure, de leur liaison avec l'épisode des *Béliers* ne permet pas, je pense, de mettre en doute leur provenance populaire.

[1] Halm, n° 334.
[2] Hervieux, II, p. 202, Il est à remarquer que dans le *Romulus*, il y a un lion et un cheval au lieu du loup et de l'âne de la fable ésopique.
[5] Robert, II, p. 365.

CONCLUSION GÉNÉRALE.

Résultats auxquels ont abouti les recherches précédentes : la tradition d'où est sortie le *Roman de Renart* a été orale et formée de deux courants parallèles, l'un savant, l'autre populaire. — Ces constatations du manque d'originalité dans la plupart de nos contes ne font pas tort à leur réputation et à leur valeur.

Il semble, je pense, suffisamment démontré par les recherches précédentes, d'abord que le *Roman de Renart* est une œuvre purement traditionnelle. Les morceaux que j'ai laissés de côté ne méritent pas d'être regardés comme originaux, et quand ils en seraient dignes, les épisodes qui se laissent rattacher à des sources forment une masse imposante et comprennent ceux-là mêmes qui ont constitué le noyau de l'épopée. Nul doute ne peut donc subsister sur la manière de procéder des premiers auteurs et de leurs successeurs : l'emprunt était chez eux un principe et une règle.

En outre, la tradition à laquelle ils se sont respectueusement asservis n'a été ni *écrite*, comme ils le prétendent quelquefois, ni *une*, ainsi qu'on l'a cru souvent. Une seule branche est la transcription d'un ouvrage latin. Partout ailleurs, les témoignages des poètes et la comparaison des rédactions de nos contes avec celles des « escrits » antérieurs m'ont conduit à la constatation certaine d'une transmission orale. Entre le fabuliste antique et le conteur français, les divergences sont telles qu'on a souvent peine à croire que le sujet soit le même chez l'un et chez l'autre; entre le fabuliste du moyen âge et ce conteur, alors qu'ils se coudoient presque, on saisit une série de nuances qui, si délicates qu'elles soient, ne peuvent être que l'œuvre de la parole ailée. Presque tout entière, on peut le dire, l'œuvre de nos trouveurs est sortie de leur mémoire, où s'était emmagasiné, avec sa riche complexité, le vaste trésor des récits vieux comme le monde.

Aussi cette tradition orale n'est-elle ni purement *classique*, ni purement *orientale*. Le *Roman de Renart* ne peut se ramener à une origine aussi simple; l'ensemble de ses contes échappe, dans leur point de départ, aux classifications toutes faites. D'une part, les recueils d'apologues ésopiques et phédriens sont comme un triage opéré dans la foule des contes d'animaux, en particulier parmi ceux qui ont trait au goupil ; et cette sélection assez restreinte est loin de correspondre exactement à celle qu'on trouve chez les poètes français, plus large et plus compréhensive. De plus, quand ils ont travaillé sur des thèmes classiques, la matière en avait été renouvelée par des amplifications d'école et par le caractère satirique ou allégorique que revêtait toute pensée de l'antiquité en passant par le cerveau des moines, et l'effet produit est comparable à celui d'un insecte infime qui, vu à travers une loupe grossissante, nous apparaît gigantesque et transfiguré. D'autre part, s'il est vrai que certains des épisodes de Renart rappellent les contes indiens écrits et oraux, filiation qui n'est pas absolument nette et précise, il en est d'autres, et des plus fondamentaux du cycle, dont la provenance orientale est indémontrable. Folk-lore asiatique et folk-lore européen se sont donné rencontre dans ce vaste champ, et l'un y coudoie l'autre sans le gêner, sans lui disputer la place; celui-ci est encore distinct de celui-là; la fusion ne s'est pas encore opérée, comme dans les recueils de contes populaires de nos jours où la mixture est complète, où les caractères originaux se sont tout à fait effacés et ne se laissent plus reconnaître. En somme, il faut juger les choses d'une façon plus conforme à l'état d'esprit confus et chaotique de cette époque du moyen âge. On doit reconnaître dans le *Roman de Renart* la présence de deux courants, l'un celui de la tradition savante, peu puissant, ayant charrié un certain nombre de récits classiques qui, restés longtemps confinés au fond des cloîtres, entre les murs des écoles, y ont pris une saveur particulière; l'autre, celui de la tradition populaire, plus large, chargé d'une foule de contes qui avaient vécu en pleine lumière et s'étaient épanouis en toute liberté. Ces deux courants d'une nature différente se sont heureusement mélangés grâce à l'art aimable et sans prétention de nos poètes, et de leur réunion est sortie une œuvre où l'unité de ton persiste malgré un morcellement à l'infini.

Arrivé au bout de ma tâche, après avoir détruit pièce par pièce la réputation d'originalité des auteurs du *Roman de Renart*, dois-je me laisser aller à un regret? Bien souvent la critique moderne, cette taupe patiente qui s'en va creusant partout ses galeries souterraines et fait écrouler ce qui paraissait assis sur d'inébranlables fondations, a encouru justement le reproche de réduire la part de l'admiration au profit de la science et de la vérité. A force de chercher et de découvrir les modèles des œuvres jusqu'alors considérées comme les produits d'un art spontané, l'enthousiasme qu'elles inspiraient n'est plus aussi franc, ni aussi pur; il s'y mêle une arrière-pensée de défiance qui empêche l'esprit de se livrer tout entier, et ni l'originalité de la forme, ni le renouvellement ingénieux de l'idée primitive ne parviennent à dissiper cette prévention du lecteur. Dois-je m'accuser d'avoir affaibli l'intérêt des contes de Renart et déprécié leur valeur par cette confrontation minutieuse de leurs prototypes? Je ne le crois pas.

D'abord les investigations de cette nature, qui tendent à diminuer l'impression esthétique, ne présentent aucun danger pour les œuvres de la première période du moyen âge. Au contraire, elles ne peuvent que faire ressortir l'importance de ces écrits. Ceux des âges postérieurs sont personnels, conçus d'après des règles, s'adressent à un public d'élite ; au contraire, à l'époque où ont été rédigés pour la première fois la plupart des récits qui forment les branches du *Roman de Renart*, c'est-à-dire avant la seconde moitié du XIIe siècle, la poésie est entièrement impersonnelle ; elle est affranchie de toute loi et de toute entrave, elle est le charme du vilain aussi bien que du seigneur, c'est, comme le dit si bien M. G. Paris, « une poésie toute vivante et extérieure, à laquelle chacun croit et que chacun pourrait avoir faite, qui se chante et se parle, au soleil, dans les rues, dans les places, au milieu des batailles, sur les routes qui mènent aux pèlerinages, aux foires, sur les navires qui emportent les croisés, dans les églises ou sur leur porche, dans les châteaux, dans les assemblées brillantes, aux festins des rois, aux repas des auberges[1]. » Puisque tels sont les caractères de cette poésie, puisque telle est surtout son objectivité, ce qui doit nous intéresser en elle, c'est non la forme, mais le fond ; et ce fond, il nous importe peu qu'il soit plus ou moins original ; nous tenons seulement à savoir ce qu'emprunté ou non il représente de la vie intellectuelle ou morale de nos ancêtres, quelle parcelle de l'âme nationale ou universelle il renferme. Or, cette connaissance, nous ne l'obtenons que par la méthode historique et comparative. Grâce à elle, nous pouvons assigner au *Roman de Renart* sa vraie place et reconnaître là une des œuvres les plus caractéristiques du moyen âge. Les *Chansons de geste* nous ont transmis dans toute leur force et leur rude

---

[1] *La Poésie au moyen âge*, Paris, 1885, p. 20

beauté le tableau du patriotisme ardent et des vertus guerrières des hommes de ce temps. Les *Mystères* et les *Miracles* sont l'expression touchante de leur foi naïve et poétique. Ce sont là des monuments proprement nationaux, qui ont leur base dans les qualités natives et dans l'état d'esprit de la race. Le *Roman de Renart*, plongeant ses racines au delà de l'horizon étroit du sol natal et bien avant dans les âges, est une œuvre cosmopolite à laquelle ont, pour ainsi dire, collaboré avant nos poètes une foule de « trouveurs » de tous les temps et de tous les pays ; c'est l'écho lointain de peuples disparus et de civilisations depuis longtemps détruites.

Mais si le *Roman de Renart* est l'œuvre la moins indigène par la matière première, elle est peut-être la plus nationale par la façon dont l'ont travaillée et pétrie les artistes obscurs qui s'en sont servis. Le goupil des contes populaires et des fables antiques n'a pas une marque différente suivant le pays où ses exploits sont narrés : tel il se montre à nous en Russie, tel il nous apparaît en Angleterre, en Gascogne et au fond de l'Espagne, et, dans les différents types de récits modernes, il ne nous semble ni plus ni moins malin que son antique frère le chacal des *Jâtakas* indiens. Sa physionomie, son attitude, ses gestes, tout en lui est immobilisé depuis dès siècles. Autre est le goupil de nos poètes : il a sa vie propre, son caractère à lui ; il se meut dans une atmosphère toute sienne. Français et rien que français est cet espiègle malicieux et narquois pour lequel le vol est un amusement plutôt qu'une nécessité, implacable pour les vaniteux et les sots, peu soucieux de l'honneur des maris, amateur de bonnes fortunes, détrousseur de prêtres et contempteur de toute puissance profane ou sacrée. A leur insu, sans dessein bien arrêté, par l'effet d'une assimilation toute naturelle, les trouveurs ont fait du héros de la tradition universelle le type le plus gaulois, le père de cette lignée de personnages à l'esprit frondeur et à la morale facile qu'on retrouve à toutes les périodes de notre littérature. Peu à peu, d'ailleurs, la satire s'était glissée dans ce domaine où régnait la fantaisie pure, et le temps était proche où elle allait la déloger pour prendre définitivement sa place. Çà et là, dans la première période de l'*estoire* de Renart, apparaissent de timides essais pour transformer le conte en une allégorie. Le Glichezare lui-même, qui pourtant n'a dû travailler que d'après des modèles aux visées peu ambitieuses, introduit quelquefois ses personnages dans un cadre nouveau et élève le ton pour stigmatiser tel ou tel événement, tel ou tel personnage du temps. Cette préoccupation s'accentue et tend à dominer chez quelques-uns des poètes français de la dernière heure. Ce n'est d'abord chez les uns qu'une moquerie fine et légère, à l'adresse de types plutôt que d'individus ; c'est, plus tard, chez les autres, une diatribe des plus acerbes et toute personnelle. Bref, la matière de Renart est en train de se renouveler et de servir non plus à amuser, mais à instruire ou à ridiculiser. C'est la manière prétentieuse et violente de Nivard transportée dans la langue vulgaire. « La seconde partie du *Roman de la Rose*, a-t-on dit, est moins un art d'amour qu'un recueil de dissertations philosophiques, théologiques scientifiques, de satires contre les femmes, contre les ordres religieux, contre les rois et les grands, d'anecdotes tirées des auteurs anciens ou contemporains, le tout bien ou mal, plutôt mal que bien, groupé autour de l'idée principale, la conquête de la rose. »[1] La même chose peut se dire des trois poèmes qui ont remplacé dans la faveur publique le *Roman de Renart* primitif. Celui-ci, œuvre inoffensive, comme le poème de Guillaume de Lorris, destiné avant tout à plaire, à amuser, est devenu une suite de tableaux d'une satire souvent âpre et mordante, d'abord dans les branches postérieures, puis dans le *Couronnement Renart* et *Renart le Nouvel*, enfin une encyclopédie informe et étrange dans *Renart le contrefet*. Ces évolutions parallèles de deux ouvrages pourtant d'une nature différente nous montrent qu'à une société naïve et éprise encore d'un art aimable et naturel a succédé une société troublée, curieuse d'un savoir indigeste et avide d'un nouvel état de choses. Mais tout a été dit et bien dit sur cette matière. Il n'entrait pas d'ailleurs dans mon sujet de la traiter. Il était toutefois nécessaire d'en dire un mot ici pour me justifier par avance du reproche qu'on pourrait m'adresser d'avoir fait tort à la réputation des contes du *Roman de Renart*.

[1] Langlois, *Origines et sources du Roman de la Rose*, Paris, 1891, p. 93.

LISTE BIBLIOGRAPHIQUE

DES

OUVRAGES CITÉS EN ABRÉGÉ

Aesopicae Fabulae collectae ex recognitione C. Halmii, Leipzig, 1881.

Afanassiev, *Narodniya rousskia skazki*, I-VIII, Moscou, 1860-63.

Arnaudin, *Contes populaires recueillis dans la Grande Lande, le Born, les Petites Landes et la Marensin*, Paris-Bordeaux, 1887.

Asbjœrnsen, *Tales from the Fjeld*, translated by Dasent, London, 1874.

Aviani *Fabulae XXXXII ad Theodosium* ex recensione et cum instrumento critico W. Frœhner, Lipsiae, 1862.

Aymonier, *Textes khmers*, Saïgon, 1878.

Babrii *fabulae Aesopeae* edidit Schneidewin, Lipsiae, 1880.

Barbazan et Méon, *Fabliaux et Contes des poètes français des* xie, xiie, xiiie, xive et xve *siècles*, I-IV, Paris, 1808.

Benfey, *Pantschatantra, fünf Bücher indischer Fabeln, Märchen und Erzählungen*, I-II, Leipzig, 1859.

Bertran y Bros, *Rondallistica, estudi de literatura popular*, Barcelone, 1888.

Birlinger, *Nimm mich mit !* Freiburg, 1871.

Bladé, *Contes populaires recueillis en Agenais*, Paris, 1874

Bladé, *Contes populaires de la Gascogne* I-III, Paris, 1886. (t. *XIX, XXI* de la *Collection des littératures populaires de toutes les nations*).

Bleek, *Reineke Fuchs in Afrika*, Weimar, 1870.

Bozon (Nicole), *Les contes moralisés*, p. par Lucy Toulmin Smith et Paul Meyer, Paris, 1889.

Braga, *Contos tradicionaes do povo portuguez*, I-II, Porto, 1883.

Camerarius, *Fabulae aesopicae plures quingentis*, Lipsiae, 1564.

Campbell, *Popular tales of the West Highlands*, I-IV, Edinburgh, 1860-62.

Carnoy et Nicolaïdes, *Traditions populaires de l'Asie Mineure*, Paris, 1889, (t. xxviii de la *Collection des littératures populaires de toutes les nations*).

Cénac-Montaut, *Contes populaires de la Gascogne*, Paris, 1861.

CERQUAND, *Légendes et récits populaires du pays basque*, Pau, 1882.

COELHO, *Contos populares portuguezes*, Lisboa, 1879.

COSQUIN, *Contes populaires de Lorraine*, I-II, Paris, 1886.

DU MÉRIL (Édélestand), *Poésies inédites du moyen âge, précédées d'une histoire de la fable ésopique*, Paris, 1854.

Ecbasis captivi, das älteste Thierepos des Mittelalters, herausgegeben von ERNST VOIGT, Strassburg-London, 1875.

EGBERTS VON LÜTTICH *Fecunda Ratis*, herausgegeben von ERNST VOIGT, Halle, 1889.

FIRMENICH, *Germaniens Völkerstimmen*, I-III, Berlin, 1843-67.

FORTIER (Alcée), *Bits of Louisiana Folk-lore*, Baltimore, 1887, (t. III de *Publications of the modern Language Association of America*).

GERBER, *Great Russian Animal Tales*, Baltimore, 1891, (t. VI de *Publications of the modern Language Association of America*).

GLINSKI, *Bajarz polski*, I-IV, Wilno, 1862.

GONZENBACH (Laura), *Sicilianische Märchen*, I-II, Leipzig, 1870.

GRIMM (Brüder), *Kinder-und Hausmarchen*, Göttingen, I-II, 1843, III, 1853.

GRIMM (Jacob), *Reinhart Fuchs*, Berlin, 1834.

GRIMM und SCHMELLER, *Lateinische Gedichten*, Göttingen, 1838.

HAHN (J. G. von), *Griechische und albanesische Märchen*, I-II, Leipzig, 1864.

HALTRICH (J.) — WOLFF (J.), *Zur Volkskunde der Siebenbürger Sachsen*, Wien, 1885.

HARRIS, *Uncle Remus*, London and New-York, 1883.

HAUPT und SCHMALER, *Volkslieder der Wenden in der Ober-und Niederlausitz*, II, Grimma, 1843.

HERVIEUX, *Les Fabulistes latins depuis le siècle d'Auguste jusqu'à la fin du moyen âge*, I-II, Paris, 1884.

HINS, *La Russie dévoilée au moyen de la littérature populaire*, Paris, 1883.

Hitopadésa ou l'instruction utile, traduit par Lancereau, Paris, 1855.

JACOBS, *The Fables of Aesop*, I *History of the Aesopic Fable*, London, 1889.

JACQUES DE VITRY, *The Exempla or illustrative stories from the sermones vulgares*, edited by Fred. Crane, London, 1890.

JOHANNIS DE CAPUA *Directorium vitae humanae*, publié par Joseph Derenbourg, I-II, Paris, 1887-89, (t. LXXIX de la *Bibliothèque de l'École des Hautes études*).

JONCKBLOET, *Étude sur le Roman de Renart*, Groningue, 1863.

KENNEDY, *The legendary Fictions of the Irish Celts*, London, 1866.

Kleinere lateinische Denkmäler der Tiersage, aus dem XII bis XIV Jahrhundert, herausgegeben von ERNST VOIGT, Strassburg-London, 1878.

KOLMATSCHEVSKY, *Jivotny epos na zapdie i ou Slavian*, Kazan, 1882.

KRAUSS, *Sagen und Märchen der Südslaven*, I-II, Leipzig, 1883-84.

KROHN (Kaarle), *Bär (Wolf) und Fuchs, eine nordische Thiermärchenkette*, Helsingfors, 1888.

KROHN (Kaarle), *Mann und Fuchs*, Helsingfors, 1891.

KUHN, *Sagen, Gebräuche und Märchen aus Westfalen*, I-II, Leipzig, 1859.

Lyoner Yzopet (der) herausgegeben von W. Fœrster, Heilbronn, 1882.

MARNO, *Reise in der aegyptischen Aequatorial-Provinz*, Wien, 1879.

MARTIN, *Examen critique des manuscrits du Roman de Renart*, Bâle, 1872

MARTIN, *Le Roman de Renart*, I-III, Strasbourg-Paris, 1882-87.

MARTIN, *Observations sur le roman de Renart*. Strasbourg-Paris, 1887.

MASPONS Y LABROS, *Lo Rondallayre*, I-II, Barcelona, 1875-78.

MEIER, *Deutsche Volksmärchen aus Schwaben*, Stuttgart, 1852.

MÉON, *Le Roman du Renard*, I-IV, Paris, 1826.

MOE, *Lappiske Eventyr og Folkesagn*, Christiania, 1888.

MONE, *Anzeiger für Kunde des deutschen Mittelalters*, 3-4 Jahrgang, 1834-35,

MOURIER, *Contes et légendes du Caucase*, Paris, 1888.

Pantchatantra ou les cinq livres, traduit par Lancereau, Paris, 1871.

Pontcha-Tantra ou les cinq ruses, traduits par l'abbé Dubois, Paris, 1872.

PARIS (Gaston), *La littérature française au moyen âge*, Paris, 1890.

PARIS (Paulin), *Les aventures de maître Renart et d'Ysengrin son compère, suivies de nouvelles recherches sur le Roman de Renart*, Paris, 1861.

PIERRE ALPHONSE, *Disciplina clericalis*, texte latin et traduction, Paris, 1824 (t. III de la *Société des bibliophiles français*).

PITRÉ, *Novelle popolari toscane*, Firenze, 1885.

POTVIN, *Le Roman du Renard mis en vers*, Paris-Bruxelles, 1861.

PRYM und SOCIN, *Syrische Sagen und Märchen*, Göttingen. 1881.

Reinaert, Willems Gedicht van den Vos Reinaerde und die Umarbeitung und Fortsetzung Reinaerts Historie, herausgegeben von Martin, Paderborn, 1874.

Reinhart Fuchs, herausgegeben von Reissenberger, Halle, 1886.

ROBERT, *Fables inédites des XIIe XIIIe et XIVe siècles et Fables de La Fontaine*, I-II, Paris, 1825.

Rolland, *Faune populaire de la France*, I-V, Paris, 1877-82.

Rothe, *Les Romans du Renard examinés, analysés et comparés*, Paris, 1845.

Roudtschenko, *Narodniya iojnorousskia skazki*, I-II, Kiev, 1869-70.

Santa-Anna Nery (de), *Folk-lore brésilien*, Paris, 1889.

Schreck, *Finnische Märchen*, Weimar, 1877.

Sébillot, *Contes des provinces de France*, Paris, 1884.

Sébillot, *Contes populaires de la Haute Bretagne*, I-III, Paris, 1880-82.

Sébillot, *Traditions et superstitions de la Haute Bretagne*, I-II, Paris, 1882.

Sébillot, *Littérature orale de la Haute Bretagne*, Paris, 1881.

Steinhœwels *Aesop*, herausgegeben von H. Oesterley, Tubingue, 1873.

Teza, *Rainardo e Lesengrino*, Pisa, 1869.

(*Touti-Nâmeh persan*). *Les Trente-cinq contes d'un Perroquet, contes persans* traduits sur la version anglaise par Marie d'Heures, Paris, 1826.

Tuti-Nameh nach der türkischen Bearbeitung, übersetzt von Rosén, I-II, Leipzig, 1858.

Trueba, (Antonio de), *Narraciones populares*, Leipzig, 1875 (t. xix de la *Colecion de Autores espanoles*).

Valjavec, *Narodne pripovjedke skupio ou i oko Varatzdina*, Varadin, 1858.

Veckenstedt, *Wendische Sagen, Märchen und abergläubische Gebräuche*, Graz, 1880.

Vernaleken, *Österreichische Kinder-und Hausmärchen*, Wien, 1864.

Voretzsch, *Der Reinhart Fuchs Heinrichs des Glichezâre und der Roman de Renart* dans *Zeitschrift für romanische Philologie* : 1er article XV, p. 124-182 ; 2e article XV, p. 344-374 ; 3e article XVI, p. 1-39.

Waldau, *Böhmisches Märchenbuch*. Prag, 1860.

Ysengrimus, herausgegeben und erklärt von Ernst Voigt, Halle, 1884.

TABLE DES MATIÈRES

Introduction . . . . 1—41

  I. Des Contes et des Fables . . . . 1—19

Exposition du sujet qui touche à la fois aux fables antiques et aux contes populaires. P. 1. — Qu'est-ce que le folk-lore ? P. 2. — Pourquoi et comment les contes se sont conservés dans le peuple. P. 4. — Difficultés que présente le problème de leur origine et de leur transmission. P. 8. — Les contes d'animaux n'échappent pas tous à une classification géographique. P. 10. — Des rapports étroits qui unissent les fables et les contes. P. 12. — Les contes sont antérieurs aux fables. P 14.

  II. Du Roman de Renart . . . . 20—41

Nécessité de prolégomènes établissant à quel genre littéraire appartient le *Roman de Renart*. P. 20. — Des nombreux trouveurs qui y ont collaboré et du désordre que présentent les manuscrits. P. 22. — Ce n'est pas un poème mais une compilation de petits poèmes d'âge différent et de provenance diverse. P. 24. — Unité du *Reinhart*. P. 25. — Ce poème allemand ne correspond ni à un ancien poème français ni à une collection de branches contemporaine. P. 26. — Trois phases distinctes dans la formation de notre compilation française. P. 28. — La satire n'apparaît qu'à la dernière période. P. 34. — Elle est au contraire la base de l'*Ysengrimus* ainsi que des poèmes français et flamands imitations du *Roman de Renart*. P. 35. — Celui-ci n'est qu'une collection de contes d'animaux dont le but est d'amuser et non de moraliser. P. 39. — Pourquoi est-il bon d'étudier les sources de ces contes ? P. 41. —

PREMIÈRE PARTIE.

DES SOURCES EN GÉNÉRAL   43—74

Pourquoi les trouveurs sont-ils si avares de renseignements sur les sources où ils ont puisé ? P. 43. — Certains cas où ils sortent de cette réserve. P. 45. — La théorie de Grimm sur la provenance germanique de l'épopée de Renart est insoutenable. P. 47. — Celle de Paulin Paris sur ses origines classiques et cléricales renferme une grande part de vérité. P. 50. — Diffusion incontestable et fort ancienne des apologues antiques dans les cloîtres et dans les écoles. P. 51. — Popularité des recueils d'Avianus et de Phèdre. P. 52. — Petits poèmes latins composés au moyen âge avec des animaux pour personnages. P. 57. — L'influence de ces apologues et de ces drames sur la composition des branches est indéniable, mais elle n'a été qu'*indirecte* P. 59. — Elle ne s'est pas exercée non plus sur *tous* les épisodes du *Roman de Renart*. P. 60. — Les nombreux épisodes étrangers à l'influence classique ou cléricale ne doivent presque rien au *Physiologus*. P. 61. — Du *Pantchatantra* et de ses différentes traductions. P. 64. — Si nos trouveurs ont connu les contes indiens, ce n'a pu être que par voie de transmission *orale* et non *littéraire*. P. 64. — Les contes populaires, non seulement indiens mais encore européens, doivent être regardés comme la source principale des trouveurs. P. 66. — Des épisodes qui seront laissés de côté dans cette étude. P. 68. — Plan adopté. P. 69.

DEUXIÈME PARTIE

DES SOURCES EN PARTICULIER

CHAPITRE I.

Renart et le Lion   75—140

I. Jugement de Renart. . . . .   75—100

Comparaison de la branche I avec d'autres branches ayant traité le sujet du *Jugement*. P. 75. — Elle n'a pu servir de modèle à toutes ces branches. P. 84. — Sa forme fait supposer une rédaction antérieure. P. 85. — Le *Rei-*

naert, bien que voisin de la branche I, a puisé à une autre source. P. 87. — Pourquoi le *Rainardo* doit-il être considéré comme la version la plus ancienne ? P. 90. — Le conte du *Jugement* n'est pas un conte indépendant ; il ne faisait qu'un à l'origine avec le conte de *Renart médecin* et doit être étudié avec lui. P. 97.

II. Renart médecin. . . . . 101—123

La rédaction du conte de *Renart médecin* donnée par la branche X est plus archaïque que celle du *Reinhart*. P. 102. — Par contre, son préambule est plus moderne. P. 106. — Affinités de celui-ci avec la branche I. P. 109. — Ce qu'était primitivement le récit de cette aventure dans le *Roman de Renart*. P. 110. — Des étapes qu'il a parcourues avant de prendre la forme qu'il a dans la branche X. P. 112. — La scène du *Jugement* est contenue en germe dans l'apologue ésopique du *Lion malade* et dans ses nombreux dérivés latins. P. 117. — Dans quelle mesure peut-on dire que la scène du *Jugement* est de provenance orientale ? P. 121.

III. Le partage du lion. . . . . 124—140

A quoi faut-il attribuer la présence du lion, du loup et du renard dans cet épisode ? P. 124 — Deux fables ésopiques sur ce sujet : l'une est sortie de l'autre. P. 125. — Comparaison avec celle du *Lion et de l'Onagre* de la seconde partie de la branche XVI. P. 127. — Les particularités de celle-ci ont leur explication dans les recueils phédriens et dans l'*Ysengrimus*. P. 128. — Pourquoi l'épisode du *Vol du jambon* dans la branche V doit-il être rattaché au thème classique du *Partage du lion*. P. 132. — Cause de la coexistence de ces deux versions du même sujet dans le cycle ; vie double des fables au moyen âge. P. 137. — Conclusion du chapitre Renart et le Lion. P. 140.

CHAPITRE II.

Renart et l'ours   141—240

I. Renart adultère. . . . . 141—158

Place importante qu'occupe ce thème dans l'ensemble du cycle. P. 141. — Trois phases dans son développement P. 142. — La version de l'*Ysengrimus* nous le donne sous sa forme la plus ancienne. P. 143. — Elle n'a aucun rapport avec le fabliau *le Dit de Richeut*. P. 151. — Comparaison de la fable du *Romulus de Marie de France* qui met en scène l'ourse avec les versions du cycle et les versions populaires qui mettent en scène la louve. P. 153. — Pourquoi l'ourse est-elle le personnage primitif? P. 156.

II. LA PÊCHE A LA QUEUE. . . . . 159—179

Comparaison du récit de la branche III avec les autres variantes littéraires. P. 159. — Elle ne dérive d'aucune d'elles. P. 161. — Des allusions qui font supposer de plus anciennes et de plus naïves rédactions. P. 162. — La forme primitive du conte est originaire du Nord. P. 163. — Transformation progressive de chacun de ses motifs. P. 164. — Le point de départ de l'histoire a été d'expliquer pourquoi l'ours a une courte queue. P. 166. — Fréquente liaison dans la littérature orale du conte de la *Pêche* avec le conte des *Charretiers*. P. 168. — La dépendance entre les deux aventures n'est qu'apparente dans la branche III. P. 169. — Entrée tardive dans le cycle de celle des *Charretiers*. P. 172. — Elle ne doit rien au *Physiologus*. P. 173. — Rapports étroits des deux versions sur ce sujet du *Roman de Renart* avec les différentes variantes populaires. P. 177.

III. RENART ET BRUN CHEZ LANFROI . . . . . 180—188

Des nombreuses scènes du cycle où l'ours a été conservé et joue un rôle important. P. 180. — Pourquoi l'épisode de *Brun chez Lanfroi*, une fois créé, est-il resté tel quel? P. 181. — Il n'a aucun rapport avec le conte oriental *le Singe et le Pilier*. P. 183. — Il se rattache, comme celui de la *Pêche à la queue*, à la série des contes populaires sur l'ours courtaud. P. 184. — Comme quoi l'épisode de *Tibert chez le prêtre Martin* est une imitation de celui de *Brun chez Lanfroi*. P. 186.

IV. RENART, BRUN ET LIÉTART. . . . . 189—204

Pourquoi des deux autres branches, la IXᵉ et la XXIᵉ, qui mettent en présence l'ours et le goupil, la première seule mérite d'être étudiée. P. 189. — Analyse du conte de *Renart, Brun et Liétart*. P. 192. — Défauts de ce long récit qui renferme deux parties distinctes mal ajustées. P. 195. — Pourquoi et comment la seconde a été ajoutée. P. 197 — Comparaison de la première avec les nombreuses variantes populaires sur le sujet du *renard, l'ours et le paysan*. P. 200. — Conclusion du chapitre RENART ET L'OURS. P. 203.

CHAPITRE III

Renart et le Loup — 205—272

I. Renart pèlerin — 205—225

De l'ancienneté de la branche VIII. P. 205. — Son contenu. P. 206 — Malgré son titre « le Pèlerinage Renart », il y est fort peu question de pèlerinage. P. 208 — Il en est de même dans le récit correspondant de l'*Ysengrimus*. P. 210. — L'absence de ce motif religieux et dans le *Reinhart* et dans les contes populaires prouve qu'il a été ajouté plus tard pour servir de cadre à l'aventure. P. 211. — Ce qu'est en réalité cette aventure. P. 212. — Les variantes orales se divisent en deux séries. P. 213. — Les épisodes de l'*Ysengrimus* et de la branche VIII tiennent de l'une et de l'autre. P. 217. — Du caractère religieux donné au loup dans la poésie cléricale, au loup et au renard dans le cycle français, P. 219. — A ces données se rattache, mais dans une certaine mesure seulement, le motif du *Pèlerinage* traité par la branche VIII. P. 223.

II. Renart et Isengrin dans le puits. — 226—236

Les développements donnés à ce sujet par la branche IV n'ont rien de commun avec la fable ésopique *le Renard et le Bouc*. P. 226. — Détermination de la forme archaïque du conte dans la tradition des trouveurs. P. 229 — Rapports de cette forme avec celles de la tradition orale. P. 231 — Du motif de l'image de la lune prise pour un fromage ou un visage dans la littérature écrite et dans la littérature orale. P. 232. — Ce qu'est devenu ce motif dans la branche IV et pourquoi il s'est dédoublé. P. 234.

III. Primaut chanteur et glouton — 237—249

Constitution particulière de la branche XIV. P. 237. — Sa ressemblance avec les chaînes de contes si fréquentes dans la littérature populaire. P. 238. — Analyse de l'épisode de *Primaut s'enivrant et chantant dans une église*. P. 240. — Le *Reinaert* et une allusion de la branche VIII ne le font ni s'enivrer, ni chanter, mais sonner les cloches. P. 241. — Ces trois motifs, l'enivrement, le chant et la sonnerie des cloches, se retrouvent dans différents contes oraux. P. 242. — de l'épisode de *Primaut à la panse trop pleine*. P. 244. — En quoi il se rattache à la littérature populaire et non à la littérature classique. P. 246.

IV. Renart teinturier et jongleur. . . . . . . 250—272

De l'originalité que paraît offrir dans son ensemble la branche I^b. P. 250. — Analyse de cette branche. P. 251. — L'épisode de *Renart teinturier* ne peut pas dériver du conte indien le *Chacal bleu*. P. 255. — Existence dans la littérature orale de tous les pays du motif de l'animal qui se déguise. P. 256. — L'épisode de *Renart noir* dans la branche XIII est une imitation de celui de *Renart teinturier*. P. 258. — La transformation de Renart en jongleur et son baragouin sont des inventions du poète. P. 259. — Rapports de la scène du vol de la vielle avec une scène de la branche XIV; antériorité de celle-ci. P. 260. — A cette branche XIV sont empruntés les détails de la scène du serment de Poncet sur la tombe d'un martyr. P. 262. — De l'élément religieux renfermé dans cette scène. P. 266. — La dispute entre Renart et Hersent, la noce de Poncet et d'Hermeline n'ont point de prototypes. P. 268. — Conclusion du chapitre Renart et le Loup. P. 269.

CHAPITRE IV.

Renart et les Oiseaux. 237—323

I. Renart et Chantecler. . . . . 273—288

De l'infériorité du goupil vis-à-vis de ses adversaires dans cette classe de récits. P. 273. — La fable ésopique *le Chien et le Coq* renferme en germe tous ces récits. P. 275. — Comparaison de la version du conte de *Chantecler* donnée par la branche II avec celles du *Reinhart* et des branches XVI et XVII. P. 277. — Version de l'*Ysengrimus*. P. 281. — Le motif du chant aux yeux fermés rappelle une fable de Jean de Capoue. P. 283. — Celui du coq se sauvant de la gueule entr'ouverte de Renart est une des variétés d'un thème populaire. P. 284. — De la fable d'Alcuin, *le Coq et le Loup*. P. 286.

II. Renart et la Mésange. . . . . 289—394

Suite de l'aventure du renard et du coq dans l'*Ysengrimus*. P. 289. — Elle a sa source dans les récits français sur *Renart et la Mésange*. P. 290. — Double forme qu'a ce conte dans le *Reinhart* et dans le *Roman de Renart*. P. 291. — Cette dualité se retrouve en dehors du cycle. P. 292.

III. Renart et Tiécelin. . . . . 295—300

La rédaction de la première partie de ce conte a été influencée par celle des contes voisins de *Renart et Chantecler* et de *Renart et la Mésange*. P. 295. — Pourquoi cet épisode occupe une place différente dans le *Reinhart* et dans le *Roman de Renart*. P. 297. — Cause des modifications apportées par le texte de la branche II à la version de la fable ésopique *le-Renard et le Corbeau*. p 298.

IV. Renart et Droïn. . . . . 301—310

Du rôle particulier que joue le chien dans cette aventure et qui la rattache indirectement à la fable ésopique *le Chien et le Coq*. P. 301. — Entrée tardive dans l'histoire de ce personnage absent de certaines variantes. P. 304. — Le conte de *Renart et Droïn* est la réunion de deux récits, l'un mettant en scène le renard et un oiseau, l'autre, le renard, le chien et un oiseau. P. 306. — Transformations ultérieures qu'a subies ce conte. P. 307. — Les variantes françaises y ont échappé. P. 308. — Du trait du rire conservé dans l'une d'elles. P. 308. — Particularités qu'offre la rédaction du *Roman de Renart*. P. 309.

V. Renart et Hubert. . . . . 311—323

D'une forme raccourcie de la fable ésopique *le Chien et le Coq* d'où sont sorties certaines fables latines où le coq figure comme confesseur. P. 311. — Comment ce caractère religieux lui a été attribué. P. 313. — La branche VII où Renart mange Hubert son confesseur est un dérivé de ces récits. P. 314.— Pourquoi le milan a été substitué au coq. P. 316. — L'aventure du *grillon Frobert* de la branche V est une imitation de celle d'*Hubert*. P. 317. — Tous ses éléments ont été tirés du *Roman de Renart* et non du dehors. P. 318. — De son double dénouement. P. 321. — Conclusion du chapitre Renart et les Oiseaux. P. 322.

CHAPITRE V.

Le Loup. 324—338

I. Isengrin et le Prêtre Martin. . . . . 324—331

Épopée particulière que constituent les branches XVIII, XIX et XX. P. 324. — La branche XVIII est la traduction très fidèle du poème latin *Sacerdos et Lupus*. P. 325. —

L'originalité de celui-ci n'est qu'apparente. P. 329. — Il est issu des versions anthropomorphisées du conte des *Quatre animaux dans la fosse*. P. 329.— Les altérations que ce conte a subies en passant dans la littérature écrite n'ont rien de forcé. P 331.

II. Isengrin, la Jument et les Béliers . . . . . 332—338

La juxtaposition de l'histoire d'*Isengrin et la Jument* (br. XIX) et de l'histoire d'*Isengrin et les Béliers* (br. XX) n'est pas fortuite. P. 332. — Elles se trouvent liées aussi dans l'*Ysengrimus*. P. 333.— Rien que le renard figure dans le poème latin, les aventures de part et d'autre se rattachent à une même source, l'histoire populaire du *Loup niçaud*. P. 335. — Particularités qu'offrent les variantes latine et française. P. 337.

CONCLUSION GÉNÉRALE 339—343

Résultats auxquels ont abouti les recherches précédentes : la tradition d'où est sorti le *Roman de Renart* a été orale et formée de deux courants parallèles, l'un savant, l'autre populaire. P. 339. — Ces constatations du manque d'originalité dans la plupart de nos contes ne font pas tort à leur réputation et à leur valeur P. 341.

Liste bibliographique des ouvrages cités en abrégé. 345—348

ERRATA.

Au lieu de :	Lire :
P. 18, l. 30 Kolmatchevsky	Kolmatschevsky.
P. 30, n. 1, l. 7 Delapierre	Delepierre.
P. 48, n. 5 *Altherthum*	*Alterthum*.
P. 58, l. 19 tranformé	transformé.
P. 73, l. 9 la Glichezare	le Glichezare.
P. 91, n. 1, l. 13 Kolmatchevsky	Kolmatschevsky.
P. 107, n. el premier vers	el premer vers.
P. 120, n. l. 24 de l'archevêque Benoît de Mailand	de Benoît l'évêque de Milan.
P. 131, n. 1, l. 2 *einaert*	*Reinaert*.
P. 145, glichezare	Glichezare.
P. 310, n. 1 Hattrich	Haltrich.

www.ingramcontent.com/pod-product-compliance
Lightning Source LLC
Chambersburg PA
CBHW070901170426
43202CB00012B/2154